丹麥 挪威 瑞典 芬蘭 北歐

MOOK NEWAction no.67 Scandinavia

作者
李美蒨・墨刻編輯部

攝影
墨刻攝影部

編輯
李美蒨

美術設計
李英娟・董嘉惠

地圖繪製
董嘉惠

出版公司
墨刻出版股份有限公司
地址：台北市南港區昆陽街16號7樓
電話：886-2-2500-7008
傳真：886-2-2500-7796
E-mail：mook_service@cph.com.tw
讀者服務：readerservice@cph.com.tw
墨刻官網：www.mook.com.tw

發行公司
英屬蓋曼群島商家庭傳媒股份有限公司城邦分公司
地址：台北市南港區昆陽街16號8樓
電話：886-2-2500-7718　886-2-2500-7719
傳真：886-2-2500-1990　886-2-2500-1991
城邦讀書花園：www.cite.com.tw
劃撥：19863813
戶名：書虫股份有限公司

香港發行所
城邦(香港)出版集團有限公司
地址：香港灣仔駱克道193號東超商業中心1樓
電話：852-2508-6231
傳真：852-2578-9337

馬新發行所
城邦(馬新)出版集團 Cite (M) Sdn Bhd
地址：41, Jalan Radin Anum, Bandar Baru Sri Petaling, 57000
Kuala Lumpur, Malaysia.
電話：(603)90563833
傳真：(603)90576622
E-mail：services@cite.my

製版・印刷
凱林彩印股份有限公司

經銷商
聯合發行股份有限公司（電話：886-2-29178022）
誠品股份有限公司
金世盟實業股份有限公司

城邦書號
KV3067

定價
550元

ISBN
978-986-289-838-3・978-986-289-839-0（EPUB）
2023年3月初版
2024年4月3刷

首席執行長　Chief Executive Officer
何飛鵬　Feipong Ho

生活旅遊事業總經理暨墨刻出版社長　PCH Group President & Mook Managing Director
李淑霞　Kelly Lee

總編輯　Editor in Chief
汪雨菁　Eugenia Uang

資深主編　Senior Managing Editor
呂宛霖　Donna Lu

編輯　Editor
趙思語・唐德容・陳楷琪
Yuyu Chew, Tejung Tang, Cathy Chen

資深美術設計主任　Senior Chief Designer
羅婕云　Jie-Yun Luo

資深美術設計　Senior Designer
李英娟　Rebecca Lee

影音企劃執行　Digital Planning Executive
邱茗晨　Mingchen Chiu

業務經理　Advertising Manager
詹顏嘉　Jessie Jan

業務副理　Associate Advertising Manager
劉玫玟　Karen Liu

業務專員　Advertising Specialist
程麒　Teresa Cheng

行銷企畫經理　Marketing Manager
呂妙君　Cloud Lu

行銷企畫專員　Marketing Specialist
許立心　Sandra Hsu

業務行政專員　Marketing & Advertising Specialist
呂瑜珊　Cindy Lu

印務部經理　Printing Dept. Manager
王竟為　Jing Wei Wan

U0020426

國家圖書館出版品預行編目資料

北歐：丹麥.挪威.瑞典.芬蘭/李美蒨, 墨刻編輯部作. -- 初版. -- 臺北
市：墨刻出版股份有限公司出版；英屬蓋曼群島商家庭傳媒股份有
限公司城邦分公司發行, 2023.03
336面；16.8×23公分. -- (New action；67)
ISBN 978-986-289-838-3(平裝)
1.CST: 旅遊 2.CST: 北歐
747.09　　　　　　　　　　112001295

飲水

北歐國家的自來水皆可生飲，但須注意只限冷水，浴室內的熱水不適合直接飲用。北歐許多地區水質偏硬，常可見到熱水瓶中結了層厚厚的水垢，硬水對健康沒有影響，還可幫助補鈣，不過若是腸胃不習慣，也可買瓶裝水喝。

公廁

北歐街上並不難找到公廁，不過大多要收費，有時連火車站內的廁所都不是免費，金額少則5克朗，多則20克朗也有，幾乎都可以使用信用卡。如果不想花錢上廁所，那就在出旅館前、用餐時、參觀博物館或搭火車時等有免費廁所的地方先解決，就不用煩惱這個問題了。

治安

相較於其他歐洲國家，北歐治安相當好，但還是要注意自己隨身攜帶的物品，避免深夜在外行走。若遇上緊急危難事件需要求助，可撥打以下駐各國代表處電話（若已在該國境內，不需撥打國碼）。

駐丹麥台北代表處：(45) 3393-5152、急難求救：(45) 2076-0466

駐瑞典台北代表處（兼理挪威）：(46) 8-728-8513、急難求救：(46) 70-675-5089

駐芬蘭台北代表處：(358) 9-6829-3800、急難求救：(358) 40-545-5429

外交部緊急聯絡電話：+886-800-085-095

旅外國人急難救助免付費專線：00-800-0885-0885（僅挪威Telia經營之市話或公用電話可撥打）

購物退稅

外國人在北歐消費，倘若在貼有藍色「Global Blue」或綠色「Planet」等「TAX FREE」標誌的商店購物，只要在同一天、同一家店內消費超過一定金額，皆可申請退稅。結帳時出示護照，表明自己並非歐盟居民，然後領取免稅單（Tax Free Forms）；離開歐盟國家時，到海關辦理退稅的櫃檯，出示填妥的免稅單、護照、購物時的收據、未拆封的商品等，海關核可後會在免稅單上蓋章；最後拿著蓋好章的免稅單到Global Blue或Planet櫃檯，便可直接領取現金或將款項匯入信用卡帳單內。

空瓶換現金

北歐相當重視資源回收，購買瓶裝飲料或酒類時，會在包裝上看到回收圖示旁標有一個金額，通常是1~3克朗左右，而這筆金額也會出現在商品標價之外的帳單明細上，這便是政府先和你收的回收「押金」，若是喝完飲料沒有乖乖回收，這筆錢就要充公了。

在超市入口或內部都能找到資源回收的機器，先把瓶蓋移除，再把空的寶特瓶、鐵鋁罐和玻璃瓶丟進去，全部丟完後按下綠色按鈕，機器就會自動計算退款總額並列印條碼單據。最後再拿著這張單據到結帳櫃台，就可領取現金或折抵購物消費。

關於各國的退稅規定如下：

國家	退還比例	消費門檻	退稅期限
丹麥	25%	300 DKK	90天內
挪威	25%	315 NOK	30天內
瑞典	25%	200 SEK	90天內
芬蘭	24%	€40	90天內

◎ **Global Blue**

www.globalblue.com
◎ **Planet**
www.planetpayment.com

丹麥 挪威 瑞典 芬蘭
Scandinavia
北歐
no.67

冰島

挪威海

俄羅斯

瑞典

芬蘭

大西洋

挪威

愛沙尼亞

拉脫維亞

立陶宛

丹麥

愛爾蘭

英國

荷蘭

比利時

德國

波蘭

白俄羅斯

法國

捷克

M∞K NEWAction

本書所提供的各項可能變動性資訊，如交通、時間、價格(含票價)、地址、電話、網址，係以2023年2月前所收集的為準；特別提醒的是，COVID-19疫情期間這類資訊的變動幅度較大，正確內容請以當地即時標示的資訊為主。
如果你在旅行中發現資訊已更動，或是有任何內文或地圖需要修正的地方，歡迎隨時指正和批評。你可以透過下列方式告訴我們：
寫信：台北市104中山區民生東路二段141號9樓MOOK編輯部收
傳真：02-25007796
E-mail：mook_service@hmg.com.tw
FB粉絲團：「MOOK墨刻出版」www.facebook.com/travelmook

符號說明

🕿 電話　　⚘ 休日　　❗ 注意事項　　⌖ 所需時間
⌂ 地址　　$ 價格　　☺ 營業項目　　⊗ 如何前往
✉ 時間　　☞ 網址　　✿ 特色　　ℹ 旅遊諮詢

Welcome to Scandinavia

歡迎來到北歐

　　想像中的童話世界該有什麼樣的面貌？是迪士尼動畫《冰雪奇緣》（Frozen）中的艾倫戴爾王國，鑲嵌在峽灣山巒交界，色彩繽紛的中世紀木屋佇立港口迎接往來遊船？還是北極特快車的終點，推開那扇白雪覆蓋的沈重木門，聖誕老人和小精靈正忙碌準備著今年的聖誕禮物，而門外的馴鹿早已套上雪橇蓄勢待發？

　　北歐就是現實版的童話，幸福指數永遠是全球高標，那裡有乾淨的水質和空氣、健全的社會福利制度、豐腴肥美的海鮮、在夜空中舞動的夢幻極光、便利的國際化都市、以及洋溢歡樂氣氛的小鎮。

　　北歐四國有著相似的氣質，卻又各自發揮不同特色。安徒生和小美人魚以外的丹麥，這一方，顛覆想像的現代建築主宰城市焦

點，那一角，五千萬塊樂高積木堆砌起一座樂園；萬年冰河刻蝕著挪威海岸，留下深邃壯闊、山巒疊翠的峽灣；水岸瑞典雍容古典，卻將設計風格種植在生活的每個角落；而芬蘭則是被森林與湖泊佔領，根本分不清野外與城市的交界。

除了自然奇景和旅遊景點以外，維京人驍勇善戰的航海傳奇，與北極圈內薩米人的傳統遊牧生活，也共同形塑了北歐迷人而多樣化的文化內涵。而北歐人注重環境的永續性、個性務實且重視生活品質，表現在居家用品上，呈現簡單、實用又不失幽默的設計特色，更是在全球掀起一股北歐設計的浪潮。

不要被北歐的高物價嚇到，現在就出發，前往遙遠國度學習北歐人如何過生活，發掘簡單卻又精彩的幸福滋味！

北歐全圖 Scandinavia

N

基可尼斯
Kirkenes

伊納里湖
Inarijärvi

伊納里
Inari

伊瓦洛
Ivalo

薩利色爾卡
Saariselkä

拉普蘭
Lappland

Levi

Kolari

羅凡納米
Rovaniemi

Kemijärvi

Kuusamo

Ranua

Oulu

Kemi

Tornio

托爾尼奧
Tornio

Luleå
呂勒奧

Boden
博登

Skellefteå

俄羅斯
Russia

瑞典
Sweden

北角
Nordkapp

Honningsvåg

Alta

特羅姆瑟
Tromsø

Abisko

基努納
Kiruna

Harstad

斯沃爾韋爾
Svolvær

納爾維克
Narvik

羅浮敦群島
Lofoten

博多 Bodø

Mo i Rana

Sandnessjøen

Brønnøysund

Vikna

Namsos

北極圈
Arctic Circle

挪威海
Norwegian Sea

北歐圈 Arctic Circle

挪威海
Norwegian Sea

胡沙維克
Húsavík

米湖 Lake Mývatn

阿庫雷里 Akureyri

霍芬鎮 Höfn

傑克拉瑟
Jökulsá

史卡夫塔 Skaftafell

Skalholt

雄克 Vík

冰島
Iceland

雷克雅未克
Reykjavík

北大西洋
North Atlantic Ocean

北大西洋
North Atlantic Ocean

N

必去北歐理由

© Visit Findland

如畫的北國大地

離開日常，當一次冒險王！手持冰斧踏上萬年冰河，奔向北極圈追逐午夜太陽和奇幻極光；搭乘遊輪巡航於鬼斧神工的峽灣飛瀑，迷失在無止盡的森林湖泊；背上裝備攀上制高巨岩，俯瞰腳下的遼闊大地。北歐的自然奇景無需後製，只需驚嘆！

化為真實的童話

樂高樂園用彩色積木堆疊的大門已經開啟，走進童話大師安徒生的故鄉，小美人魚在哥本哈根海邊溫柔等待，蒂沃利樂園的歡鬧尖叫是最佳配樂，最後搭上北極特快車向拉普蘭奔馳，親自向聖誕老人許個願，願找回的童心歡笑不再遺失。

前衛建築的示範

奧斯陸歌劇院是海邊的後現代冰山、丹麥皇家圖書館閃爍黑鑽石的神秘光芒、哥本山將焚化爐創造成滑雪場、芬蘭岩石教堂在巨大石塊間隱藏聖光…新興的北歐建築有如城市中的大型藝術雕塑，提供市民方便實用的功能空間，同時也為市容增添更多驚奇。

北國限定的體驗

一年中6~7個月覆蓋雪白冰霜，看似一片沈寂，卻有多樣化的北國限定體驗，可以在火山潟湖中泡個舒服美人湯、在森林裡洗桑拿、入住冰塊砌成的旅館、用冰塊杯喝一杯雞尾酒、或是駕馭馴鹿或哈士奇雪橇飛馳銀色地平線。

意猶未盡的美味

菜單上琳瑯滿目的開放式三明治教人難以選擇，料好實在的蝦醬土司也讓人心花怒放，當然更不能錯過泅泳在香濃肉汁裡的肉丸，以及口感豐富的醃鯡魚，享受北歐最經典的滋味。最後再來份優雅迷人的公主蛋糕，還有甜而不膩的肉桂捲，就是頓豐盛道地的北歐大餐。

教人迷戀的設計

無論是最值得收藏的喬治傑森精品、阿瓦奧圖的設計傢俱、經典中求創新的皇家哥本哈根瓷器、littala和玻璃王國的餐桌藝術、或是繽紛亮麗的Marimekko，質樸清新而色彩繽紛的北歐設計，總有讓人一見鍾情、荷包失守的超能力。

旅行計畫
Plan Your Trip

Top Highlights of Scandinavia
北歐之最

文●蔣育荏‧李曉萍　　攝影●周治平‧李曉萍

丹麥

樂高樂園
Legoland

　　就像披頭四迷一定要去利物浦、蘋果迷一定會去矽谷一樣，如果你也曾沈迷於用樂高積木堆疊出小小王國的成就感，那丹麥比隆的樂高樂園絕對是你人生中的朝聖地。比隆的樂高樂園分為9大區域，其中最吸引人的，就是用2千萬塊樂高積木堆出的小人國Miniland，另外還有一區是以星際大戰的著名場景為主題，甚至還用樂高拼了一架可以讓人坐進駕駛艙的X翼戰機！而在遊樂設施方面，這裡可以讓遊客駕著小船，航行在以樂高打造的世界知名景點中；或是開著吉普車來趟樂高動物Safari；或是在樂高的維京世界從瀑布上翻騰而下；或是闖進樂高鬼屋，尋找一點也不可怕的樂高幽靈。其他像是雲霄飛車、摩天塔、飛行模擬器等遊樂園標準設施，這裡也沒有少，甚至還有蓄養活生生動物的水族館與企鵝館呢！(P.127)

最佳主題樂園
The Best Theme Parks

樂高樂園 / 丹麥
Legoland / Denmark
（P.127）

樂高之家 / 丹麥
LEGO House / Denmark
（P.129）

聖誕老人村
Santa Claus Village

踏過柔軟銀白積雪，穿越羅凡納米亮起夢幻燈光的村落，眼前的尖頂木屋有種魔力，催促人們推開沈重木門。擺滿禮物和耶誕樹的溫馨小屋內，蓄著銀白色長捲鬍子、帶著圓圓的眼鏡、穿著紅衣紅帽的聖誕老人正笑呵呵地揮動他厚實的大手，邀請你進入他的家中作客。揉揉眼睛確認這不是夢境，而是夢想成真的那一刻，超乎想像的是，不但可以坐在聖誕老人大腿上，還能聽到他老人家說中文！

整個聖誕老人村充滿了歡樂的童話氣息，村子裡有聖誕老人的辦公室、郵局、度假小木屋、餐廳和許多間販售聖誕飾品的商店，這裡的365天，天天都是聖誕節！(P.328)

芬蘭

西挪威峽灣
West Norwegian Fjords

　　冰河在挪威西海岸大展身手，雕刻出風貌各異的險峻峽灣，蓋倫格峽灣以其峻、奇、險而獲得「挪威峽灣之王」的稱號，呂瑟峽灣豪氣壯闊，松恩峽灣靈秀出塵，哈丹格峽灣則以飛灘的奔騰水勢氣勢萬鈞。搭乘遊船緩緩駛入千巖萬壑，劃破平靜如鏡的水面倒影，絕壁峽谷拔高遮日，雲霧繚繞層層疊疊的翠綠山巒，偶有飛瀑從山頂直洩而下，偶爾小巧木屋點綴山谷草坡，這才領悟到地理課本中冰冷的「峽灣」二字，原來竟是天堂的面貌。(P.179,191,198)

挪威

最佳自然景觀
The Best Landscape

松恩峽灣 / 挪威
Sognefjorden / Norway
（P.179）

蓋倫格峽灣 / 挪威
Geirangerfjorden /
Norway（P.198）

拉普蘭

©VisitFinland_Kuld

邂逅幸福極光
Northern Lights

　　當你瑟縮著身子抵抗砭骨之寒時，突地，極光女神魔杖一揮，噴薄宇宙之祕，驀地，人世煩憂皆拋諸腦後……

　　羅列閃燦星子的漆黑夜幕，宮廷御用織工窮盡一生心血也無法織就的碧綠、燦青與幻紫，時而如行書流瀉，時而如狂草奔馳，時而如舞者酣暢旋舞。若是以冰河湖為舞台，女神便同持兩枝魔杖在天幕與地景上施法，光帶流動、色階抽換，分秒不差同步搬演。走進挪威、瑞典、芬蘭北部的拉普蘭地區，衣襟彷若也可沾染極地限定的幸福之光。(P.54)

聖壇岩 / 挪威 Preikestolen / Norway （P.192）	奇蹟石 / 挪威 Kjeragbolten / Norway （P.193）	羅浮敦群島 / 挪威 Lofoten / Norway （P.200）

公共藝術酷建築
Public Art & Modern Architecture

　　北歐建築都是光線魔法師，因應高緯度長時間缺乏充足日光的氣候條件，使用大量玻璃引進陽光與自然景觀，模糊室內與室外的界線，白天讓瞬息變化的自然成為主角，夜晚則運用燈光點亮城市。也許是奧斯陸港邊的後現代冰山，也許是隱身在巨岩中的芬蘭教堂，也許是哥本哈根運河畔的神秘黑鑽石，幾何線條、多面向結構突破空間限制，形塑前衛視覺，有如城市中的大型藝術雕塑，不但提供方便實用的功能場域，同時也為城市增添驚豔焦點。

最佳現代建築
The Best Modern Architecture

哥本山滑雪場 / 丹麥
CopenHill / Denmark
（P.90）

哥本哈根歌劇院 / 丹麥
Operaen / Denmark
（P.92）

北歐設計
Nordic Design

　　北歐設計風靡世界，它不只是對於美感與風尚的追求，而是以自然的聯想為基底，環境的關懷為配料，加一點趣味與幽默，添一些永續使用的務實精神，打造一種簡單而有質感的生活美學。無論是最值得收藏的喬治傑森精品、阿瓦奧圖的設計傢俱、經典中求新的皇家哥本哈根瓷器、Iittala和Kosta Boda的玻璃藝術、或是繽紛亮麗的Marimekko，北歐設計將溫暖人心的幸福感藏匿在生活細節中。

奧斯陸歌劇院 / 挪威
Operahuset / Norway
（P.143）

HSB旋轉中心 / 瑞典
HSB Turning Torso /
Sweden（P.282）

岩石教堂 / 芬蘭
Temppeliaukion kirkko /
Finland（P.300）

追逐日不落
Midnight Sun

傳說中夸父辛苦追日為了獲得片刻黑暗，現在飛越千里，奔向歐洲大陸最北端，只為了一睹日不落的奇景。每年5月中到7月底，挪威北角（Nordkapp）的太陽永不西沈，午夜時分，燒紅的太陽即將碰觸海平面的剎那，瞬間彈起，再次緩緩上升，懸崖峭壁與天上雲彩暈染一片紅霞，是日落，也是日出。若沒有時間前往北角，在北極圈內的特羅姆瑟、羅浮敦群島、和拉普蘭地區等，也都有機會見證永晝的奇蹟。

© Karl Thomas/Visitnorway.com

參觀博物館
Visit Museums

奧斯陸的比格迪島與斯德哥爾摩的動物園島上，就匯集了多間精彩卓絕、類型多元的博物館，讓喜歡博物館的人逛上三天也不嫌累。而崇尚設計與藝術的北歐，當然也有不少聞名遐邇的設計博物館與現代美術館，許多美術館光是建築本身就堪稱一件藝術品。另外也有一些以著名藝術家或文學家為主角的博物館，例如易卜生、孟克、安徒生、西貝流士等，讓人深入認識這些北歐名人。最有意思的是許多地方都有的露天博物館，以動態保存的方式，收藏數百年前的建築群，人們可藉此回到過去，了解從前平民百姓的日常生活。

最佳博物館
The Best Museums

國立博物館 / 丹麥
Nationalmuseet /
Denmark（P.77）

維京船博物館 / 挪威
Vikingskipshuset /
Norway（P.154）

芬蘭

© Harri Tarvainen/Visit Finland

桑拿
Sauna

如果沒嘗試一次光著身子走進瀰漫原木香氣的桑拿室，感受一次蒸騰熱氣打開體內循環的開關，緊接著快速跳進冰冷的湖水或海水迅速冷卻，就不算來過芬蘭！

桑拿也被稱為芬蘭浴或三溫暖，已有兩千年的歷史，從前的桑拿室甚至有讓婦女分娩，病人治癒疾病的功用。據說芬蘭全國約有三百萬間桑拿室，平均每三個芬蘭人，就有一人家中設有私人桑拿間，週末約朋友到家中桑拿聚會，夏季或冬日前往郊區度假，享受森林小屋中的桑拿，是芬蘭人社交生活最重要的一部分。（P.295）

追尋維京人的足跡
Looking for the Viking

中世紀的北歐歷史和維京人密不可分，事實上維京人並不是一種種族的名字，他們在血統上也是印歐語系的北日耳曼語族，而維京人則是歐洲人用來指稱從事海盜或海上貿易行為的斯堪地那維亞人。在北歐許多城市都有專門介紹維京人的博物館，像是挪威奧斯陸的維京船博物館就是箇中翹楚，可看到3艘完整出土的維京時代墓葬長船。而在瑞典哥特蘭島上，則有許多和維京人有關的遺址，其中尤以數座仍留在原地的盧恩石碑（Rune Stone）最為重要。

探訪宮殿與城堡
Palaces & Castles

歷史悠久的北歐，有許多中世紀留下來的古堡和宮殿，訴說了北歐四國間數百年來的恩怨情仇、浮沉興衰。一一走訪這些歷史的見證者，聆聽古老的故事，故事中有輝煌榮耀、有兄弟鬩牆、有宮廷鬥爭、有英雄崛起；有的城堡可看到古時的防禦工事、火炮武器，有的宮殿可飽覽王室的富麗堂皇、雍容華貴。而古斯塔夫瓦薩、克里斯提安四世、古斯塔夫二世這些一代名君，也都在各古堡宮殿中留下可供後人懷想的足跡。至於展現巴洛克風華的王后島宮，與哈姆雷特故事場景的克倫堡，更是被列入世界遺產名錄中。

拉普蘭零下體驗活動
Winter Activities in Lapland

長達6個月的時間，拉普蘭大地沈睡在厚厚白雪之下，看似凍結的世界，實則是活躍的旅遊旺季。入住由冰塊砌成的旅館，戴著厚手套舉起冰塊杯慶祝、駕馭馴鹿或哈士奇雪橇飛馳在銀色的地平線上、在結冰的湖面上挖洞垂釣，為晚餐加菜、又或是從熱氣蒸騰的桑拿間走向戶外，吸一口氣，跳入飄著碎冰的湖泊。零下20度的各種體驗，都足以點燃飆高至沸點的興奮。

©VisitFinland/Lauri Rotko

拉普蘭

最佳城堡宮殿
The Best Palaces & Castles

腓特烈堡 / 丹麥
Frederiksborg Slot / Denmark（P.96）

克倫堡 / 丹麥
Kronborg / Denmark（P.109）

搭乘遊船
Sightseeing Cruises

挪威雄奇壯闊、千巖萬壑的冰河峽灣，芬蘭蓊鬱蒼翠、神祕幽靜的森林湖泊，而丹麥和瑞典海岸也有星羅棋布、姿態各異的破碎群島，加上各城市內縱橫交錯的運河，以及將北歐包圍在內的北海、波羅的海等海洋，可以說，北歐有一半是由「水」所組成的。可想而知，搭乘遊船是這些國家共同的熱門觀光項目。你可以坐上海達路德或詩麗雅等長途遊輪來趟跨國之旅，也可以參加運河觀光或群島巡航等短程行程，而從卑爾根經由松恩峽灣到奧斯陸的挪威一日縮影，更是許多人推薦一生必去的經典路線。

舌尖上的鮮活野味
Taste of Scandinavia

味覺是一組關鍵密碼，品嘗餐桌上的滋味，就能了解北歐的文化、歷史與傳統。肥美鮭魚、細嫩鱈魚或以香煎、清蒸、煙燻、奶油等多種方式烹調，將北海漁場的新鮮海味與維京故事鎖在餐盤；現抓帝王蟹是奢侈的海洋盛宴，大啖小龍蝦則是8月瑞典的全民運動。一口咬下拉普蘭地區的馴鹿肉，從舌尖滲透的是北國森林的粗獷氣息，口中咀嚼的是遊牧民族薩米人的傳統生活。

王后島宮 / 瑞典
Drottningholms Slott /
Sweden（P.241）

卡爾瑪城堡 / 瑞典
Kalmar Slott / Sweden
（P.270）

芬蘭城堡 / 芬蘭
Suomenlinna / Finland
（P.302）

北歐精選行程
Top Itineraries of Scandinavia

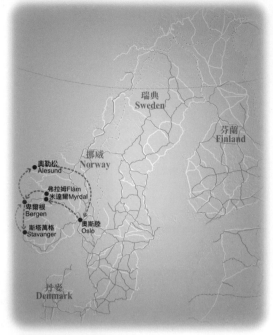

四國魅力首都7天

● 行程特色

北歐各國的首都各有特色，設計之城哥本哈根集城堡古蹟、現代建築於一身；峽灣之都奧斯陸被群山環抱、納廣闊海洋，各種主題的博物館增添文化氣息；建立於群島水道間的斯德哥爾摩有水上美人之稱，展現水岸邊的雍容華貴；宜居之城赫爾辛基與森林綠地零距離，將北歐設計融入生活細節。若只有7天時間，建議專注於各國首善之都，才能好好認識城市的迷人之處。

● 行程內容

Day 1：赫爾辛基 Helsinki

Day 2：赫爾辛基 Helsinki → 斯德哥爾摩 Stockholm（詩麗亞號郵輪）

Day 3：斯德哥爾摩 Stockholm

Day 4：斯德哥爾摩 Stockholm → 奧斯陸 Oslo（火車）

Day 5：奧斯陸 Oslo

Day 6：奧斯陸 Oslo → 哥本哈根 Copenhagen（飛機）

Day 7：哥本哈根 Copenhagen

冰河峽灣9天

● 行程特色

挪威峽灣鬼斧神工的壯麗，一直是吸引全球旅人前往北歐的重要原因。這趟行程最適合大自然玩家，首先利用挪威一日縮影的經典行程，拜訪最具有代表性的松恩峽灣，並在卑爾根多彩繽紛的港邊木屋感受北國的浪漫。接著前往呂瑟峽灣，用自己的雙腳一步步走上突出於峽灣上方的聖壇岩。最後來到「挪威峽灣之王」的蓋倫格峽灣，在兩岸雄奇險峻的山巒中，想像自己走進冰雪奇緣的夢幻國度。

● 行程內容

Day 1：奧斯陸 Oslo

Day 2：奧斯陸 Oslo → 挪威一日縮影 → 卑爾根 Bergen

Day 3：卑爾根 Bergen

Day 4：卑爾根 Bergen → 斯塔萬格 Stavanger（遊輪或飛機）

Day 5：斯塔萬格 Stavanger（呂瑟峽灣）

Day 6：斯塔萬格 Stavanger → 卑爾根 Bergen（遊輪或飛機）

Day 7：卑爾根 Bergen → 奧勒松 Ålesund（巴士或飛機）

Day 8：奧勒松 Ålesund（蓋倫格峽灣）

Day 9：奧勒松 Ålesund → 奧斯陸 Oslo（飛機）

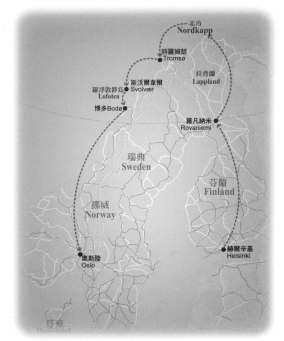

極北之境日不落10天

●行程特色

從赫爾辛基出發，搭乘北極特快車前往聖誕老人的家鄉，踏進北極圈，在旅行日記上記一筆嶄新的里程碑。行程幾乎都集中在拉普蘭地區，從芬蘭到歐陸最北端的北角，追尋永恆的日不落，搭乘郵輪沿海岸南下，悠閒的沈浸在峽灣美景中，而世界最美的島嶼－羅浮敦將寫下永生難忘的一頁。由於羅凡納米前往北角的長途巴士只在6~8月中行駛，所以是夏季限定行程。

●行程內容

Day 1：赫爾辛基 Helsinki

Day 2：赫爾辛基 Helsinki → 羅凡納米 Rovaniemi（臥鋪火車）

Day 3：羅凡納米 Rovaniemi

Day 4：羅凡納米 Rovaniemi → 北角 Nordkapp（長途巴士）

Day 5：北角 Nordkapp → 特羅姆瑟 Tromsø（飛機）

Day 6：特羅姆瑟 Tromsø

Day 7：特羅姆瑟 Tromsø → 羅浮敦群島 Lofoten（海達路德遊輪）

Day 8：羅浮敦群島 Lofoten

Day 9：羅浮敦群島 Lofoten

Day 10：羅浮敦群島 Lofoten → 博多 Bodø → 奧斯陸 Oslo

北歐精華全覽16天

●行程特色

這樣的行程安排雖然有點貪心，但能夠一口氣將北歐四國的精華一網打盡。從小鎮古都到峽灣冰河、華麗城堡到酷炫建築、文化遺產到自然奇景，北歐的設計、人文、歷史、自然都濃縮在這趟旅程裡。

●行程內容

Day 1：哥本哈根 Copenhagen

Day 2：哥本哈根 Copenhagen → 赫爾辛格 Helsingør（一日遊）

Day 3：哥本哈根 Copenhagen → 比隆 Billund（火車＋巴士）

Day 4：比隆 Billund

Day 5：比隆 Billund → 烏丹斯 Odesne（巴士＋火車）

Day 6：烏丹斯 Odesne → 哥特堡 Göteborg（火車）

Day 7：哥特堡 Göteborg

Day 8：哥特堡 Göteborg → 奧斯陸 Oslo（火車）

Day 9：奧斯陸 Oslo

Day 10：奧斯陸 Oslo → 弗拉姆 Flåm（挪威縮影）

Day 11：弗拉姆 Flåm → 卑爾根 Bergen（挪威縮影）

Day 12：卑爾根 Bergen

Day 13：卑爾根 Bergen → 赫爾辛基 Helsinki（飛機）

Day 14：赫爾辛基 Helsinki

Day 15：赫爾辛基 Helsinki → 斯德哥爾摩 Stockholm（遊輪）

Day 16：斯德哥爾摩 Stockholm

When to go
最佳旅行時刻

受到墨西哥灣流的影響，北歐四國的氣候較其他同緯度區域更溫和穩定，挪威這個名字源自古挪威語「Norðrvegr」，意思是「通往北境之路」，就是用來指這片冬日不結冰、綿長而崎嶇的海岸。

旅遊季節

北歐地區四季分明，夏季（6~8）月是最舒適的時候，天氣晴朗，各國首都的夏季均溫都在18~20℃左右，最熱的時候，即使在北極圈內，也會出現高達30℃的氣溫；夜晚有點涼意，但正午陽光熾熱，要注意防曬。這段期間博物館、景點和商店也都會延長營業時間，並有許多免費的戶外音樂會和表演，旺季出遊建議先預定旅館和交通工具，因為這段時間也是當地人最常休假旅行的季節。

最特殊的要算是挪威、芬蘭、瑞典北部因緯度關係，5月中至7月底會出現的永晝現象，到特定時間和地點就可以見到「午夜太陽」。其實不用到這麼北端，斯德哥爾摩在仲夏當天，深夜的天色仍然是深藍色，一直到凌晨4點左右，天又逐漸轉亮，幾乎感受不到黑夜。

北歐各國都有長達半年的冬天，雪季最長的地區是拉普蘭地區，從11月至隔年4月。冬季各大城市均溫約在0~3℃左右，12月至1月的北極圈內會出現永夜現象，氣溫大約-10℃左右。由於室內都有暖氣，建議以多層次穿著方式，防風、保暖的外套、帽子、手套是必備用品。

丹麥

丹麥氣候溫和宜人，一年四季都可以前往旅遊，春秋兩季日夜溫差大，冬季最低溫約0℃左右。通常一年的旅遊季節由4月開始，一直到10月左右，許多遊樂園只在這段時間開放，例如樂高樂園和哥本哈根的蒂沃利樂園。

挪威

挪威國境的北部都在北極圈內，一年中受太陽光照時間很短，7、8月為挪威人享受陽光的黃金季節，大多數挪威人選擇在這個時段休假，雖然是旅遊旺季，部分餐廳和商店甚至會因為放暑假而暫時歇業。

除了松恩峽灣全年開放，其他峽灣只適合6~9月間安排遊程。受到冰雪的影響，許多山區冬季不開放，登山健行活動最佳時間是5月下旬到9月上旬，9月以後山區天候較不穩定，時常下雨。此外，峽灣區的部分景觀公路也會在冬季暫停通行。

瑞典

地形狹長，南北氣候差異較大，北部屬於大陸型氣候，乾燥寒冷，冬季可長達7個月積雪不化，夏季卻只有1個月；南部則是海洋型氣候，6~8月間溫暖且日照長達17小時，相當適合旅遊。

芬蘭

短暫的春天是採集莓菓的季節，夏季和其他國家一樣，日照長，氣候溫暖，幾乎每週都有不同的活動舉辦，部份景點只在6~8月的夏季營運，例如芬蘭防禦城堡的博物館、湖區的遊船之旅等。北部漫長的雪季（12~5月）是另一個旅遊旺季，極光、冰屋、馴鹿雪橇等都是吸引人的活動，雖然低溫可能到達-20℃，體感卻不覺得這麼冷。

旅遊日曆

6~8月的夏季最熱鬧，各國都有爵士、搖滾等音樂節活動，夏至前後的仲夏慶典則是將歡樂氣氛推向高峰的重要節慶，雖然只有瑞典和芬蘭訂為國定假日，但其他國家的許多博物館和景點也選在這兩日公休，安排參觀行程時盡量避開。

冬季最重要的節日當然就是聖誕節了，博物館和景點都會放假或縮短營業時間，街上充滿濃濃的耶誕氣氛，到處都是市集和音樂活動。此外，挪威、瑞典和芬蘭北部的拉普蘭地區，冬季各地會舉辦冰雕、哈士奇或馴鹿雪橇比賽、極光節等特別的活動。

國定假日

日期	節日名稱	國家
1/1	元旦	北歐全區
1/6	主顯節	瑞典、芬蘭
復活節前週四	濯足節	丹麥、挪威
復活節前週五	耶穌受難日	北歐全區
春分滿月後第1個週日及其次日	復活節、復活節後週一	北歐全區
5/1	勞動節	北歐全區
復活節後第4個週五	大祈禱日	丹麥
5/17	憲法紀念日	挪威
復活節後第39天	耶穌升天日	北歐全區
復活節後第7個週日	聖靈降臨節	北歐全區
聖靈降臨節次日	聖靈降臨節後週一	丹麥、挪威
6/5	憲法紀念日	丹麥
6/6	瑞典國慶日	瑞典
夏至當週的週五、六	仲夏節前夕、仲夏節	瑞典、芬蘭
10/31~11/6間的週六、日	萬聖夜、諸聖節	瑞典、芬蘭
12/6	獨立紀念日	芬蘭
12/24~26	耶誕節假期	北歐全區
12/31	除夕夜	瑞典

各地特殊節慶及活動

國家	月份	節慶名稱	地區	活動
丹麥	2月	狂歡節 Fastelavn	全國	復活節前40天。孩子們最開心的節日，盛裝打扮的孩子拿著鐵罐子，挨家挨戶敲門要糖果或禮物，並為開門的人唱歌。
	6月	哥本哈根嘉年華	哥本哈根	每年的聖靈降臨日舉辦，大約5月底或6月初。為期約3天的「拉丁風」嘉年華會，整個活動最熱鬧的就是從市政廳廣場到新國王廣場之間的遊行。
	7月	爵士音樂節	哥本哈根	7月第一個週五，連續10天。除了音樂廳，街頭和運河邊也有許多音樂演出。
		世界聖誕老人會議	哥本哈根	7月下旬。世界各地的聖誕老人齊聚一堂，數百位聖誕老人從新國王廣場出發，沿著Strøget購物街遊行，場面相當壯觀，最後在哥本哈根郊區的巴肯遊樂園（Dyrehavsbakken）舉辦全世界最夢幻的會議。
挪威	1月	北極光節 Nordlysfestivalen	特羅姆瑟	極光之下的藝術饗宴，包含音樂演出和藝術展覽。音樂類型相當多元，涵蓋古典、爵士、歌劇等。
	3月	霍爾門科倫滑雪節 Holmenkollen Ski Festival	奧斯陸	3月第二個週末舉辦。國際級滑雪跳台比賽，也會有很多精彩的滑雪表演。
	5月	憲法紀念日	全國	5月17日是一年中最重要的節日，全國各地的挪威人穿著傳統服飾遊街，最壯觀的場面在奧斯陸，遊行隊伍會沿著卡爾約翰大道一路走到王宮。
	7~8月	美食節	全國	斯塔萬格、奧勒松等城市都會舉辦美食節，可品嚐許多北歐地區的傳統食物。
	9月	國際易卜生戲劇節	奧斯陸	每兩年舉辦一次，吸引世界各國劇團來此演出易卜生的作品。
瑞典	1月	基努那雪祭 Kiruna Snow Festival	基努那	瑞典著名的冰雪節，於1月底舉辦。有大型冰雕展、可容納百人的冰屋、滑雪和冰橇競賽等。
	5月	五朔節	全國	5月1日前夕，為慶祝春天到來，人們聚集在野外，點起高大篝火，伴著樂曲合唱。
	6月	仲夏節 Midsommardagen	全國	6月下旬。瑞典人架起四周以樺樹葉圍繞的五朔節花柱，再繞著花柱轉圈舞蹈，以迎接夏天。各地皆有慶祝活動，推薦參加在斯德哥爾摩的斯堪森露天博物館所舉行的慶典。
芬蘭	2月	懺悔星期二	全國	每年復活節前七週的星期二，芬蘭人相信在這一天吃口味濃郁的食物，代表這一年會有好收成，傳統活動包含滑雪橇、喝豆湯和吃果醬甜麵包。芬蘭特有的雪橇旋轉木馬（napakelkka）也是必備元素。
	3月	賽鹿節	拉普蘭	薩米人在結冰的Inari湖上舉辦馴鹿雪橇大賽，最精彩的是「馴鹿王大賽」，選手需駕駛未經訓練的馴鹿行駛2公里遠。
	5月	五一節 Vappu	全國	5月1日是春季最大的節日，以通宵達旦式的歡暢玩鬧，迎接春天的來臨。也是「合法」的街頭「狂飲日」。
	12月	聖露西亞節 Lucian päivä	赫爾辛基	12月13日是赫爾辛基的耶誕節，源自芬蘭的瑞典裔人口。每年都會選出一位「聖露西亞」在赫爾辛基大教堂接受加冕，沿著Aleksanterinkatu大街遊行。

Best Taste in Scandinavia
北歐好味

文●蔣育荏・李曉萍・墨刻編輯部　攝影●周治平・李曉萍・墨刻攝影組

北歐雖然不特別以美食聞名，但提到一些北歐的菜色或是食材，都是一般人耳熟能詳，像是開放式三明治、丹麥麵包、瑞典肉丸、挪威和冰島的鮭魚、芬蘭馴鹿等。而近年新北歐風的創意料理，更在國際美食界中異軍突起，尤其不少米其林星級餐廳，都落腳在這四國的首都。

開放式三明治 🟥
Smørrebrød /
Open-Faced Sandwich

　　這是非常北歐的食物，尤其是在丹麥，從米其林餐廳到菜市場攤販，從早餐店到宵夜吧，都可以在菜單上看到。而且丹麥人吃Smørrebrød，可以當前菜，可以當主餐，還能夠當甜點。

　　之所以稱為「開放式」，是因為只有底部一片裸麥酸麵包，上面會放各式各樣的食材，傳統材料包括醃鯡魚、燻鮭魚、肉丸、水煮蛋切片、碎菜沙拉等。為了防止汁液把麵包弄得軟趴趴，通常會抹上一層奶油，名字中的smør就是奶油的意思。而在食材頂部則是魚卵、起士或各式醬料。

　　據說這是源自中世紀的傳統，當時人們吃飯不用盤子，食物都是放在一片已經不新鮮的麵包上面，用完餐後，麵包隨即丟棄。後來有人發現沾上汁液的麵包其實挺美味，久而久之麵包也成了餐點的一部分。這種食物到19世紀成為丹麥農家普遍的午餐，麵包上放的是前晚的剩菜，而午餐是從前勞動階級最重要的一餐，因此麵包上的食材都是放好放滿。

蝦醬土司 🟥
Toast Skagen

　　蝦醬土司說起來也是開放式三明治的一種，雖然以丹麥北邊的小漁村命名，卻是在1950年代由瑞典名廚Tore Wretman所發明。蝦醬土司顧名思義，主要食材是大量新鮮蝦仁拌美乃滋醬，底下盛接的多半是煎過的法國脆麵包，頂部會放上魚卵、時蘿，並淋上檸檬汁。這是瑞典非常經典的派對前菜，在許多海鮮餐廳與開口三明治店都能找到。

　　另外還有一種較傳統的蝦仁三明治Räksmörgås，其與蝦醬土司的差別除了沒有美乃滋外，還多了萵苣、蕃茄、小黃瓜與切片水煮蛋，有時上面還會擠上一點魚子醬。瑞典人喜愛它的程度，甚至還造了一句諺語：「滑落在蝦仁三明治上」，就是「不勞而獲」的意思。

肉丸 🇩🇰🇳🇴🇸🇪🇫🇮
Köttbullar / kjøttboller / Kjøttkaker / Frikadeller / Lihapulla / Meatball

肉丸其實是很國際化的食物，只要是會吃肉的國家都會做肉丸，而像是瑞典那樣的肉丸，北歐每個國家都很普遍，那為什麼肉丸在印象中卻只和瑞典劃上等號呢？可能是因為瑞典有家很會賣肉丸的傢俱店的緣故吧！

北歐肉丸的口感比猶太丸子紮實，又還不到新竹貢丸那麼Q彈，上面會淋上熱騰騰的肉汁醬，一旁則搭配馬鈴薯泥或是水煮馬鈴薯。肉汁還會拌上當地特產的越橘果醬，這種吃起來和蔓越莓極度相似的莓果，與肉汁的味道意外地相合。

醃鯡魚 🇩🇰🇳🇴🇸🇪🇫🇮
Marineret sild / Sursild / Inlagd sill / Pickled herring

整個北歐的海岸線極長，漁產相當豐富，其中又以鯡魚為大宗。從前為了延長鯡魚的保存期限，會先把新鮮鯡魚浸泡在鹽滷中去除水份，之後再以醋、鹽、糖等醃漬，有時還會加進月桂葉、胡椒粒、生洋蔥等調味。這種吃法的歷史可上溯至維京時代，與其他地區的鹽醃鯡魚相比起來，北歐醃鯡魚的甜味和酸味都比較明顯，味道上層次更加豐富。醃鯡魚通常被當做小菜直接吃，也常與馬鈴薯、酸奶等搭配，同時也是開放式三明治最經典的口味之一。

烤羊頭 🇳🇴
Smalahove / Sheep's head

即使在北歐本地，也有人認為這道料理挺野蠻。烤羊頭過去是窮人家吃的食物，現在則是挪威人聖誕大餐中的主角，專業的廚師會先去除腦部與耳朵，再把羊頭或煮或蒸3個小時，有時也會炙燒羊頭的每一面，然後趁羊頭風乾前撒上鹽巴調味。嘴邊肉是羊頭最好吃的部位，臉皮Q彈，肉有嚼勁，配菜常是馬鈴薯泥與蕪菁菜泥，傳統上也會搭配阿夸維特蒸餾酒烹用。雖然12月時挪威到處都是烤羊頭，但在聖誕假期以外的季節，只有少數餐廳有供應這道料理。

燻鮭魚 🔴⚫⚪🔵➕
Røget laks / Røkt laks / Rökt lax / Smoked salmon

北歐的鮭魚養殖業者使用最低量的抗生素，並且飼料分配均勻，因此所生產的美味紅肉以其絕佳口感，在國際上極受歡迎。在北歐諸國，光是鮭魚就有各種料理方式，無論是煙燻或是燒烤，清甜的魚肉總令人回味再三。其中最常見的就是煙燻鮭魚，即使是星等不高的酒店，自助式早餐檯上也還是少不了它的身影，而燻鮭魚沙拉、燻鮭魚貝果、燻鮭魚披薩、最常見的還有燻鮭魚開放式三明治等，燻鮭魚總是出現在各式各樣的地方，以各種樣貌佔據你在北歐的每一天。

公主蛋糕 ➕
Prinsesstårta / Princess cake

公主蛋糕是瑞典人最引以為傲的甜點，主體是海綿蛋糕，內部夾有莓果醬與奶油，而其辨識度最高的招牌，就是外面包裹的那層粉粉淡淡綠色的杏仁糖，讓蛋糕散發出一種優雅、可愛、甚至俏皮的氣質。不過「公主」可不只是蛋糕的形容而已，最早做出公主蛋糕的人名叫Jenny Åkerström，她在1920年代是卡爾親王（古斯塔夫五世的弟弟）三個女兒的家庭教師，她們後來先後嫁給丹麥、挪威與比利時的王子，在歐洲算是顯赫的王室名人。這三位公主都是這款蛋糕的死忠鐵粉，既然是公主愛吃的蛋糕，當然就沒有其他更好的名字了。

詹森的誘惑 ➕
Janssons frestelse / Jansson's temptation

這道砂鍋菜奇怪的名字，一般都説是得自19世紀中的著名歌劇家Pelle Janzon，據説他也是個挑嘴的美食家，如果連他都無法抗拒誘惑，美味便可想而知。其做法是將馬鈴薯切絲，與洋蔥、黍鯡魚、麵包屑等一層一層鋪在烤鍋裡，最後再加上大量奶油後，放進烤箱高溫焗烤。吃起來的感覺，就是加了料的焗烤馬鈴薯。詹森的誘惑在瑞典是聖誕大餐中不可或缺的要角，不過在聖誕節以外的季節並不容易找到。

紅香腸
Røld Pølse / Hot Dog

　嚴格講起來，熱狗（熱狗是美式説法，正確講起來是法蘭克福香腸）稱不上是北歐食物，而是來自丹麥南邊的日耳曼鄰居。然而哥本哈根街頭熱狗攤車的密度之高，已到了令人難以忽視的程度，要把熱狗説成是丹麥的新國民美食，似乎一點也不為過。

　丹麥人稱熱狗為Røld Pølse，翻譯起來就是紅香腸。通常攤車上都有圖片使顧客一目瞭然，最常見的吃法就是夾在長型麵包裡，擠上蕃茄醬、黃芥菜與炒蒜絲，也有單純熱狗搭配馬鈴薯泥，或是包裹在培根裡的吃法。

魚湯
Fiskesuppe / Kalakeitto / Fish soup

　魚湯其實非常庶民的日常飲食，一大碗香氣逼人的溫暖魚湯搭配附贈的麵包，飽足感十足，就是上班族的午餐。魚湯在整個北歐地區的餐廳和市場小吃都能找到，滿滿一大碗鮭魚、時令白魚肉、鮮蝦和貝類等，混合馬鈴薯或蕃茄熬煮，最後再撒上香料和起士增加香氣的層次，滋味濃郁。魚湯在挪威多以白酒、奶油作為湯底，瑞典和芬蘭則較多蕃茄洋蔥湯底。

鱈魚和魚舌
Torsk & Torsketunger / Cod & Cod tongue

　挪威沿海是世界上水產資源最豐富的海域，除了鮭魚以外，鱈魚也是經濟價值高的重要漁獲。北極鱈魚（skrei）屬於大西洋鱈魚，一生部分時間在北大冰洋深海中活動，每年1~4月份洄游至挪威產卵，羅浮敦群島的鱈魚捕撈季就在此時。北極鱈魚的脂肪含量較低，口感細緻，肉質有彈性，餐廳最常見的調理方式是乾煎或清蒸，保留了鱈魚原味。

　鱈魚舌頭是只有挪威北極圈內才吃得到的限定美味。魚舌切成塊狀後裹上一層薄薄的麵衣油炸，外酥內軟，肉質有彈性，混合干貝的口感和鱈魚的味道，隨盤附上檸檬汁和塔塔醬，正好平衡油膩感。

肉桂捲 🏳🏳🏳🏳
Kanelsnegl / Skillingsboller / Kanelbulle / Korvapuusti / Cinnamon roll

時至今日，肉桂捲已成了普遍於全世界的甜點，以致於許多人都忘了，它的發源地其實正是在瑞典。這個點心是在麵糰中和入肉桂、糖、奶油與小豆蔻，揉成長條狀再一圈圈捲起來後，放入烤箱烘焙，最後再撒上粗的珍珠糖粒。與後來傳入美國的肉桂捲比起來，北歐的肉桂捲甜而不膩、口感紮實，還吃得出淡淡的肉桂清香。瑞典人喝咖啡時最喜歡配肉桂捲，著迷的程度甚至將每年10月4號訂為肉桂捲日。

煎魚餅 🏳🏳
Fiskefrikadeller / Fiskekaker / Fish Cakes

丹麥人喜愛煎魚餅的程度更勝於肉丸，其魚餅是以鱈魚、鯡魚等白肉魚，加上洋蔥、泡了檸檬汁的西洋芹，與鹽、胡椒一同攪拌，再以平底鍋油煎，上桌時搭配小黃瓜與調味的蛋黃醬remoulade食用。而在挪威，則多以馬鈴薯泥、青花菜、胡蘿蔔等為配菜，並佐以肉汁調味。

小龍蝦 🏳
Kräftor / Crawfish

瑞典人吃小龍蝦也是出名的，在傳統市場及海鮮餐廳裡，小龍蝦永遠有一席之地。雖然現在瑞典一年到頭都吃得到小龍蝦，但最熱絡的季節還是每年8月初的小龍蝦派對（Kräftskiva），其歷史可上溯至16世紀，當時只是貴族階級的特權，如今早已發展成全民運動。瑞典的小龍蝦料理非常簡單，就是煮熟、放涼、下酒，頂多就是拿時蘿和鹽巴來去腥提味。其實小龍蝦派對的主要目的，享用美食只在其次，更多的還是為了與家人朋友團聚。

馬鈴薯餃子 🏳
Raspeball / Potato Dumpling

馬鈴薯餃子在挪威是相當普遍的料理，基本上是將馬鈴薯磨成粉，和進大麥麵粉、鹽巴等調味料，再捏成球狀，通常還會包進羊肉、豬肉等內餡，或蒸或炸，吃起來帶點QQ的口感，相當類似台灣的肉圓。醬料常是融化的熱奶油或豬油，並搭配越橘果醬食用。

挪威各地的馬鈴薯餃子差異頗大，而且有不同稱呼，西挪威稱之為Komle，中挪威稱之為Klubb，南挪威稱之為Kompe；尤其在西挪威，甚至把每個禮拜四訂為馬鈴薯餃子的專屬日子，在這一天吃到馬鈴薯餃子的機會特別高。

馴鹿肉
Poronkäristys

在芬蘭北部的拉普蘭地區，馴鹿是當地人肉類及蛋白質的主要來源，大部分餐廳會選用馴鹿的背脊肉，做成肉排、香腸或肉丸等形式，上桌時，通常會搭配馬鈴薯泥和越橘果醬。馴鹿肉吃起來與豬肉味道接近，但顏色較深，看起來像是牛肉，而且營養價值高、脂肪含量低，雖是從前的庶民美食，卻相當受到現代人喜愛。

丹麥麵包
Wienerbrød / Danish pastry

許多丹麥人喜歡吃甜食，因此在丹麥的飲食文化裡，糕餅、點心和奶酥餅乾都占有一席之地，其中丹麥麵包甚至跨過國界，受到世界各國歡迎。雖說是丹麥麵包，但在丹麥文裡，Wienerbrød卻是維也納麵包的意思，這是因為這種在麵糰外部捲上薄薄數層的烘焙方法，最早是在1840年代從維也納的麵包師傅傳來的。其主要成分除了麵粉外，就是當時丹麥重要的農產品：奶油，現在的丹麥麵包則發展出上千種不同變化，內餡從卡士達奶油到果醬，幾乎想得到的都有。

阿夸維特蒸餾酒
Akvavit / Akevitt /
Aquavit

阿夸維特是北歐地區最傳統的蒸餾酒，歷史可追溯到15世紀，其名字來自拉丁文Aqua Vitae，意思是「生命之水」。這種酒的原料是馬鈴薯或其他穀物，現在也有用玉米蒸餾的，酒精濃度高達40%，喝起來有點像是伏特加，但因為酒中添加了葛縷子或蒔蘿籽等香料，而有種獨特的香味。阿夸維特的喝法是倒在一口杯裡，當作餐前或餐後酒飲用，許多餐廳也有以阿夸維特為基酒的特調飲品。

星期六糖果
Lördagsgodis

現在在台灣已經很少看到像小豆苗這樣的自助式糖果零食專賣店了，但在瑞典的便利商店或超級市場裡，一定會有一面牆的空間保留給各式各樣的糖果，讓嗜吃甜食的瑞典人秤重購買。瑞典有個不成文的傳統，每到星期六，就要吃糖果，像是五顏六色的水果軟糖、各種巧克力、甘草糖等，都是瑞典人的最愛。星期六糖果的習慣源自1950年代隆德某間醫院的蛀牙實驗，根據實驗結果，專家呼籲每週最好只吃一天糖，於是瑞典人不約而同地把星期六訂為吃糖日，不過他們似乎有點誤解專家的意思，據說平均一個瑞典家庭，在這一天會吃掉1.2公斤的糖果。

Solo柳橙汽水 ⬤
Solo Orange Soda

就像珍奶之於台灣、美祿之於新加坡，Solo柳橙汽水也算是挪威的國民飲料。Solo的名字寓意只有柳橙一種口味，原始配方來自西班牙，1934年由挪威啤酒廠牌Ringnes買下，並在1960年代成為挪威市佔率最高的飲料。2004年，Ringnes被丹麥的嘉士伯啤酒併購，直到現在仍有許多挪威人對他們的國民飲料落入外國之手而感到無法釋懷。

嘉士伯啤酒 ⬤
Carlsberg

嘉士伯啤酒成立於1847年，創始人J.C. Jacobsen為第一座蒸汽釀酒廠製造的第一瓶啤酒命名為「Carlsberg」，取自兒子Carl和釀酒廠所在地Valby berg的組合，嘉士伯的啤酒事業從此正式展開。1894年，在地啤酒品牌Tuborg和嘉士伯啤酒合股，1987年兩家正式合併為同一集團Carlsberg A/S。一個多世紀以來，嘉士伯啤酒在全球啤酒市場裡一直扮演極具影響力的角色，總計行銷超過150個國家。

椰絲巧克力燕麥球 ⬤⬤
Havregrynskugle / Chockladboll

據說這種甜點發明於二戰期間的丹麥，當時因為物資缺乏，小麥麵粉的配給量不足，於是主婦們以燕麥替代，做成這種小點心。其做法相當簡單，是把燕麥、巧克力、糖和油混合，做成球狀後外頭鋪滿椰子絲，不需進烤箱即可享用，也有許多人喜歡冰過後再吃。在瑞典，這也是非常常見的點心，尤其因為IKEA內的餐廳有在販賣而廣為人知。

潘趣捲（吸塵器）⬤
Punschrulle / Dammsugare

在瑞典經常和椰絲巧克力燕麥球一起出現的，是一種名為「潘趣捲」（Punschrulle）的甜點，不過它因為外形神似吸塵器吸頭的緣故，而更常被稱為「吸塵器」（Dammsugare）。這種圓柱形的糕餅，裡面是餅乾屑、奶油、可可粉的混合體，並加入潘趣酒（Punsch）以形成特殊風味，外頭則裹上翠綠色的杏仁糖，兩端再沾上巧克力凝固，由於味道非常甜，建議搭配黑咖啡享用。

酸牛奶 ⬤
Filmjölk / Sour Milk

酸牛奶是用新鮮牛奶發酵製成的飲品，世界許多地方都有，而在瑞典更是人們早餐桌上的標準成員。瑞典人最愛用酸奶搭配穀物燕麥片，雖然不少外地遊客對其酸味不敢領教，但若想徹底融入瑞典人的生活，早餐就一定要先過酸奶這關。

Best Buy in Scandinavia
北歐好買

文●蔣育荏・李曉萍・墨刻編輯部　攝影●周治平・李曉萍・墨刻攝影組

近年到北歐，買「北歐設計」蔚為風潮，而設計在北歐不只是一種風尚或是標籤，更是生活需求的總結、反應生活環境的自然聯想，再加上一點趣味和幽默。另一方面，表現各地區傳統特色的民俗工藝品，則是富含文化底蘊的紀念。

北歐諸國 Scandinavia

巧克力

　　苦苦甜甜的巧克力，無論在世界上的哪個角落，都有無法抗拒其魅力的愛好者，幾乎每個國家都有屬於自己的國民巧克力品牌。

　　丹麥的Toms集團於1948年開始生產的Toms Skildpadde，造型靈感來自熱帶皮革海龜，巨大的巧克力龜殼裡是濃郁的太妃糖，由於外型討喜、份量又大，據說每年可賣出4千多萬盒，是丹麥最熱銷的巧克力產品。而創立於1884年的Anthon Berg也是丹麥老字號品牌，目前為Toms旗下子公司，品牌風格走高雅路線，最有名的產品是以黑巧克力包覆李子果醬、杏仁糖與馬德拉酒（Madeira）的烈酒巧克力，很適合當伴手禮送人。

　　挪威最常見的巧克力是由Freia於1937年出品的Kvikk Lunsj，每個包裝裡有4條包覆牛奶巧克力的長條餅乾。其名字意思是「速食午餐」，意即能迅速補充熱量，挪威人登山健行或滑雪時身上一定會帶個幾包，其在挪威的地位就像77乳加或士力架一樣。

　　1916年，Freia在瑞典創立了Marabou，成為瑞典最老字號的巧克力大廠，其主打產品是做成格子狀的焦糖夾心巧克力。1952年時，Marabou又推出另一個轟動市場的產品：Daim杏仁焦糖夾心巧克力棒。這兩項產品近年也有結合版，也就是Daim的杏仁夾心加上Marabou的格子形狀，藉由在IKEA內販賣，成為國際知名的品牌。

　　至於創業於1891年的Fazer，則是陪伴每個芬蘭孩子長大的共同記憶，光是經典款的藍色包裝牛奶巧克力，每年就有超過13億的產量。新鮮牛奶的品質是其美味關鍵，不會過分膩膩，可可與牛奶的完美協奏就在舌尖融化。尤其是Berry Pearls系列，包覆整顆蔓越莓乾或草莓乾，酸酸甜甜、外脆內軟的口感，相當受到女性歡迎。

鹹甘草糖
Salty liquorice / Saltlakrids / Salt lakris / Saltlakrits / Salmiakki

　　外地人實在難以想像，為什麼這種奇怪的糖果會在北海與波羅的海周邊國家這麼風行。事實上，把鹹甘草糖放進好味道單元似乎有點不太恰當，因為它甚至以被稱為「世界上最難吃的糖果」而聞名，但不可否認，這是每個北歐人從小到大的記憶味道。

　　這種黑色糖果是將高度濃縮的甘草加入食鹽調味製成，一入口就會被強烈的八角味道席捲，雖說是糖果，但只有鹹味和苦味的綜合，更像是把瓜子殼放上舌尖。鹹甘草糖在各國有五花八門的形狀與種類，不過在芬蘭，大多是做成小顆的菱形樣貌。

皇家哥本哈根
Royal Copenhagen

皇家哥本哈根創始之初，由當時的王后Juliane Marie資助，店家引進中國製瓷的技術並努力鑽研，不斷精益求精，其散發著溫潤光澤的白底藍花瓷盤，是該品牌跨越近3個世紀的經典之作。皇家哥本哈根維持其獨到的燒瓷技術與雋永的樣式，不僅代表了丹麥傳統工藝的極致展現，也在全球瓷器品牌中占有重要地位。

丹麥琥珀屋 House of Amber

丹麥琥珀屋的飾品多出自丹麥設計師之手，目前在哥本哈根市區共有5間分店。琥珀之所以珍貴，除了年代久遠，同時也因為這種針葉樹（琥珀松）早已絕種。丹麥沿岸所發現的琥珀，是史前北歐地區的松樹脂化石，每一顆都有2千至5千年歷史。選購琥珀時要記得，琥珀由於是天然形成，因此絕對沒有色彩、光澤完全相同的，同時質輕、可燃、摩擦後會產生靜電者，才是真正的琥珀。

喬治傑生 Georg Jensen

喬治傑生是丹麥在全球名氣最高的飾品及生活用品的設計品牌，2005年正式宣告進入頂級珠寶領域，被譽為最值得收藏的精品之一。即便喬治傑生處於抽離具象的新藝術風格時代，作品主題也傾向簡單、渾圓的線條，具有立體感，但大自然給予他的豐富靈感，仍可在早期的器皿作品上，清楚看見他對細節的著墨。除了常賣型商品，每年都會推出年度限量飾品，且隔年不再販賣，尤其是珠寶飾品和手錶。

丹麥藍罐曲奇 Kelsen

在丹麥，一般人會在午後或晚餐後享用奶酥餅乾或其他甜點佐以咖啡或熱茶，如今「丹麥曲奇」已成為全世界最受歡迎的點心之一。Kelsen集團生產的餅乾銷售到世界各地，像是在亞洲引領風潮的Kjeldsens就是他們家的產品，而在丹麥本土較多的則是Copenhagen等子品牌。

Bang & Olufsen

Bang & Olufsen（B&O）是丹麥視聽周邊產品的國民品牌。北歐地區有大半年日照時間相當短，因此在家裡的時間相對來說比較長，由此之故，北歐人特別注重居家生活使用的物品，無論是家具、生活雜貨，甚至是音響，品質與效果自然也會格外要求。於是對B&O來說，不只是在販賣商品，同時也是在銷售一種有形的生活體驗。

Le Klint

丹麥燈飾品牌Le Klint最早的油燈作品，出自建築師P.V. Jensen Klint之手，而真正將Le Klint建立為品牌的是他的兒子Tage Klint。像百褶裙一樣的燈罩（Folded Lamp Shades）是Le Klint的經典樣式；另一個經典燈飾「水果燈」（Fruit lighten）是由Tage的兄弟Kaare Klint所設計，有雕刻家和建築師背景的Kaare，保留山谷摺法，將傘型轉變為球狀，堪稱近代最著名的燈具設計。

Ecco

Ecco是丹麥知名的休閒鞋品牌，分店遍及全球，以舒適和符合人體工學的設計著稱。其鞋款依功能細分為皮鞋、休閒鞋、高爾夫球鞋、運動慢跑鞋、極限運動鞋等，每個產品線在上市前一年就由各專業團隊的設計師著手設計與規劃，根據不同材質、樣式、顏色進行組合配搭，從生活細節到自然元素都是設計師們的創作靈感。

挪威 Norway

魚子醬 Kaviar

挪威周邊海域是廣大的北大西洋鱈魚漁場，挪威人會將鱈魚卵混合糖、油、醋和馬鈴薯後，煙燻製成魚子醬。最有特色的包裝形式，是將魚子醬裝在類似牙膏的軟管裡，要吃的時候直接擠在麵包、切片水煮蛋或其他食物上即可，非常方便。在超市或魚市場可以買到各種品牌的牙膏魚子醬，其中以Mills這個品牌最為知名。

雲莓果醬 Moltesyltetøy / Hjortronmarmelad / Cloudberry Jam

北歐盛產莓果，其中只生長在高緯度地區的雲莓為其他地方所少見，尤以挪威、瑞典和芬蘭的森林裡生長得最為茂盛。市面上販賣的雲莓皆為野生，這種橙黃色的亮麗莓果，外觀像是顆粒較大的覆盆子莓，有如卡通畫筆下般的可愛。其盛產季節是在夏天，北歐人會用雲莓來裝飾糕點；到了秋天產季已入尾聲，就把剩下的雲莓做成果醬。這種金黃色的果醬滋味香甜，有類似百香果醬的口感，用來塗抹麵包非常美味。

越橘果醬 Tyttebærsyltetøy / Lingonmarmelad / Lingonberry Jam

越橘和蔓越莓屬於同一屬的植物，兩者無論外觀或味道都非常相似，但越橘生長在更寒冷的極圈地帶，莓果比蔓越莓稍小一些，同時因為所含的原花青素比蔓越莓更高，因此顏色也比較深。原花青素是一種對身體非常有益的抗氧化劑，言下之意，越橘比蔓越莓還來得營養。由於糖份較少，越橘嚐起來味道較為酸澀，北歐人除了會把它打成果汁外，最常做的就是果醬。越橘果醬應用範圍相當廣泛，舉凡鬆餅、肉丸、牛排、薯泥、麥片粥等，北歐人都經常用越橘醬來調味，反倒是塗抹麵包是比較少見的。

棕乳酪 Brunost / Brown Cheese

歐洲乳酪百百種，唯有棕乳酪是挪威獨家乳製品。棕乳酪是使用製作乳酪之前、將乳水分離後的乳漿，加上羊奶和奶油繼續熬煮約10小時而成，其棕色就是來自於長時間熬煮的乳糖。煮好的乳酪不用再等待熟成，放在木箱塑型後即可食用，保存時間長達半年。棕乳酪不像一般乳酪有著濃濃的發酵味，聞起來有太妃糖的香氣，吃起來像是帶點鹹味的牛奶軟糖。挪威人習慣將棕乳酪切成薄片，搭配麵包或薄餅一起當早餐食用。

魚湯料理包

若在北歐喝魚湯喝得意猶未盡，也可以到超市買包魚湯的料理包回家烹煮。這種料理包的品牌眾多，其中以Toro這個牌子最大，到處都買得到。Toro的魚湯有兩種口味：添加蔬菜的卑爾根魚湯，以及用貝類提味的羅浮敦魚湯，只要依照包裝上指示的比例加進水和牛奶一起煮，就可以還原挪威魚湯的美味。

魚乾 Tørrfisk

超市到處都看得到這種片狀的魚乾，是挪威人最愛的零嘴。當地人到郊外露營或踏青時，經常就在路旁的加油站，隨手買一包放在車上，一路上邊嚼邊聊天。不像台灣的魚乾多半醃漬了過多的調味料，挪威魚乾只有淡淡的鹹味，保留了魚原本該有的味道。

精靈與維京人紀念品

精靈和維京人並列挪威代表人物，不管是城市、海邊或山區景點，都能在紀念品店中找到他們可愛的身影。精靈傳說是挪威民間文化重要的一部分，這些名為Troll的精靈（或稱為山妖）遍佈深山森林，他們居住在洞穴或地下，喜歡在夜晚到處玩耍，如果因為貪玩，來不及在天亮前回家，就會變成石頭。Troll的特徵是滿頭亂髮、牙齒參差不齊、有著尖尖的耳朵和長長的鼻子，因為Troll喜歡喝粥，長鼻子正好用來攪拌，所以總是紅通通，醜得有點可愛。

咖啡 Kaffe

挪威是全球喝咖啡量最多的前三名國家，據說每個挪威人平均一年要買10公斤的咖啡豆，幾乎可說是一種國民飲料。近年來，不少咖啡師參加國際咖啡師大賽屢屢獲獎，讓全世界對北歐咖啡有了耳目一新的看法。

除了Kaffebrenneriet以外，挪威很少連鎖咖啡館，許多獨立品牌、自家烘培的小店，每一家都有自己的烘豆濾豆秘訣。整體而言，挪威咖啡豆喜歡採用淺培手法，味道明亮輕盈，酸味中帶有清新的果香，和挪威夏季的陽光一樣鮮活迷人，因此許多咖啡愛好者來到挪威，都不忘帶一包咖啡豆回去。

Helly Hansen（H/H）

熱愛戶外活動的挪威人發展出許多戶外用品品牌，其中最知名的就是Helly Hansen。百年經典H/H創業於1877年，以生產航海、滑雪等戶外服裝享譽全球，受到世界級海員、滑雪者及探險家們的喜愛，後來也發展出登山健行及城市系列。

H/H的服裝強調運動中不忘展現時尚態度，獨家研發面料材質，加強防風、防水和保暖等主要機能外，更增加穿著舒適度。設計上秉持北歐風格、線條簡約、強調修身剪裁，深受好萊塢明星們的推崇。

Dale of Norway

1879年，在挪威峽灣深處的Dale小鎮開啟了一個百年品牌的故事，現在的Dale of Norway已是代表挪威最高品質羊毛衣的經典，並銷售至全球，連王室也是品牌愛用者。

Dale of Norway所有的產品原料都來自100%的挪威純羊毛，訴求對環境友善的生產歷程，經典款式的靈感取自於挪威各地民俗服裝的圖騰，歷久不衰。特別的是戶外系列的羊毛外套，透過三層結構和科技薄膜，讓毛衣在保暖之外，也擁有防風、防潑水的機能。

瑞典Sweden

鹽醃鯡魚罐頭 Surströmming

說到瑞典最「臭」名昭彰的食物，非鹽醃鯡魚罐頭莫屬！所有瑞典人都會警告你，要開鹽醃鯡魚罐頭一定要在室外，如果可以的話，到丹麥再開最好。而且打開罐頭時最好準備一盆水，在水面底下開罐，因為這種罐頭的製作方式，是只在鯡魚肉鋪上少許鹽巴即封罐，因此罐頭內的魚肉仍處於發酵狀態，不斷製造出二氧化碳，開罐時會因氣壓釋放而噴出汁液，若是沾到衣服上就大事不妙了。基於同一個理由，許多歐洲航空公司都明文規定不得帶鹽醃鯡魚罐頭上飛機。

才剛打開罐頭，就能聞到像是擺了三天餿水桶的酸臭味，吃起來的味道雖然沒那麼臭，甚至偏鹹，但仍不是正常食物該有的味道，甚至大部分的瑞典人自己都不敢領教。究竟如此噁心的食物是如何誕生的，據說是早年出海的漁船為了節省鹽巴的權宜之計，而在高緯度區域也成了迅速補充蛋白質的來源。在瑞典北部的地方，尤其是老一輩的人，喜歡鹽醃鯡魚罐頭的不在少數，甚至還有個漁村為它設了一座博物館呢！

達拉木馬 Dalahast

木馬在瑞典有著象徵力量、勇氣、忠誠、智慧和尊嚴的意義，18世紀時，達拉納伐木業興盛，許多伐木工人在冬季夜裡不需工作，便動手刻起馬型木雕用來打發時間，作為送給孩子的禮物。19世紀開始在木馬上彩繪傳統的Kurbits紋飾，1939年紐約世界博覽會上，三公尺高的小紅馬更將達拉木馬塑造成為瑞典最具代表性的手工藝品。

Design Torget

Design Torget自稱是「聚集所有特色設計商品的市集」，是除了IKEA外，許多瑞典人都會就近購買居家商品的品牌。這裡的商品以生活類用品居多，從裝香蕉的盒子到園藝使用的架子、剪刀等都有，而且更新速度極快。此外，每項商品上都註明設計師的名字，既是對創作者的尊重，也是對商品品質的責任心。

Svenskt Tenn

成立於1924年的Svenskt
Tenn，不僅是瑞典大使館的
指定使用品牌，也是瑞典經典
家居用品。品牌最初以生產
「白鑞製品」為主，而後再跨
足家具設計，其崛起之時，正

是新古典時期邁入實用主義的過渡階段，當時推出實用主義
風格的家具，受到各界矚目，而Svenskt Tenn也從一家小型工
藝店一躍成為瑞典最時髦的家具店。

G.A.D

G.A.D設計品牌從瑞典哥特
蘭島起家，以家具商品為主，
使用橡木、樺木、櫻桃木為主
要材質，搭配金屬、玻璃、石
材與羊毛，家具樣式簡單實用
且用色沉穩。

設計出一件件無論在視覺或環境裡，都可長久使用的家
具，是G.A.D的品牌宗旨，也因此所有的材質都要求天然與品
質。產品的設計線條簡單，色彩不多，實用是最終目的。

Kosta Boda

瑞典的玻璃工藝以東南部的「玻璃王國」最為出名，其中
Kosta Boda的作品相當多元，無論在外觀設計或玻璃處理技術
上，都有著相當精細且大膽的處理。Kosta Boda為了表示對產
品品質的保證，從設計師、製作玻璃的師傅，一直到上色的
技師，每一位都得在作品背後簽上名字，以示負責。

芬蘭 Finland

嚕嚕米周邊商品 Moomin

在芬蘭女作家朵貝楊笙的筆下，這隻貌似河馬、白白胖
胖、挺著圓圓肚子的精靈，帶來與森林中朋友相處的有趣故
事，融化全世界大人小孩的心，就算沒看過嚕嚕米的童話或
是卡通，也很難不折服於嚕嚕米可愛的模樣。

雖然台灣也有相關商品，但芬蘭的種類更加多元，幾乎所
有的日用品、文具用品、甚至超市中的食品都能找到嚕嚕米
的蹤跡，像是Fiskars、Iittala等知名芬蘭品牌也都有推出一
系列嚕嚕米的商品。

薩米人工藝品

居住在芬蘭北部的薩米人
擅長就地取材，除了各種木
頭工藝品，每年自然脫落的馴
鹿角也是常見素材。以馴鹿角
為刀柄裝飾的傳統手工刀、馴鹿角鑰匙圈和餐具，都雕刻了
薩米圖騰，是相當受歡迎的特色紀念品。

薩米人使用的傳統木杯稱為Kuksa，使用
生長在北極圈內的白樺樹瘤製作，由於寒
帶樹木生長緩慢，樹木質地堅硬不容易裂
開，白樺樹瘤經過拋光打磨後，產
生自然的光澤，每個Kuksa都有不
同紋理，皆為獨一無二，有些還會
在把手鑲嵌馴鹿角裝飾。

聖誕老人與木製玩具

如果要列舉出風靡全球的芬蘭偶像,第一名絕對是聖誕老人。聖誕老人的故鄉在芬蘭北部拉普蘭地區,而他與全世界大人小孩見面的辦公室則位於羅凡納米,這裡能找到各式各樣有濃厚耶誕氣氛的商品,最具有芬蘭特色的,當然是森林王國的木頭工藝,取自當地松木白樺樹,觸感溫潤,馴鹿是最受歡迎的造型角色。

Iittala

這個創立於1881年的玻璃工業,以高品質的無鉛玻璃,創造出各種精緻優雅的商品,從飾品擺設、花瓶到餐具、廚具等,皆以優美的線條語彙,將北歐設計的簡潔、時尚精神表露無遺。Iittala後來又與Arabia、Hackman、BodaNova、Höganäs Keramik、Rörstrand和Høyang-Polaris幾家公司合作,共同整合成一個銷售綜合居家用品的國際品牌,而且材質也不再侷限於玻璃製品,陶瓷、金屬、塑膠都可能是其產品之一。現今只要來到北歐家庭,都不難發現Iittala的產品。

Artek

Artek家具店是1935年芬蘭設計大師阿瓦奧圖和妻子在朋友Gullichsen夫婦的協助下所創立,是芬蘭家具品質與品味的代名詞。對奧圖而言,家具不是辦公室裡的冰冷器具,必須結合藝術與科技,創造出人性化的舒適感。

Artek最著名的產品,是奧圖所設計的木椅系列,他發展出特殊的壓模彎木技術,將十幾層樺木片壓成L形,而且可以僅用螺絲,不需其它的加強結構,就完美接合座椅與椅腳,創造出舒適、耐用的椅子。

Aarikka

Aarikka是芬蘭經典的木質飾品品牌,使用芬蘭本土的白樺樹和松木原生木材,搭配手工製作,讓一件即使是很小的作品,也可以看到它細膩精巧的一面。其中以木珠做的捲毛綿羊,是Aarikka可愛的標誌。

Aarikka的商品不僅做為飾品使用,也可以是鑰匙圈、書籤、溫度計、掛勾或是刀具、開瓶器等居家生活用品,甚至做成各種可愛的玩具。

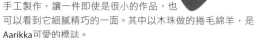

Marimekko

創立於1951年的Marimekko,是芬蘭國寶級的織品布料品牌,其以優質的布料織品,搭配色彩鮮豔的圖案,創造出簡約、時尚,又不失實用、實穿性的生活用品和服飾,如包包、餐具、杯子、衛浴用品、行事曆、衣服、毛巾等,種類琳瑯滿目。其中最經典的是Unikko印花系列產品,漂亮的色彩和明亮的設計,最受大家歡迎。

旅行計畫⋯北 歐好買 Best Buy in Scandinavia

Transportation in Scandinavia
北歐交通攻略

文●蔣育荏‧李曉萍‧墨刻編輯部
攝影●周治平‧李曉萍‧墨刻攝影組

斯堪地納維亞半島上的四國，不管是區域移動或是境內交通，都能選擇飛機、鐵路、巴士、遊輪/渡輪或自駕。丹麥國土較小，最方便的是火車，長途巴士反而需要中途轉車；挪威的鐵路線只分布在奧斯陸和中南部主要城市，北極圈內的交通需要倚靠飛機、沿岸高速遊輪、長途巴士或租車自駕，此外，西部峽灣間的交通也仰賴穿山越嶺的巴士和橫越峽灣的渡輪；芬蘭與挪威類似，南部區域鐵路交通發達，北部拉普蘭地區則仰賴長途巴士和飛機；瑞典雖然面積廣闊，但鐵路網絡相對密集，在行程安排上最便捷。

航空

國際航空

在北歐五國之間移動，最有效率的方式就是飛機，以首都之間的交通而言，相較於動輒6~12小時的鐵路、郵輪或巴士，搭乘飛機大約都只要1~1.5小時的時間。

北歐航空（Scandinavian Airlines，簡稱SAS）、芬蘭航空（Finnair）和挪威穿梭航空（Norwegian）的航線遍及丹麥、挪威、瑞典、芬蘭四國。其中的挪威穿梭航空為北歐地區的廉價航空，也是僅次於北歐航空的第二大航空公司，既然是廉價航空，服務當然是以項目計費，托運行李、機上餐點、預先選位都需要額外付費，但提供一個免費的優點，就是可以在高空無線上網，不管是否有實際需

求，都別錯過打卡炫耀的機會。

國內航空

挪威、芬蘭和瑞典都是深入北極圈的狹長國家，通行於遼闊的拉普蘭地區，陸路交通相當耗時，尤其是挪威和芬蘭北部的極圈內區域，沒有鐵路通過，只能靠巴士或飛機。

提供挪威國內線的主要航空公司為北歐航空、挪威穿梭航空和威得羅航空（Wideroe），北極圈內許多小城市和外島都只有Wideroe提供服務，航線幾乎都以奧斯陸為起點，若是從西南沿岸或其他北歐國家要前往挪威北部，均需在奧斯陸轉機。北歐航空的總部就在瑞典，瑞典的國內航線幾乎都由北歐航空營運，並以斯德哥爾摩為主要樞紐。而芬蘭航空的航點遍及芬蘭主要及次級城市，大多以赫爾辛基為起點往來各地。

◎北歐航空 SAS
ⓦwww.flysas.com
◎挪威穿梭航空 Norwegian
ⓦwww.norwegian.com
◎芬蘭航空 Finnair
ⓦwww.finnair.com
◎威得羅航空 Wideroe
ⓦwww.wideroe.no

鐵路系統

在北歐搭乘火車，可直接在售票櫃檯購票，若計畫長時間旅行，或是多國、跨城市旅行，購買單國火車通行證或是多國火車通行證，是最經濟且方便的選擇，不僅一票到底，免去每站購票的麻煩，還可享有當地其他小火車、市區交通，甚至渡輪或遊覽行程的優惠。

丹麥國鐵 Danske Statsbaner

丹麥是由群島和半島組成的國家，除了少數民營鐵路線以外，丹麥國鐵（簡稱DSB）的鐵路線貫穿哥本哈根所在的西蘭島（Sjælland）、烏丹斯所在的菲英島（Fyn）及日德蘭半島。城市之間搭乘火車移動相當方便。

◎城際快車與城際特快車 InterCity-tog & IC-Lyntog

IC是丹麥最主要的車種，連結國內各大城市，而ICL速度又比IC更快些，票價當然也稍貴。車廂分為一般與頭等（DSB 1）兩種等級，兩者都有電源插座供3C產品充電，而在頭等車廂內可自助享用咖啡、茶和小點心，持頭等廂車票在哥本哈根、歐胡斯與烏丹斯中央車站，還可進入貴賓室候車。

若在DSB官網上購票，還有機會以極低的價錢搶到早鳥票DSB Orange，發車前兩個月開賣，愈接近發車日期票價愈貴，且數量有限。

一般來說ICL和IC大多沒有強制訂位，其座位上方置物架有顯示螢幕，如果有標示車站名稱，代表該座位已被預訂，若是沒人預訂的座位，則會顯示「kan Vare Reserveret」。

◎區域火車 Regional-tog

這種區域火車行遍大城小鎮，幾乎每個路線上的車站都會停車，在上下班尖峰時間，班次更為頻繁，且娃娃車和腳踏車可扛進特定車廂內。

◎都會通勤火車 S-tog

這是哥本哈根都會區的通勤火車，每5~10分鐘就有一班，車票與哥本哈根其他大眾交通工具通用，可直接在購票機購買，亦可使用哥本哈根卡與歐洲火車通行證。

◎松德跨國列車 Øresundståg

這是由DSB營運，行駛於松德海峽大橋兩岸，連結丹麥與瑞典的跨國列車公司，以哥本哈根、馬爾摩、隆德、哥特堡等城市為主要車站，班次非常頻繁。車廂分為頭等和二等兩種，沒有強制訂位。

挪威國鐵 Vygruppen

　　幅員廣大的挪威，鐵路線分佈其實不多，以奧斯陸為中心點成輻射狀向外擴散，北邊最遠只到達北極圈內的博多（Bodø），主要路線都由挪威國鐵（簡稱VY）營運。挪威地勢崎嶇，雖然沒有特快的高速列車，但行駛於山巒峽灣間，窗外流瀉的美景倒也讓人忘了路程時間，例如奧斯陸至卑爾根之間的Bergen Express就被公認為世界最美的鐵路線之一。

◎區際快車 Region Tog

　　這是在挪威境內與IC同等級的長途快車，分為一般車廂和舒適車廂（Komfort），舒適車廂其實就是頭等車廂，提供咖啡、茶和報紙，並有電源插座可為3C產品充電。一般車廂還分為有遊戲區的親子車廂與靜音車廂，在靜音車廂內必須輕聲細語，也不能使用手機，兩者都不需事先訂位。

　　如果搭的是過夜的長途列車，可加價訂購Komfort Natt，也就是包下相鄰的兩個頭等車廂座位，並提供枕頭、毛毯、眼罩耳塞等過夜包。或是花一筆接近平價旅宿的錢，訂購獨享的臥鋪包廂（Sleep），在不受打擾的環境下入睡。夜車車廂內都有共用的衛浴及淋浴設備，購買Komfort Natt或Sleep的車票還附贈餐車餐券。

◎區域列車 Lokal Tog

　　區域列車目前共有9條路線，行駛在奧斯陸與其周邊城市之間，車程範圍不超過45分鐘，為都會區的通勤鐵路系統。

◎Go-Ahead Norge

　　英國的Go-Ahead運輸集團與挪威國鐵簽下8年合約，自2019年12月起負責營運從奧斯陸到斯塔萬格的路線，沿途總共31站，車票有可退款與不可退款兩種，車廂則同樣分為一般與舒適車廂。

◎弗拉姆高山火車 Flåmsbana

　　弗拉姆鐵道往返米達爾（Myrdal）和弗拉姆

Tips
沒有挪威鐵路經過的挪威火車站

　　挪威最北邊的火車站是北極圈內的納爾維克（Narvik），但這裡卻沒有挪威的鐵路線經過。因為當初修築納爾維克鐵路，是為了運送瑞典Kiruna出產的鐵礦至最近的出海港口，所以只能搭乘瑞典國鐵，從Kiruna出發、經Abisko穿越國境到納爾維克。

（Flåm）之間，短短的路程裡，海拔落差達864公尺，由於景色優美，因而被納入成為挪威縮影行程中的一段。因為不是由挪威國鐵所經營，所以不適用歐洲火車通行證（Eurail Pass），但憑通行證購票可享7折優惠。

瑞典國鐵Statens Järnväger

　　瑞典南部地區鐵路交通網絡綿密，各大城市之間班次頻繁，除了瑞典國鐵（簡稱SJ）以外，還有多間民營私鐵往來郊區及湖區。而從斯德哥爾摩前往北極圈方向的Norrlandståget，也是由國鐵負責營運。

◎高速列車 X 2000 / SJ 3000

　　X 2000和SJ 3000都是瑞典最高速的車種，平均時速達200公里。搭乘X 2000從斯德哥爾摩到哥特堡，車程只需3小時，加上瑞典與丹麥間的松德海峽大橋已於2000年完工通車，到哥本哈根也只需要5.5小時左右。而SJ 3000的最高時速甚至可達303公里，提供從北方Umeå到斯德哥爾摩之間的交通往來。

　　車廂分為頭等與二等兩種，頭等車廂除了座位空間比較寬敞之外，還供應自助式的咖啡與水果，並可在

主要車站享受貴賓室服務。若搭乘的是09:00之前的車次，頭等車廂還會提供免費的歐陸式早餐。如果想要吃熱食簡餐，也可在訂票時事先預購。

◎城際快車 InterCity

IC車種連接國內各主要城市，車廂同樣分為頭等和二等兩種，頭等車廂有較寬敞的座位與進入貴賓室的資格，但沒有免費早餐，且僅有部分路線車次供應咖啡和水果。

◎區域列車 Regional

這是行駛中程的區域列車，頭等車廂與二等車廂的差別只在座椅的舒適度與貴賓室。

◎夜車 Nattåget

若要前往北邊的城市，而又是在傍晚以後出發，那麼便有可能搭乘到夜車。夜車分為一般的座位與臥鋪兩個區域，臥鋪中又有不同等級分別，最便宜的是簡單的睡鋪房，內有3層上下鋪的睡墊共6張，並提供毛毯、床單與枕頭，不分男女，與其他乘客同住一間；高級一點的是3層上下鋪的睡床共3張，房內有放行李的空間，雖同樣是與其他乘客共住，但男女有別；若是夫妻親友同行，或不想與陌生人同寢，可加價訂成私人房；最高級的是頭等私人房，房內只有1~2張床，不但有廁所及淋浴間，若下車時間在06:30~09:00之間，還可享有一頓免費早餐。

芬蘭國鐵 Valtionrautatiet

芬蘭國鐵（簡稱VR）的營運範圍相當廣，遍及南部主要城市，北邊至羅凡納米及極圈內的Kemijärvi與Kolari。

◎高鐵 Pendolino

Pendolino是連接大城市的最高速車種，停車站點少，時速最高可達220公里。列車上附有餐車，一般配備還包括充電插座、網路訊號與可顯示行車資訊的螢幕設備。車廂分為二等（Eco）與頭等（Extra）兩種，頭等車廂有較寬敞的座位空間、自助式餐吧，甚至附設最多可容納6人的會議室。而二等車廂也包含親子包廂、幼兒遊戲室與工作包廂等空間。

◎城際快車 InterCity

IC是芬蘭國鐵最重要的車種，連接各大城市，有的列車還有雙層車廂。其車廂等級與設施幾乎與Pendolino相同，只是不是每節二等車廂都有網路訊號，以及頭等車廂裡沒有會議室。

◎快車 Express Train

主要行駛於芬蘭南部大城之間，車身通常為藍色，其基本設施與IC相同，只是全車都是二等車廂。

◎區域列車 Regional trains / Taajamajunat

這是最基本的中短程火車，沒有車廂等級之分，班次非常頻繁。

◎通勤火車 Commuter Train / Lähijunat

這是屬於赫爾辛基都會交通網的一環，共有12條路線，連結赫爾辛基、機場與坦佩雷等周邊城市。

◎夜車 Night Train / Yö-junat

若想由南部大城到拉普蘭，建議搭乘夜車，大部分夜車都有提供轎車載運的服務，乘客可在車上舒服地睡上一覺，第二天到達目的地後再開車上路。夜車有座位區、私人廂房與臥鋪廂房3種選擇，每房可睡1~3人，臥鋪廂房男女有別，若想要有廁所和淋浴間的房型，可在訂位時特別要求。車上還闢有一節行李車廂，大型的行李置放無虞。

北歐火車通行證

在北歐旅行，搭乘火車是最便利的交通方式，若要經常長距離移動，建議最好購買一張火車通行證。

適用於北歐4國的火車通行證包括：丹麥、瑞典、挪威和芬蘭的單國火車通行證、北歐4國火車通行證、全歐火車通行證等。

如果要一次拜訪丹麥、瑞典、挪威和芬蘭這4國，

自然是購買「北歐4國火車通行證」最為划算；而「全歐火車通行證」是提供給除了要用於這4個國家，還要再延伸至其他歐洲國家的人，因此價格也相對昂貴。

◎如何買票

　　由於通行證的發售對象為入境旅客，因此無法在丹麥、瑞典、挪威和芬蘭任何一國買到，必須先在台灣向有代理歐鐵票務的旅行社購買。在台灣是由飛達旅遊代理，可至其官網查詢北歐鐵路相關資訊，或直接撥打專線電話聯絡。

◎飛達旅遊
📞(02) 8161-3456
🌐www.gobytrain.com.tw
💬官方Line客服：搜尋@gobytrain

◎如何使用通行證

　　通行證需於開立後11個月內開始啟用，第一次使用前需至火車站內的櫃台蓋印生效章，並由站務人員填上「使用效期」及「使用者的護照號碼」方才生效。記得在使用當日第一次上車前先在通行證的日期欄位填上當天日期，若寫錯不可塗改，否則可能會影響當日車票的效用。查票時，只要出示通行證即可，有的查票員會要求比對護照號碼，因此搭乘時護照也要收在隨時可以拿到的地方。

　　凡是搭乘晚上7點後出發，且在翌日凌晨4點後抵達的夜車，需在火車通行證上填入班車出發日期，並須確認抵達日仍在火車通行證的有效日期內。

◎其他優惠

　　持火車通行證除了可在有效期限內，不限次數搭乘丹麥、瑞典、挪威和芬蘭境內的火車，在各國也可享受多種優惠，較主要的優惠如下：
◎ 搭乘丹麥與挪威間的Fjord Line渡輪，享7折優惠
◎ 搭乘瑞典與挪威間的Stena Line渡輪，享7折優惠
◎ 搭乘弗拉姆高山鐵道，享7折優惠
◎ 搭乘瑞典與芬蘭間的詩麗亞號渡輪，旺季享8折，淡季享6折優惠（不含臥艙預訂）
◎ 搭乘瑞典與芬蘭間的維京渡輪（Viking Line），享5折優惠
◎ 購買卑爾根卡享8折優惠
◎ 購買赫爾辛基卡享9折優惠
◎ 報名City Sightseeing或GetYourGuide的觀光行程享有折扣優惠
◎ 購買Eurosender行李運送服務或Stash行李存放務，享8折優惠
◎ 在Hard Rock Café用餐享9折優惠
◎ 持頭等廂的通行證可進入各大火車站的貴賓室
更多優惠可上飛達旅遊官網查詢。

移動旅宿－臥鋪列車

　　挪威、瑞典和芬蘭三國的國境深入北極圈，從南到北移動距離動輒十多小時，除了選擇飛機外，搭乘夜間列車，在搖搖晃晃的節奏中緩緩進入夢鄉，清晨睜開眼，窗外上映不斷變換的美景，這樣的特殊經驗，更增添旅行樂趣。

　　搭乘芬蘭的「聖誕老人快車」（Santa Claus Express），夜裡從赫爾辛基出發，在聖誕老人的故鄉羅凡納米醒來，是北歐夜車中最夢幻且最受歡迎的路線。臥鋪列車為上下兩層，上層艙房均為獨立衛浴的單/雙人套房，下層為僅附設洗手台的單/雙人廂房。套房內部設計精巧，洗手台空間也同時是通往衛廁的門，翻轉開啟，即可改變使用功能；普通廂房外也有共用浴室和廁所。此外，房間內都有2組充電插頭，並提供乾淨的枕頭、床包、棉被、盥洗用具、毛巾和一瓶飲用水。

◎2023年北歐4國火車通行證票價一覽表

效期	票種	成人單人票		青年單人票		熟齡單人票	
	艙等	頭等艙	普通艙	頭等艙	普通艙	頭等艙	普通艙
彈性	1個月內任選3天	256	202	205	174	230	182
彈性	1個月內任選4天	291	229	233	192	262	206
彈性	1個月內任選5天	321	253	257	219	289	228
彈性	1個月內任選6天	349	275	279	238	314	248
彈性	1個月內任選8天	396	312	317	270	356	280

＊線上購票免手續費，如需人工開票，需另收開票手續費€3，單位為歐元／每人。

＊票價不含訂位、餐飲及睡臥鋪之費用。

＊4～12歲兒童與大人同行者，需於購票時附上兒童資訊以取得兒童免費票，但仍需支付開票手續費。持免費票的兒童訂位，仍需支付訂位費。

＊青年票適用於已滿12歲但未滿28歲之青年。

＊熟齡票適用於已滿60歲之長者，且不得單獨於兒童免費票使用。

點對點火車票

如果只去一、兩個城市，或多為區域間的短程移動，購買點對點的車票即已足夠。一般火車票均可在火車站或官方網站上購得，如果搭乘的只是地方火車，直接在火車站的自動售票機或櫃檯購買即可。

◎如何購買車票

國鐵網站

北歐四國的國鐵網站都有英文介面，非常方便且實用，在規畫旅程前不妨先上國鐵官方網站查詢火車班次與票價，對於是否需要購買火車通用證或行程安排上都有非常大的幫助。進入英文網頁後輸入起、訖站及時間，便可查詢所有班次及細節。選擇想要的班次之後，會自動出現可能有的優惠票價與選擇，若是需要訂位的車種，票價計算會包含訂位費用。

網站上完成購票後，會收到一封含有QR Code的電子郵件，只要將信件印出隨身攜帶上車即可，不需要至車站櫃檯取票。雖然可選擇將QR Code下載至手機中，但為避免手機中途沒電，建議還是印出紙本信件比較保險。

◎丹麥國鐵
🚆www.dsb.dk
◎挪威國鐵
🚆www.vy.no
◎瑞典國鐵
🚆www.sj.se

歐鐵旅行的好幫手－Eurail的APP

持火車通行證搭乘歐鐵旅行，建議可下載Eurail的Rail Planner APP，不但可以快速查詢班次、將行程收納列表，還可以利用APP直接訂位。而系統也會把行程中強制訂位的車次特別標色註記，這樣就不用擔心不知道哪班車需要訂位。尤其北歐四國的國鐵網站各不相同，有個統一的操作介面的確方便不少。

 Eurail Rail Planner APP
🚆www.eurail.com/en/plan-your-trip/rail-planner-app

◎芬蘭國鐵
🚆www.vr.fi
自動售票機

使用車站的自動售票機購票，可避免售票窗口大排長龍的時間，機身上通常有圖示表示僅收信用卡或是可使用現金。火車站的自動售票機大多為觸控式螢幕設計，可選擇英文操作介面。

票務櫃檯

國鐵的售票櫃檯經常大排長龍，因此除非有特別狀況或有疑問，否則一般人不太會去櫃檯買票。在大城市的火車站，臨櫃之前需要先抽取號碼牌。櫃檯人員都能以英語溝通，但最好還是把車站的站名及日期時間寫在紙上，以免溝通上出了差錯。拿到票後，也要確認所有資訊正確無誤。

訂位與變更

搭乘這四國列車大多數都無須訂位，但搭乘高級高

速列車（如瑞典國鐵的X 2000與SJ 3000）、景觀列車、夜車，則需事先訂位。需訂位的班次，在時刻表上會有「R」的標記。即使是不需訂位之長程火車，遇旅遊旺季或特殊節日時，或是熱門的路線，仍建議事先訂位。

無論使用國鐵官網、自動售票機，或在櫃檯窗口，購買車票時都可同步訂位。即使持有火車通行證，訂位時還是得額外再付訂位費用，但可享歐聯特惠訂位價格，優惠位子有限，最好及早訂位。

搭乘火車注意事項

◎確認發車訊息

即使已事先查詢過發車訊息，抵達車站時，建議再次確認大廳的電子時刻表，上面會顯示即將進站和離站的列車班次、候車月台，避免因天候狀況或軌道維修的臨時變更。

每座月台前都設有電子看板，顯示該月台停靠列車的發車時刻及目的地，有時兩班列車的發車時間相近，所以上車前一定要再次確認。火車的車身上，會有1及2的標示，表示該車廂為頭等或普通車廂。

◎乘車

北歐火車的車門開啟採半自動式，若火車停在鐵軌不動，但車門已關閉時，只要車門上的按鈕燈還亮著，就可以按鈕開門；下車時也是，待火車停妥後就可以按開門鈕。

除了臥鋪列車以外，大多不是對號座，上車後找到空位坐下即可。需注意的是，歐洲火車常有行駛到中途分為兩截，前往不同方向的情況，上車時需再次核對車廂上的目的地站名。

◎查票及到站

除了機場線以外，火車月台大多無設置車票閘門，

北歐鐵路關鍵字彙

中文	丹麥文	挪威文	瑞典文	芬蘭文
車站	Station	Stasjon	Station	Asema
軌道	Spor	Spor	Spår	Raide
月台	Perron	Plattform	Plattform	Laituri
火車	Tog	Tog	Tåg	Juna
車廂	Vogn	Vogn	Vagn	Vaunu
座位	Siddeplads	Sete	Sittplats	Istumapaikka
座位預約	Pladsreservering	Plassreservering	Sittplatsreservation	Paikanvaraus
出發	Afrejse	Avreise	Avgång	Lähtö
抵達	Ankomst	Ankomst	Ankomst	Saapuminen
出口	Udgang	Utgang	Utgång	Ulos
服務中心	Informationskontor	Informasjonskontor	Information	Neuvonta
行李	Bagageindlevering	Bagasjeinnlevering	Bagage	Matkatavara
車票	Billet	Billet	Billett	Lippu
臥鋪	Sovevogn	Sovevogn	Sovvagn	Makuuvaunu
地鐵	Undergrundsbane	T-bane	Tunnelbanna	Metro
你好	God Dag	God Dag	Hej	Terve
謝謝	Tak	Takk	Tack	Kiitos

◎ 各國主要長途客運公司

區域	客運公司	營運範圍	網站
丹麥	Flixbus	以哥本哈根為中心，通往全國。	global.flixbus.com
挪威	NOR-WAY	以挪威中南部為主，最北至Trondheim。連接西南部海岸各峽灣之間的交通往來。	www.nor-way.no
	Nettbuss	以奧斯陸為中心，出發前往西部及南部各主要城市及旅遊景點，以及機場至市區的交通。連接入口城市與峽灣地區的交通往來，適用峽灣旅遊。	www.nettbuss.no
	Boreal Transport	有營運北挪威拉普蘭地區至北角的交通	www.boreal.no
瑞典	Flixbus	以斯德哥爾摩為中心，通往瑞典中、南部各城鎮，最北至Umeå。	global.flixbus.com
	Ybuss	經營斯德哥爾摩往北到Sollefteå與Umeå的路線。	www.ybuss.se
芬蘭	Matkahuolto	芬蘭全國。	www.matkahuolto.fi
	Onnibus	以芬蘭中南部為主，最北至羅凡納米及Levi。	www.onnibus.com
	Eskelisen	從赫爾辛基往北到拉普蘭地區。	www.eskelisen.fi

任何人都可隨意進出，但在列車上一定會遇到查票員，因此絕對不要抱持僥倖心態搭霸王車，被抓到的話後果非常嚴重，除了要繳納高額罰款，還有可能被拘捕並留下不良紀錄。

雖然北歐火車大多準時，但還是注意聽一下列車上的到站英語廣播，也有電子看板顯示下一個停靠站名。

長途巴士

相較於飛機、火車或遊輪，長途巴士最大的優勢在於票價低廉，且在部分沒有鐵路到達的區域，如挪威西部和北部、芬蘭北部，巴士有效彌補了城鎮和景點間的往來交通。不過相對來說，長途巴士所需時間

長，前往北極圈或跨越國境往往動輒十多小時車程，適合沒有時間壓力的旅行者。

跨國巴士

丹麥、挪威和瑞典之間的跨境巴士主要是由Flixbus公司營運，從哥本哈根、斯德哥爾摩、奧斯陸、哥特堡等主要城市，均有路線前往其他兩國，甚至是德國、荷蘭、比利時等其他歐陸國家。

芬蘭的Eskelisen Lapin Linjat則提供路線從赫爾辛基出發，一路往北到拉普蘭地區，並跨境前往挪威的北角及特羅姆瑟。

至於Eurolines雖然沒有路線往來北歐諸國之間，卻提供從丹麥、挪威、瑞典的大城市前往德國、捷克，甚至義大利等歐陸國家的超長程路線。

◎Flixbus
⏰global.flixbus.com
◎Eskelisen Lapinlinjat
⏰www.eskelisen.fi
◎Eurolines
⏰www.eurolines.de

境內巴士

北歐四國均有串連全國各地的長途巴士以及分區營運的區域巴士，各家巴士公司的車型設備略有差異，但大多提供無線網路，可至各城市的巴士總站直接購票或於網路上訂票，部分偏遠的小鎮不設售票處，可直接上車購票。

須注意的是，冬季在拉普蘭地區旅行，巴士班次會減少，有時還會因為天候狀況而長時間延誤或停駛。

遊輪與渡輪

　　北歐各國都有綿長而破碎的海岸線，峽灣島嶼羅織海上風光，船舶不只是一項重要的交通工具，還能從另一個角度欣賞城鎮依山傍水的夢幻景緻。各國境內有穿梭峽灣湖泊間的中小型渡輪，跨國旅行則有包含住宿與娛樂設備的豪華大型遊輪。無論是中程的地方渡輪或長程大型遊輪，大多有同時運送車輛的空間，自駕旅行搭配船舶移動，可節省不少時間。

　　眾多航線中，以沿途景色和船上設施服務來評比，最受歡迎的是往來斯德哥爾摩與赫爾辛基間的詩麗雅號遊輪（Tallink Silja Line），以及往來挪威沿岸的海達路德遊輪（Hurtigruten）。雖然遊輪的票價不見得比飛機划算，但搭乘夜間啟航的遊輪，醒來後就到達目的地，避免浪費旅程上的移動時間，同時省下一晚住宿費，因此搭遊輪玩北歐是相當受歡迎的旅行方式，夏天主要航線往往一位難求，事先預定為必要法門。

海達路德遊輪 Hurtigruten

　　海達路德遊輪創始於1893年，提供挪威西海岸的南北航運，從南部的卑爾根出發，北上至北極圈內的基可尼斯（Kirkenes），串連34個港口的往來交通。海達路德遊輪是文化、自然美景和野生動物的探索者，沿途會經過繁忙的大城市、古樸的中世紀城鎮、以及遺世獨立的小村莊，船上也提供各種文化與自然環境相關的解說及活動。此外，不間斷的峽灣美景，夏季午夜在甲板上日光浴，冬季夜晚仰頭就是精采絕倫的極光秀，這是趟悠閒的旅程，但絕不會感到無聊。

◎推薦航段

　　海達路德遊輪沒有花俏的娛樂設備和五光十色的表演活動，目不暇給、絕美壯麗的峽灣風光才是主角。其航程從卑爾根出發後，經過奧勒松、蓋倫格峽灣、特倫汗（Trondheim），進入北極圈內的博多（Bodø）、羅浮敦群島、特羅姆瑟、北角

（Nordkapp），最後到達與俄羅斯交界的基可尼斯。

　　如果有充足的時間和預算，12天的經典環遊航程（Classic Roundtrip Voyage）是深入挪威峽灣最佳的選擇，總航程1,500英哩，行經1百個峽灣和超過1千座山，拜訪沿岸大大小小的港口，而且航行時間經過仔細安排，北上時夜晚的航段，南下就會在白晝補回這段風光。10月到3月間參加行程還有「極光保證」，若在12天內都沒遇上極光，可免費延長6~7天的行程。

　　不想在船上這麼久，也可選擇單向行程，北上航程7天，南下6天，最後抵達卑爾根或基可尼斯，再銜接其他旅程或搭飛機返回。預算有限之下，也可購買任兩個港口間的單程航段（Port to Port），用1~2天時間體驗海上峽灣風光。

◎遊輪設備

　　雖然高速遊輪的重點不在船上的奢華享受，但海達路德遊輪的設備樣樣不凡，船上服務親切又不干擾，讓旅客用最舒適的方式飽覽峽灣風光。11艘遊輪的內裝風格各有特色，設備略有差異，其中以精靈峽灣號（Ms Trollfjord）和午夜太陽號（Ms Midnatsol）為最新穎的大型遊輪。

　　船上有全景觀景廳、自助式餐廳、露天溫水按摩浴缸、小型表演廳、健身房、紀念品店、酒吧、圖書室等設施，船方還會安排各種各樣可自由參與的活動。

遊輪路線

漢寧斯沃格 Honningsvåg
Hammerfest
基可尼斯 Kirkenes
特羅姆瑟 Tromsø
Harstad
Stamsund　斯沃爾韋爾 Svolvær
博多 Bodø
北極圈 Arctic Circle
Brønnøysund
Rørvik
芬蘭 Finland
奧勒松 Ålesund　特倫汗 Trondheim
Måløy
挪威 Norway
瑞典 Sweden
卑爾根 Bergen

　　每次靠港除了下船自由行外，也可以選擇參加船方規劃的各類型岸上遊程，像是駕馭哈士奇雪橇奔馳在北極光下、在特羅姆瑟聆聽一場午夜音樂會、或是驅車登上蓋倫格峽灣的觀景台，從高處俯瞰壯麗峽灣。

◎海達路德遊輪
全年運行，每日發船
www.hurtigruten.com

詩麗雅號遊輪 Tallink Silja Line

往來赫爾辛基與斯德哥爾摩，捷徑不是搭乘火車，而是選擇航行在波羅的海上的塔林客詩麗雅號遊輪。這是專門行駛於波羅的海、連結芬蘭首都赫爾辛基和土庫、瑞典首都斯德哥爾摩、愛沙尼亞首都塔林（Tallinn）、拉托維亞首都里加（Riga）的定期航線。

船隊共有14艘遊輪，其中固定航行於赫爾辛基和斯德哥爾摩之間的是詩麗雅小夜曲號（Silja Serenade）和詩麗雅交響曲號（Silja Symphony），雖說被定位為波羅的海上的定期渡輪，實際上，兩艘都是規格不輸國際品牌的觀光豪華郵輪。

◎船上設備

自助海鮮餐廳是詩麗雅的招牌之一，最吸引人的是無限量供應的海鮮大餐，除了自助餐廳，遊輪上還有義式餐廳、龍蝦館、烤肉屋、快餐廳、咖啡館等，滿足不同的饕客需求。等待遊輪行駛到公海，免稅商店就會開始營業，能買到芬蘭、瑞典等北歐品牌的化妝品、設計商品、詩麗雅號專屬紀念品與嚕嚕米的相關產品。

同時，遊輪之夜一點都不會寂寞，大西洋宮劇場夜夜燈火四射，表演接連不斷；KTV舞池裡，酒酣耳熱的旅客腳步踏踏地放聲高歌；酒吧裡有歌手現場演唱，甚至散步大道都不時有意外的驚喜演出。若不喜歡喧鬧，12樓甲板的水療中心設有桑拿和按摩浴缸，能好好放鬆旅途的疲憊。

◎詩麗雅號遊輪

⌂赫爾辛基的碼頭在Olympia Terminal，可搭乘3號電車至中央車站。斯德哥爾摩的碼頭在市區東北方的Värtahamnen港，前往市中心可搭乘City Transfer的巴士（單程€8），或是步行約10分鐘至地鐵紅線T13的Gärdet站。

⌄從赫爾辛基：每日17:00出發，次日09:45抵達斯德哥爾摩；從斯德哥爾摩：每日16:45出發，次日10:30抵達赫爾辛基

🌐www.tallinksilja.com

背包客玩遊輪

想要從海上欣賞挪威沿岸城鎮和峽灣風光，卻苦於預算限制，還是有魚與熊掌兼得的好方法。搭乘海達路德遊輪，18小時以內的船程可以不用買船艙，而舒適的休憩空間都可隨意享用，所以針對特別精彩的航段，購買點對點船票，就能用一段交通工具的費用，體驗百萬等級的景色；再吃苦耐勞一點，搭上深夜啟航的船班，還能在觀景廳沙發上小憩，省下一晚住宿費用。

遊輪是彈性票價制，一般而言和飛機票一樣，越早訂越便宜。此外，有時候接近出發日期，遊輪公司會釋出清倉票，常常上網站碰運氣，搞不好有機會省下一大筆費用！

持北歐4國火車通行證搭乘詩麗雅號遊輪，享有旺季8折、淡季6折的優惠。此外，週日到週三的票價也會比較便宜。

©Tallink Silja

©Tallink Silja

租車自駕

北歐路況良好，交通順暢不壅塞，更棒的是沿途風光明媚，峽灣湖泊、雪山瀑布、原野森林，一張張明信片中的風景在眼前輪番出現，特別推薦挪威的景觀公路與芬蘭的拉普蘭地區，開車就是一種至高無上的享受。

租車

◎在哪裡租車

機場都有租車公司櫃檯進駐，雖然在機場租車會比在市區小型服務據點要來得貴，但租、還車都比較方便。

由於歐洲多為手排車，如果到了當地才臨櫃辦理，經常租不到自排車，建議先在網路上預約，不但可以好整以暇地挑選車型，還能仔細閱讀價格計算方式及保險相關規定，租起來比較安心，也不需擔心語言溝通問題；而且許多偏遠島嶼或小城，若沒有事先預約，櫃檯就找不到服務人員。若擔心英文介面問題，Hertz在台灣由大登旅行社代理，可以透過他們，在台灣就先把手續搞定。

歐洲租車和買機票一樣，越早訂車越便宜，即使是同一車款，不同租車公司也會有不同優惠方案，所以貨比三家絕不吃虧。

大型租車公司多有提供甲租乙還的服務，但需另外加價。需注意的是，有些便宜的優惠方案，會限制每日行駛的里程數，超出里程會加收額外費用，如果知道自己的移動距離較遠，記得選擇不限里程的方案。

◎ Hertz
🔗 www.hertz.com.tw
◎ Avis
🔗 www.avis-taiwan.com
◎ Enterprise
🔗 www.enterprise.com
◎ Europcar
🔗 www.europcar.com
◎ Budget
🔗 www.budget.com

◎臨櫃辦理

每家公司標準不太一樣，一般規定年滿21歲便可租車，但有的公司會對25歲以下的租車者加收新手費用。若事先已於網路上預約，需要準備以下證件臨櫃取車：
◎ 租車的預約確認單

◎ 國際駕照
◎ 台灣駕照（1年以上駕駛經歷）
◎ 網路預約時作為擔保之用的信用卡

◎保險

租車的保險都是以日計價，租得愈久，保費愈貴。第三責任險（LIS）是強制性的，而比較需要考慮的有碰撞損毀免責險（CDW）、竊盜損失險（TP）、人身意外險（PAI）、個人財產險（PEC）等，可視個人國內保險的狀況決定是否加保。

雖然交通意外不常發生，但在人生地不熟的地方開車，A到刮傷時有所聞，因此強烈建議CDW一定要保。希望獲得全面保障的話，可直接投保全險，也就是所有險種一次保齊。

出發上路

拿到鑰匙後，記得先檢查車體有無損傷，以免還車時產生糾紛。發動引擎，檢查油箱是否加滿。接著調整好座椅與照後鏡，弄清楚每個按鍵的位置，並詢問該加哪一種油，然後就可以出發上路。

還車

還車時不一定有服務人員立即檢查確認，在租車公司的指定停車格停妥，並把鑰匙還給櫃檯人員或是丟進還車鑰匙箱即可。務必在還車前先把油加滿，因為沒有滿油的話，會被收取不足的油錢，而租車公司的油價絕對比石油公司高很多。

注意事項

北歐交通規則和台灣大同小異，也是開左駕車行駛

在右車道，以下幾點須多加注意：

1 車燈需要全天候開啟。
2 務必禮讓行人和腳踏車。
3 進入圓環前須注意左側來車，出圓環記得打方向燈。
4 基本上沒有測速照相，但偶爾有警察取締。
5 山路或鄉間若看到動物標誌請減速慢行，避免撞上動物。
6 雪地行車須放慢速度，緊急煞車容易失控，盡量使用連續輕踩煞車的方式。

◎加油

加油站大多採自助式，可選擇直接使用信用卡付費，或是至加油站附設的便利商店內付費。

若是選擇商店付費，直接拿起油槍就可以加油，油槍跳停後，告知店員油槍號碼並確認金額，就可以用現金或信用卡付費。加油前請先確認汽、柴油種類。

北歐各國中，瑞典的油價較便宜，所以若自駕跨國旅行，建議在瑞典加滿油再離開。即使同一個國家，不同公司的油價也不一樣。

◎道路救援

道路上如果發生拋錨、爆胎、電瓶或汽油耗盡等狀況時，車鑰匙上通常會有道路救援的免付費電話號碼，而道路救援的費用則會在還車時顯示在信用卡簽單上（拋錨停在路肩時，別忘了在車後100公尺放置三角警示牌）。若是具有責任歸屬的交通事故，除了通知租車公司外，也必須報警處理，並在警察前來勘驗前，保留事故現場。

◎停車

市區停車要先確認該路段停車規定，有些是要先繳費，並把繳費證明夾在車上；若有時間限制，要先撥好擋風玻璃上小時鐘的停車時間。若沒有照規定執行，罰單可是相當高的！

◎過路費

雖然北歐的高速公路大多不收費，但挪威有許多需要收費的路段，因此在挪威租車，通常會有另外一筆Auto Pass的過路費帳單。Auto Pass類似台灣的ETC，不需停車繳費，採取照相辨識，一般來說，租車時可選擇每日吃到飽方案，或是依據帳單付費的方案。

吃到飽方案就是以日計費，不管當天行駛多少付費道路里程，都是同一價格；另一種就是還車後，根據政府的帳單從信用卡扣款，實際價格要回國後才會收到明細。

須注意的是，雖然瑞典租車較便宜，但其他國家的車沒有Auto Pass，過路手續費驚人，所以若要從其他國家租車進入挪威，建議先辦理Auto Pass。

🌐 www.autopass.no/en/visitors-payment

北歐百科
Encyclopedia of Scandinavia

History of Scandinavia
北歐簡史 文●墨刻編輯部

872年：挪威的「金髮」哈拉爾即位，他先後擊破其他獨立王國，成為統一挪威的第一代國王。

930年：金髮哈拉德去世，子孫相互爭奪王位，挪威內戰開始。

961年：丹麥王「藍牙」哈拉爾介入挪威內戰，並扶植挪威貴族為其附庸，他也是丹麥第一位信奉基督教的國王，今日的無線通訊技術Bluetooth便是以他為名。

995年：「金髮」哈拉爾的後代「赤膊王」奧拉夫殺死丹麥任命的哈康伯爵，奪回挪威王位。

1000年：斯瓦爾巴戰役，「赤膊王」奧拉夫敗於丹麥、瑞典聯軍，陣亡。丹麥王「八字鬍」斯文自稱挪威王。

1008年：瑞典王奧洛夫受洗，成為瑞典第一位信奉基督教的國王。

1013年：丹麥與挪威國王「八字鬍」斯文攻入英格蘭，開創英格蘭的丹麥王朝。

1016年：丹麥王克努特二世即位，統治範圍包含今日的丹麥、英格蘭、挪威、瑞典南部，而有「克努特大帝」之稱，他的疆域也被稱為「北海帝國」。

1026年：黑爾格河海戰，瑞典王阿農德雅各布率聯軍擊敗克努特大帝，阻止北海帝國往東擴張。

1042年：丹麥王克努特三世逝世，丹麥勢力退出英格蘭。

1047年：丹麥與挪威國王「善良王」馬格努斯逝世，挪威與丹麥再次一分為二。

1066年：斯坦福橋戰役，挪威王哈拉爾三世入侵英格蘭，戰敗陣亡。但這次戰役讓諾曼第公爵威廉有機可趁，跨海征服英格蘭，成為有名的「征服者威廉」。

1067年：瑞典國王埃里克七世與他的王位競爭者雙雙陣亡，此後數百年間，瑞典的國王經常被政敵謀殺、罷黜或兵戎相見。

1093年：挪威王馬格努斯三世即位，在位期間不斷向英倫諸島擴張領土，但在1103年遠征愛爾蘭時陣亡。

1107~1110年：挪威王西居爾一世參與十字軍東征。他與哥哥埃斯泰因一世共治時，是挪威史上的黃金時期。

1130年：由於繼承權與黨派鬥爭，挪威開始陷入長達110年的內戰。

1146年：丹麥王埃里克三世遜位，丹麥王國一分為三，內戰不斷。

1156年：瑞典國王埃里克九世率十字軍東征，佔領芬蘭。

1157年：丹麥王瓦爾德馬一世統一丹麥，他後來又佔領今日的德國與波蘭北部，丹麥開始強大。

1184年：丹麥王克努特六世擊退神聖羅馬帝國的侵略，版圖不斷向歐陸擴張，達於丹麥史上最大。

1223年：丹麥王瓦爾德馬二世敗給德意志諸侯聯軍，丹麥的擴張停止。瓦爾德馬二世曾彙編了丹麥史上重要的《日德蘭法典》。

1240年：挪威王哈康四世擊敗所有競爭者，挪威內戰結束。他在位期間，挪威進入另一個黃金時代。

1249年：丹麥爆發農民起義，同年國王埃里克四世死於政變，丹麥開始陷於紛亂，國王、貴族、主教相互鬥爭，幾任國王大都不得善終。

1274年：挪威王馬格努斯六世頒布《馬格努斯法典》，是為挪威史上的重要法典。

1299年：挪威王哈康五世即位，在位期間奧斯陸獲得迅速發展，並首度成為挪威首都。

1319年：瑞典王馬格努斯埃里克松繼承外祖父的挪威王位，瑞典與挪威首次由同一位國王統治。

1332年：丹麥王克里斯多福二世被德意志諸侯格哈德三世擊敗，並囚禁至死，丹麥陷入國王空位期長達8年，由各地諸侯各自統治。

1340年：丹麥民族英雄尼爾斯埃勃森擊殺格哈德三世，擁立瓦爾德瑪四世為丹麥國王，他即位後逐漸收復丹麥領土。

1364年：瑞典貴族阿爾伯特推翻國王哈康六世，瑞典再次與挪威分離，瑞典國內陷入戰亂。

1375年：丹麥王奧拉夫哈康松即位，他5年後又繼承了父親的挪威國王位，丹麥與挪威從此在一個國王統治下。但因國王年幼，由母親瑪格麗特攝政。

1387年：丹麥與挪威國王奧拉夫哈康松逝世，其母瑪格麗特一世於隔年登基，成為丹麥與挪威史上第一位女王。

1389年：奧斯勒之戰，瑞典國王阿爾伯特被丹麥軍隊俘虜，瑪格麗特一世取得瑞典實權。

1397年：瑪格麗特一世讓位給侄孫波美拉尼亞的艾瑞克，以便成立一統斯堪地那維亞的卡爾瑪同盟，但瑪格麗特一世仍是帝國執政。根據同盟協議，三國有各自獨立的法律及議會，但國防及外交由丹麥國王主導。

1439年：波美拉尼亞的艾瑞克先後被三國罷黜，瑞典貴族開始反抗卡爾瑪同盟，自己推選攝政官進行實際統治。

1520年：丹麥與挪威國王克里斯提安二世進攻瑞典，迫使瑞典投降，但他以宗教名義大肆逮捕並處死瑞典貴族，史稱「斯德哥爾摩慘案」。

1521年：瑞典貴族古斯塔夫瓦薩起兵反抗丹麥，兩年

後被推舉為瑞典國王,卡爾瑪同盟正式告終。古斯塔夫瓦薩在位期間大力推行中央集權與宗教改革,並四處結盟、發展經濟,瑞典再次強大。

1523年:克里斯提安二世被丹麥貴族推翻,他後來在1531年企圖復辟失敗,在監禁中渡過餘生。

1563~1570年:丹麥與瑞典之間的北方七年戰爭爆發,但這兩國先後遭遇政治及經濟危機,最後戰爭以議和結束。

1568年:瑞典國王艾瑞克十四世被異母弟約翰三世篡位。

1582年:立窩尼亞戰爭結束,瑞典從俄國沙皇手裡奪回愛沙尼亞。

1587年:瑞典國王約翰三世之子齊格蒙特繼承波蘭國王與立陶宛大公,5年後又繼承瑞典國王,可惜在1599年因宗教問題被瑞典國會罷黜。

1588年:克里斯提安四世即位為丹麥與挪威國王,他是丹麥史上在位最久、影響最大的國王,在位期間對國內大加改革,成立東印度公司拓展經濟,並不斷與瑞典發生戰爭。由於本身熱愛建築,積極建設哥本哈根,被稱為建築之王。

1625~1629年:克里斯提安四世參與歐陸的三十年戰爭,只是最後無功而返,國力由盛轉衰。

1630年:瑞典國王古斯塔夫二世介入三十年戰爭,憑藉其軍事天才連戰皆捷,尤以1631年的布萊登菲爾德戰役中大破神聖羅馬帝國,而被稱為「北方雄獅」。

1632年:呂岑會戰,瑞典再次擊敗神聖羅馬帝國,但國王古斯塔夫二世意外陣亡,死後被瑞典國會尊奉「大帝」稱號。

1634~1644年:瑞典軍攻佔大部分丹麥國土,迫使克里斯提安四世割地賠款,丹麥自此失去波羅的海霸權。

1654年:瑞典女王克莉絲汀娜讓位給表哥卡爾十世。她在位期間,瑞典的文化藝術有長足發展。

1655年:卡爾十世攻佔波蘭,引發第二次北方戰爭。

1657年:卡爾十世奇襲哥本哈根,被丹麥國王弗雷德里克三世擊退。

1660年:卡爾十世染病去世,第二次北方戰爭結束,參戰各國簽訂《奧利瓦條約》,瑞典國力達於巔峰。

1700年:大北方戰爭爆發,瑞典國王卡爾十二世與俄國沙皇彼得大帝爭戰,戰爭初期瑞典連戰皆捷,卡爾十二世率軍深入帝俄境內,但在1709年時遭遇寒冬,大敗而回。1714年,兩國暫時議和。

1718年:卡爾十二世在進攻挪威時陣亡,俄國再啟戰端,迫使瑞典於1720年簽訂《尼斯塔德條約》,從此取代瑞典,成為波羅的海強權。

1741年:瑞典再次敗給俄國,被迫簽訂割讓領土的《奧布和約》。

1756年:瑞典加入七年戰爭,但最終成為戰敗的一方。

1792年:瑞典國王古斯塔夫三世遇刺。他在位期間提升王權、發展文化,並在斯溫斯克松德戰役中擊敗俄國海軍艦隊。

1808年:芬蘭戰爭,俄國沙皇亞歷山大一世大破瑞典,迫使瑞典國王古斯塔夫四世割讓芬蘭,並成立芬蘭大公國,由沙皇自兼芬蘭大公。

1810年:瑞典國王卡爾十三世收拿破崙帝國元帥讓巴蒂斯特伯納多特為義子,並立之為王儲,改名為卡爾約翰。

1814年:瑞典王儲卡爾約翰不斷攻擊丹麥,迫使丹麥簽訂《基爾條約》,將挪威割讓給瑞典。挪威議會緊急推選丹麥國王弗雷德里克六世的堂弟克里斯提安為國王,但又被卡爾約翰擊潰,瑞典國王卡爾十三世於是取得挪威王位。

1864年:普丹戰爭,丹麥敗給普魯士,失去南方的什勒斯維希與霍爾斯坦。

1866年:瑞典與挪威國王卡爾十五世建立了瑞典現今的議會制度。

1905年:瑞典國王奧斯卡二世放棄挪威王位,挪威議會推選丹麥國王克里斯提安九世之孫繼承王位,是為哈康七世,瑞典與挪威和平解體。

1914~1918年:第一次世界大戰爆發,北歐諸國均採取中立。

1917年:俄國十月革命,芬蘭趁機獨立,但隨即陷入內戰。

1918年:芬蘭議會推舉黑森卡塞爾王子為卡爾一世國王,但隨著德國戰敗,卡爾決定不接受王位。

1919年:芬蘭頒布憲法,成立共和國,由總統及總理所領導。

1920年:由於德國戰敗,丹麥國王克里斯提安十世在收回什勒斯維希的決策中與國會發生衝突,引發「復活節危機」。事件過後,大部分實權落入國會手裡,國王成為象徵性元首。

1939年:蘇聯對芬蘭發動冬季戰爭,雖然勝利,但付出慘痛代價。

1940年:二次大戰中,丹麥和挪威被納粹德國佔領。

1941年:芬蘭與納粹德國結盟,對蘇俄發動繼續戰爭。

1944年:芬蘭被迫與盟軍媾和,轉而與納粹德國展開拉普蘭戰爭。

1972年:丹麥現任女王瑪格麗特二世即位。同年,丹麥加入歐洲各共同體,即歐盟前身。

1973年:瑞典現任國王卡爾十六世即位。

1991年:挪威現任國王哈拉爾五世即位。

1994年:挪威加入歐盟的第二次公投未過,挪威至今仍不是歐盟成員國。

1995年:瑞典與芬蘭加入歐盟。

Aurora Chasing
踏上北國，追逐魔幻極光
與歐若拉心動相遇

文●蔣育荏・李曉萍

歐若拉（Aurora）是羅馬神話中的曙光女神，最早對極光提出科學看法的伽利略於是用「Aurora Borealis」來指稱這神祕的光芒，不過他當時以為極光是太陽反射地球上升空氣的結果，這理論過不了兩個世紀就被推翻了。拉普蘭地區的薩米人認為極光是先人的靈魂，而這變幻莫測、漫天飛舞的色彩，的確也像極了古人對於靈魂的想像。這如夢亦如幻的光影，時而寬如簾幕，時而細如飄帶，時而輕描淡寫如抒情慢歌，時而激烈奔放如搖滾龐克，各有各的美，任憑人們悠然遐想。也許看到極光不一定能得到幸福，但可以肯定的是，當天晚上一定有滿滿的幸運。

揭開極光面貌

形成原因

形成極光的幕後推手其實是太陽。太陽黑子運動下產生的帶電微粒子形成「太陽風」，太陽風受到地球磁力的牽引來到兩極周圍，形成一環以極地為中心的極光帶（Aurora Oval），當這些太陽風的質子、電子與地球大氣中的原子、分子碰撞時，便以光子的形式釋放出多餘能量，於是就成了變化多端的極光。太陽的磁場變化以11年為週期，太陽風暴最強的時候，也是極光最明顯的時候。

顏色和形狀

飄忽不定的極光穿透在不同的高度中，形成豐富的顏色變化。在海拔60~120英哩時，粒子碰撞能量與大氣中的氧交互反應，形成綠色的極光，這是最明亮，也是最常見的顏色；在較低的40~60英哩，因含有大量氮離子，便略帶些藍色；在較高的120~240英哩處，由於氧氣密度較低，極光呈現罕見的紅色。

極光也會隨著太陽風的強弱而產生不同形態，如弧狀、帶狀、片狀、簾幕狀、冠狀等。極光持續的時間也很難說，有時短短幾分鐘，有時長達數小時。

追光攻略

預測極光動態

極光活動的強度和天氣是能否看到極光最重要的兩個因素。與其傻傻地站在冰天雪地裡等待，不如出門前仔細研究極光預測網站和當地的天氣預報。

極光預測網站上所看到的極光活動指數，指的就是極光帶的範圍大小，從0~9級，數字越大代表越活躍，越容易看到。NOAA和Service Aurora的網站都有提供每30分鐘更新一次的即時動態，此外，也可於手機中下載APP，「Aurora Notifier」的優點是可以設定推播通知，只要極光指數大於設定值，就會鈴響提醒。

除了注意極光指數，當地的氣象預報更重要，畢竟若天氣不佳、雲層太厚，極光再活躍也看不見。

NOAA：www.swpc.noaa.gov/products/aurora-30-minute-forecast
Service Aurora：www.aurora-service.eu/aurora-forecast

等待時間及地點

9月中到4月中是觀測極光最好的季節，而春、秋又比冬天看到的極光更亮些。最好的時刻是在午夜左右，這時的天色最暗、最不受到干擾，因此幾乎所有極光行程團，時間都定在21:00至02:00之間。

最好的觀賞地點是擁有開闊的天際視野，並且遠離光害的地方，如果對當地不熟，最簡單的方式就是報名當地的極光行程，或是入住極光度假村，這樣還有另一項好處，在極光還沒有出現時，可以躲在溫暖的房間或薩米人帳篷的營火邊等待。

獵光小技巧

想要捕捉歐若拉女神變幻莫測的美，最重要的當然是相機和穩固的腳架！一台可以控制光圈、快門、ISO與焦距的單眼相機是必須的，超廣角鏡頭或魚眼鏡頭方便捕捉大範圍的光束流動，建議使用全手動的M模式，光圈大約在F/5.6，感光度設在ISO800上下，快門約8~20秒，再根據當時的極光強度加減曝光。曝光時間盡量不要太長，才能拍出極光流動感，而不至於糊成一片。

手調對焦至無限遠處，腳架搭配遙控快門避免手震，最重要的是盡量多準備電池，因為極度低溫的環境下，電池耗盡的速度比較快。

預約一夜魔幻之光

極光只有在極光帶下才能看到，而極光帶長得像個甜甜圈，在北極點周圍的區域反而是空心的。挪威、瑞典和芬蘭北部的拉普蘭都是極光帶覆蓋的區域，只要天氣晴朗，就有機會邂逅黑夜的奇蹟之光。

挪威的特羅姆瑟位於極光帶中央，見到極光的機率較大，在極光強度大的夜晚，只要走到市區邊緣較無光害的港灣或公園，抬頭就有機會欣賞奇幻綠光。至於羅浮敦群島雖然天候狀況相對較不穩定，但奇特多變的地貌與極光組合，也總是吸引世界各地的攝影高手前來捕捉稍縱即逝的畫面。而瑞典的基努那（Kiruna）也是著名的欣賞極光地區，城市東邊Jukkasjäriv村莊的冰旅館（Ice Hotel）每年邀請世界各地的雕刻家，用冰塊打造獨一無二的藝術房間，提供畢生難忘的住宿體驗。芬蘭的伊納里－薩利色爾卡地區（Inari-Saariselkä）一年可能有200天會出現極光，人氣最旺的莫過於Kakslauttanen Arctic Resort的玻璃圓頂小屋（Glass Igloo），半圓形玻璃屋頂收納360度天幕，舒舒服服躺在床上就能欣賞極光舞動。

World Heritage Sites of Scandinavia
北歐世界遺產

北歐由於地理位置的關係，在自然遺產的部分，多數是因為冰河作用所造成的天然地形，如峽灣等。而在文化遺產的部分，則多半為維京文化遺跡、中世紀城堡，及工業活動遺產。

挪威
①布里根
Bryggen

登錄時間：1979年　遺產類型：**文化遺產**

布里根是挪威第二大城卑爾根市區裡最古老的地區，卑爾根在14~16世紀中葉為漢撒同盟的貿易中心，而布里根則是當時漢撒商人居住和活動的區域；現今這塊地區仍保留當時的建築結構，為這段漢撒同盟的歷史做了最好見證。

挪威國王奧拉夫三世於1070年建立卑爾根，作為當時的首都，並擁有魚類貿易的壟斷權；到了12世紀，國王斯韋雷下令布里根一帶為貴族商人居住使用；1350年，強大的漢撒同盟勢力伸入卑爾根地區，他們利用港口掌管各種食物和原料的往來貿易，並在布里根狹窄的街道修建與港口平行的房舍。從14世紀漢撒商人將卑爾根設為主要貿易城鎮並建立家園開始，布里根等於是整個社會型態的縮影，只是過去數百年間陸續發生過數次火災，讓這些中世紀的木造建築遭到嚴重損毀，所幸它們仍依照原有型式和建造方式重建，讓現今的遊客仍能從這些赭紅、鵝黃、奶油色等鮮豔卻又古色古香的62棟建築物，窺看當時漢撒商人的群居面貌。

北歐世界遺產

斯特魯維地理探測弧線 (2005) ㉘

阿爾塔塔岩畫 (1985) ④

北極圈
Arctic Circle

拉普蘭地區 (1996) ⑰

維加群島文化景觀 (2004) ㉖

呂勒奧的加美斯達教會村莊 (1996) ⑯

瑞典

芬蘭

羅洛斯銅礦鎮 (1980) ③

烏爾內斯木構教堂 (1979) ㉙

挪威

高海岸/瓦爾肯群島 (2000, 2006) ㉓

高海岸/瓦爾肯群島 (2000, 2006) ㉓

薩馬拉登馬基青銅時代墓地遺址 (1999) ⑬

佩泰耶維齊古教堂 (1994)

西挪威峽灣 (2005)

赫爾辛蘭的華飾農舍 (2012)

韋爾拉磨木紙板工廠 (1996) ⑱

①布里根 (1979)

法倫大銅山礦區 (2001) ㉔

勞馬古城 (1991) ⑳

留坎和諾托頓工業遺產 (2015) ㉟

恩厄爾斯貝里煉鐵廠 (1993)

芬蘭城堡 (1991) ⑥

葉林墓地、古北歐文石碑及教堂 (1994)

塔努姆遠古岩刻遺跡 (1994) ⑪

畢爾卡和霍弗加登 (1993) ⑧

王后島宮 (1991) ⑤

林地公墓 (1994)

◀往格陵蘭
㉕伊盧利薩特冰峽灣 (2004)
㊱格陵蘭島庫魯加塔 (2017)
㊲阿斯維斯尤特 (2018)
瓦登海 ㉚ (2009)

瓦堡電台 (2004) ㉗

北西蘭島狩獵園林 (2015)

漢撒同盟城市威士比 (1995) ⑮

丹麥

克倫堡 (2000)

㉒奧蘭島南部的農業景觀 (2000)

卡隆克隆納軍港 (1998) ⑲

克里斯提安菲爾德德—摩拉維亞教會聚落 (2015)

斯泰溫斯克林特 (2014) ㉜

羅斯基爾大教堂 (1995)

挪威

②烏爾內斯木構教堂
Urnes Stave Church

登錄時間：1979年
遺產類型：**文化遺產**

　　烏爾內斯木構教堂建於西元1130年左右，是北歐地區傳統全木造建築中最出色的範例，其外牆是由木板垂直嵌疊而成，與一般以水平方式搭建的木構建築不同。本教堂除了採用北歐及羅馬式建築的空間架構，也承襲了維京時代精湛的木工技術，以及以動物造型為主題、俗稱「烏爾內斯風格」的裝飾手法。這種裝飾手法可見於教堂的北牆入口，該入口刻有一條蜷曲向上的蛇，底下有隻四足動物把蛇咬住，根據基督教的圖解研究，這象徵了善惡兩方永無休止的戰爭。

挪威

③羅洛斯礦鎮及周邊地區
Røros Mining Town and the Circumference

登錄時間：1980年　　遺產類型：**文化遺產**

　　羅洛斯位於多山地形的銅礦區，該區開採銅礦的歷史將近333年，直到1977年才停止開採。羅洛斯鎮於1679年被瑞典軍隊徹底破壞後原地重建，目前留有約2千棟一、二層樓的木造房子以及冶煉房，大部分都保留了原來房舍正面以及燻黑的模樣，外觀就如同中世紀的城鎮。

挪威

④阿爾塔岩畫
Rock Art of Alta

登錄時間：1985年
遺產類型：**文化遺產**

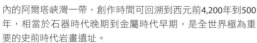

　　阿爾塔岩畫分布於北極圈內的阿爾塔峽灣一帶，創作時間可回溯到西元前4,200年到500年，相當於石器時代晚期到金屬時代早期，是全世界極為重要的史前時代岩畫遺址。

　　岩畫考古工作始於1967年，自1972年首批史前岩畫在西吉姆盧弗特灣（Hjemmeluft）出土以來，考古人員總共在7處區域45個場址發現了6千多幅岩畫及石刻藝術，其中以西吉姆盧弗特灣的岩畫最為豐富，大約有3千多幅，而這裡也成為阿爾塔史前博物館的所在地。這些由史前居民創作的岩畫，內容包括馴鹿、麋鹿、熊、狼等各種動物圖像，以及漁獵、宗教儀式和農耕場景，真實反映了當時薩米人在北極圈邊緣生活的情形。

瑞典

⑤王后島宮
Royal Domain of Drottningholm

登錄時間：1991年
遺產類型：**文化遺產**

　　王后島宮位於斯德哥爾摩市郊的小島上，島上有座17世紀的宮殿建築、歐洲最古老的劇院，以及巴洛克式花園和中式亭閣。

　　王后島宮最初是國王約翰三世為王后Katarina所建的宮殿，故取名為「王后島」，經17世紀大幅改建，由Nicodemus Tessin父子花了15年的時間為王室設計宮殿裝潢，展現1660年代瑞典巴洛克式的風華。1744年瑞典王儲阿道夫斐特烈迎娶普魯士公主露易莎時，將這座宮殿送給公主當作結婚禮物，而這位普魯士公主創造了王后島宮的黃金時期，她邀請多位學者到宮裡為收藏品歸類、編號，並成立烏爾利卡圖書館，影響當時科學、藝術甚為深遠。

芬蘭

⑥芬蘭城堡
Fortress of Suomenlinna

登錄時間：1991年
遺產類型：**文化遺產**

　　芬蘭城堡位於赫爾辛基入港處，長達6公里的城牆串連起港口島嶼，形成堅實的禦敵堡壘，是18世紀少見的歐洲堡壘形式。

　　城堡最初興築於1748年，當時芬蘭屬於瑞典領地，自18世紀起，原屬瑞典的波羅的海沿岸紛紛落入帝俄版圖，在帝俄軍事擴張的威脅下，瑞典決定利用赫爾辛基港口的6座島嶼興建防禦工事。數以萬計的士兵、藝術家和囚犯都參與了這項工程，瑞典盟友法國政府更貢獻了90桶黃金，歷時40年才完工。堡壘完工後命名為Sveaborg，意思是「瑞典城堡」，雖然防禦強固，但仍無法改變瑞典在1809年芬蘭戰爭中敗北的命運。芬蘭被割讓給俄國後，城堡成為俄國的海軍基地，所以島上有許多建築呈現俄國特色。1917年芬蘭獨立，隔年這裡也隨之更名為Suomenlinna，也就是「芬蘭人的城堡」，由芬蘭軍隊駐紮，直到1973年才開放成為觀光勝地。

芬蘭

⑦勞馬古城
Old Rauma

登錄時間：1991年　　遺產類型：**文化遺產**

　　坐落於波斯尼亞灣旁的勞馬古城，是芬蘭歷史最悠久的港口城市之一，自9世紀開始就靠著熱絡的貿易活動逐漸繁榮起來。勞馬古城是北歐最大的木造歷史古城，占地約29公頃，總共包含大約6百棟建築物。由於當地曾在17世紀兩度遭遇祝融之災，因此除了建於15世紀中葉的木造聖十字教堂以外，其他建築最早只能回溯到18世紀。

瑞典

⑧畢爾卡和霍弗加登
Birka and Hovgården

登錄時間：1993年　遺產類型：**文化遺產**

　　畢爾卡考古遺址位於斯德哥爾摩附近的比約克島（Björkö）上，經過考古研究後，證實在9~10世紀之間就有人居住；霍弗加登則位於鄰近的阿德爾塞島（Adelsö）上。這兩個考古遺址在維京時期的貿易網絡裡占有重要位置，對於後來斯堪地那維亞歷史的發展有舉足輕重的影響。畢爾卡同時也是瑞典第一個基督教聚會的地方，由St Ansgar於西元831年所建立。

瑞典

⑨恩厄爾斯貝里煉鐵廠
Engelsberg Ironworks

登錄時間：1993年　遺產類型：**文化遺產**

　　恩厄爾斯貝里煉鐵廠位於瑞典南部，它在1681年由Per Larsson Gyllenhöök興建，並且在18世紀發展成世界上數一數二的現代化煉鐵廠。廠區內共有50多座年代及功能各異的建築物，包括一棟兩層樓的莊園宅邸、園丁住所、熔煉場、石板穀倉以及釀酒廠、工人房舍、辦公室等等，完整保存了1870年最後一次改建後的樣貌。

　　1860年代，瑞典開始引進貝塞麥轉爐煉鋼法及平爐煉鋼法，恩厄爾斯貝里煉鐵廠只能藉由增加熔爐容量以及延長營業時間勉強維持生存。到了1919年，該廠終究因生產不敷成本而正式歇業。

丹麥

⑩葉林墓地、古北歐文石碑及教堂
Jelling Mounds, Runic Stones and Church

登錄時間：1994年　遺產類型：**文化遺產**

　　這座立在丹麥日德蘭半島葉林鎮上的四座石碑經常被稱為「丹麥的出生證明石」。其中一座大型碑石由10世紀的國王藍牙哈拉德所設立，碑文除了紀念其父母親，同時頌揚自己在丹麥與挪威的功績，並將碑石送給所有的丹麥基督徒。碑石的記載不僅反應當時代的政治氣氛，也證明了基督教已於10世紀中傳入北歐地區。

瑞典

⑪塔努姆遠古岩刻遺跡
Rock Carvings in Tanum

登錄時間：1994年　遺產類型：**文化遺產**

　　塔努姆遠古岩刻遺跡位於布胡斯蘭省北部，這些由青銅時代居民流傳下來的藝術創作，都刻鑿在當地因高山冰帽北移而裸露出來的花崗岩岩床上。

　　布胡斯蘭省目前已知至少有1,500幅岩刻畫，其中不少都密集分布在塔努姆斯海德鎮（Tanumshede），大約有超過360處岩刻地點。根據從18世紀末期以來一直持續進行的考古研究顯示，這些原始象徵圖像描繪的內容涵蓋了動物、樹木、人類及身體部位、武器、船隻、輪式載具等13個類別，並且反映出現實與超自然兩種層面。由於具有傑出的藝術水準以及多元生動的景象組合，本區比歐洲甚至全世界其他的岩刻遺址都還要獨特。

瑞典

⑫林地公墓
Skogskyrkogården

登錄時間：1994年
遺產類型：**文化遺產**

　　1917到1920年，兩位瑞典的年輕建築師Erik Gunnar Asplund與Sigurd Lewerentz運用獨特的設計概念，巧妙地融合地形、植栽和建築元素，聯手打造了位於斯德哥爾摩市郊南部的林地公墓。墓園內的其他重要建築還包括建於1920年的「林地教堂」，以及後來增建的「復活教堂」。

　　這座建在一片礫石松林裡的寧靜公墓，在充分發揮應有的功能之餘，完整保存了原始的自然景觀。它不僅體現從浪漫民族主義到實用主義的建築演進史，對全世界的墓園設計更產生了深遠的影響。

芬蘭

⑬佩泰耶維齊古教堂
Petäjävesi Old Church

登錄時間：1994年　遺產類型：**文化遺產**

　　這座位於芬蘭中部佩泰耶維齊區的古老鄉村教堂，隸屬於路德教派，其建築形式融合了文藝復興時期的十字形平面格局及哥德式拱型圓頂，是北歐東部傳統木構教堂建築的範例。

佩泰耶維齊古教堂的設計及建造者是一位名叫Jaakko Klemetinpoika Leppänen的教堂建築師傅，他從1763年開始動工，在1765年完工，位於西側的鐘塔則是他孫子Erkki Leppänen在1821年增建的。雖然自1879年起，這座古教堂就被當地的新教堂取代，直到1920年代才在一位奧地利藝術史學家的推動下開始重新整修，但卻也得以保存了最傳統的木造教堂樣貌。

丹麥
⑭羅斯基爾大教堂
Roskilde Cathedral

登錄時間：1995年　遺產類型：**文化遺產**

羅斯基爾大教堂初建於12~13世紀，是丹麥境內第一座哥德式教堂，隨著時代更迭，每個時期都為教堂添加了些許當時代的建築特色，光看19世紀的設計燈飾懸掛在1420年木工打造的唱詩班長椅上方，便可了解一二。這不僅成為丹麥教會建築演進代表之一，也提供外界對北歐宗教建築學的最佳典範。

自15世紀起，大教堂成為王室和教會主教等重要神職人員的安葬處，共有20位國王和17位王后分別葬在教堂的墓室中，這也讓羅斯基爾大教堂的地位非同凡響。

瑞典
⑮漢撒同盟城市威士比
Hanseatic Town of Visby

登錄時間：1995年　遺產類型：**文化遺產**

威士比位於瑞典東南方的哥特蘭島上，在12~13世紀時，是波羅的海相當活躍的商業重鎮，1288年以石灰石建造、長達3.6公里的城牆，現在仍幾近完整地圍繞著威士比，不僅在瑞典難得一見，也是北歐地區保留最完整的中世紀城牆。這座城牆當時並非為了抵抗外侮而建，主要是因為內戰頻繁，統治者刻意將小鎮圍起來以隔絕戰亂。

18世紀時瑞典國王下令，凡是以石頭搭蓋屋子的家庭可以減少課稅，是以鎮上大多都是石頭房屋。爾後為了保存古蹟，瑞典政府規定威士比舊城內的房子雖可買賣，但若想重新為外牆漆上不同顏色或甚至改建者，都要向政府報備，由相關單位核准才能施工，因此威士比才得以保住鎮上具有中世紀特色的石造房屋和獨特的城鎮景致。

瑞典
⑯呂勒奧的加美斯達教會村莊
Church Town of Gammelstad, Luleå

登錄時間：1996年　遺產類型：**文化遺產**

加美斯達村位在瑞典北方近波斯尼亞灣旁的呂勒奧，當地遺留了424間木造房子，被認定為北歐堪地那維亞地區保存最完善的教會村莊。這4百多棟房子圍繞著以石頭打造的15世紀教堂，這些木屋過去只提供在週日或宗教節慶時，因為居住地太遠而無法在節日當天返家的信徒暫住。

瑞典
⑰拉普蘭地區
Laponian Area

登錄時間：1996年
遺產類型：**綜合遺產**

瑞典北部已進入北極圈地區，這裡也是薩米人的家鄉，一般統稱為拉普人（Laponian）。拉普人依循先人習性，隨著季節遷徙的生活方式，在全世界的原住民族中，可說是活動範圍最廣的一支，也是少數仍隨季節遷徙的原住民之一。過去每年夏天，薩米人會帶著大群馴鹿，穿過自然保護地往山上移動，但現今汽機車的出現，以及全球氣候變遷，不僅改變極地的地質水流，也威脅到當地住民的生活。

芬蘭
⑱韋爾拉磨木紙板工廠
Verla Groundwood and Board Mill

登錄時間：1996年　遺產類型：**文化遺產**

韋爾拉磨木紙板工廠位在芬蘭東南部，這個保存完整的小規模鄉村工業建築遺址，見證了19到20世紀北歐及北美地區傳統木漿造紙工業的興盛與沒落。

1872年，當地第一間磨木工廠在韋爾蘭柯斯基激流（Verlankoski Rapids）西岸成立，但不幸毀於1876年的一場大火。1882年，兩名造紙商重新成立一間同樣全木造的磨木紙板工廠，但木材乾燥區又在1892年被燒毀。有鑑於此，後來工廠最大股東的建築師胞弟Carl Eduard Dippell把乾燥廠改建成一棟四層樓磚房，並且運用裝飾手法，營造出教堂般的外觀。這間磨木紙板工廠一直運作到1964年，才因產量減少而結束營業。

瑞典
⑲卡斯克隆納軍港
Naval Port of Karlskrona

登錄時間：1998年　遺產類型：**文化遺產**

卡斯克隆納是17世紀瑞典南部的重要海事防禦地，當時的瑞典已是歐洲強權國，為繼續擴展領地，同時為了保衛當時的南瑞典地區，也就是現在的芬蘭、愛沙尼亞、拉脫維亞和部分德國北方城鎮一帶，因而在卡斯克隆納建立了一座海軍基地。當時所建的軍港大廈、造船廠和防禦設施都被完整保留下來，讓世人得以瞭解三百多年前歐洲的軍事規劃。

芬蘭

⑳ 薩馬拉登馬基青銅時代墓地遺址

Bronze Age Burial Site of Sammallahdenmäki

登錄時間：1999年　遺產類型：文化遺產

　　薩馬拉登馬基青銅時代墓地遺址位於芬蘭西部，總共包含30多座，可回溯到西元前1,500年至西元前500年間。以花崗岩堆砌而成的圓錐形石堆墳塚，是當時人們信仰與社會結構的珍貴見證。這些分布於山坡上的石堆墳塚，採用的是自當地收集或者從下方峭壁挖鑿而來的石塊，而且可以按照形狀大小區分為幾種類型，包括低矮的小型石堆、較高聳的大型石堆以及環狀石堆。除此以外，這些石堆還呈現兩種獨特的結構，一種是橢圓形結構，一種是較扁平的四邊形結構，後者在北歐地區極為罕見。

丹麥

㉑ 克倫堡

Kronborg Castle

登錄時間：2000年
遺產類型：文化遺產

　　文藝復興風格的克倫堡，因為地理位置重要，掌控了往來丹麥與瑞典的水路要道，在16到18世紀扮演極其重要的角色。而豐厚的貿易及交通稅收，更幫助克倫堡成為當時的文化重鎮。

　　不過克倫堡的大名鼎鼎，卻是因為莎士比亞的曠世名劇《哈姆雷特》以這裡作為故事背景。克倫堡始建於1420年左右，1629年一場大火燒掉大部分建築，使得國王克里斯提安四世再度發揮其建築興趣，重新建構這座有著鎏金屋頂、氣勢磅礡的防衛城堡，不過此舉卻嚴重危害當時岌岌可危的政府財政。1658年瑞典軍隊進占克倫堡，將寶物洗劫一空。1785年後王室不再居住於此，並淪為陸軍武器庫，一直到1924年才在嘉士伯啤酒公司贊助下，再度恢復昔日光芒。

瑞典

㉒ 奧蘭島南部的農業景觀

Agricultural Landscape of Southern Öland

登錄時間：2000年　遺產類型：文化遺產

　　奧蘭島位於波羅的海，島上的南部是一片巨大的石灰岩高原，人們在此居住已超過5千年歷史，其自然景觀幾千年來並未有任何改變。人們和自然共存，就連耕種方式也順應地質狀況的限制，從史前到今日，都沒有改變多少。也因此該陸塊獨特的地質狀態和沿岸景觀未受到破壞，是全球人類居住地中相當罕見的情況。

瑞典、芬蘭

㉓ 高海岸/瓦爾肯群島

High Coast / Kvarken Archipelago

登錄時間：2000年　遺產類型：自然遺產

　　瑞典的高海岸和芬蘭的瓦爾肯群島位於波斯尼亞灣沿岸，同樣因為冰河地形而入選為世界自然遺產。高海岸的面積共142,500公頃，包括8萬公頃海域以及附近的群島，加上海岸邊零星分布的湖泊和海拔約350公尺的山丘等。這些獨特地形源自冰河作用，地質學家預估原本被冰河壓迫的陸塊，在冰河持續融化下不斷上升，未來瑞典與芬蘭之間的波斯尼亞灣，很可能會變成一座湖泊。

瑞典

㉔ 法倫大銅山礦區

Mining Area of the Great Copper Mountain in Falun

登錄時間：2001年　遺產類型：文化遺產

　　沒有人知道法倫最早的開礦歷史，但根據地質學家估算，約自11世紀起就開始開採銅礦，算是世界最早的採礦區之一。17世紀時瑞典成為歐陸強權，當時法倫的銅礦產量，更高達世界銅總產量的7成！法倫銅礦在歷史上最重要的事件，是1687年6月25日發生的礦坑塌陷，形成今日所見驚人的大型坑洞，約350公尺×300公尺大小，原因是長久以來的挖掘工作未曾好好規畫，日積月累之下導致木結構塌陷。但是這起意外發生後，開採活動仍持續了300年之久，直到1982年才結束。目前列入遺產的區域包括礦山周圍的5個地區，其特殊的紅木屋、溝渠與水壩，都與這座礦山息息相關。

丹麥

㉕ 伊魯利薩特冰峽灣

Ilulissat Icefjord

登錄時間：2004年　遺產類型：自然遺產

　　伊魯利薩特冰灣位在格陵蘭西海岸，距離北極圈約250公里，總面積為40,240公頃，是Sermeq Kujalleq冰冠的面海灣口。Sermeq Kujalleq可說是活動相當頻繁的冰河，每天以19公尺的速度移動，每年約崩解35立方公里，根據其250年來的變化，科學家可以依其移動或變化的情形來觀測全球氣候的演變，可說是地球地質歷史的最佳紀錄者。

挪威
26 維加群島文化景觀
Vegaøyan – The Vega Archipelago

登錄時間：**2004年**　遺產類型：**文化遺產**

　　維加群島位於北極圈南方，約有數十座島嶼，海域103,710公頃，陸地面積則為6,930公頃。從島嶼上的考古遺跡來看，人類活動最早可追溯到石器時代。在如此荒涼的環境下，島上住民主要以捕漁和生產鳧絨為生，島上有漁村、碼頭、倉庫、燈塔、農地，以及讓鳧鴨築巢的屋舍。到了9世紀時，這裡一度是鳧絨生產重鎮，約占島民三分之一的收入。1千5百年來，維加群島的島嶼景觀就反映出這種半漁、半農、半牧的生活方式。

瑞典
27 瓦堡電台
Grimeton Radio Station, Varberg

登錄時間：**2004年**　遺產類型：**文化遺產**

　　瓦堡電台位在南瑞典的格林頓（Grimeton），電台建於1922~1924年間，架有當時可跨越大西洋的無線通信系統。目前電台還保有6個127公尺高的鋼架電塔天線系統，還有短波發射機和天線，以及由瑞典建築師Carl Åkerblad所設計的電台大廈。雖然目前電台沒有經常使用，但所有設備仍維持得相當完好。

挪威、瑞典、芬蘭
28 斯特魯維地理探測弧線
Struve Geodetic Arc

登錄時間：**2005年**　遺產類型：**文化遺產**

　　這條地質測量弧線總長2,820公里，橫跨挪威、瑞典、芬蘭、俄羅斯、愛沙尼亞、拉脫維亞、立陶宛、白俄羅斯、摩爾多瓦、烏克蘭等10個國家，勘測計畫由俄羅斯地質學家斯特魯維（Friedrich Georg Wilhelm Struve）在1816~55年間主持，是全球首度對子午線進行長距離的測量，這對於後來確認地圖標準繪製，以及在地球科學和地形學上都有相當大的助益。整條測量線以258個三角定位找出265個主要落點，聯合國教科文組織選出其中34個，分別以當初測量時留下的記號為主，包括岩石洞、鐵十字架、石堆註記或是紀念碑等。

挪威
29 西挪威峽灣
——蓋倫格峽灣和納柔伊峽灣
West Norwegian Fjords – Geirangerfjord and Nærøyfjord

登錄時間：**2005年**　遺產類型：**自然遺產**

　　峽灣是百萬年前冰河切割所形成的特殊自然景觀，挪威西部的峽灣又被譽為世界上最經典的峽灣地形。其中蓋倫格峽灣和納柔伊峽灣因為獨特、雄偉的地理景觀，堪稱挪威峽灣地形中景致最出眾者，而被列入世界自然遺產名單中。

　　這兩段峽灣的陡峭山壁最高直線距離為海拔1,400公尺，深及海平面以下500公尺。無論是搭乘渡輪或快艇，每過一個峽灣彎道，兩旁的高聳岩壁和自山壁上垂直落下的瀑布，就像一幕幕影片，不斷在眼前替換、延展。

丹麥
30 瓦登海
Wadden Sea

登錄時間：**2009年**
遺產類型：**自然遺產**

　　瓦登海是橫越歐洲大陸西北部到北海之間的淺海和溼地，面積涵蓋荷蘭、德國及丹麥西南海岸的保護區。這是一大片溫暖、平坦的海岸溼地環境，成形於複雜的自然與生態互動，當地出現大量過渡性棲息地，像是深受潮汐影響的海峽、海草地、淡菜床、河口沙洲、沼澤、沙丘等等，其中超過六成以上的範圍是多種動植物的家，包括海豹和海豚等海洋哺乳類動物。此外這裡更是1,200萬隻鳥類的聚食場，它是今日少數存留下來的大規模潮間帶生態系統，境內依舊不受干擾地持續進行著自然演進。

瑞典
31 赫爾辛蘭的華飾農舍
Decorated Farmhouses of Hälsingland

登錄時間：**2012年**　遺產類型：**文化遺產**

　　包含位於瑞典東部的7處木造華飾農舍，6處位於赫爾辛蘭省，1處位於鄰近的達拉那省，它們是赫爾辛蘭地區現存1千多座木造建築的其中一部分。這7處建於18、19世紀的木造農舍，全部以木材製成，大多為二層樓甚至三層樓構造，而且擁有優美的門廊以及可多達11扇的成排窗戶，充分展現當地自中世紀延續下來的林業傳統及建築文化。由於占地寬廣、房間數量眾多，這些農舍通常可供兩、三代家庭成員居住，不僅如此，它們還有獨立的房間專門用來舉辦節慶活動。

©Visit Denmark

丹麥

㉜斯泰溫斯克林特

Stevns Klint

登錄時間：2014年　遺產類型：**自然遺產**

斯泰溫斯克林特位於丹麥東部的西蘭島，是一段全長約15公里、高41公尺、富含化石的海岸斷崖，吸引許多地質愛好者前來一探究竟。從這裡保留了因隕石撞擊而形成的大量灰雲沉積紀錄來看，也間接證實了約在6,500萬年前，地球曾經遭到隕石撞擊，當時正逢白堊紀末期，希克蘇魯伯隕石（Chicxulub meteorite）撞擊墨西哥的猶加敦半島，造成動物大滅絕，地球上超過50%的物種消失。

丹麥

㉝克里斯提安菲爾德——摩拉維亞教會聚落

Christiansfeld, a Moravian Church Settlement

登錄時間：2015年　遺產類型：**文化遺產**

克里斯提安菲爾德這座城鎮位在丹麥的南日德蘭半島，建立於1773年，是摩拉維亞教會成員為了解決18世紀移民安置問題，進行城市規劃、進而發展成的新市鎮，提供信徒自由集市、居住的地方。他們對於城市的規劃，源自內心的虔誠和對神的仰慕，而將教會安置於城鎮中心，實踐摩拉維亞教會的理想，被公認為歐洲移民安置中，保存最完整的例子。

丹麥

㉞北西蘭島狩獵園林

The par force hunting landscape in North Zealand

登錄時間：2015年　遺產類型：**文化遺產**

17世紀末到18世紀之間，丹麥國王在哥本哈根北方的北西蘭地區打造了幾座巴洛克式的狩獵場，專供王室狩獵之用，被納入世界遺產的大致有Store Dyrehave和Gribskov兩座森林，以及Jægersborg Hegn/Jægersborg Dyrehave追獵場，這些地方距離王室所在的腓特烈堡都不遠。

所謂「帕力狩獵」（par force hunting）是專指貴族的狩獵方式，藉由獵狗的協助及8道程序，來完成整場狩獵。而丹麥國王所打造的這些狩獵場，後來也都轉變成王室權力的象徵。

©Visit Denmark

挪威

㉟留坎和諾托頓工業遺產

Rjukan-Notodden Industrial Heritage Site

登錄時間：2015年　遺產類型：**文化遺產**

留坎－諾托頓坐落在壯麗的群山、瀑布、河谷之間，這裡有水力發電廠、輸電線路、工廠、交通運輸系統以及城鎮，全都由挪威水電公司於20世紀初所建設，其目的主要是從空氣中抽取氮氣，來生產人造肥料，以因應20世紀初西方世界農業快速成長的強烈需求。

留坎和諾托頓這兩座城鎮主要由工人家庭和維持城鎮運作的社會機構所構成，並有鐵道和渡輪連接到碼頭，讓肥料得以運送出去。這座遺產不但展現了工業與自然景觀的完美結合，更是20世紀初全球性工業的全新案例。

©Innovation Norway

丹麥

㊱格陵蘭島庫加塔：冰蓋邊緣的北歐人與因紐特人農業

Kujataa Greenland: Norse and Inuit Farming at the Edge of the Ice Cap

登錄時間：2017年　遺產類型：**文化遺產**

庫加塔位於格陵蘭島南方，自10世紀始，從冰島遷徙到此的北歐人，和當地的原住民因紐特人突破了文化迥異的限制，共同發展農業、畜牧業、漁業，創建了北極地區最早的農業活動，這對於位在北極圈的格陵蘭是十分珍稀的產業，也留下了北歐人移民歐陸之外的區域定居發展的先例。

丹麥

㊲阿斯維斯尤特－尼皮薩特：因紐特人於冰與海之間的狩獵場

Aasivissuit – Nipisat. Inuit Hunting Ground between Ice and Sea

登錄時間：2018年　遺產類型：**文化遺產**

這一處文化遺產位在西格陵蘭中部的北極圈內，蘊藏著4,200年的人類歷史遺跡，從Saqqaq、Dorset、Thule Inuit等多處考古遺址，顯見該地區的因紐特人季節性的遷徙、定居形式、捕獵馴鹿和魚類，以及因紐特人關於環境、航海和醫學方面豐富的非物質文化遺產。從西部的尼皮薩特到東部冰蓋附近的阿斯維斯尤特，透過大型冬季營房、馴鹿狩獵遺跡，反映了因紐特傳統文化及季節性遷移的特色。

分區導覽
Area Guide

丹麥

丹麥

Danmark / Denmark

文●蔣育荏．林志恆．墨刻編輯部
攝影●周治平．林志恆．墨刻攝影組

過去，安徒生童話、小美人魚、維京海盜是一般人對丹麥的第一印象，如今，丹麥以七彩的樂高積木，橫掃全球的設計商品，完善的社會福利制度、良好的生活品質，在全球最快樂國家中，名列前茅。

丹麥人常常喜歡這麼說，丹麥土地很小，沒有高山和多樣景觀。這些話在丹麥人口中，一點都聽不出埋怨之意，當他們用流暢的英語跟你對話時，先天不足的問題，正是他們積極向外擴張的力量。

丹麥過去的歷史被妥善維護著，像是北歐最美的宮殿──腓特烈堡、歐胡斯的露天舊市集、哈姆雷特故事背景的克倫堡，甚至擱淺的維京船骸仍在原地等著大家來一探究竟。而現代設計，無論是喬治傑生或是雅各布森，從實用生活商品到現代建築，丹麥的設計師絕對令人眼睛一亮。

丹麥之最
The Highlight of Denmark

新港與小美人魚雕像
港灣邊，鵝黃、淺藍、磚紅色的房子彩繪童話中的城鎮，水岸旁，小美人魚雕像盤坐石頭上，優雅沐浴陽光。似乎沒有在新港喝杯咖啡，沒有和小美人魚拍張照，就不算到過哥本哈根。（P.83、P.89）

樂高樂園
幾乎全世界的知名景點都被用樂高拼成，濃縮在這座遊樂園中，就連星際大戰的場景都在這裡栩栩如生。而雲霄飛車、軌道小船等遊樂設施，更伴隨著尖叫與歡樂，穿梭在這片樂高世界。（P.127）

克倫堡
氣勢磅礴的華麗宮殿，控制丹麥和瑞典間的水路要道，不但被列入世界文化遺產的行列，更是莎士比亞筆下悲劇《哈姆雷特》的故事舞台。（P.109）

腓特烈堡
有「北歐凡賽爾宮」美譽的腓特烈堡位於哥本哈根的郊區，荷蘭文藝復興式紅磚建築矗立湖畔，雍容大器，是最受丹麥王室喜愛的行宮。（P.96）

哥本哈根
København / Copenhagen

文● 蔣育荏・林志恆・墨刻編輯部　攝影● 周治平・林志恆・墨刻攝影組

哥本哈根的古丹麥語為Købmandenes Havn，意指商人之港。在北歐各國爭奪領土的時代，哥本哈根因控制波羅的海出口的松德海峽（Øresund），又居於瑞典和丹麥中央，不僅商業發展繁盛，也是政經、文化的中心。時至今日，哥本哈根仍是北歐地區最重要的航班轉運點和觀光起站。

比起其他西歐大城，哥本哈根有著閒散的親切氣質，一踏出中央車站，旁邊就是洋溢歡笑聲的蒂沃利樂園，另一側的市政廳廣場是夏季或週末露天活動的主要舉辦地，而且市區人行道與自行車道規畫完善，無論步行或騎單車都可以輕鬆悠遊。

市區大致可分為中央車站周邊、市政廳至新國王廣場、王宮至玫瑰宮等幾個區塊。喜歡逛街的人，市政廳與新國王廣場之間的徒步購物街，時尚精品和美食齊聚，大小廣場和教堂錯落其間，沒有大城市壅塞商圈的緊張感，取而代之的是閒適和自在。哥本哈根市區有不少世界級的博物館、藝術收藏與現代新建築，極吸引人的商店、酒吧、夜生活，以及獲獎無數的星級餐廳。

往郊外走，除了海灘、樹林、湖泊等自然風光之外，位於希勒羅（Hillerød）的腓特烈堡被譽為丹麥最美的宮殿建築，還有北歐最大的水族館，以及幾座可看性十足的美術館。

哥本哈根這座北歐最國際性的城市，其「童話首都」的魅力依然不減，只是從悲傷的安徒生，轉換成故事裡的可愛禮物，對旅者來說，每天在市區遊逛就如同拆禮物一樣，令人驚喜。

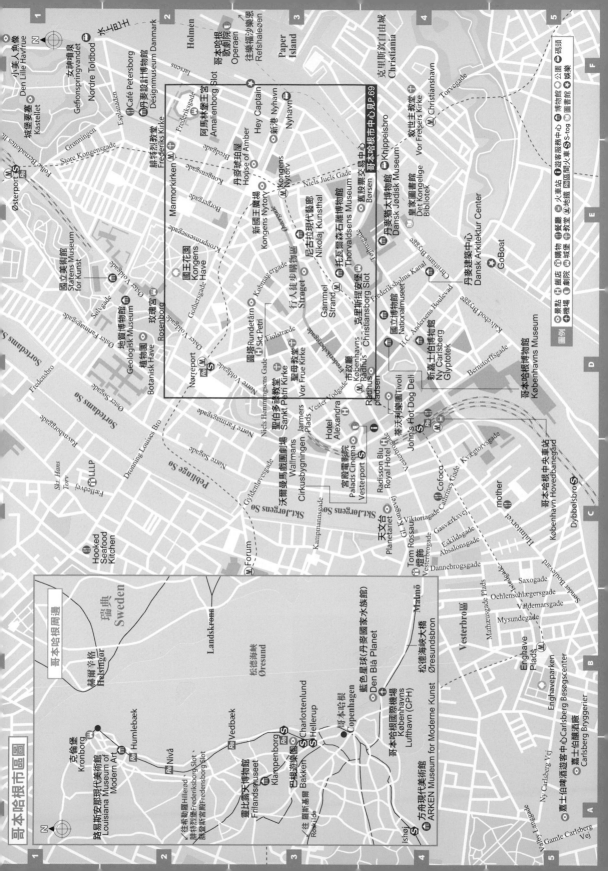

INFO

基本資訊
人口：1,366,301
面積：179.8平方公里

如何前往
◎飛機
目前從台灣沒有航班直飛哥本哈根或丹麥任一城市，必須從香港、曼谷、新加坡、伊斯坦堡或阿姆斯特丹等地轉機。

哥本哈根國際機場（Copenhagen Airport / Københavns Lufthavn，機場代號CPH）位於市中心以南約8公里的Amager島上，是旅客抵達北歐的主要入口門戶。機場共有第2和第3兩座航廈，航廈之間是相連的，而入境區域則是位在第3航廈。5區登機門中，A、B兩區只起降申根國家的航班，C區大多飛往申根國以外的國家，D區大多飛往申根國家，F區主要供廉價航空起降，而E區目前正在興建中。

哥本哈根國際機場
📍P.67B4
🔗www.cph.dk

◎火車
所有國際及國內線火車都會抵達市中心的哥本哈根中央車站（Copenhagen Central Station / Københavns Hovedbanegård），從瑞典斯德哥爾摩出發的直達車，車程約5小時；從挪威奧斯陸出發，須在哥特堡轉車，全程約需7.5小時。

中央車站
📍P.67D4
🔗www.dsb.dk

◎遊輪
從挪威的奧斯陸出發，可搭乘DFDS的過夜渡輪至哥本哈根，每日16:30發船，隔天09:45抵達。奧斯陸碼頭位於魚市場附近（地址：Akershusstranda 31），哥本哈根碼頭位於小美人魚與城堡要塞北邊（地址：Dampfærgevej 30）。

DFDS
🔗www.dfds.com

機場至市區交通
◎地鐵Metro
搭乘地鐵是從機場到市區最便捷的方式，地鐵M2線的Lufthavnen地鐵站位於第三航廈，車票可在地鐵入口的自動售票機或丹麥國鐵DBS的櫃台購買，但請注意售票機不接受紙鈔，只接受零錢和信用卡。
🕐24小時營運，每4~6分鐘一班（凌晨15~20分鐘一班）。至市區約需15分鐘
💲單程36 DKK
🔗intl.m.dk

◎火車
丹麥國鐵DSB的CPH Lufthavn火車站位於第3航廈地下樓，只要3站、約13分鐘就能到達中央車站。車票可於DSB櫃檯或使用自動售票機購買。
🕐24小時營運，約10分鐘一班
💲到市區單程36 DKK

◎計程車
計程車乘車處在第3航廈入境大廳外，車資已包含小費。
🕐車程約20分鐘
💲至市區約250～350 DKK

◎巴士
從機場有許多往返市區的巴士，其中5A會經過中央車站、市政廳前廣場和Nørreport火車站，車票可

哥本哈根市中心圖

◎Nørreport
◎瓦埃勒市場Torvehallerne
◎Coffee Collective
◎圓塔 Rundetårn
哥本哈根大學 Københavns Universitet
◎DØP
◎Skt. Petri
皇家哥本哈根 Royal Copenhagen
◎ILLUMS Bolighus
喬治傑生 Georg Jensen
斯托耶行人徒步購物街 Stroget
聖伯多祿教堂 Sankt Petri Kirke
聖母教堂 Vor Frue Kirke
◎Conditori La Glace
◎ILLUM
◎ecco
◎Holm's Bager
◎Le Klint
◎H & M
尼古拉現代藝廊 Nikolaj Kunsthal
Rådhuspladsen
◎Kronborg
Hotel Alexandra
市政廳 Københavns Rådhus
◎Gammel Strand
◎Prins Jørgens Gård
運河之旅、觀光巴士出發點
托瓦爾森石雕博物館 Thorvaldsens Museum
Holmens Kirke
舊股票交易中心 Børsen
克里斯提安堡 Christiansborg Slot

Marmorkirken◎
Amadeus
Aoc
◎Gasoline Grill
◎Phoenix Copenhagen
腓特烈教堂 Frederiks Kirke / Marmorkirken
阿馬林堡王宮 Amalienborg Slot
Copenhagen Admiral
丹麥琥珀屋 House of Amber
◎FIAT
Scandic Front
新國王廣場 Kongens Nytorv
Bang & Olufsen
夏洛特堡宮 Charlottenborg Slot
皇家丹麥劇場 Skuespilhuset
◎Kongens Nytorv
Hotel Bethel
Magasin百貨公司
新港 Nyhavn
◎Tony's
Copenhagen Strand
Restaurant Kanalen

圖例　◎商店　◎飯店　◎餐廳　◎博物館　◎娛樂　◎地鐵站　◎城堡　◎教堂　◎景點　◎學校　◎咖啡廳　◎S-tog

於自動售票機或上車購買。
◉約10分鐘一班，深夜約20分鐘一班，車程30~35分鐘
⑤單程36 DKK
◍dinoffentligetransport.dk

◎租車
　在第2或第3航廈外搭乘免費的航廈接駁巴士至租車中心（約10分鐘一班），那裡有Hertz、AVIS、Enterprise、Sixt、Budget、Europcar等6家租車公司櫃檯。
◉租車中心07:00~23:00

市區交通

　哥本哈根市區裡的大眾運輸系統，主要分成地鐵（Metro）、通勤鐵路（S-tog）和市區巴士這3種。由於市區各景點相當集中，可先搭乘交通工具至某據點，再步行前往其他景點。

　這3種交通系統的車票和水上巴士均可共通使用，並可在限定時間內互相轉乘。車資按區段計費，也就是按行程跨越的區段多寡來計算，收費最少2區、最多8區；區段的畫分可在車站或遊客服務中心查詢，但一般來說，如果僅在市區活動，都只會在2區的範圍內。相同區域內的丹麥國鐵普通列車Re，也可以使

用同一張票券。而如果旅行的時間較長，則建議可以購買各種優惠票券。
◍可在售票機或車站櫃台購票，或於手機下載DOT Billetter APP購票。只有巴士可以上車向司機購買
⑤單程2區24 DKK、3區36 DKK
◍dinoffentligetransport.dk、www.rejseplanen.dk（查詢路線時刻）

◎地鐵 Metro

哥本哈根地鐵目前已有4條路線，M1、M2在市區共用軌道，到了Christianshavn以東才分開，M1通往阿邁厄島中部的Vestamager，M2通往哥本哈根國際機場。2019年秋天通車的M3為環狀線，沿途經過中央車站、市政廳廣場、新國王廣場等重要景點。2020年春天通車的M4，路線與M3的東南半圈重疊，並延伸往東北方，至於西南方向的延伸路段，則預計在2024年完工。

⬇️24小時行駛，平日尖峰時刻（07:00~09:00、14:00~18:00）每2~4分鐘一班，週末及離峰時刻每3~6分鐘一班；凌晨15~20分鐘一班

🌐intl.m.dk

◎通勤火車 S-tog

由丹麥國鐵DSB經營的紅色通勤列車S-tog，通行於市區和郊區，主要分成A、B、Bx、C、E、F、H等7條路線。另外，行駛到更遠郊外的普通列車則是Re。

中央車站的9~12月台即是專門提供給S-tog使用，不管在中央車站或是市區車站，由於沒有設置驗票閘口，在售票機或櫃台購票後，皆可直接前往月台上車。車上遇到查票的機率頗高，請勿抱持僥倖心理逃票。持有效歐洲火車通行證（Eurail Pass）者，也可

搭乘S-tog，不過會消耗掉一天效期。

⬇️平日約05:00~00:30，週末早上發車較晚；約5~10分鐘一班

◎巴士

一般常見的巴士車身都是黃色的，若看到紅色的A-bus（路線數字後會加A），表示路線上有經過S-tog火車站和地鐵站；藍色車身的S-bus（路線數字後會加S），是僅停靠少數站點的快速巴士；至於路線數字後加上N的Natbus，則是凌晨行駛的夜間巴士。

巴士停靠站以黃色站牌顯示，上車處在前門，可直接在車上向司機購票。新款公車上有顯示站名的電子看板，下車前請按紅色下車鈴，巴士停妥後由後門下車。若是車上沒有電子看板，可告知司機要去的地方，請他提醒你何時該下車。

⬇️A-bus全日皆有，S-bus 06:00~01:00，夜間巴士01:00~05:00

🌐www.moviatrafik.dk

◎水上巴士 Havnebus

水上巴士行駛於哥本哈根市區與阿邁厄島北端之間的運河兩岸，從北邊的樂福沙樂恩（Refshaleøen）到南邊的Sluseholmen，共有9個停靠碼頭。水上巴士的航道只有1條，991號為南行路線，992號則是北行路線；另外還有1條993號，是在歌劇院有演出時，加開與新港對開的路線。

◎計程車 Taxa

哥本哈根計程車平日起錶約39 DKK，每公里跳錶約10 DKK，等待時間每分鐘約6.75 DKK；夜間及週末假日起錶約49 DKK，每公里跳錶約14 DKK，等待時間每分鐘約6.5 DKK，每家計程車行收費標準略有不同。若有經過收費橋樑，乘客也必須負擔司機回程的過路費用。至於小費則已包含在車資中，司機不得另外要求。丹麥的計程車司機幾乎都通英文，車上也多有刷卡服務。

哥本哈根地鐵

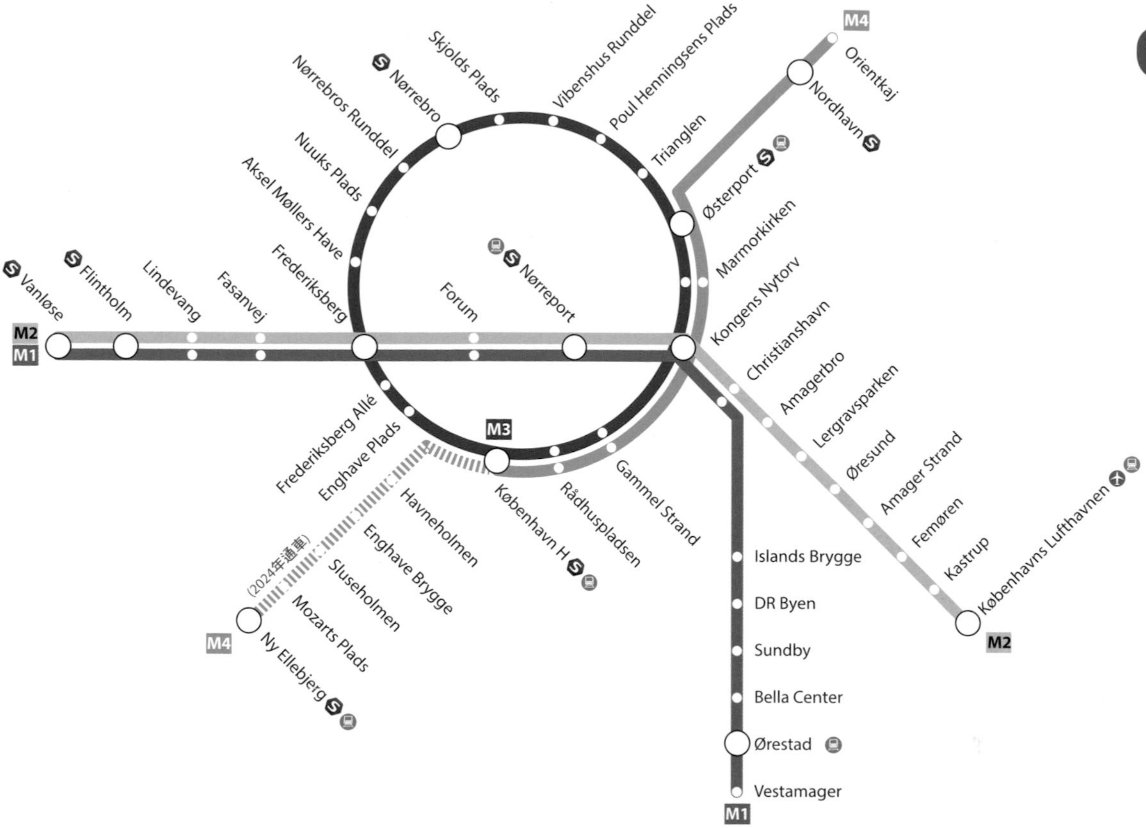

◎腳踏車

　　哥本哈根市區腳踏車道規畫完善，騎單車絕對是遊逛哥本哈根最理想的方式之一。哥本哈根的共享電動腳踏車名為Bycyklen，腳踏車龍頭上附有GPS導航設備，使用前需在官方網站、下載APP或直接在腳踏車的觸控板上註冊帳號，再以信用卡付款。

⑤單次租用者，每30分鐘30 DKK，並須押金200 DKK

🌐www.bycyklen.dk

優惠票券

◎城市通行證 City Pass

　　City Pass可在效期內不限次數搭乘S-tog、巴士和地鐵等大眾交通工具，Pass分為「大」、「小」兩種，若只在市區移動，買City Pass Small便已足夠，可用於區段1~4（含哥本哈根機場）的範圍；但如果要去腓特烈堡、阿肯美術館或路易斯安那美術館，就要買到City Pass Large。

　　City Pass可在火車站或地鐵站購買實體票券，也可在官網或APP購買電子票券，車票會以e-mail和簡訊的方式傳送到你的手機與電子信箱中。每位持有City Pass的成人可攜同2位12歲以下兒童搭乘，12~16歲則須購買半價的兒童票。

⑤

	City Pass Small	City Pass Large
24小時	80 DKK	160 DKK
48小時	150 DKK	300 DKK
72小時	200 DKK	400 DKK
96小時	250 DKK	500 DKK
120小時	300 DKK	600 DKK

🌐dinoffentligetransport.dk/citypass

◎哥本哈根卡 Copenhagen Card

由哥本哈根觀光局發行的哥本哈根卡，分成24小時、48小時、72小時、120小時等不同效期，持卡者可於效期內免費參觀大哥本哈根地區（含赫爾辛格與羅斯基爾）的 87處景點與博物館，亦可免費搭乘S-tog火車、地鐵、市區巴士與水上巴士，在許多餐廳與觀光行程也有不同折扣的優惠。

哥本哈根卡可於車站、機場、遊客服務中心、部分景點、飯店或於官網上購買，使用前需在卡片正面填妥使用日期、時間，卡片方可生效。每位持有哥本哈根卡的成人可有兩名10歲以下的孩童同行，10~15歲的兒童則須購買兒童卡。哥本哈根卡的使用手冊相當實用，裡面載明所有適用景點的詳細資訊與地圖，另外也可於手機中下載專用APP。

💲

	成人	兒童
24小時	439 DKK	239 DKK
48小時	649 DKK	349 DKK
72小時	799 DKK	429 DKK
96小時	929 DKK	499 DKK
120小時	1049 DKK	559 DKK

🌐www.copenhagencard.com

觀光行程

◎Hop-On Hop-Off Bus & Boat

Stromma營運的隨上隨下觀光巴士共有3條路線、35個停靠站點，皆從蒂沃利樂園旁的Radisson Royal Hotel出發：紅線為經典路線，行經新港、王宮、小美人魚、玫瑰堡、市政廳、國立博物館等重要景點；綠線串連中央車站以西的各大公園綠地與購物中心，包括嘉士伯啤酒遊客中心與哥本哈根動物園等都在路線上；紫線主要行駛於阿邁厄島西北角，前往克里斯欽自由城、哥本哈根歌劇院與樂福沙樂恩等地。另外

還有一條觀光遊船路線，停靠運河兩岸各大景點。

車票可在官網或上車向司機購買，效期為48小時，效期內可在任一站點自由上下車。

💬每條路線發車時刻不同，並隨季節更動，詳細時刻請上官網查詢
💲成人250 DKK，6~15歲半價
🌐www.stromma.dk
🎧有含中文在內11種語言的語音導覽耳機

◎The Grand Tour運河觀光船

The Grand Tours名列哥本哈根最受歡迎的遊覽行程之一，遊船緩緩繞行哥本哈根港灣，蜿蜒在極富詩意的運河水道，透過導覽講解，更能深入瞭解哥本哈根那一座座美麗的教堂、城堡、橋樑、老房子、新建築不同的時代意義以及他們在這座城市扮演的角色。

沿途的經典景點包括新港、丹麥皇家劇場、哥本哈根歌劇院、小美人魚雕像、皇家圖書館、克里斯提安堡等，行程約1小時，有從Gammel Strand或新港出發的兩條路線，航線大致相同。

📍上船地點在Gammel Strand站附近的Ved Stranden 26和新港的Nyhavn 3
📞3296-3000
💬由Ved Stranden出發：12月底~5月初10:45~15:00；5月初~8月底10:00~17:15；8月底~12月底10:45~15:00，每80~90分鐘一班

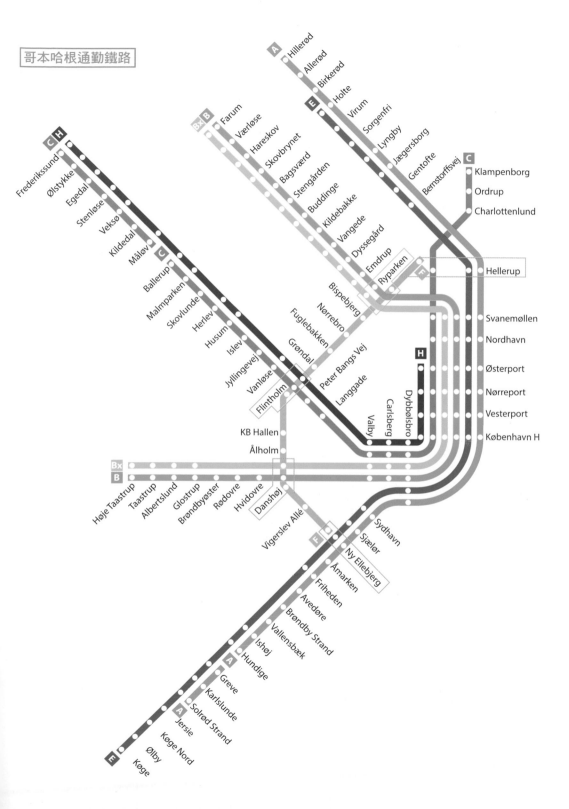

由Nyhavn出發：12月底~5月初10:00~15:20；5月初~8月底10:00~16:40（6月中~8月中至18:30）；8月底~12月底10:00~15:20，每80~90分鐘一班

每日班次有些微差異，建議先在網上預約

💲成人109 DKK，6~15歲55 DKK

🔟www.stromma.dk

💠持哥本哈根卡從Gammel Strand出發免費

◎Hey Captain遊船

　　如果只想搭船遊運河，Stromma的The Grand Tours就已足夠，但若是想更深入了解這座城市，Hey Captain絕對會是更好的選擇。Hey Captain的出發碼頭在歌劇院對面的Ofelia Plads，行程有1小時地標巡禮、2小時私房景點與夏季限定5小時的完整行程3種。乘坐12人座的小船，與知識豐富又熱情的船

長面對面，包準能聽到許多連本地人都不見得知道的哥本哈根大小事。

📍Kvæsthusbroen 1

☎6168-4570

🕐3月底~12月中，詳細時間請上官網查詢

💲1小時行程200 DKK，2小時行程400 DKK，5小時行程1300 DKK

🔟www.heycaptain.dk

❗建議預約

◎GoBoat

　　在許多觀光城市，由遊客自己駕駛的卡丁車GoCar早已是標準行程，哥本哈根的GoBoat更進一步，連運河觀光船都讓遊客自己操縱。GoBoat是8人座的動力馬達小艇，駕駛方式十分簡單，連沒有駕照的人都能輕易控制，於是想去哪裡就去哪裡，自由自在。船上還有餐桌讓乘客在運河上野餐，如果沒有自備點心飲料的話，碼頭上也有的買。

📍Islands Brygge 10

☎4026-1025

🕐3~11月每日09:30至日落；12~2月僅週六週日11:30至日落

💲每船1小時499 DKK，2小時899 DKK，3小時1149 DKK(7、8月3小時為1299 DKK)

🔟goboat.dk

❗建議預約

旅遊諮詢

◎哥本哈根遊客服務中心

🔺P.67D4

🚇從中央車站步行約3分鐘可達

📍Vesterbrogade 4

☎7022-2442

🕐平日9~6月09:00~16:00、7~8月09:00~18:00；假日1~5月10:00~15:00、6月與9~12月10:00~16:00、7~8月09:00~16:00；平安夜與聖誕節公休

🔟www.visitcopenhagen.com

哥本哈根行程建議
Itineraries in Copenhagen

　　哥本哈根重要的景點很多，基本上要花2~3天才能逛得完；所幸大部分的景點十分集中，大多靠雙腳步行即可抵達；在行程的規畫上，第1、2天留在市區內參觀，第3天前往近郊的希勒羅看腓特烈堡，或是北

邊的路易斯安那美術館，並順遊莎翁《哈姆雷特》故事原生地的赫爾辛格克倫堡。若是看膩了歷史藝文景點，機場附近造型特殊的藍色星球水族館，是不錯的紓壓選擇。

再有時間，可以繼續前往丹麥其他城鎮，如名列世界遺產的羅斯基爾大教堂、童話大師安徒生的故鄉烏丹斯、或是比隆的樂高樂園，都是可做為過夜遊的地點。

哥本哈根散步路線
Walking Route in Copenhagen

這條路線將市政廳到王宮之間的精華景點一網打盡，路上除了可看到許多經典建築、博物館，也可以行經最熱鬧的購物區Strøget，感受哥本哈根充滿質感又不失其活力的風貌。

①**市政廳**是遊逛哥本哈根最好的起點，附近有兩座哥本哈根最具份量的世界級博物館－②**新嘉士伯博物館**和③**國立博物館**。沿國博物館向東行，跨過運河來到城堡島（Slotsholmen），這裡有兩大重點，一是被譽為「黑鑽石」的④**皇家圖書館**，一是最早的丹麥王室居所⑤**克里斯提安堡**，現代與古典的對比。

再跨過運河回到市中心區，向北走可以接到⑥**斯托耶行人徒步購物街**，北歐設計以及世界名牌齊聚，光是欣賞櫥窗都會忘了時間。沿步行街一路東行，⑦**新國王廣場**讓視線豁然開闊，可以選個露天咖啡小憩一會兒，也可繼續前行，來到最慵懶開適的⑧**新港**，坐

哥本哈根散步路線

在港邊小酌兩杯。

休息夠了，往東北方前行，就來到⑨**丹麥王宮**，如果恰逢正午12:00，可以欣賞衛兵交接儀式。原則上，散步行程在此結束，但若還有體力，不妨繼續朝東北方走，挑戰市區邊緣的⑩**小美人魚雕像**。

距離：約4公里
所需時間：約2小時

市政廳周邊Around Københavns Rådhus

MAP ▶ P.69A3

市政廳
Københavns Rådhus

哥本哈根最高鐘塔

🚇 搭地鐵M3、M4至Rådhuspladsen站即達 🏠 Rådhuspladsen 1 ☷ www.kk.dk
市政廳導覽行程（英文）
⏰ 平日13:00，週六10:00，行程45分鐘 💲65 DKK
登塔行程（英文）
⏰ 平日11:00、14:00，週六12:00，行程30分鐘 💲45 DKK

市政廳位於哥本哈根中心位置，磚紅建築完成於1905年，建築風格上為仿文藝復興式樣。每15分鐘，市政廳的中央塔樓會報時一次，整點鐘聲會再長一些。這座鐘塔高105.6公尺，為哥本哈根的最高塔樓，也是眺望市區全景的最佳地點之一。想要登上塔樓賞景，可參加付費導覽行程，不過塔樓內沒有電梯，必須爬上300多層階梯。市政廳本身也有付費導覽行程，參觀重點之一為一座世界鐘（Verdensur），這面巨鐘由製鐘師Jens Olsen所設計，可顯示萬年曆、日月蝕和星體位置，可惜當1955年世界鐘完成時，Jens Olsen本人早已過世10年。

小販聚集的市政廳廣場是夏日許多節慶活動的舉行地點，也是觀光徒步街Strøget的起點，一旁的安徒生大道上有座真人比例的安徒生雕像，側身望著對面的蒂沃利樂園。

市政廳周邊Around Københavns Rådhus

MAP ▶ P.67E4

丹麥建築中心
Dansk Arkitektur Center

重新定義建築的概念

🚇 搭地鐵M3、M4至Rådhuspladsen站，步行約8分鐘 🏠 Bryghusgade 10, 1473 København ☎ 3257-1930 ⏰ 10:00~18:00（週四至21:00）💲 成人115 DKK，18~26歲與學生 60 DKK，18歲以下免費 ☷ dac.dk/en 🎟 持哥本哈根卡免費

落成於2018年5月的BLOX由荷蘭著名建築師事務所OMA所設計，本身就是棟造型十足的前衛建築，用來作為丹麥建築中心的新家，實在是再適合不過。簡稱DAC的丹麥建築中心成立於1985年，創立宗旨在於尋求跨領域的學術合作，以突破建築學的界限，發展出更能適應新時代的建築物和城市規劃。進入主展廳之前，館方希望遊客先來動手發揮創造力，材料就是丹麥人最引以自豪的樂高積木，而在樂高池的四周，則有多座以樂高拼成的丹麥建築師作品，包括哥本山、樂高之家等。接著在主展廳內，人們會看到各種新的建築計劃與概念，你會發現建築不只是蓋一棟房子而已，它還包括如何與環境和諧共存，如何讓人類的生活更增進，新的材料與力學結構如何增加建築形態的可能性等，最後讓你重新定義關於建築學的想法。

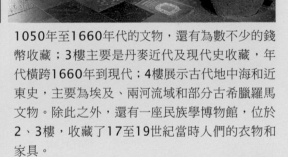

市政廳周邊Around Københavns Rådhus

MAP ▶ P.67D4

國立博物館

MOOK Choice

Nationalmuseet

完整展示丹麥文化歷史

🚇搭地鐵M3、M4至Rådhuspladsen站,步行約7分鐘 🏠Ny Vestergade 10 ☎4120-6850 🕐6~9月每日10:00~18:00,10~5月10:00~17:00(兒童博物館至16:30) 🈺10~5月的週一 💲成人110 DKK,18歲以下免費 🌐natmus.dk ✿持哥本哈根卡免費

國立博物館是丹麥規模最大的博物館,豐富的館藏以丹麥的文化歷史發展為主軸,年代跨越新石器石代到21世紀,珍貴的考古文物包括新石器時代工具、維京時代的武器、銅器和鐵器時代的器皿、雕刻,以及刻有古代盧恩文的石碑等。

博物館的地面樓層為兒童博物館、商店、咖啡廳;2樓(1st Floor)收藏丹麥中古世紀及1050年至1660年代的文物,還有為數不少的錢幣收藏;3樓主要是丹麥近代及現代史收藏,年代橫跨1660年到現代;4樓展示古代地中海和近東史,主要為埃及、兩河流域和部分古希臘羅馬文物。除此之外,還有一座民族學博物館,位於2、3樓,收藏了17至19世紀當時人們的衣物和家具。

若參觀時間有限,在中庭服務處可取得各樓層的導覽手冊,手冊中的參觀提示相當受用。必看展品包括3500年前青銅時代的《太陽馬車》(Solvogn)、對丹麥極具歷史意義的盧恩文石碑(Runic Stones)、腓特烈三世(Frederik III)所收藏的《變形畫圓桌》(Cylinder Perspective)等。至於對古埃及、美索不達米亞文明有興趣的,不妨爬上4樓,這裡有數量不多、但價值極高的考古文物,包括打開層層棺槨、仍有肌肉的木乃伊等。

市政廳周邊Around Københavns Rådhus

MAP ▶ P.69B2

圓塔

Rundetårn

三位一體的地標建築

🚇搭地鐵M1、M2或S-tog至Nørreport站，步行約5分鐘 🏠Købmagergade 52A 📞3373-0373 ⏰4~9月每日10:00~20:00，10~3月10:00~18:00（週二、三至21:00）💵成人40 DKK，5~15歲10 DKK 🌐www.rundetaarn.dk ✥持哥本哈根卡免費 ❗天文塔每年開放時間不同，詳見官網

圓塔興建於1637年，是被丹麥人稱為「建築之王」的克里斯提安四世（Christian IV）在位時所建造的地標建築。當初是根據「三位一體」

掃地圖

論，將大學教堂、大學圖書館和天文台結合在一起，圖書館現在已改為展示廳，天文台於1861年停用，但在冬季夜間仍有專人會操作儀器讓遊客觀看，只有教堂現在仍屬於哥本哈根大學。

從售票口一路迤邐至塔頂的，是長約209公尺、迴旋而上的平磚地，這是當初為了能讓馬車載運書籍進出所做的設計。圓塔中央其實是個中空的圓井，實際用途至今不明，有人說是為了望遠鏡，有人說是排水管，在迴旋途中開有小洞讓遊客進去自行猜想。而在登上塔頂之後，360度的市區景色一覽無遺，包括市政廳、哥本山等地標景點都歷歷在目。

市政廳周邊Around Københavns Rådhus
MAP ▶ P.69C2

尼古拉現代藝廊
Nikolaj Kunsthal

教堂變身藝廊

🚇搭地鐵M3、M4至Gammel Strand站，步行約2分鐘 🏠Nikolaj Plads 10 ☎2422-7127 ⏰週二至週五11:00~18:00，週六、日與國定假日11:00~17:00 休週一 💰成人95 DKK，17歲以下免費 🌐www.nikolajkunsthal.dk ✻持哥本哈根卡免費

20分鐘塔樓導覽行程
⏰週六、日15:00 💰成人40 DKK，兒童20 DKK

　　尼古拉教堂的教會身分在1805年畫下句點，1957年時，一位丹麥藝術家在教堂裡設置了一座現代藝術圖書館，現在圖書室變成了書店，教堂內部也改為哥本哈根現代藝廊，不定期展出現代視覺藝術、裝置藝術等主題前衛的展覽。樓下的書店雖小、但提供了最新的現代藝術相關書籍，同時身兼藝術中心的服務台。

市政廳周邊Around Københavns Rådhus
MAP ▶ P.69A2

聖母教堂
Vor Frue Kirke

丹麥王室舉辦重要儀式場地

🚇搭地鐵M1、M2或S-tog至Nørreport站，步行約8分鐘 🏠Nørregade 8 ⏰週一至週六08:30~17:00，週日12:00~16:30 休週五10:30~12:00 🌐www.domkirken.dk

　　聖母教堂最初建於1191年，但經過數次火災、重建，目前所見的教堂建築是由丹麥建築師C.F. Hansen在1829年設計建造，講道壇的基督像及信徒座位兩旁的十二使徒雕像則出自雕刻家Bertel Thorvaldsen之手。雖然兩位藝術大師都在羅馬修業多年，但內部設計和布局相當簡單，大門前的多利克式神殿廊柱是唯一帶有一點羅馬風格的。

　　教堂不僅是哥本哈根人的信仰中心，也是丹麥王室舉辦重要儀式的地方，曾有5位國王在此加冕，2004年丹麥王子的婚禮也在這裡舉行。另外丹麥國家廣播電台每週日早晨也同步轉播聖母教堂的彌撒。

市政廳周邊Around Københavns Rådhus
MAP ▶ P.67E4

丹麥猶太博物館
Dansk Jødisk Museum

記錄400年歐洲猶太人史

🚇搭地鐵M3、M4至Gammel Strand站，步行約7分鐘 🏠Proviantpassagen 6 ☎3311-2218 ⏰6~8月10:00~17:00（週四至19:00）；9~5月11:00~17:00（週四至19:00） 休6~8月的週一；9~5月的週一、二 💰成人100 DKK，學生50 DKK，18歲以下免費 🌐www.jewmus.dk ✻持哥本哈根卡免費

　　丹麥猶太博物館收藏了400年來從歐洲各地移入丹麥居住的猶太人的文物，包括家居用品、信

件、書籍，甚至是宗教經典與儀式聖器等。部分展覽櫃旁有觸控式螢幕以一小段猶太民謠或影像，述說猶太人顛沛流離的過往和其獨特的生活習慣與慶典。

MAP ▶ P.69B3

克里斯提安堡

MOOK Choice

Christiansborg Slot

建築反映哥本哈根的歷史縮影

🚇搭地鐵M3、M4至Gammel Strand站，步行約3分鐘 🏠 Prins Jørgens Gård 1 ☎3392-6492 ⏰王室會客廳 10:00~17:00，遺跡與王室廚房10:00~17:00，王室馬廄13:30~16:00（7月10:00~17:00），王室禮拜堂週日10:00~17:00（7月每日開放）🈳10~3月的週一 💲王室會客廳95 DKK，王室廚房、遺跡、王室馬廄各60 DKK，聯票160 DKK（效期1個月）。18歲以下免費，王室禮拜堂免費 🌐 kongeligeslotte.dk 🎫持哥本哈根卡免費 ❗宮殿內禁止攝影

　　克里斯提安堡位於舊護城河畔，環抱著寬闊的廣場，廣場中央是哥本哈根奠基者阿布薩隆（Absalon）的騎馬像。這個丹麥最早的王室居所，數度在戰爭與大火中重建，其演變可說是哥本哈根的歷史縮影。

　　克里斯提安堡最早由大主教阿布薩隆所興築，外圍碉堡以花崗岩構成，內層建築則以磚木為結構，可說是哥本哈根最早的磚造建築。1259~1369年，克里斯提安堡屢遭外族攻擊，

掃地圖

最後在1416年重建，才成為當時王室的居所。

　　熱愛建築的克里斯提安四世將原本的建築全部拆毀後重建成華麗的巴洛克樣式，還加建了教堂和豪華的馬廄，克里斯提安六世更將其擴充為當時歐洲最奢華的宮殿，可惜這一切竟在1794年的一場大火中完全燒毀，僅有馬廄逃過一劫，保留至今日。目前所見的克里斯提安堡興建於1928年，由名建築師Thorvald Jørgensen設計，是哥本哈根的議會所在地，雖然已不再是王室住所，但王家仍時常在此舉辦宴會、接見外賓。遊客可以參觀王室的會客廳和其地下室阿布薩隆時代的城堡遺跡、王室廚房、王室禮拜堂和王室馬廄。

MAP ▶ P.67E4

皇家圖書館

MOOK Choice

Det Kongelige Bibliotek

日夜閃耀的黑鑽石

🚇搭地鐵M3、M4至Gammel Strand站，步行約10分鐘 🏠 Søren Kierkegaards Plads 1 ☎3347-4747 ⏰平日 08:00~21:00，週六09:00~19:00 🈳週日 💲免費 🌐www. kb.dk

　　最早的皇家圖書館建於1648年，由腓特列三世下令興建，現在仍坐落在新館後方。而被稱為「黑鑽石」的其實是新館，建於1995~1999年，出自丹麥知名的建築團隊Schmidt Hammer Lassen之手。整棟建築呈梯型向前傾斜，面對運河碼頭，建築

掃地圖

中央刻意留了一塊狀似鑽石的玻璃帷幕，白天可將自然光引進圖書館內，夜晚館內投射出的燈光則成為運河邊最美的夜景。獨特的建築風格也為該團隊獲得不少建築設計獎項，目前已成為哥本哈根市區知名的現代設計建築之一。就算不借書，進去感受一下寬敞的閱讀空間，或坐在館外露天Café或廣場上欣賞建築，也是一種享受。

哥本哈根嘉年華 Copenhagen Carnival

每年聖靈降臨節假期（約5月底或6月初），在哥本哈根會舉行為期3天的「拉丁風」嘉年華會，整個活動最熱鬧的就是從新國王廣場到市政廳廣場之間的遊行。參加隊伍多穿著嘉年華式的誇張舞衣，領軍的往往是拉丁裔舞者，每隊都備有自己的鼓號樂隊；無論男女老少都隨著音樂節奏擺動熱舞，沿街還會和前來支持的親友問好。遊行時間雖然不長，但氣氛熱絡，到終點前，主辦單位會宣布名次，不過名次對他們來說似乎沒那麼重要，玩得盡興才是節慶令人愉快的地方。

市政廳周邊 Around Københavns Rådhus

MAP ▶ P.69C3

舊股票交易中心

Børsen

以龍雕護身擋祝融

🚇 搭地鐵M3、M4至Gammel Strand站，步行約5分鐘 🅤 www.borsbygningen.dk

掃地圖

走過舊股票交易中心，很難不被它頂端以四尾龍交纏在一起的螺旋尖塔所吸引，這座荷蘭式文藝復興建築是丹麥最古老的股票交易中心，1618年由當時的國王克里斯提安四世下令興建。丹麥人認為，龍尾交纏的旋轉尖塔就像是護身符，能讓股票交易中心不受戰火或祝融傷害。然而在1658~59哥本哈根被瑞典佔領期間，為了加強戰備，有很多以錫為材質的屋頂或尖塔都被拆卸為打造加農砲的材料，股票交易中心也未能躲過這場劫難，一直到19世紀才以銅改造，保存至今。目前為私人財產，僅開放機關團體預定會議場地使用。

市政廳周邊 Around Københavns Rådhus

MAP ▶ P.69B3

托瓦爾森石雕博物館

Thorvaldsens Museum

丹麥藝術的黃金年代

🚇 搭地鐵M3、M4至Gammel Strand站，步行約2分鐘 🏠 Bertel Thorvaldsens Plads 2 ☎ 3332-1532 🕙 10:00~17:00 ❌ 週一 💰 成人95 DKK，18歲以下免費。週三免費參觀 🅤 www.thorvaldsensmuseum.dk 🎫 持哥本哈根卡免費

掃地圖

石雕博物館範圍不大，3層展覽室的所有展品都出自丹麥雕刻家托瓦爾森（Bertel Thorvaldsen）之手。托瓦爾森活躍的時期正是所謂丹麥藝術的黃金年代，他曾在羅馬定居40年之久，其作品在當時歐洲已有一定知名度。晚年回到故鄉哥本哈根，並將大部分的作品留在這裡，像是聖母教堂碩大的基督像就是他在1820年的傑作。

博物館成立於1848年，正是丹麥面臨重大轉折的年代，當時政府急於將丹麥的優點展示在全歐洲面前，在歐洲頗具知名度的托瓦爾森自然成為丹麥的藝文界代表，所以這座博物館對丹麥人來說，除了紀念這位藝術大師，也紀念著那個轉變的年代。

`MAP ▶ P.69D1`

阿馬林堡王宮

Amalienborg Slot

丹麥王室居所

🚇搭地鐵M3至Marmorkirken站，步行約4分鐘 🏠 Amalienborg Slotsplads 5 ☎3315-3286 ⏰每月開放時間不同，夏季約10:00~17:00，冬季約10:00~15:00 ⛔部份月份的週一 💲成人125 DKK，學生80 DKK，17歲以下免費。與玫瑰宮的聯票（效期36小時）200 DKK 🌐dkks.dk/amalienborgmuseet ♿持哥本哈根卡免費

丹麥王室自1794年起便遷至今天的王宮所在地，如果王宮屋頂掛上國旗，就表示當天女王在家。四座幾乎完全相同的洛可可式建築，合圍出大片開闊的廣場，廣場中央的腓特烈五世銅像是王室特別聘請法國雕塑大師Jacques Saly，花了20年時間製作完成。

王宮可參觀的部份為克里斯提安八世宮殿內的博物館，當中展示自1863年起的王室收藏，正好延續了玫瑰宮的收藏年代。房間都以國王或王后的名字命名，家具擺設經過仔細考證，維持該王室成員使用時的原狀及風格。可看到王室歷年來所蒐集的珍奇異寶，包括珍禽異獸的標本、武器軍火、東方的瓷器碗盤骨董，及各式珠寶等。另外在週末時，也有進入克里斯提安七世宮殿的導覽行程。

每天中午的衛兵交接儀式12點準時開始，有時衛兵交接儀式還會伴隨鼓號軍樂隊。若想近距離感受衛兵交接的氣勢，記得在儀式開始前站在廣場上的黑色地磚旁。

`MAP ▶ P.69D1`

腓特烈教堂

Frederiks Kirke

造價昂貴的大理石教堂

🚇搭地鐵M3至Marmorkirken站即達 🏠Frederiksgade 4 ☎3315-0144 ⏰10:00~17:00（週五12:00起、週日12:30起）💲免費 🌐www.marmorkirken.dk

圓頂導覽
⏰週末13:00（夏季每日）💲成人35 DKK，18歲以下20 DKK

腓特烈教堂因為以大理石為主要建材，又被稱為「大理石教堂」（Marmorkirken）。已有220年歷史的教堂，當初還曾經因為使用昂貴的挪威大理

石，使得建造經費不斷追加，不得已中斷建造工程，停工百年之後，才於1894年完工。整座建築為新巴洛克式風格，仿照羅馬聖彼得教堂所建，教堂圓頂內部留有彩繪，兩側架著不同時期的管風琴，面對

主祭壇右手邊的管風琴裝飾最是精細繁複，牆上以鴿子、百合、天使、羔羊、豎琴等福音象徵圖騰環繞教堂，主祭壇沒有瑰麗的雕刻裝飾，只以不同材質的大理石鋪設。教堂外有許多丹麥名人雕像，哲學家齊克果也包括其中。

王宮周邊Around Amalienborg Slot

MAP ▶ P.69D2

新港

Nyhavn

哥本哈根代表性景色

🚇搭任一地鐵至Kongens Nytorv 站,步行約4分鐘　ⓌWww.nyhavn.com

漆著鵝黃、淺藍、磚紅色的17世紀磚屋,和停靠港邊的高桅木船,班次頻繁的觀光船在河道間穿梭,彩屋、桅船的倒影隨著水波盪漾,形成了新港令人印象深刻的明信片風景畫。

新港興建於1671~73年,當初是為了方便貨船進入市中心而開鑿的運河,遠航歸來的漁夫水手,得以在這裡休息、補充貨源或盡情暢飲,新港沿岸也因此發展為商業最繁盛的地區。不料1807年受到英軍嚴重轟炸,新港的榮景一落千丈,後來更淪為高犯罪率的紅燈區。近年來許多老桅船紛紛改造為頗具特色的酒館、餐廳,搭配沿岸可愛磚房裡的餐廳、酒吧,更搏得全世界最長吧台的美譽。不少遊客坐在港邊小酌兩杯,同時享受北歐難得的陽光,假日午後會有爵士樂隊在戶外現場演出,更添新港的慵懶閒適。

若對安徒生的生平有興趣,這裡也是這位童話之王寫下重要創作之地,安徒生曾住過港邊門牌18、20和67號的屋子,但現在是私人居所,不能進入參觀。

MAP ▶ P.67E2

國立美術館

Statens Museum for Kunst

新舊建物完美結合

🚇搭地鐵M1、M2或S-tog至Nørreport站，步行約10分鐘 🏠Sølvgade 48-50 ☎3374-8494 ⏰10:00~18:00（週三至20:00）休週一 💲成人120 DKK，19~27歲95 DKK，18歲以下免費 🌐www.smk.dk 🎫持哥本哈根卡免費

　　丹麥國立美術館建築新舊相連，舊館建於1896年，由丹麥建築師Wilhelm Dahlerup混合不同風格打造出磚紅色的華麗殿堂。隨著館藏增加，原有的展覽空間已不敷使用，館方於是在1998年時於舊館後方增建一幢白色的現代建築，新建築的樣式簡潔摩登，並以玻璃屋頂將兩幢建築相連。新建築的內部挑高，大面積的玻璃窗正對著綠意盎然的草地與池塘。沿著大廳正中央的階梯上行，則是雕塑走廊，走廊兩排和中央分別有不同年代藝術家的雕塑作品。有別於一般密閉展場的燈光照明，走廊的展覽空間引進大量自然光線，有另一

掃地圖

種觀展感受。

　　美術館的展品從14世紀至今，歷史橫跨700年，內容包括畫作、雕塑和各類攝影作品，有不少作品屬於丹麥王室收藏。館內另有不定期主題特展。

MAP ▶ P.67D2

植物園

Botanisk Have

上萬種植物涵蓋五大氣候區

🚇搭地鐵M1、M2或S-tog至Nørreport站，步行約3分鐘 🏠Gothersgade 128 ⏰08:30~18:00（10~3月至16:00）💲免費 🌐botanik.snm.ku.dk

棕櫚溫室

⏰10:00~17:00（10~3月至15:30）休週一 💲成人60DKK，學生及3~17歲40 DKK，2歲以下免費

　　植物園占地超過10萬平方公尺，約有12座足球場大，被稱為哥本哈根市區的綠洲。植物園當中有1/4的面積隸屬於哥本哈根大學，主要提供植物學術研究使用。在16世紀初期，這裡原只是一座小規模的

掃地圖

植物園，直到1872年才擴大為現在的樣貌，園中種滿花卉的岩石土丘是哥本哈根的舊城牆，而池塘則是以前護城河的其中一段。

　　在廣大的戶外園區種植13,000種花草植物，為全丹麥之最，園區西北方的白色棕櫚溫室（Palm House）建於1980~82年間，室內分有5區，分別種植不同氣候帶的植物，包括泰國蘭花、馬達加斯加的植物以及丹麥高山野生植物等。由於建築挑高20公尺，遊客可沿著植物叢中的迴旋梯往上走，站在高台俯瞰整座溫室。

王宮周邊Around Amalienborg Slot

MAP ▶ P.69D2

皇家丹麥劇場

Skuespilhuset

戲劇表演大本營

🚇 搭任一地鐵至Kongens Nytorv 站，步行約10分鐘 🏠 Sankt Annæ Plads 36 ☎3369-6969 🌐www.kglteater.dk

這棟黑色玻璃帷幕的建築緊緊挨著新港北側水岸，和周遭充滿懷舊氣氛的粉彩磚屋大異其趣，乍看像是皇家圖書館

黑鑽石的翻版，隔著大海與更醒目的歌劇院遙遙相望。

這棟現代的三層樓建築是皇家丹麥劇團的駐團大本營，平時以戲劇演出為主，和國王廣場旁的舊皇家劇院，及2004年落成的哥本哈根歌劇院並列哥本哈根三大表演場地。建築本身曾於2008年榮獲RIBA歐洲建築獎，其中有40%的建築面積跨越在水面上。

王宮周邊Around Amalienborg Slot

MAP ▶ P.69B1

玫瑰宮

MOOK Choice

Rosenborg

寶物收藏歐洲之最

🚇 搭地鐵M1、M2或S-tog至Nørreport站，步行約6分鐘 🏠 Øster Voldgade 4A ☎3315-3286 ⏰每月開放時間不同，夏季約10:00~17:00，冬季約10:00~15:00 🚫部份月份的週一 💲成人125 DKK，學生80 DKK，17歲以下免費。與王宮的聯票（效期36小時）200 DKK 🌐www.kongernessamling.dk 🎫持哥本哈根卡免費

這座荷蘭式文藝復興建築原本只是小小的王室夏日行宮，因受到克里斯提安四世的垂愛，從1606~34年間漸次擴充、改建。玫瑰宮的地下室經過特殊設計，成為克里斯提安四世的私人音樂廳，他除了可以在音樂廳現場，也能在自己的房間裡聆聽交響樂團演出。

1883年起，玫瑰宮正式開放為城堡博物館，從開放參觀的24間房間裡，可窺得文藝復興時期王室的生活起居狀況。2樓以「長廊」盡頭的象牙王座最吸引眾人目光，兩頭銀獅所護衛的王座，是歷代丹麥國王的加冕座椅。

地下室現在則成了「寶藏庫」，從克里斯提安四世到腓特烈七世，約400年的王室收藏都在這裡，其寶物收藏可說是歐洲之最。其中最耀眼的是丹麥女王的珠寶王冠，鑲滿藍寶石、鑽石、紅寶石的王冠，是丹麥王室的象徵。

MAP ▶ P.67F2

丹麥設計博物館

MOOK Choice

Designmuseum Danmark

丹麥設計大集合

🚇搭地鐵M3至Marmorkirken站，步行約6分鐘 🏠Bredgade 68 ☎3318-5656 ⏰10:00~18:00（週四至20:00）休週一 💲成人130 DKK，18~26歲90 DKK，17歲以下免費 🌐www.designmuseum.dk ✿持哥本哈根卡免費

想認識丹麥設計，設計博物館絕對不能錯過。丹麥設計博物館坐落在一幢洛可可風格的古建築內，其前身為腓特烈國王的醫院。館內展區面積最大的就是依照時序陳列的丹麥設計工藝展，將丹麥歷年家具設計和工藝品依各個世紀分類展示，每一區都有各年代的設計背景說明，並陳列當時代表作品，每個展品都清楚標示其出產年代和設計者的名字，收藏品相當豐富。而在這裡也可欣賞到許多早已停產的商品，例如著名燈具品牌Le Klint的經典設計師Kaare Klint，他不僅為燈飾設計，同時也是當時著名的雕刻家，一座《分件式木床》（Sphere Bed）就在19~20世紀的展區中。這裡也有丹麥設計大師雅各布森（Arne Jacobsen）作品的專區，就連他過去為小學設計的課桌椅都在展品之列。

MAP ▶ P.69C2

新國王廣場

Kongens Nytorv

哥本哈根交通輻輳點

🚇搭任一地鐵至Kongens Nytorv站即達

新國王廣場是市區內的大型廣場，中央矗立的雕像是克里斯提安五世（Christian V）。廣場周邊最醒目的建築，有巴洛克風格式樣的舊皇家劇院（Det Kongelige Teater）及老字號的Magasin百貨。因為是許多徒步路線的連接點，以及所有地鐵線都會經過的地鐵站出口，廣場中央座椅總是坐滿遊客。到了夏天，廣場上會有許多攤販和戶外咖啡座，偶爾還會有靜態的戶外展示；而冬季時，整座廣場則變身為溜冰場供市民嬉戲玩樂。

中央車站周邊Around Københavns Hovedbanegård

MAP ▶ P.67D4

蒂沃利樂園

MOOK Choice

Tivoli

哥本哈根的夏日樂土

🚇就在中央車站對面 🏠Vesterbrogade 3 ☎3315-1001 🕐約11:00~22:00（週五至23:00、週六至00:30）🚫9月中~10月初、11月上半、1月~3月底 💰成人平日145 DKK、週末155 DKK，3~7歲65 DKK 🌐www.tivoli.dk 🎫持哥本哈根卡免費 ❗各項遊樂設施須另外購票，或是購買245 DKK的無限暢玩票

　　蒂沃利樂園開幕於1843年，是世界上第二古老的遊樂園，今日早已成為哥本哈根的地標之一。占地約21公頃的園地裡，有遊樂場、啤酒廠、餐廳和音樂表演場地，適合大人、小孩一起同樂。

　　雖然已有170多年歷史，但蒂沃利不斷有新設施推出，像是2009年的Vertigo，是遊客可以有限度操控的旋轉飛機，其最高離心力可達5G；2013年的Aquila是坐在天鷲上瘋狂旋轉，也是挑戰人類前庭功能的遊樂設施；The Demon是園裡最刺激的雲霄飛車，而自2017年起，乘坐The Demon時還能戴上VR虛擬實境，在飛龍與惡魔的交戰中衝鋒陷陣呢！樂園裡的表演節目也相當值得一看，不定期會邀請國內外知名交響樂團或芭蕾舞團演出，至於戶外表演舞台則是夏日週末最熱門的搖滾演唱會場地。

中央車站周邊Around Københavns Hovedbanegård

MAP ▶ P.67D4

新嘉士伯博物館

Ny Carlsberg Glyptotek

私人捐贈的世界級博物館

🚇從中央車站步行約6分鐘 🏠Dantes Plads 7 ☎3341-8141 🕐10:00~17:00（週四至21:00）🚫週一 💰成人125 DKK，學生或19~27歲95 DKK，18歲以下免費。週二常設展免費，特展70 DKK 🌐www.glyptoteket.dk 🎫持哥本哈根卡免費

　　Glyptotek這個字原是指雕刻收藏，這座丹麥人引以為傲的世界級博物館，是熱愛藝術的嘉士柏啤酒企業捐贈私人收藏所成立。博物館以「冬之花園」為中心，分為三大部分：花園左右兩側以18、19世紀的法國及丹麥雕刻作品為主，最引人注目的有30件出自羅丹的雕塑品，是法國以外收藏羅丹作品最多的地方。花園後方是展示古文明藝術的「Kampman」展覽區，內容以埃及、蘇美、敘利亞、波斯、伊特魯斯坎，以及大量的希臘、羅馬雕像為主。最後一部分是1996年才興建的「法國廊」，收藏品包括竇加、高更、莫內、梵谷等印象派大師的作品。

　　博物館的展覽空間在設計上也極為別緻，尤其是中央的冬之花園就像一座大型溫室，由12根鍛鐵柱撐起30公尺高的大圓頂，陽光透過玻璃恣意灑下，室內充滿一片綠意。

中央車站周邊Around Københavns Hovedbanegård

MAP ▶ P.67D3

沃爾曼馬戲團劇場

Wallmans Cirkusbygningen

All in One的晚餐秀

🚇搭S-tog至Vesterport站，步行約2分鐘 🏠 Jernbanegade 8 ☎3316-3700 ⏰表演時間為週四至週六的17:30~22:45 💲票價依日期、座位、餐點而有不同，區間在649 ~1649 DKK之間，詳見官網 🕸www.wallmans.dk

　　沃爾曼馬戲團劇場是一棟19世紀的建築，目前主要用途為每週四至週六晚上上演的沃爾曼晚餐秀（Wallmans Dinnershow），這場秀結合了歌唱、舞蹈、娛樂藝術和雜技表演，觀看表演的同時，還能一邊享用四道式料理的豐盛晚餐。馬戲團劇場的對面有棟漆成豔麗七彩顏色的宮殿式建築，與周遭古樸的老舊建築顯得有些格格不入，它其實是一家名叫Palads的電影院，也是哥本哈根重要的娛樂中心。

掃地圖

市中心外圍Neighborhood of Central Copenhagen
MAP ▶ P.67A5

嘉士伯啤酒遊客中心

Carlsberg Besøgscenter

展示丹麥啤酒發展史

🚇搭S-Tog的B、BX、C、H線於Carlsberg站下，步行約6分鐘 🏠Gamle Carslberg Vej 11 ☎3327-1282 🕸www.visitcarlsberg.dk ❗目前嘉士伯啤酒遊客中心關閉整修中

　　在嘉士伯啤酒遊客中心，遊客不僅能一探丹麥啤酒的過往歷史，還可暢飲到最新鮮的嘉士伯啤酒！酒廠正面牆上刻有1847年創辦人J.C. Jacobsen和歷代老闆的平面塑像，像是歡迎著各方遊客前來參觀。遊客中心2樓展示來自全球16,267隻不同的啤酒玻璃瓶，而在資料室內則能了解丹麥啤酒歷史和嘉士伯成立至今的相關資訊。這裡也有許多展示，向遊客介紹從古到今釀酒與發酵程序的演進過程，以及嘉士伯啤酒如何戮力研究開發新的釀酒方式與口味。接著經過小小的雕塑花園和創辦人故居後，再往前行便是馬廄，廠方偶爾還會讓馬匹拉著啤酒車，在園區內重現以馬車運送啤酒的過往。

掃地圖

市中心外圍Neighborhood of Central Copenhagen

MAP ▶ P.67F1

小美人魚雕像與城堡要塞

MOOK Choice

Den Lille Havfrue & Kastellet

哥本哈根的象徵性地標

🚇搭地鐵M3至Marmorkirken站，步行約10分鐘到城堡要塞，約17分鐘到小美人魚；或搭991、992號渡輪至Nordre Toldbod碼頭，步行約8鐘到城堡要塞，約10分鐘到小美人魚 💲免費

　　《小美人魚》出自安徒生童話，為愛犧牲自己的淒美故事感動了全球讀者。小美人魚雕像立在哥本哈根港邊，為雕刻家艾里克森（Edrard Erichsen）於1913年所創作，並由嘉士伯啤酒創辦人之子Carl Jacobsen捐贈。

　　當年Carl Jacobsen因為在皇家劇院看了芭蕾舞劇《美人魚》，而興起打造一座美人魚雕像的念頭。一個世紀以來，小美人魚雕像已成了哥本哈根無數風景明信片上的主角，同時也是哥本哈根觀光局的標誌。每年8月，雕像旁的海面上都會舉行週年慶祝活動。

　　美人魚雕像不大，僅約80公分高，栩栩如生地坐臥在濱海岩石上。由於海邊腹地有限，爭著與她合照的遊客經常大排長龍，彷彿沒合照過，便不算來過哥本哈根。

　　小美人魚所在位置是一片占地廣大的濱海公園，公園裡有座保留完整的軍事防禦城堡，建於克里斯提安四世在位時，護城河以五角形環繞堡壘，河岸上方還留有加農砲。由於要塞城牆的步道平坦，公園濱海邊也有木棧道，很多當地人會來此慢跑或健走。

　　從小美人魚塑像沿著海濱往南走，一直到公園出口，可看到一座女神駕馭4頭公牛的噴泉Gefionspringvandet。傳說，Gefion女神曾向瑞典國王Gylfe要求一塊土地，國王表示，只要她能在一天一夜裡犁出土地，那塊土地無論大小都是屬於女神的。她為了犁地，便將自己的4個兒子變成強而有力的公牛，再將整好的土地丟出瑞典外海，就成了現在哥本哈根所在的西蘭島（Sjælland）。

市中心外圍Neighborhood of Central Copenhagen

MAP ▶ P.91B3

哥本山滑雪場

MOOK Choice

CopenHill

哥本哈根的最新地標

🚇搭地鐵M1、M2至Christianshavn St.站轉乘37號巴士，於Amagerværket站下，步行約7分鐘 🏠Vindmøllevej 6 ☎3800-5707 ⏰健行：12:00~19:00(週末10:00開始)；滑雪：週三至週五14:00~19:00，週末10:00~19:00(週日至17:00)，時間依季節變動，詳細請上官網查詢 💲滑雪入場50 DKK，每小時150 DKK，租用滑雪裝備1小時150 DKK，保險20 DKK。健行免費 🌐www.copenhill.dk ❀這裡也有滑雪學校可供報名

　哥本山是哥本哈根最新的地標，近幾年甚至有取代小美人魚而成為城市象徵的趨勢。這座建築由BIG事務所設計，主體名為**Amager Bakke**，是一座啟用於2017年的垃圾焚化發電廠，外觀上的鋼鐵格子與玻璃結構，有如穿上一件巨大的鎖子甲，而斜坡式的屋頂則讓建築呈現誇張的梯形，長邊還

「外掛」了一支令人印象深刻的大煙囪。

　不過光是造型奇特，還不足以讓它成為熱門景點，畢竟誰會專程去看焚化爐？2019年10月時，以Amager Bakke為主體的人造滑雪場CopenHill開幕，立刻吸引全哥本哈根的戶外運動愛好者，因為丹麥雖然夠冷，卻沒有什麼高山，在市中心就能滑雪，是人們夢寐以求卻意想不到的事！這裡的滑雪道超過180公尺長，中間還有一處髮夾彎，滑下之後可再拉著纜繩輕鬆回到屋頂。在沒有雪的季節裡，這裡則以滑草場的姿態繼續供人衝刺。滑道周圍則是條健行步道，可以從底部一路爬上屋頂，開始時是階梯，到屋頂則分岔為數條斜坡，最陡的一條坡度達到35度，的確很有登山的感覺。從「山頂」上的觀景台可眺望哥本哈根市中心與松德海峽，一旁還有間餐廳和果汁吧。至於建築較高的一側外牆，則是面高達85公尺的攀岩牆，這也是目前世界最高的人造攀岩牆。

市中心外圍Neighborhood of Central Copenhagen

MAP ▶ P.91A1~B2

樂福沙樂恩
Refshaleøen

年輕人的新興聚會勝地

🚇搭地鐵M1、M2至Christianshavn站，轉乘巴士2A至Refshaleøen站即達

　　樂福沙樂恩原本是一座小島，後來陸地相連，成了阿邁厄島（Amager）最北邊的尖端。在過去很長一段時間裡，這裡是碼頭外的工業區，最主要的設施是一家造船廠，不過隨著造船廠在1996年破產倒閉，這一區也迅速沒落，變成人們遺忘的角落。近年來，開發商們看上了這塊土地，將廢棄廠房、倉庫改造成時髦的餐廳酒吧、二手市集、藝廊與各色文創空間。目前在樂福沙樂恩進駐的，包括時常舉辦戲劇表演與活動的Teaterøen、全球50大餐廳之一的Noma、由名廚Rasmus Munch坐鎮的Alchemist、取代Paper Island美食市集的REFFEN等，另外還有高空彈跳、室內攀岩場、漆彈場、桑拿浴等，讓樂福沙樂恩頓時人潮聚集，變成最潮的年輕人勝地。

哥本哈根當代藝術中心
Copenhagen Contemporary

🅐P.91A2 🏠Refshalevej 173A ☎2989-8087 ▼
11:00~18:00（週四至21:00）🅧週一、二 ⑤成人120 DKK，學生或長者75 DKK，17歲以下免費 🔗copenhagencontemporary.org 🎫持哥本哈根卡免費

　　簡稱CC的哥本哈根當代藝術中心，以展示前衛的裝置藝術而聞名，原本位於歌劇院南邊的紙島（Paper Island）上，隨著紙島租約到期、封閉改建，CC也被迫另覓新家。幾經波折之後，CC終於在2018年正式搬遷到樂福沙樂恩的現址。過去這裡是棟工業廠房，寬闊的室內空間正好可以容納大型裝置藝術。而除了裝置藝術外，這裡也經常策劃雕塑、表演藝術、錄影藝術等各類型當代藝術的展覽，展出者大多是國際知名的藝術家，鞏固了CC在當代藝壇上的地位。

市中心外圍Neighborhood of Central Copenhagen

`MAP ▶ P.67F2`

哥本哈根歌劇院

MOOK Choice

Operaen

丹麥首屈一指的表演藝術殿堂

🚇搭地鐵M1、M2至Christianshavn站，轉乘巴士2A至Galionsvej站，步行約5分鐘。演出日亦可從新港搭水上巴士993號至Operaen站 🏠Ekvipagemestervej 10 🌐www.kglteater.dk

哥本哈根歌劇院啟用於2005年，可容納1,700名觀眾。歌劇院建在運河中央填海而成的人工島上，從對岸看過來，像是一顆橢圓球體戴著頂學士帽，再換個角度，站在一旁的碼頭斜看歌劇院，頂端的正方

掃地圖

金屬平頂竟變身如同劃破天際的三角利刃，而這個視覺效果極具張力的建築，是出自丹麥建築師Henning Larsen之手。

歌劇院主體正面是呈現圓弧狀的玻璃帷幕，入夜之後，掛在大廳的巨型圓形水晶吊燈在表演廳棕紅色的牆壁面前閃閃發亮，近看有國家級表演場地的氣勢，站在對岸欣賞則有如旋轉萬花筒般的童趣。

歌劇院落成之後，成為丹麥首屈一指的世界級歌劇表演場地，每當有歌劇演出的夜晚，觀眾或搭船、或乘車，各個晚禮服、西裝革履盛裝出席。觀看歌劇的戲票需要事先購買，但在演出前1小時左右，不妨在售票口碰碰運氣，或許有機會買到半價的折扣票。

市中心外圍Neighborhood of Central Copenhagen

`MAP ▶ P.67F4`

救世主教堂

Vor Frelsers Kirke

螺旋尖塔閃耀金色光芒

🚇搭地鐵M1、M2至Christianshavn站，步行約2分鐘 🏠Sankt Annæ Gade 29 🕐每日11:00~15:30 🌐www.vorfrelserskirke.dk

登塔頂

🕐每日09:00~20:00 💲成人69 DKK，學生或65以上長者53 DKK，5~14歲20 DKK，4歲以下免費

救世主教堂位於克里斯欽自由城的入口外，其深磚色的尖塔高90公尺，以金色欄杆迴旋而上，

掃地圖

在陽光照耀下格外醒目。教堂建成於1696年，丹麥國王腓特烈五世（Frederik V）還曾經親自爬過400層階梯，上到塔頂。教堂內部有巴洛克式的大理石聖壇，以及建於1698年、共有4,000根風管的管風琴。至於精緻的鐘樓則是在1981年設置，共有48個鐘，但是只在每週六的17:00和週日12:00才會鳴響。

市中心外圍 Neighborhood of Central Copenhagen

MAP ▶ P.67F4

克里斯欽自由城

MOOK Choice

Christiania

肆無忌憚的大麻味

🚇 搭地鐵M1、M2至Christianshavn St.站，步行約5~10分鐘

掃地圖

克里斯欽自由城毫無疑問是個奇妙的地方，雖然與哥本哈根市中心只有咫尺之遙，卻與城裡其他地方都格格不入。事實上，這裡的確不承認丹麥主權，也不認為自己是歐盟的一分子，他們甚至有自己的國旗、法律與教育體系！克里斯欽原本是座軍事基地，軍隊撤走後，與世隔絕的地理環境讓這裡成為一處真空地帶。1971年時，一群無政府主義者佔據了這個地方，他們很快就建立了公社，

與政府劃清界線。剛開始時，毒品與黑幫一度困擾著自由城，並曾引來警察掃蕩，後來自由城的居民也擺出強硬態度自我清理，力圖改善社會觀點，不過有一條底線是絕不讓步的，那就是大麻，而大麻直到現在仍是自由城與政府之間關係緊張的根源。

自由城最熱鬧的地方就是**Pusher Street**，還沒走近就已聞到濃濃的大麻味，儘管已是哥本哈根重要的觀光景點，但在這條街上仍有一些禁忌，主要是不能拍照和奔跑，這也是出於與警方的對立。撇開複雜的政治背景與滿街大麻，自由城是個非常好逛的地方，熱鬧的市集中有著極具特色的紀念品、平價的有機食堂、風格突出的藝廊、千奇百怪又有創意的違建與五彩繽紛的壁畫。而這裡的音樂表演場地也是世界出名，許多重量級的樂團與歌手都曾在此演出過。

郊區Outskirts

MAP ▶ P.67B4

MOOK
Choice

藍色星球
(丹麥國家水族館)

Den Blå Planet

北歐最大的水族館

🚇搭地鐵M2至Kastrup站，步行約10分鐘 🏠Jacob
Fortlingsvej 1 📞4422-2244 ⏰10:00~17:00（週一至
21:00）💰成人185 DKK，3~11歲100 DKK，2歲以下免費
🌐www.denblaaplanet.dk

掃地圖

「藍色星球」是北歐最大、最現
代化的水族館，由於造型奇特，從
2013年開幕以來，立刻成為郊區最顯
著的地標。取名為「藍色星球」，無非是希望喚
起遊客關愛自己所居住的地球，因此整座水族館
的外型、內部構造、展區布局，都是基於這個理
念打造設計，尤其那螺旋狀的造型，靈感其實來
自大自然現象，包括大海漩渦、魚群迴游、天氣
型態、宇宙星雲等。

建築物外部全被鋁片包覆，光滑的金屬反射出
周遭的藍天碧海。當你從入口走進館內時，感覺
就像被捲進一股巨大漩渦般，瞬間進入另一個奇
幻的水底世界。而在充滿弧線的有機空間裡，展
示了暖水與冷水域、鹹水與淡水的水族生物。事
實上，這裡一共有450多種、超過2萬隻水族動

物，悠游在53個大大小小的水族箱內，總儲水量
超過7百萬公升！

螺旋狀的水族館以中央的360度螢幕為核心，
像風扇葉片一樣向外擴散為四大展區：藍色標示
的「大洋區」裡最有看頭的就是巨大的「大洋
槽」，其觀景窗面積達到16×8公尺，當中蓄有
410萬公升的海水，可以觀賞鎚頭鯊、魟魚、海
鰻及五彩繽紛的珊瑚礁魚群；綠色標示的「亞馬
遜區」有溫暖潮濕的熱帶雨林，食人魚、巨蟒、
巨骨舌魚、鯰魚都是最吸睛的物種；粉紅標示的
「非洲湖區」內有幽暗的穴居水棲生物、多彩的
熱帶淡水魚以及鱷魚等；橘色標示的「冷水域
區」則是以歐洲本土海域生物為主，像是海豹、
棲息在懸崖上的海鴉等都在這裡看得到。而每天
在不同的展區、不同的水槽，也都會有固定時段
的餵食活動。

郊區Outskirts

MAP ▶ P.67A4

方舟現代美術館

ARKEN Museum for Moderne Kunst

仿方舟的建築外觀

🚇搭S-tog的A、E線至Ishøj站，轉乘巴士128號至Arken站即達 🏠Skovvej 100, 2635 Ishøj ☎4354-0222 🕐11:00~17:00（週四至21:00）🚫週一、週二 💲成人140 DKK，學生119 DDK，17歲以下免費 🌐www.arken.dk 🎫持哥本哈根卡免費

　　方舟美術館於1996年落成，仿方舟的誇張建築外觀，出自當時年僅25歲的丹麥建築師Soren Robert Lund之手。這裡展示的是各種類型的現代藝術，包括繪畫、雕塑、攝影作品與大型戶外裝置藝術等，像是Grayson Perry、Olafur Eliasson、Anselm Reyle等當代知名藝術家，都有許多作品收藏於此。美術館的陳列空間同樣也打破窠臼，在長形的船身建築中，以不同角度和形狀，分割成7個展示區。開闊的展館，有著北歐對空間光影的獨特詮釋，例如將自然光從側邊或建築上方引進室內，讓陽光不僅是照明，也成為展示的一部分。

郊區Outskirts

MAP ▶ P.67A2

路易斯安那現代美術館

Louisiana Museum of Modern Art

結合生活與自然的美術館

🚇搭Re火車至Humlebæk站，步行約12分鐘 🏠Gammel Strandvej 13, 3050 Humlebæk ☎4919-0719 🕐11:00~22:00（週末至18:00）🚫週一 💲成人145 DKK，學生125 DKK，18歲以下免費 🌐www.louisiana.dk 🎫持哥本哈根卡免費

　　路易斯安那美術館正對松德海峽（Øresund），穿過櫃台，展現在眼前的就是一片綠茵和寬闊的海景，襯映著錯落在庭園裡的雕塑作品。美術館分為四大展區，展覽作品以二次大戰後及現代藝術創作為主，包括畫作、雕塑、影像等型態。館方人員會主動尋找新銳藝術家的作品，帶給參觀者不同的藝術視野。至於地下室裡展出的，則是美術館創辦人Kund W. Jensen的私人收藏品。

　　創辦人認為藝術要結合生活與周遭環境，讓欣賞者自然而然地親近藝術，因此這裡跳脫了都市美術館的侷促空間與嚴肅態度。展場空間以長形走廊為主，展示廳兩旁多是落地玻璃窗，畫作或雕塑的背景，常常是一整片綠地或長著綠色羽毛般的蕨類植物；而面對大海的露天咖啡座也是一絕，與大型雕塑作品比鄰而坐，整個畫面好像自己也成了展示的一部分。

郊區Outskirts

MAP ▶ P.97A1

腓特烈堡

MOOK Choice

Frederiksborg Slot

最受王室歡迎的行宮

🚇搭S-tog的A線至Hillerød站，轉乘巴士301、302、303至
Frederiksborg Slot站即達 🏠Frederiksborg Slot, Hillerød
📞4826-0439 🕐4~10月每日10:00~17:00，11~3月每日
11:00~15:00 💲成人90 DKK，學生70 DKK，65歲以上80
DKK，6~15歲25 DKK，5歲以下免費 🌐www.dnm.dk 🎫持
哥本哈根卡免費

數位導覽
下載Smartify可進行免費數位導覽

　　腓特烈堡位於距哥本哈根市區約
半小時車程的希勒羅（Hillerød），
這座荷蘭文藝復興式紅磚建築，橫跨人
工湖上的三座小島，景色絕美。

　　腓特烈二世（Frederik II）是首先將這座城堡
納入王室行宮的國王，城堡因而以他為名，而他
的兒子克里斯提安四世就是在此出生。正因為如
此，克里斯提安四世努力將這裡建設成夢想中的
宮殿，他將原本的建築拆掉後重建，形成目前所
見到的樣式。此後，腓特烈堡成為最受王室歡迎
的行宮，尤其是後來接受君主立憲制的腓特烈七
世，據說他總愛從窗戶伸出釣桿，直接在湖面上
釣魚。

　　1859年一場大火將腓特烈堡燒得精光，幸好
當時的嘉士伯啤酒負責人J.C. Jacobsen自願出資
整修，將70多個房間恢復原狀，並協助政府在這
裡成立「國立歷史博物館」。

　　遊客來到這裡，可以欣賞宮殿氣派的內部裝

潢，所有房間均依時間排序，展示歷任國王、王
后和重要人物肖像，也有不少歷史事件畫作，以
及雕飾精雅的櫥櫃箱篋，讓人得以藉此經歷一趟
丹麥歷史之旅。

教堂 Slotskirke

這座教堂自1693年起成為
騎士的教堂，高掛牆上的騎
士盾牌便是見證，而在17~19
世紀中，更一直是國王加冕
之處。因為僥倖逃過大火，
內部的大理石裝潢、華麗的
祭壇，以及名貴的Compenius
管風琴得以保留下來。1995
年丹麥王子Joachim的婚禮就
是在這裡舉行。

大廳 Riddersal

位於教堂上方的大廳，
原是克里斯提安四世時的
舞廳，雖然經大火燒毀後
修復，仍不難令人想像起
昔日歌舞昇平的景況。這
裡有著雕飾精美的天花
板，牆上也掛滿了超大尺
寸的掛毯及浮雕。

花園 Haven

幾何圖形的巴洛克花
園，原是腓特烈四世時力
邀名師Johan Krieger興建而
成，在大火後一直呈現荒
蕪，直到1996年哥本哈根
為慶祝列名歐洲文化城市
時，才整修完工。

MAP ▶ P.67A2

腓登斯宮殿

Fredensborg Slot

北方戰役和平協定簽約地

🚇 搭S-tog的A線至Hillerød站，轉乘地方列車930R到Fredensborg站，步行約15分鐘　🏠 Slottet 1B, 3480 Fredensborg　☎ 3395-4200　🌐 kongeligeslotte.dk　❗ 目前腓登斯宮殿大多數時間僅供王室成員活動，一般遊客若想入內參觀，可在7月時報名導覽行程。英文導覽場次13:45、14:45；成人100 DKK，6~17歲 50 DKK，5歲以下免費

自11世紀起，丹麥和瑞典在波羅的海上的爭奪從來沒有停止過，其中規模最大、耗時最久的就是1700年展開的大北方戰爭。這場戰役主要是俄羅斯與瑞典之間的爭霸，丹麥則是以俄羅斯盟友的角色與宿敵對抗，除此之外，英國、波蘭、鄂圖曼帝國、德意志北方諸邦國都先後加入戰局，可說是牽動了整個波羅的海的局勢。雖然最終結果俄羅斯大獲全勝，但丹麥卻是失利的一方，被迫在1720年與瑞典簽下和平協定，放棄斯堪地那維亞半島上的領土，正式退出戰場。而簽約的地方，正是當時尚未興建完成的腓登斯宮殿，Fredensborg這個名字在丹麥文中乃「和平城堡」的意思，即是出於這個典故。

掃地圖

1700年宮殿初建時只有中央圓頂大廳，混合了義大利和法國宮殿的風格，18世紀請來丹麥建

築師與設計師改建整修後，就維持至今。這座宮殿曾經是腓特烈五世（Fredrik V）的最愛，花園裡所有大理石雕塑皆以平民百姓為主題，就是出於他的想法。

宮殿後方的花園正對著丹麥第二大湖埃斯魯姆湖（Esrum Sø），花園仿照法式風格，分有花園、香草園等，設計簡單。園中有幾座大型雕塑道出了當時北歐各國之間的關係，像是兩相對望的女性雕像，就分別代表了丹麥與挪威，因為當時的丹麥國王同時也身兼挪威國王的地位。

宮殿目前是丹麥王室的行宮，現今的丹麥女王瑪格麗特二世（Margrethe II）在每年春、秋兩季都會住在腓特烈宮殿一段時間。當女王蒞臨小鎮時，鎮上居民和市長會從車站開始列隊歡迎，王室衛隊也會有鼓號樂隊遊行，並於正午12點舉行大規模的衛兵交接儀式。

腓特烈堡周邊圖

腓特烈堡
Frederiksborg Slot

Royal Taste

Rib House ApS

希勒羅火車站
Hillerød

希勒羅教堂
Hillerød Kirke

圖例 🚉火車站 ✚教堂 🏰城堡 🍴餐廳

Where to Stay in Copenhagen
住在哥本哈根

市政廳周邊

MAP ▶ P.69A3 | **Hotel Alexandra**

🚇 搭地鐵M3、M4至Rådhuspladsen站，步行約3分鐘　🏠 H. C. Andersens Blvd. 8　☎ 3374-4444　💲 $ $ $　🌐 www.hotelalexandra.dk

　　一踏進Hotel Alexandra，你立刻就能意識到這不是一間普通的旅館，雖然沒有富麗堂皇的大廳，沒有貴氣逼人的裝潢，但這裡的精緻、優雅，就像一位氣質出眾的絕世美女，不需要濃妝豔抹，就能夠傾國傾城。

　　酒店建築原是棟建於19世紀的古老公寓，在1910年時即已開業為旅館，並在1950年代改為現名。不過酒店的魅力並非來自它的歷史，而在於內部的設計裝潢。這裡的61間客房與套房，每一間都以讓人重溫丹麥設計的黃金歲月而佈置，其中以50年代與60年代的主題房最多，因為那是丹麥設計師們最活躍、作品最經典的年代，包括桌椅、燈具、櫥櫃等，都代表了那個時代的創意與品味，其中有不少設計還是出自Hans J. Wegner、Kaare Klint等教父級元祖的手筆。而少數的70年代房則保留了許多丹麥人的兒時回憶，像是Børge Mogensen最有名的Spoke-Back Sofa，可隨時轉換成沙發或躺椅，在這房內就有一張。其實不只是傢俱，酒店在很多細節上也在向美好的輝煌時代致敬，譬如隨處可見的Kay Bojesen木製動物玩具便是一例，而他最著名的木猴也作為「請勿打擾」的掛牌圖案，向住客展示50年代的俏皮。

　　除了丹麥黃金年代的客房外，酒店也有許多以大師級設計師為名的套房，像是Arne Jacobsen套房中就擺放了包括7號椅、蛋椅、天鵝椅等這位大師的傑作，而窗簾、床單及牆壁上的花紋，也都是以他的設計元素為概念。在Verber Panton套房裡，可以看到設計師對色彩的大膽運用與對像素藝術的著迷，房內當然也少不了他一體成形的著名Panton Chair。其他如Finn Juhl、Poul Kjærholm等人的主題套房，在在都以設計師個人的強烈風格，令住客感到印象深刻，這些都是酒店數十年來努力收藏的成果。

　　如果不熟稔丹麥設計，走廊牆上有許多經典傢俱的介紹文字，簡直就像間設計博物館一樣。比博物館更棒的是，所有的傢俱都不是保護在展示架上，而是可以實際使用，事實上，每天都有許多對設計有興趣的人慕名專程來觀摩呢！

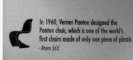

In 1960, Verner Panton designed the Panton chair, which is one of the world's first chairs made only of one piece of plastic.
- Room 565

市政廳周邊

MAP ▶ P.69A2 **Hotel Skt. Petri**

搭地鐵M1、M2或S-tog至Nørreport站,步行約6分鐘
Krystalgade 22　3345-9100　$ $ $ $ $　www.
sktpetri.com

掃地圖

Hotel Skt Petri隸屬Nordic Hotels and Resort
酒店集團旗下,這棟建築原是建於1928年的
Daells Varehus百貨公司,是許多哥本哈根人
的重要回憶。百貨公司於1998年歇業後曾閒置一段時間,
直到2003年改建為酒店,才又以全新的面貌迎接世人。

乍聽酒店極富宗教色彩的名字,原以為酒店會以莊嚴氣

派的歷史元素來裝潢,然而酒店以大量自然採光的明亮大
廳與時髦摩登的現代設計,迅速打破了名字帶給人們的厚
重想像,其實Skt Petri之名可能只是因為附近有座聖伯多
祿教堂的緣故。為了不要徹底抹殺本地人對這棟建物的過
往記憶,酒店在許多地方仍保留了從前百貨公司的格局,
譬如一進酒店大門,得先搭乘一段電扶梯,來到挑高三層
樓的廣闊大廳。而拜從前是百貨公司之賜,大廳後方還有
一片寬廣的戶外庭園,庭園中還有座小高台,可以俯瞰整
個院落與周邊建築的景致。能有這樣一處寧靜的角落,在
大城市的酒店中可是相當難得的。

酒店在2016~17年時全面整修,由北歐知名的Anemone
Wille Våge酒店設計公司操刀負責,目前288間客房中包含
有26間套房,不管是哪一間房,其共同特色就是空間極
為寬敞。房間風格採北歐設計,有著自然採光的大面積窗
戶,牆面上的花紋是模仿對街哥本哈根大學的建築元素,
意在讓酒店與周遭環境象徵性地連結。除了寬敞與舒適之
外,許多細節也非常體貼用心,像是床頭配備USB插槽,
讓外地旅客不使用轉接頭也能滿足充電需求,而浴室備品
則是與丹麥品牌Frama合作。

此外,酒店也期望能對世界盡一分心力,如果住客下榻
兩晚以上,中間不要求清掃房間的話,酒店就會把節省下
來的成本捐獻給聯合國兒童基金會(Unicef),幫助世界
各地的孩子都能有個安穩且溫暖的棲身之所。

Where to Eat in Copenhagen
吃在哥本哈根

市政廳與斯托耶行人徒步街周邊

`MAP ▶ P.69B3` **Restaurant Kronborg**

🚇搭地鐵M3、M4至Gammel Strand站，步行約5分鐘　🏠Brolæggerstræde 12　☎3313-0708　🕐11:00~17:00(週四~週六至22:00)　💲開放式三明治89 DKK起　🌐www.restaurantkronborg.dk

　這是一間非常傳統的丹麥小餐館，從外觀、裝潢到食物，都極為丹麥，就像來到丹麥鄉間的友人家拜訪，品嚐丹麥媽媽的手藝般。既然餐廳定位如此，菜單上的主角當然就是開放式三明治，這是過去丹麥農夫們的午餐，為了維持工作體力，上面的主料都是放好放滿，Kronborg也延續這樣的精神，因此無論是哪種口味的三明治、燻鮭魚、烤豬肉、小牛肝醬是蝦醬土司，份量都很令人滿意。而作為前菜的鯡魚也是點菜重點，或醃或煎，有9種料理方法可以選擇，最後再喝上一杯餐廳自己蒸餾的阿夸維特酒，就是一頓完美的丹麥大餐。

市政廳與斯托耶行人徒步街周邊

`MAP ▶ P.69B2` **Holm's Bager**

🚇搭地鐵M3、M4至Gammel Strand站，步行約2分鐘　🏠Købmagergade 10　☎3318-2922　🕐07:00~20:00(週末自08:00)　🌐holmsbager.dk

　這是丹麥知名的連鎖糕點麵包店，哥本哈根市區的這間位於ILLUM百貨公司1樓，

琳瑯滿目的各式糕點和麵包排滿櫥窗，看來十分誘人。如果沒時間好好坐下來吃一頓，買個麵包和咖啡帶著走，Holm's Bager是不錯的選擇。

市政廳與斯托耶行人徒步街周邊

`MAP ▶ P.69B2` **DØP**

🚇搭地鐵M1、M2或S-tog至Nørreport站，步行約5分鐘　🏠Købmagergade 52　☎3020-4025　🕐11:00~18:30　🏖週日　💲熱狗40 DKK起　🌐doep.dk

　店名DØP是Den Økologiske Pølsemand的縮寫，意思是「有機香腸人」，開宗明義就點出了主打特色。DØP目前在哥本哈根有兩輛餐車，分別位於圓塔和聖靈教堂旁，在哥本哈根隨處可見的香腸餐車中，生意顯得特別好。DØP的香腸有烤豬肉、辣牛肉、雞肉、山羊肉、起士、野蒜調味的豬肉與素肉腸等不同口味，都是來自丹麥著名有機肉品供應商Hanegal。而其他配料包括麵包、燉甘藍菜、甜菜根泥等，也全是使用100%的有機食材，這些都是為了跟上現代人對健康的需要而研發出的新作法。

市政廳周邊

`MAP ▶ P.69A1` **Coffee Collective**

🚇搭地鐵M1、M2或S-tog至Nørreport站，步行約2分鐘　🏠Vendersgade 6D（瓦埃勒市場內）　🕐平日07:00~20:00，週末08:00~19:00　💲咖啡約32~50 DKK　🌐coffeecollective.dk

　Coffee Collective創業於2007年，是哥本哈根目前口碑最好的咖啡業者，並在市區開有4間店面。3位老闆中，包括2006年世界咖啡師大賽冠軍Klaus Thomsen與2008年世界咖啡杯測大賽冠軍Casper Engel Rasmussen，其團隊成員也不乏來自各地的大賽得獎者，專業毋庸置疑。Coffee Collective每年都會到產地採購好幾次，因為他們相信唯有直接與農民接觸，向源頭學習該品種的完整知識，才是將咖啡風味完美解放的不二法門。於是在這裡喝到的不只是一杯好咖啡，更是咖啡人將熱情化為甘露的成果。

中央車站周邊

MAP ▶ P.67C4　Restaurant Cofoco

🚶從中央車站步行約5分鐘　🏠Abel Cathrines Gade 7　📞3313-6060　🕐17:30～00:00（供餐至21:15，週五、週六至21:30）　💲套餐360 DKK起　🌐www.cofoco.dk

　這家餐廳供應的是法式丹麥料理，餐點為4～6道式的套餐，包括前菜、湯、主餐、甜點等，每道都有2～3項供客人選擇。餐廳內的裝潢簡單優雅，以磚砌走廊畫分用餐區，晚上還會在磚牆的燈台點上蠟燭，給人溫暖的用餐氣氛。餐廳裡架了一張木質的長餐桌，不管客人彼此是否熟識，都可以同坐一桌用餐。用餐時間經常座無虛席，建議前往用餐前最好事先預約。

中央車站周邊

MAP ▶ P.67D4　John's Hot Dog Deli

🚶從中央車站步行約2分鐘　🏠Bernstorffsgade 18　📞3132-5848　🕐週二至週六11:00～21:30(週五、六至01:30)　❌週日、一　💲熱狗堡33 DKK起

　儘管在哥本哈根街頭隨處可見熱狗餐車，但大多只能當點心解饞，唯有John's Hot Dog Deli有足以當正餐的份量。這家熱狗店原是中央車站的攤販，因為賣出名聲，於是在肉品包裝區開了這家店面。這裡的香腸、配菜與醬料都是老闆親手自製，原料都是嚴選自本地肉販及小農，因此新鮮有品質。其香腸有野蒜培根、義大利起士、辣椒、蘑菇野豬肉等口味，加上醬料和炸蒜片後，還可以自己到配料區加菜，像是醃黃瓜、紅洋蔥丁、甜菜絲、墨西哥辣椒等，都可以加個過癮。

中央車站周邊

MAP ▶ P.67C5　mother restaurant

🚶從中央車站步行約9分鐘　🏠Høkerboderne 9-15　📞2227-5898　🕐平日12:00～23:00（週五至00:00），週末11:00～00:00（週日至23:00）　💲披薩95～165 DKK，週末早午餐200 DKK　🌐mother.dk　🎵週六11:00～15:00，有現場搖擺爵士樂表演

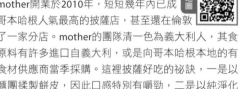

　位於肉品包裝區（Meatpacking District）的mother開業於2010年，短短幾年內已成為哥本哈根人氣最高的披薩店，甚至還在倫敦開了一家分店。mother的團隊清一色為義大利人，其食材原料有許多進口自義大利，或是向哥本哈根本地的有機食材供應商當季採購。這裡披薩好吃的祕訣，一是以酸麵團揉製餅皮，因此口感特別有嚼勁，二是以純淨化後的海水取代鹽巴和水，使披薩更有風味也更健康，三是使用爐火柴燒，烤出來的披薩雖然並不花俏，但卻有一種直達靈魂深處的美味魔力。

王宮與新國王廣場周邊

MAP ▶ P.67F2　Café Petersborg

🚇搭地鐵M3至Marmorkirken站，步行約6分鐘　🏠Bredgade 76　📞3312-5016　🕐11:30～16:00、17:00～21:00　❌週一、六晚餐及週日全天　💲開放式三明治79 DKK，主餐158 DKK起　🌐www.cafe-petersborg.dk

　Café Petersborg以提供傳統丹麥料理為主，餐廳從1746年開始營業至今，所有的內部裝潢都是木造，深藍色的桌巾搭配藍花白底瓷器，深具傳統北歐風格。午餐菜單很有意思，每週7天都有不同的菜色選擇，店內服務人員推薦傳統丹麥三明治和每日特餐的烤雞套餐，這裡的開放式三明治將配料和麵包分開，讓客人自行搭配，烤雞則佐馬鈴薯一起食用，每桌都會送上紅酒洋蔥和醃製的酸黃瓜當開胃菜。

王宮與新國王廣場周邊

MAP ▶ P.69C1 **Gasoline Grill**

🚇搭地鐵M3至Marmorkirken站，步行約5分鐘 🏠Landgreven 10 🕐每日11:00~售完 💲漢堡95 DKK、套餐140 DKK起 🌐www.gasolinegrill.com

在哥本哈根若看到加油站前大排長龍，那並不是油價要漲了，而是Gasoline Grill開始營業了。這間開在加油站裡的速食店，在大哥本哈根地區一共有6處據點，賣的漢堡被公認為全城第一。其漢堡的麵包軟硬適中，有熱壓的紮實感，漢堡肉排鮮嫩多汁，份量也夠誠意。招牌漢堡為Butter Burger，香噴噴的有機奶油溶化在麵包與肉排裡，與肉汁的鮮甜完美結合，一口咬下，齒頰留香，教人意猶未盡。另一款Original Burger裡，亮點在於獨門Gasoline Sauce，有點像是莎莎醬與美乃滋的混合，味道也很獨特。

王宮與新國王廣場周邊

MAP ▶ P.69C1 **Amadeus**

🚇搭地鐵M3至Marmorkirken站，步行約2分鐘 🏠Store Kongensgade 62 ☎3511-1630 🕐11:00~21:00，時間依月份變動，詳細請上官網查詢 💲開放式三明治75 DKK起 🌐www.restaurant-amadeus.dk

這間餐廳與Ida Davidsen位於同一條路上，兩者用餐氣氛截然不同。雖然人氣沒有Ida Davidsen那麼旺，不過它結合了咖啡廳、糕點店和正式餐廳於一身，除了丹麥傳統三明治外，還有各式各樣的糕點麵包以及國際美食，選擇性相對多樣。特別是它的糕點麵包與其姊妹店Gjæstgiveriet合作，都是當天最新鮮的。夏季的晚餐時段，庭院裡還有現場音樂演奏，果然與其店名名實相符。

王宮與新國王廣場周邊

MAP ▶ P.67C1 **Hooked Seafood Kitchen**

🚇搭地鐵M3至Nørrebros Runddel站，步行約7分鐘 🏠Nørrebrogade 59 ☎3070-5922 🕐每日12:00~22:00（週五、六至23:00） 💲主餐125 DKK起 🌐gethooked.dk

Hooked海鮮餐館原是餐車起家，2017年才正式開起店面，3位合夥人當初的想法，是要用高級餐廳的食材做出

平價的街邊料理，因此開店之後頗受好評，而店內隨興自得的氣氛與熱情體貼的服務，也讓這裡成為人們下班之後與朋友聚餐的首選。來這裡必吃的是招牌龍蝦捲，新鮮肥美的龍蝦肉夾在長條麵包裡，上面是炸得酥脆的洋蔥絲，滋味實在迷人。另外像是鮭魚漢堡、夏威夷蓋飯（Poke Bowl）、炸魚片等也很受歡迎。

MAP ▶ P.91A2　　**REFFEN**

🚇搭地鐵M1、M2至Christianshavn站，轉乘巴士2A至Refshaleøen站，步行約6分鐘 🏠Refshalevej 167A ☎3393-0760 ⏰4~10月 🌐reffen.dk

雖然紙島（Paper Island）的改建工程令人期待，但許多哥本哈根人卻對被迫停業的美食廣場念念不忘，所幸在千呼萬喚之下，新的美食市集終於在2018年於樂福沙樂恩重出江湖！這座露天美食廣場比從前紙島上的更大，在6千平方公尺的範圍裡包含了50多家攤販，從北歐海鮮料理到印度咖哩大餅，從義大利披薩到東南亞沙嗲，逛完一圈幾乎就像環遊世界，忍不住興起全球美食制霸的雄心野望。而且不同於一般街頭小吃，這裡的餐點個個是網紅餐廳等級，唯一的缺點就是選擇太多，教人不知該吃哪一家才好。

MAP ▶ P.91A2　　**La Banchina**

🚇搭地鐵M1、M2至Christianshavn站，轉乘巴士2A至Refshaleøen站，步行約2分鐘 🏠Refshalevej 141 ☎3126-6561 ⏰08:00~16:00 🌐www.labanchina.dk ❗不接受訂位

La Banchina是家只有16個座位的小巧餐廳酒吧，由於就位在港灣旁，怡然自得的

景致加上親切好客的店員，讓這間小店成為本地人聚餐的最愛。這裡早餐供應的是可頌、肉桂捲等簡單的麵包和咖啡，午餐則是蔬食和魚類料理，食材上以天然有機、當地當季為原則，另外關於酒類的選擇也不少。La Banchina的另一項賣點是後院裡的桑拿浴，小小的木桶型浴室可容納8名顧客，不需預約，每人50丹麥克朗。

MAP ▶ P.91A2　　**Mikkeller Baghaven**

🚇搭地鐵M1、M2至Christianshavn站，轉乘巴士2A至Refshaleøen站，步行約8分鐘 🏠Refshalevej 169B ⏰週三至五14:00~21:00，週末12:00~21:30（週五、六23:00） ❌週一、二 💰生啤酒約55~70 DKK 🌐mikkellerbaghaven.dk

今日精釀啤酒的風潮正席捲全球，而說起精釀啤酒，便很難略過米凱樂不提。米

凱樂的創辦人Mikkel Borg Bjergsø原是哥本哈根一間高中的物理老師，因為太過熱衷釀酒，索性辭去教職，全心全意投入釀酒事業。大概出於一種對研究的狂熱，Mikkel把他對理化的長才全都應用到實驗新酒上，至今已成功研發出數百款新啤酒，幾乎沒有什麼植物不能拿來釀酒。米凱樂的啤酒除了創意外，更重要的是品質，包括Noma等國際知名餐廳，很多都是選用米凱樂的啤酒。今日米凱樂已在全世界開有50多家據點（台北的大稻埕也有一家），其發跡的釀酒廠就是樂福沙樂恩的這間Mikkeller Baghaven，在裡頭還能看到架上成排的熟成木桶，吸引各國精釀啤酒迷來此朝聖。

市政廳與斯托耶行人徒步街周邊

市政廳與斯托耶行人徒步街周邊

MAP ▶ P.69A2~C2　斯托耶行人徒步購物街Strøget

🚇搭地鐵M3、M4至Rådhuspladsen站或任一地鐵至Kongens Nytorv站即達　🕐Strøget在市政廳和新國王廣場之間，主要是由Østergade、Amagertorv、Vimmelskaftet、Nygade、Frederiksbereggade這4條街連接的區域，而由此延伸出去的Kobmagergade、Fiolstræde等街巷及圓塔一帶也被畫分為購物區

斯托耶街是哥本哈根最重要的購物街，Strøget這個字的丹麥文意思就是「走路」，整條徒步街商店櫛比鱗次，包括丹麥精品和設計商品，世界名牌Hermés、Chanel、LV、Gucci、Mont Blonc等，也有零星的紀念品店。

當然，這裡就是丹麥品牌的大本營，幾乎所有品牌的旗艦店都位於這區，包括喬治傑生、皇家哥本哈根、丹麥琥珀屋、ECCO、Bang & Olufsen等。另外還有以家飾及家具聞名的ILLUMS Bolighus，以及ILLUM百貨公司。

市政廳與斯托耶行人徒步街周邊

MAP ▶ P.69C2　ecco

🚇搭地鐵M3、M4至Gammel Strand站，步行約3分鐘　🕐Østergade 55　☎3312-3511　🕐週一至週六10:00~18:00，週日11:00~17:00　🌐www.ecco.com/dk

ecco是丹麥知名的休閒鞋品牌，分店遍及全球，以舒適和符合人體工學的設計著稱。他們的鞋款不僅男女有別，另有高爾夫專用鞋或特定用途的休閒鞋款等。在眾多直營店中，就屬位於哥本哈根行人徒步購物街的這間店規模最大。

市政廳與斯托耶行人徒步街周邊

MAP ▶ P.69B2　ILLUMS Bolighus

🚇搭地鐵M3、M4至Gammel Strand站，步行約2分鐘　🕐Amagertorv 10　☎3314-1941　🕐週一至週六10:00~19:00，週日11:00~18:00　🌐www.illumsbolighus.dk

ILLUMS Bolighus幾乎集齊丹麥設計商品於一身，從生活雜貨到家具、椅子、燈飾、寢具等，品牌多且商品豐富，想要一網打盡北歐設計精品，一定要多預留時間在這裡。包括喬治傑生、皇家哥本哈根、Eva Denmark的家居用品，Louis Poulsen、Le Klint、Lightyears的燈具，Arne Jacobsen、

Poul Kjærholm、Poul M. Wolther等名家設計的椅子，1樓還有瑞典水晶玻璃品牌Orrofous，統統可在這4層樓的商場裡尋獲。

市政廳與斯托耶行人徒步街周邊

MAP ▶ P.69B2　喬治傑生 Georg Jensen

🚇搭地鐵M3、M4至Gammel Strand站，步行約2分鐘　🕐Amagertorv 4　☎3311-4080　🕐10:00~18:00　🌐www.georgjensen.com

喬治傑生要算是丹麥在全球名氣最高的飾品及生活用品的設計品牌，2005年正式宣告進入頂級珠寶領域，被譽為最值得收藏的精品之一。1904年創立至今，已逾百年的老店秉持商品品質，也同時因應時尚潮流。除了長賣型商品，每年都會推出年度限量飾品，且隔年不再販賣，尤其是珠寶飾品和手錶。

這家總店1樓是男女飾品的展售處，2樓是家居用品和節慶飾品，如酒器組、餐具及聖誕樹吊飾等。地下樓是喬治傑生的博物館，展示歷年聖誕節推出的紀念款湯匙組和多種百年絕版品，純展示品與商品各半。

市政廳與斯托耶行人徒步街周邊

MAP ▶ P.69B2　Le Klint

🚇搭地鐵M3、M4至Gammel Strand站，步行約2分鐘 🏠Store Kirkestræde 1 ☎3311-6663 ⏰週二至週五10:00~18:00，週六10:00~16:00 🚫週日、一 🌐www.leklint.dk

像百褶裙一樣的燈罩（Folded Lamp Shades）是丹麥燈飾品牌Le Klint的經典樣式，這種打褶的造型出自建築師P.V. Jensen Klint之手，而真正將Le Klint建立為品牌的是他的兒子Tage Klint，於1953年正式成立公司。同時他也將十字形的細節加在燈罩頂端的圍口，成為Le Klint著名的傘型燈罩。另一個經典燈飾「水果燈」（Fruit lighten）是由Tage的兄弟Kaare Klint所設計，有著雕刻家和建築師背景的Kaare將傘型百褶轉為球狀，堪稱近代經典。

近年Le Klint廣為週知的燈飾是商品編號167的圓形燈罩，設計師Poul Christianten保留了Le Klint招牌摺法，將直線條轉變為圓弧形，讓整個燈飾更流暢也更具現代感。Le Klint的燈罩使用PVC材質，可水洗，易清潔，店面有吊燈、立燈、桌上台燈等各種燈飾商品。

市政廳與斯托耶行人徒步街周邊

MAP ▶ P.69B2　皇家哥本哈根 Royal Copenhagen

🚇搭地鐵M3、M4至Gammel Strand站，步行約2分鐘 🏠Amagertorv 6 ☎3313-7181 ⏰週一至週五10:00~19:00，週六10:00~18:00，日11:00~18:00 🌐www.royalcopenhagen.com

皇家哥本哈根這個品牌開始於1775年，以純白底加上手繪青花的瓷器餐具聞名於世，也是多數丹麥人的傳家之寶。這個品牌過去曾為王室打造的宴會用餐具，現在展示於店家1樓，瓷盤花色有別於白底蘭花的素雅，整套瓷器不僅多彩還鑲金勾邊，多了華麗卻也不失優雅。

店家1樓展示最新商品和長賣商品系列，2樓一邊為收藏室，一邊是過季商品和瓷偶展售，價格較低。即使不消費，2樓的收藏室倒是可以瞧瞧，牆面展示了每年推出的限量紀念瓷盤。

市政廳與斯托耶行人徒步街周邊

MAP ▶ P.69B2　ILLUM百貨公司

🚇搭地鐵M3、M4至Gammel Strand站，步行約2分鐘 🏠Østergade 52 ☎3314-4002 ⏰10:00~20:00 🌐www.illum.dk

距離ILLUMS Bolighus不到30公尺就有一家ILLUM百貨公司，這兩家商場名字一

樣，實屬不同集團。ILLUM百貨公司共有5層樓，地面樓的麵包店和Café有不少遊客停留，1樓多為國際品牌，2~4樓的男女裝和生活雜貨則多為丹麥本地的商品，5樓則是咖啡廳、餐廳等美食區。在百貨公司內購物可辦理退稅。

新國王廣場周邊

MAP ▶ P.69C2　Magasin百貨公司

🚇搭任一地鐵至Kongens Nytorv站即達 🏠Kongens Nytorv 13 ☎3311-4433 ⏰10:00~20:00 🌐www.magasin.dk

Magasin算是北歐地區規模數一數二的大型連鎖百貨公司，從化妝品、服飾專櫃、設計家居商品到3C電子產品都有，商家多達

上千個，價位上以中、高價位為主，也有少數平價品牌。和大多數百貨公司一樣，一樓為化妝品，二、三樓為時尚服飾，四樓為生活用品。

新國王廣場周邊

MAP ▶ P.69C2　Bang & Olufsen

🚇搭任一地鐵至Kongens Nytorv站，步行約2分鐘 🏠Østergade 18 ☎2085-5532 ⏰10:00~18:00（週六至16:00） 🚫週日 🌐beostores.bang-olufsen.dk

Bang & Olufsen (B&O)是丹麥視聽週邊產品的國民品牌，位在行人徒步街的分店還仿照一般客廳，安置整組視聽設備。這裡商品

種類很多，除了喇叭、音響外，還有手機、耳機等，富有設計感的外型，是獲得消費者青睞的主要原因。當然如果購買大型音響、喇叭，店家會幫你寄送回國。

MAP ▶ P.69C2 丹麥琥珀屋 House of Amber

🚇搭任一地鐵至Kongens Nytorv站,步行約3分鐘 🏠Kongens Nytorv 2 ☎5185-9615 ⏰10:00~17:00(週六11:00開始) ❌週日 🌐www.houseofamber.com

琥珀博物館
⏰5~9月09:00~19:30,10~4月10:00~17:30 💰成人25DKK,15歲以下免費 🎫持哥本哈根卡免費

要說丹麥琥珀屋是間琥珀博物館一點也不為過,其1樓是商店,飾品多出自丹麥設計師之手;2樓展出各種不同年代的琥珀,在展示櫃旁也有圖文說明琥珀的形成,以及如何辨識真假琥珀;3樓則展示以琥珀製成的骨董飾品或珠寶盒等仕女用品。選購琥珀時,質輕、可燃、摩擦後產生靜電者才是真的琥珀,此外,琥珀是天然形成,絕對沒有色彩、光澤完全相同的。

琥珀之所以珍貴,除了年代久遠,更因為琥珀松這種針葉樹早已絕種。丹麥沿岸所發現的琥珀,是史前北歐地區的松樹脂化石,每顆都有2千至5千年歷史,以日德蘭半島(Jylland)地區產量最為豐富。

MAP ▶ P.67C1 LLLP

🚇搭地鐵M3至Nørrebros Runddel站,步行約14分鐘 🏠Fælledvej 18 ☎3536-6004 ⏰11:00~17:30(週五至16:00) ❌週六至週一 🌐www.lllp.dk

LLLP的商品以燈飾和簡單家具為主,燈飾設計概念倒是相當有趣,以軟PVC為材質,在PVC上設計各種圖案,顧客可選擇吊燈或台燈,回家自行組合。若想要更特別的圖案,也可以將自己畫的圖或想法以Email的方式告知店家,進行設計溝通後,店家就會為顧客完成一盞獨一無二的訂製燈飾。

MAP ▶ P.69A1 瓦埃勒市場 Torvehallerne

🚇搭地鐵M1、M2或S-tog至Nørreport站,步行約2分鐘 🏠Frederiksborggade 21 ⏰10:00~19:00(週末至18:00) 🌐torvehallernekbh.dk

不要以為逛傳統市場的都是老年人,也不要以為只有本地人才會逛傳統市場,到植物園附近的瓦埃勒市場走一趟,絕對顛覆你對傳統市場的想像。瓦埃勒市場由兩棟玻璃帷幕的市場大廳所組成,走進市場裡面,整潔、明亮的大廳一點也沒有傳統市場的感覺,反而有點像百貨公司的美食商店街,從肉販、魚販、菜販,到調味料、生活用品、葡萄酒的小商鋪,不但每一間都時髦有品味,就連店主都是型男正妹。市場內也有許多熟食鋪、咖啡店與開放式三明治專賣店,甚至還有一間西班牙小酒館,是個覓食的好地方。

掃地圖

MAP ▶ P.67C4 Tom Rossau燈飾

🚇搭地鐵M3至Frederiksberg Allé站,步行約7分鐘 🏠Frederiksberg Allé 5 ☎7194-0000 ⏰平日14:00~18:00,週六10:30~16:00 ❌週日、一 🌐tomrossau.dk

小小的店面掛滿了店主Tom Rossau設計的木製燈飾,包括以扭轉薄木片的手法為主,將木片組合

為圓型或扁橢圓型吊燈,也有葫蘆型吊燈或立燈,燈光透過薄木片投射出來的光線色調溫暖,很適合一般居家使用。

赫爾辛格
Helsingør

文● 林志恆・墨刻編輯部
攝影● 林志恆・墨刻攝影組

赫爾辛格名字中的Hels，語源來自hals，在丹麥文中是「喉嚨」的意思，意指松德海峽的咽喉地位。赫爾辛格與對岸瑞典的赫爾辛堡（Helsingborg）兩相對望，中間相隔的水域是松德海峽最狹窄的一段，兩城之間的距離比哥本哈根到馬爾摩更短，因此觀光交流相當頻繁，有不少遊客會花一至兩天時間往返兩地，如同當地觀光局打出的口號：一次玩兩國。

赫爾辛格最不容錯過的景點，就是莎士比亞筆下著名悲劇《哈姆雷特》的故事原生地克倫堡。在城堡內可欣賞王室收藏，漫步城牆砲台步道，不僅可眺望海灣，同時可遙望瑞典的赫爾辛堡，視野極佳。

建議花半天的時間遊逛舊城鎮，從主要購物街一直到鄰近車站的旅客中心，許多街巷內仍留有中世紀的舊屋舍。離開前別忘了多看火車站一眼，這座百年建築模仿克倫堡的建築樣式，當地人暱稱它為「小克倫堡」。

赫爾辛格

INFO

基本資訊
人口：47,257　面積：121.61平方公里

如何前往
◎火車

赫爾辛格距離哥本哈根約45公里，主要車站為位於市區南側的Helsingør St.，從哥本哈根中央車站（København H）出發，可搭乘Re普通列車，大約每20分鐘就有一班，車程約45分鐘。
🔗 www.dsb.dk

◎渡輪

從瑞典赫爾辛堡可搭乘Sundbusserne渡輪到赫爾辛格碼頭，船程約18分鐘。
Sundbusserne
📍 赫爾辛堡：Gamla Tullhuset – Hamntorget。赫爾辛格：Færgevej 24
📞 +46-4221-6161

●夏季24小時運行，除深夜外，每小時約3~4班。冬季10:00~18:00（週五、六至20:00），每小時一班
❸成人單程票49 DKK，來回票90 DKK
🌐sundbusserne.dk

市區交通
市區大多數景點可以步行抵達。

優惠票券
◎哥本哈根卡 Copenhagen Card
部分景點可使用哥本哈根卡，詳見P.72。

旅遊諮詢
因疫情關係，目前旅遊資訊改為線上諮詢，或可至下列地點索取相關旅遊指南
◎文化園區圖書館櫃檯
🚶從赫爾辛格火車站步行約7分鐘
🏠Allegade 2
☎4928-3620
●週一至週六10:00~18:00(周二、三至19:00，週四至20:00，週六至16:00)，週日11:00~16:00
◎線上旅遊諮詢
🌐www.visitnorthsealand.com

Where to Explore in Helsingør
賞遊赫爾辛格

MAP ▶ P.107 A2~A3

中世紀老街
Medieval Quarter

古屋街巷別有風情

🚶從火車站步行約1分鐘可達

赫爾辛格因為地理位置的關係，許多航行歐洲的船隻都會在此停留補給，14世紀時，卡爾馬聯盟國王波美拉尼亞的艾瑞克（Erik af Pommern）開始向往來船隻徵稅，從而加速了小鎮發展。1857年停止稅收後，赫爾辛格在經濟上逐漸出現危機，爾後由於丹麥啤酒商Wiibore在當地成功經營，才又再度帶來生氣。也因為曾經蟄伏於經濟低潮，鎮上留下許多當時無力重建的古屋，反而成為獨特的街巷風情。

在Gl Færgestræde街上有座矮小屋子，上方釘了片以德文刻下的木板，寫著「若想買藥或酒，敬請入內」；隔一條街轉進Brostræde，一家近百年歷史的冰淇淋店是當地人大力推薦的甜點。繞過旅遊中心，沿著Strandgade街上有許多傳統住房，過去由於船員水手經常在此停泊，飲酒作樂少不了女色，若窗台擺設的陶瓷狗面向外，就表示歡迎，面向屋內則意指有人捷足先登

了。Stengade則是鎮上的購物街，沿街共有兩百多間商家，假日經常擠滿人潮。

有些小巷內的屋舍會在窗框中央架上一片長形雙面鏡，這是便於三姑六婆們坐在屋內就能窺視往來鄰居的一舉一動。這些舊房舍的小機關在烏丹斯、歐胡斯，甚至瑞典高特島上的舊城鎮中都看得到。

MAP ▶ P.107B1

克倫堡

Kronborg

《哈姆雷特》的故事場景

🚶 從火車站步行約15分鐘　🏠 Kronborg 1B　☎ 4921-3078
🕐 11~4月11:00~16:00，5~10月10:00~17:00　🚫 11~4月
的週一　💲 9~5月全票125 DKK，6~8月全票145 DKK，18歲
以下免費。門票含免費導覽，時間及內容依季節及日期變動，詳
細請上官網查詢　🌐 www.kronborg.dk　🎫 持哥本哈根卡免費

掃地圖

文藝復興風格的克倫堡，因為地理位置重要，掌控了往來丹麥與瑞典的水路要道，在16到18世紀的北歐歷史裡，扮演極其重要的角色。而豐厚的貿易及交通稅收，更幫助克倫堡成為當時的文化重鎮。不過克倫堡的大名鼎鼎，卻是來自莎士比亞的曠世名劇《哈姆雷特》，因為故事中的背景，就是這裡。其實莎翁應該是借用了在丹麥流傳甚久的故事《阿姆雷德》（Amled）改編劇本，這兩個故事的架構完全相同，只不過莎翁加入了奧菲亞發瘋、以及遇見老國王亡魂等情節，使整個故事更形豐富。

克倫堡始建於1420年左右，1629年一場大火燒掉大部分建築，克里斯提安四世下令重新建造，新的防衛城堡有著華麗的鎏金屋頂，並為深溝高牆所圍繞，氣勢磅礴。不過此舉卻嚴重危害當時岌岌可危的政府財政。1658年瑞典軍隊進占克倫堡，將寶物洗劫一空。1785年後王室不再居住於此，克倫堡淪為陸軍武器庫，一直到1924年才在嘉士伯啤酒公司贊助下，再度恢復昔日光芒。而克倫堡也因特殊的歷史地位及文物價值，在2000年被聯合國教科文組織列入世界遺產名單中。

砲台 Cannon

架設在外牆國旗要塞（Det Flag Bastion）上的加農砲台，每年女王生日時，仍會響起27響禮砲慶祝。

展示室 De kgl. Værelser（宮殿2樓）

2樓的263~265展示室都是每年在宮中演出《哈姆雷特》的戲服。201、203~207展示室原是腓特烈二世和王后的會客室與臥房，在火災後，由克里斯提安四世重新裝潢，臥房則保有16~17世紀的家具。208室是蘇菲王后的起居室，展示1510年的地毯畫，牆上壁畫多以希臘神話為主。

城堡教堂 Slotskirke

教堂門口的雕像，上方為摩西，下方是大衛王和所羅門，畢竟是國王的城堡，就連雕像都選擇以聖經裡的領導者為主。教堂是唯一躲過1629年大火的宮內建築，座位區最前方的右手邊座位就是腓特烈二世的寶座，每張座椅旁都有王室徽記。

砲臺地道 Kasematterne

幽暗的地下通道令人不寒而慄，過去是關押囚犯的監獄，入口有座巨大的石像Holger Danske，相傳這尊守護神是位丹麥王子，一旦丹麥有難，就會拿起身邊的刀和盾出手相助。

宴會大廳 Dansesalen（宮殿3樓）

宴會大廳長達62公尺，原本以大量畫作當作掛飾，但在和瑞典的一場大戰役後，被戰勝國瑞典帶走不少戰利品，唯有一幅畫沒被帶走，因為該畫畫的是瑞典國王向丹麥女王俯首稱臣。

宴會廳盡頭有座帳篷式的掛毯畫，畫中央3位女神分別代表勇氣、正義、節制，底下3個水流標誌則代表丹麥的3處峽灣。

MAP ▶ P.107A2

聖馬利亞教堂

Sct. Mariæ Krike

完整保留中世紀原貌

從火車站步行約6分鐘　Sct. Anna Gade 38　4921-1774　10:00~15:00（9月中~5月中至14:00）　休週一　免費　www.sctmariae.dk

歷經宗教改革後，北歐地區有許多修道院或天主教堂遭受破壞或改建，聖馬利亞教堂是丹麥境內少數躲過毀損，並幾乎完整保留原貌的中世紀天主教修道院。

掃地圖

教會裡保留了不同時期的裝飾和擺設，正殿左側以巴洛克風格打造的包廂，是腓特烈三世和王后專屬的座位，另一邊白色包廂則屬於當地仕紳或富豪。教堂壁畫是1400年的畫作，一度因為天主教廷干涉，在壁畫上漆上白漆掩蓋，直到宗教改革後重新整修時，壁畫才重見天日。

羅斯基爾
Roskilde

文● 林志恆‧墨刻編輯部
攝影● 林志恆‧墨刻攝影組

羅斯基爾是丹麥最古老的城市之一，也是西蘭島上的第二大城。約在1千年前，維京人利用地勢在此建了一座經貿重鎮，後來這裡成為王室和主教們重要的活動區域。每年夏季熱鬧登場的羅斯基爾音樂節，源自1554年開辦的羅斯基爾大教堂管風琴音樂會，而當年的國王行宮則被改建為展出現代藝術的藝廊。此外，羅斯基爾車站也是歷史建築之一，面對車站的正方形廣場是從前的市集所在，越過廣場，筆直的購物大街便是匯聚人氣之地。

INFO

基本資訊
人口：51,916
面積：211.99平方公里

如何前往
◎火車
　　羅斯基爾距離哥本哈根約36公里，主要車站為位於市區南側的Roskilde St.，從哥本哈根中央車站（København H）出發，可搭乘Re或IC列車，大約每10~15分鐘一班，車程約22~26分鐘。
🌐www.dsb.dk

市區交通
　　市區大多數景點可以步行抵達。

優惠票券
◎哥本哈根卡 Copenhagen Card
　　部分景點可使用哥本哈根卡，詳見P.72。

往●維京船博物館
Vikingeskibsmuseet
羅斯基爾
市立公園
Byparken
Sankt Clara Vej
Møgelkildevej
Frederiksborgvej
Dronning Margrethes Vej
羅斯基爾大教堂
Roskilde Domkirke
羅斯基爾宮殿
Roskilde Palæ
Museet for Samtidskunst
Bondetinget
Pælstræde
舊市政廳Rädhus
Rib House
Stændertorvet
Algade
Gullandsstræde
Læderstræde
Bredgade
Grønnegade
Allehelgensgade
Vor Frue
Kirke
Frue gade
羅斯基爾火車站
Jernbanegade
巴士站

圖　例
◉景點　✚教堂
◎公園　🚉火車站
🍴餐廳　🚌巴士站

旅遊諮詢
因疫情關係，羅斯基爾目前無實體遊客中心，旅遊資訊改為線上諮詢
🌐www.visitfjordlandet.dk

MAP ▶ P.111A2

羅斯基爾大教堂

MOOK Choice

Roskilde Domkirke

歷代丹麥王室永眠之地

🚶從羅斯基爾火車站步行約10分鐘可達　🏠Domkirkepladsen 3　☎4635-1624　🕐5~9月週一至週六10:00~17:00（7、8月至18:00），週日13:00~16:00。10~4月10:00~16:00（週日13:00起）　💲成人70 DKK，學生與67歲以上50 DKK，17歲以下免費　🌐www.roskildedomkirke.dk　🎫持哥本哈根卡免費

掃地圖

　　羅斯基爾大教堂初建於12~13世紀，是丹麥境內第一座哥德式教堂。自15世紀起，大教堂成為王室和教會主教等重要神職人員的安葬處，共有20位國王和17位王后分別葬在教堂的墓室中，這也讓羅斯基爾大教堂的地位非同凡響，因此在1995年時，聯合國教科文組織便將其列入世界文化遺產之列。

黃金祭壇 The Altarpiece

　　主祭壇最醒目的是正中央三面展開的金色木雕祭壇，細雕出耶穌孩童時期、瀕死、死亡、復活等重要事件。聖桌上的聖經則是從腓特烈二世時代保留至今，旁邊唱詩班的木製座椅扶手上，雕著一張張表情不同的臉，椅背上方則刻畫著《創世紀》到《審判之日》的聖經故事。

王室陵墓 Royal Sarcophagus

　　黃金祭壇後方有一尊鑲著金色王冠的丹麥女王馬格麗特一世（Margrete Ⅰ）的雕像，下方就是她的陵墓。馬格麗特一世後方有一尊騎士裝扮的雪花石膏雕像，那是她的哥哥洛蘭德公爵克里斯多福（Christoffer）。此外，這一區還葬著腓特烈四世和克里斯提安五世。

　　環繞教堂的王族墓室，每一座的雕刻與風格，都依時代和國王、王后的喜好而有極大不同。例如葬著腓特烈二世和克里斯提安三世的東方三聖禮拜堂，牆上繪滿了文藝復興式的壁畫，墓旁立著多位衛兵和優雅女子的塑像；克里斯提安四世禮拜堂則以寫實的壁畫勾勒出王族的樣貌，並請來丹麥著名雕刻家托瓦爾森(Bertel Thorvaldsen)雕塑出國王生前搏擊的英姿。

教堂中殿 The Nave

　　整個教堂中殿有幾件裝飾值得特別一看：位於南廊的管風琴是全丹麥最好的歷史老件之一，可以溯及1425年；位於北廊的克里斯提安四世私人寶箱，上面的雕刻象徵著信、望、愛、正義、堅毅等基督徒美德；建於1600年代、雕刻精美的講道壇；裝置在2樓，以聖喬治屠龍為藍本設計的整點報時鐘；中殿正中央與黃金祭壇遙遙相對的銅雕「國王之門」，由設計師Peter Brandes於2010年所創作，取代原本的橡木門。

MAP ▶ P.111B2

羅斯基爾宮殿

Roskilde Palæ

國王行宮改建的藝廊

🚶 從火車站步行約10分鐘　🏠 Stændertorvet 3D

羅斯基爾宮殿建於1733~36年間，是丹麥國王克里斯提安六世的行宮，也有多場王族葬禮在此舉行。建築出自丹麥建築師Lauritz de Thurah之手，黃色外牆的宮殿相當簡樸，格局簡單，大門入口處的石子地上還留有兩道明顯的馬車轍跡。

【掃地圖】

羅斯基爾現代美術博物館於1991年在此成立，自2021年現代美術博物館從宮殿遷出改變為無牆博物館形式後，目前宮殿的花園常被用於舉辦展覽、音樂會與文化活動。

MAP ▶ P.111A1

維京船博物館

Vikingeskibsmuseet

古代維京船再現

🚶 從火車站搭巴士203號至Strandengen站，步行約4分鐘　🏠 Vindeboder 12　☎ 4630-0200　🕐 5~10月中旬10:00~17:00，10月下旬~4月初10:00~16:00　💲 成人125 DKK（5~10月中160 DKK），第二位以上成人享20元折扣，17歲以下免費　🌐 www.vikingeskibsmuseet.dk　✷ 持哥本哈根卡免費

1962年，5艘維京船在羅斯基爾灣北邊20公里處被發現，船隻因為被泥巴包覆，使得木材腐壞的狀況並不嚴重。據推測，這些維京船是在西元1000年

【掃地圖】

左右，刻意被沈沒在峽灣口，用以阻擋進犯的外敵。這些船隻除了載運士兵外，也用來載客、載貨，顯示維京人不僅以掠奪為生，更是為了長程貿易與尋找適合的農耕地。

船隻被發現後，科學家在周邊築起小水壩，移除原本用來沈船的大石，使船身浮出，再慢慢將水抽乾，取出碎裂的船身，經過防腐、拼湊處理，維京船才又重新出現在世人眼前。現在博物館展示其中最長的一艘，最多可搭載100名士兵，平均時速達5海浬以上，證明維京人堅強的海上實力不只是傳說。另外，這裡還展示大量關於維京人的史料，複製他們的船上生活及精彩的服飾、織品、器皿和畫作等。

烏丹斯

Odense

文● 蔣育荏·林志恆·墨刻編輯部　攝影● 周治平·林志恆·墨刻攝影組

丹麥中部菲英島（Fyn）上的烏丹斯，目前為丹麥的第三大城，其名字是由「Odins Vi」所組成，源自北歐神話裡的眾神之王「奧丁」（Odin），意指「奧丁的神殿」。烏丹斯的名字第一次被提及是在西元988年，一封由神聖羅馬帝國皇帝奧圖三世（Otto Ⅲ）發出的公告信，信中說明丹麥境內不需再向教會課徵稅收的城市，包括烏丹斯、歐胡斯、里貝等，這不僅標記了烏丹斯的歷史，也證明當時烏丹斯已是丹麥重要大城之一。

說到丹麥，童話大師安徒生（H.C. Anderson）絕對是觀光主題之一，安徒生雖然長年居住在哥本哈根，但其實他就出生在烏丹斯，即便沒有人了解他為何一直不願承認他的故鄉，但為了紀念這位舉世皆知的童話大師，烏丹斯不僅成立了一座安徒生博物館，還規畫了安徒生故鄉的散步路線。

童話之王──安徒生

安徒生（Hans Christian Andersen,1805~1875）出身於貧困的鞋匠之家，11歲父親去世後由祖母撫養長大。14歲時他便離開家鄉來到哥本哈根，希望成為演員或芭蕾舞蹈家，雖然不曾成功，卻受到一位皇家劇院編劇的賞識，得到進大學的機會。1828年起，陸續發表小說、詩篇，開始嶄露頭角。1835年出版第一本童話故事，逐漸受到歐洲文壇的注意。

安徒生在哥本哈根名氣漸響，但多次戀愛卻都無疾而終。愛戀的對象中最著名的是有「瑞典夜鶯」之稱的女演員Jenny Lind，據說安徒生童話中的《夜鶯》故事，便來自於對她的愛慕。爾後傳出他對至交好友

Edward有著曖昧情愫，雖然對方拒絕，身後他還是和Edward夫婦葬在一起。安徒生最後於1875年8月4日，以70歲高齡去世。

一生獨身的安徒生，就愛不斷旅行，除了收集各地故事，豐富的閱歷也使他的作品更加多樣化，一生總共創作了175篇童話，被翻譯成170種語言，全世界不論大人或小孩，都逃不過他的魔力。而且雖然以童話作家聞名世界，安徒生的著作還包括了14本小說、50齣戲劇、12本遊記，和800首詩篇。

INFO

基本資訊

人口：180,863　　**面積**：304.34平方公里

如何前往

◎火車

市區北側的Odense St.火車站，位於哥本哈根和歐胡斯之間的火車主幹線上。從哥本哈根中央車站（København H）出發，可搭乘ICL或IC列車，前者車程約1小時10分鐘，後者車程約1.5小時，每小時大約3~4個班次。從歐胡斯（Aarhus H）出發，也是搭乘ICL或IC列車，每半小時一班，車程約1.5小時。
🌐 www.dsb.dk

市區交通

市區大多數景點可以步行抵達，跟著人行道上的黃色腳印，就能一一走訪安徒生的成長之路。

◎免費市區巴士

市區的10號巴士為免費搭乘，分為兩條路線，在火車站附近都有站牌。10C走市中心路線，可前往安徒生兒時故居；10H為港灣路線，主要行駛在火車站北邊，但也有前往安徒生博物館。免費巴士非常好認，車身漆成粉紅色，並畫有安徒生側臉剪影的就是。
⯆ 約09:00~17:00（週日約11:00~16:00），每10分鐘一班　🌐 fynbus.dk/find-din-rejse/rute,10

旅遊諮詢

因疫情關係，目前旅遊資訊改為線上諮詢，或可至下列地點索取相關旅遊指南

◎**Borgernes Hus社區中心**
⌂ Østre Stationsvej 15　☎ 6375-7520
⯆ 平日10:00~19:00（週六至15:00）　休 週日
◎**線上旅遊諮詢**
🌐 www.visitodense.com

`MAP ▶ P.115B2`

安徒生博物館

MOOK Choice

H.C. Andersens Hus

走進安徒生的童話世界

🚶 從火車站步行約10分鐘 🏠H.C. Andersen Haven 1 ☎655–1460 🕐11~3月週二至週日10:00~16:00(週末10:00起),4~6月與9~10月每日10:00~17:00,7~8月每日09:00~18:00 🚫11~3月的週一 💰成人165 DKK,17歲以下免費(須有成人陪同,線上購票時可同時預約)。門票包含語音導覽。❗參觀須先提早線上預約購票

門票含安徒生出生地、安徒生兒時住所;憑票根8日內可享歷史文化博物館與The Funen Villag半價優惠

◎ **VILLE VAU 童話樂園與兒童工作坊**

🕐11~3月週二至週日13:00~16:00(週末10:00起),4~6月與9~10月平日13:00~17:00(週末10:00起),7~8月每日09:00~18:00

　　為了紀念這位史上最受喜愛並為世界想像力激發出更多火花的童話作家與思想家,全新的安徒生博物館在2021年夏季盛大開幕,帶領大家走入安徒生的童話世界中。全新安徒生博物館由日本知名建築大師隈研吾與丹麥建築事務所聯手打造,以安徒生童話《打火匣》為靈感,採用先進的建築技術及景觀設計方法,把地景、建築以及展覽結合在一起,參觀者將從渺小世界走進浩瀚無垠的童話宇宙。

　　博物館建築佔地5,600平方公尺,博物館由一系列的圓形建築所組成,園區內有地下博物館、兒童

空間、花園、商店及咖啡廳等,博物館有三分之二的體積在地底下,透過花園與綠植串連在一起,把安徒生的童話故事以真實世界呈現,而安徒生出生地的黃色小房子也成為博物館的一部分。

　　博物館內則透過12位知名藝術家聯合打造出一個完整的藝術空間,運用建築、藝術、互動科技、聲音、燈光與影像展示出安徒生的故事與他的文學世界。

安徒生出生地
H.C. Andersen's Birthplace (Fødehjemmet)

　　安徒生出生於1805年4月2日,這棟黃色的小房子在他還在世的時候,就被報導為他出生的地方,不過安徒生本人並沒有對報導加以證實,他只是說:我不知道。會推測這裡是他的出生地,是因為當時他的父母居無定所,既然孩子要出生就不能再四處流浪,而他父親的阿姨也是他們家唯一的親人,就住在這棟房子裡。在安徒生的時代,這裡是烏丹斯最貧窮的角落,這間不大的屋子在當時一共擠了5個家庭,甚至連廚房都得共用。今日房子雖然已經重新整理過,並成為安徒生博物館的一部分,但仍能感受到當時的嘈雜與擁擠。

安徒生兒時住所
H.C. Andersen's Childhood Home (Barndomshjemmet)

ⓘP.115A3　🚶從火車站步行約15分鐘　🏠Munkemøllestræde 3-5
🕐9~6月週二至週日11:00~16:00，7~8月每日10:00~17:00　休9~6
月的週一　💲門票包含在安徒生博物館中

　　這幢小屋子是安徒生度過他2~14歲童年的居所，屋內空
間狹小，只有18平方公尺，卻擠了他和鞋匠父親、洗衣婦
母親三人，但在當時生活環境貧窮的年代，能有個棲身之
所已經是很幸運的了。小屋在1930年開放大眾參觀，除了
對安徒生的生平再做一次介紹，館方也依據當時人民生活的
狀況與使用器具，以及安徒生自傳裡所提到他童年的回憶，
試圖還原大師兒時的生活場景。至於住所後方原本並沒有花
園，是館方為了實現安徒生的願望特別開闢的。

MAP ▶ P.115B2

歷史文化博物館
Møntergården
看遍烏丹斯的古往今來

🚶從火車站步行約8分鐘　🏠Møntestræde 1　📞6551-4601
🕐10:00~16:00(7、8月至17:00，週一無公休)　休9~6月的
週一　💲成人100 DKK，17歲以下免費(持安徒生博物館票根，
8天內可享門票半價優惠)　🌐montergarden.dk

　　這間博物館記錄著烏丹斯及其所在的菲因島
（Funen）從遠古時代一直到今日的點點滴
滴，展出內容包括維京時代的錢幣、中世紀的
農具、近代人們日常生活的用品及娛樂等，可

以說是集合了各個時代的眼淚。博
物館後院對面，則是一間動態展示
的Histotoriet，還原了19世紀烏丹斯
街道院落的樣貌，院子中有水泵、茅廁、木工
作坊，雞舍裡甚至還養了活生生的母雞。走上
屋子二樓，那裡展現了從前中產階級的居家擺
設與生活器皿，每個抽屜和櫥櫃都可以打開來
看看裡面放了些什麼物品。院子另一側還有間
打火匣體驗館，是以安徒生童話《妖山》為發
想，孩子們可任意裝扮成故事中的精靈王、哥
布林等角色，盡情在故事場景中玩耍，演出屬
於自己的妖山版本。

MAP ▶ P.115B3

安徒生公園
H.C. Andersen Haven (Eventyrhaven)
童話場景打造的花園

🚶 從火車站步行約15分鐘
H. C. Andersen Paraden
🕐 6月底~8月中11:00及13:00　💤 週日　💲免費

　　這座公園也被稱為童話花園（Fairytale Garden），有大片美麗的草坪和花卉，公園外豎立了一尊由丹麥雕刻家Louis Hasselriis於1888年打造的安徒生銅像，原本立在火車站旁的國王公園，到了1949年才移來此地；1985年，雕刻家Erik Heide在小池塘水面上創作了艘仿紙摺的小船，讓人想起安徒生童話裡《勇敢的小錫兵》。流過公園的小河，過去是貧民的洗衣場，據說安徒生的母親當初為了家計，也在河邊替人洗衣。不過改造成公園之後，碧草如茵，百花怒放，小溪緩緩流過，四處洋溢著童話般的夢幻氣息。另外，夏天時公園內的H. C. Andersen Paraden舞台，還會免費上演《醜小鴨》等安徒生故事，是本地的一大盛事。

MAP ▶ P.115B3

烏丹斯大教堂
Odense Domkirke
安徒生受洗之地

🚶 從火車站步行約12分鐘　📍 Klosterbakken 2　🕐 10:00~16:00（週日、一12:00起）　🌐 www.odensedomkirke.dk

　　烏丹斯大教堂建於13世紀，是丹麥境內唯一保留完整的哥德式教堂。教堂又名聖克努特教堂（Skt. Knuds Kirke），來自11世紀末的丹麥國王克努特四世（Kund IV），他因為篤信天主教，死後被教會封為聖人，不過其死因卻是由於農民起義，據說他被斬殺的地方正是在現在的教堂附近，而其遺骸今日就展示在教堂地下室內。

　　教堂裡最值得一看的就是雕刻於16世紀初的黃金木雕祭壇，當時的烏丹斯是國王漢斯（Hans）送給王后克里斯蒂娜（Christina of Saxony）的結婚禮物，於是她從紐倫堡請來雕刻大師Claus Berg，為教堂打造出這座精雕細琢的華麗祭壇。

　　這座教堂也是安徒生散步路線上的景點，這裡是他5歲時受洗的地方，也因為要參加受洗儀式，他買了生平的第一雙鞋。

MAP ▶ P.115B3

烏丹斯市政廳

Odense Rådhus

義大利建築風格

🚶 從火車站步行約10分鐘　📍Flakhaven 2

　　市政廳位於舊城區的中心，建於1880年代，呈現新義大利哥德式風格，由Herholdt和Lendorf兩位建築師合力打造，取代原本已有400年歷史的舊哥德式

市政廳。那磚紅建築本體、砂岩裝飾細部、石板屋頂、三角山牆，都呈現出中世紀義大利市政廳的樣貌。後來建築師B. Helweg-Møller又於1955年加以擴建改造，他同時也是安徒生公園的設計者。至於在市政廳前廣場上躺著的巨大裸體雕像，名為海洋女神Oceania，是1992年市府送給城市的禮物。

烏丹斯周邊Around Odense

MAP ▶ P.115B3

伊格斯考夫堡

MOOK Choice

Egeskov Slot

古堡鄉野傳奇

🚶 從烏丹斯火車站搭乘Re火車至Kværndrup St.火車站（每小時一班，車程24分鐘），步行至路口轉乘920號巴士，於Egeskov Gade站下車，再步行約7分鐘　📍Egeskov Gade 22　📞6227-1016　⏰11~4月10:00~16:00，5~10月17:00，7月至19:00（城堡11:00起），部份日期開放時間不同，詳見官網　💲成人260 DKK，4~12歲155 DKK(冬季成人135 DKK，4~12歲90 DKK)　🌐www.egeskov.dk

　　伊格斯考夫城堡建於1554年，當時的城堡主人Frands Brockenhuus和其他地主一樣，考量到政治局勢不安穩，因而打造一棟堅固、擁有厚牆的城堡來保護自己，同時還選擇以橡木為基樁，並在附近種植大量橡樹將城堡團團圍住。

　　和王室的城堡宮殿不同，伊格斯考夫堡沒有太多可以參觀的起居室，而是以收藏品的展示為主，因為在城堡400多年歷史裡，多次被轉賣易主，除了建築上的修整外，歷任堡主也留下不少自家珍藏。

　　伊格斯考夫堡和其他城堡一樣，有許多流傳鄉里的傳說，其中有一則相當詭異，堡主甚至不忌諱地公開在簡介上：城堡頂樓可看見一個木偶娃娃躺在地上，沒有人知道它何時被放在城堡裡，

傳說這個木偶不能被移動一分一寸，否則城堡就會在聖誕夜的時候沒入水中。

　　城堡外圍則被規畫成一座大花園，另外還有9間私人收藏品的博物館，內容包括各個年代的機車、玩具、老爺車、直升機、娃娃屋等。這幾間博物館的收藏品，無論數量和質量都相當驚人，光是老爺車和機車就有數十輛。

　　戶外還設置了樹林空中步道、迷宮花園、餐廳、野餐區等，許多遊客經常在週末到公園，一待就是一整天。另外，每年9月城堡花園都會舉行趕馬市集（Egeskov Fair），這項傳統據說已有600多年歷史。

歐胡斯

Aarhus

●歐胡斯

文● 林志恆・墨刻編輯部　攝影● 林志恆・墨刻攝影組

　　歐胡斯雖然人口只有28萬，卻是丹麥第二大城，不少丹麥知名的建築師出生於此。它不僅是一座大學城，城市裡更擁有世界級的博物館與建築，2017年更被選為歐洲文化之都。就像歐胡斯對外的宣傳口號「世界最小的大城市」，城市雖小，人口雖不多，但親身走一趟，才會發現這裡值得看、值得欣賞的，比你想像的還要多。

　　城市中心的國立露天博物館，幾乎完整重現丹麥中世紀傳統市鎮和人民生活；2004年落成的ARos美術館，大膽而誇張的純白建築可說是北歐近年相當受到矚目的設計建築之一；被尊為北歐設計大師的雅各布森（Arne Jacobsen）為歐胡斯設計的市政廳，也是歐胡斯人津津樂道的城市建設。

　　在維京時代，歐胡斯曾經是維京人活動的重

鎮之一，在挖掘出的遺跡中，發現許多手工藝品，經過考證後，證實歐胡斯確為維京時期一座以生產手工藝為主的大城市。歐胡斯濱海灣的地理位置不僅受到維京人青睞，現在也是不少北歐遊輪航線的停靠港之一，在丹麥僅次於哥本哈根。

歐胡斯也是座藝術之城，每到夏天，大大小小的畫展、戲劇、音樂、現代藝術等節慶輪番上陣，而每年八月底舉辦的歐胡斯節（Århus Festuge）更把一連串的展演推向高峰。

INFO

基本資訊
人口：285,273
面積：91平方公里

如何前往
◎火車
歐胡斯中央車站（Aarhus H）位於市中心南側，從哥本哈根中央車站（København H）出發，可搭乘ICL或IC列車，前者車程約2小時50分鐘，後者車程約3小時10分鐘，每小時1~3個班次。
🚆www.dsb.dk

市區交通
市區大多數景點可以步行抵達。

◎巴士
若要前往較遠的景點，可以搭乘市區巴士，歐胡斯巴士總站就在中央車站旁，但並非所有站牌都集中在一地，候車亭上會註明公車號次與路線，也可上網查詢。
🎫於巴士總站遊客服務中心購票
💰1~2區單程22 DKK，24小時交通卡80 DKK，48小時交通卡120 DKK。15歲以下皆為半價
🚆www.midttrafik.dk

◎輕軌 Letbanen
2017年底才通車的歐胡斯輕軌，目前有L1和L2兩條路線，行駛範圍以歐胡斯為中心，北至Grenaa，南達Odder，縱貫日德蘭半島中部東岸。其車票機制與市區巴士相同。

旅遊諮詢
◎歐胡斯遊客服務中心DOKK1
除了這個碼頭邊的遊客中心，城裡也有超過30個觸控式螢幕資訊站，可查詢交通、景點、住宿等旅遊資訊。也可於手機下載城市旅遊APP。
📍P.121B3
🏠Hack Kampmanns Plads 2
☎8731-5010
🕐平日08:00~22:00，週末10:00~16:00
🚆www.visitaarhus.com

MAP ▶ P.121A3

歐胡斯美術館

MOOK Choice

ARos Aarhus Kunstmuseum

純白的魔法展示空間

🚇從中央車站步行約9分鐘 🏠Aros Allé 2 ☎8730-6600 ⏰10:00~21:00（週末至17:00） 休週一 💲成人160 DKK，19~31歲130 DKK，18歲以下免費 🌐www.aros.dk

美術館的設計團隊為Schmidt Hammer & Lassen事務所，這幢正立方體的建築物，大門前有一道筆直誇張的長階梯通向館內，並從建築中間切開一條圓弧彎道，就像博物館裡的街道般。而上層樓層的走廊矮牆也隨著彎道做出同樣的角度，將建築物一分為二。出入口兩端的大片玻璃窗，一如北歐設計善用光線的特點，將自然光引進室內，經過陽光照射，即便是純白的牆面，在視覺上也會產生不同變化，讓空間更顯寬闊。離開純白的地面層，地下室則一片漆黑，以現代裝置或影音藝術展示為主，為避免參觀者迷路，轉角處都設有螢光指示。

館內主要展出18世紀至今的藝術品，展覽室依年代區分，同時也不定期邀請國際知名藝術家，以主題展的方式展出。館方長年有一個大型主展和3個小型展覽輪替，詳細的年度展品，可至館方網站查詢。另外不要錯過頂樓由藝術家Olafur Eliasson設計的彩虹全景步道，150公尺長的環形步道像一圈光譜，走在步道內欣賞歐胡斯，城市景觀也染上彩虹的喜悅。

MAP ▶ P.121A2

聖母教堂

Vor Frue Kirke

維京時代的天主教信仰

🚇從中央車站步行約15分鐘 🏠Vestergade 21 ⏰10:00~16:00（週六至14:00） 休週日 🌐www.aarhusvorfrue.dk

教堂前身的修道院是由來自西班牙的傳教士所設立，最初是照顧貧病的收容所。教堂中央的耶穌受難十字架像，是複製自Gl. Åby Kirke的古羅馬時期作品。其祭壇和一般天主教會不同，所有的雕像皆面容愁苦，就連頭頂光圈的聖者表情也未見慈祥。

在1956年教堂進行整建時，發現地底下有一座石造古教堂，建於維京時代後期的11世紀，可能是北歐目前最早的地下石造教堂，講堂後方十字架上的耶穌聖像穿戴著維京服飾，證實當時在歐胡斯的維京人已有天主教信仰。

MAP ▶ P.121B2

歐胡斯大教堂

Aarhus Domkirke

北歐教堂的信仰變革歷程

🚶 從中央車站步行約12分鐘，或搭輕軌L1、L2至 Skolebakken站，步行約2分鐘 🚏 Store Torv ⏰ 5~9 月09:30~16:00，10~4月10:00~15:00 休週日 🌐 aarhusdomkirke.dk

　　歐胡斯大教堂始建於1201年，羅 馬式建築的正立面高101公尺，從前 除了是信仰中心，也肩負防禦的功能。

　　歐胡斯在1536年之前仍信奉天主教，當時政 教合一，教區神父就是鎮長或市長，大教堂入口

掃地圖

左側的掛鐘就是代表天主教的圖樣。教堂內原有 豐富的壁畫，描繪聖喬治屠龍等精采故事，但在 宗教改革後，當政者覺得壁畫是舊教殘留，便下 令以白灰塗抹遮蓋，經過近年來的修復，才逐步 使這些中世紀壁畫重見天日。此外，在北歐教堂 裡總有一角懸掛著一艘高桅大船的模型，這艘船 是在宗教改革後才出現的，代表信眾不需藉由其 他人的傳遞，便可直接航向上帝。

MAP ▶ P.121A2

國立露天博物館

MOOK Choice

Den Gamle By

重現丹麥中世紀生活樣貌

🚶 從中央車站旁的巴士站，搭往Tilst方向的巴士3A，於Den Gamle By站下車即達 📍 Viborgvej 2 ☎ 8612-3188 ⏰ 10:00~17:00（1月初~2月初每日及2月中~3月底平日至 16:00）💲 1~3月125 DKK，4~10月中與11月底~12月190 DKK，10月底~11月中160 DKK，17歲以下免費 🌐 www. dengamleby.dk

　　走進國立露天博物館就好像一腳踏 進中世紀的北歐，整個舊城聚集了將 近70間木桁架屋，這種建築的特色是 柱、牆、斜撐等木結構均露出牆面外，是古時最 常見的建築形式。

掃地圖

　　國立露天博物館創立於1909年，1940年開始 陸續從丹麥22個城市將中世紀年代的房子拆過 來重建。每間屋子的內部裝潢和外觀同樣講究， 不但符合當時流行的家具和陳設方式，就連壁畫 的細部復原都相當謹慎。大多數房子仍延續其功 能性，像是1865年的釀啤酒廠，每天在固定時 間會提供新鮮釀製的啤酒供遊客品嘗；1880年 的麵包店，隨時都提供現烤的傳統點心、糖果或 餅乾；此外像是安徒生曾經造訪過、原於1822

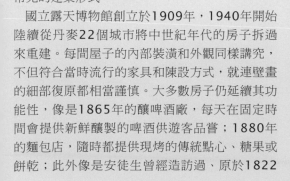

年建在赫爾辛格的戲院，完全按照原本的規格打 造，現在則不定期舉辦歌劇或其他藝文表演。

　　園方找了許多穿著中世紀服裝的工作人員，扮 演在村裡生活的人們，有鞋匠的妻子，也有烘焙 店的師傅。而最精彩的莫過於節慶，每年聖誕節 或復活節，在舊村裡還會舉行節慶市集，以中世 紀的方式和所有遊客一起過節。

MAP ▶ P.121A3

市政廳

MOOK Choice

Rådhus

雅各布森的建築傑作

🚶 從中央車站步行約4分鐘 🏠 Rådhuspladsen 2 🕐
10:00~16:00（週四至18:00）🚫 週末 🌐 www.aarhus.dk
❗ 只有後方花園和大廳對外開放

市政廳建築為德國包浩斯風格，整體設計從建築物到內部裝潢，小至家具、煙灰缸都由丹麥設計宗師雅各布森（Arne Jacobsen）一手包辦。室內地板不是一般公家單位冰冷的石板地，而是採用樺樹木鋪製，和歐胡斯大學禮堂一樣，雅各布森也採用了大面積的玻璃，好讓陽光照進室內。

出自名家之手的建築，其實還有另一段故事。市政廳興建時，設計師認為過去市政廳之所以需要塔樓，一來是為了報時，二來有防禦警衛的作用，但現代城市並不需要這些功能，所以原計畫中並沒有塔樓的存在。但市民覺得沒有塔樓就不像市政廳了，堅持要興建一座高塔，所以架有時鐘的塔樓其實是在建築完工後才加蓋的。蓋了之後，褒貶不一，有人認為破壞了大師設計，看起來就像永遠無法完工的工地。

歐胡斯周邊Around Århus

MAP ▶ P.121B3

莫斯格考古博物館

Moesgård Museum

豐富而完整的維京收藏

🚌 從市政廳旁的Park Allé巴士站，搭18號巴士至終點站
Moesgård Museum，車程約24分鐘 🏠 Moesgård Allé 15,
8270 Højbjerg ☎ 8739-4000 🕐 09:00~17:00（週三、六
至21:00）🚫 週一 💲 成人170 DKK（官網購票有10 DKK折
扣），17歲以下免費 🌐 www.moesgaardmuseum.dk

歐胡斯最早出現在歷史文獻上是西元793年，當時這裡被維京人命名為「AROS」，由於曾經是維京人停駐的城市，維京文化當然是這個地方努力研究的主題，而莫斯格考古博物館的宗旨，便是保存、展示丹麥史前時代和維京時代的文物。

在歐胡斯附近曾發現9棟維京時代的房舍遺跡，多半只剩下基座，考古學家臆測其結構，在博物館後方的草地上重建了幾棟維京古屋，有的是木造的半地下屋舍，可在冬、夏季時維持室內溫度，有些則是圓形外觀、以茅草為頂的小屋。另外，在館內也有許多維京人的盧恩文石碑（Runic Stone），石碑上的顏色，多半也是按考古研究逐一恢復的成果。

除了維京文物，館內最重要的館藏就是一副在丹麥Jutland地區挖掘出來的男性木乃伊Grauballe Man，這具木乃伊推測來自距今2千年前的鐵器時代，是珍貴的考古證據。

比隆
Billund

文● 蔣育荏　攝影● 周治平

就像披頭四迷一定要去利物浦、蘋果迷一定會去矽谷一樣，如果你也曾沈迷於用樂高積木堆疊出小小王國的成就感，那丹麥的比隆絕對是你人生中的朝聖地。樂高（LEGO）這個名字源自丹麥文Leg godt，直譯成英文便是Play Well，也就是「好好地玩吧」的意思。比隆就是為了樂高而存在的城市，1932年樂高公司成立之前，這裡幾乎是個鳥不生蛋的地方，而隨著樂高事業愈做愈大，比隆也逐漸發展起來，以容納樂高公司日益龐大的員工及其家庭。直至今日，樂高生產的大部份積木都是來自這座小城鎮，而樂高公司的各部門也建構出了整個城鎮的輪廓。

1968年時，比隆又起了第二次革命性的改變，樂高樂園的開幕讓這座城鎮不再只有樂高員工走動，更多了數以萬計的觀光客。全球樂高迷們，不分大人小孩，全都慕名蜂擁而來，爭著遨遊在充滿樂高的世界裡。而2009年樂高水上樂園Lalandia與2017年樂高之家的開幕，更是讓比隆的樂高熱潮永不衰減，就算這個世上已經有了10座樂高樂園，也沒有誰能取代比隆樂高之城的地位。

INFO

基本資訊
人口：6,725　**面積**：536.51平方公里

如何前往
◎火車+巴士
　　從哥本哈根中央車站（København H）出發，先搭乘ICL或IC列車到范捷火車站（Vejle St.），每小時有2~3班，ICL車程約2小時，IC車程約2.5小時。抵達范捷火車站後，直接到火車站隔壁的范捷交通轉運站（Vejle Trafikcenter）轉乘43號快速巴士（Ekspresbus 43），至比隆中央巴士站（Billund Centret）下車即達，巴士車程約40分鐘。

　　若是從歐胡斯中央車站（Aarhus H）出發，也是搭乘ICL或IC列車到范捷火車站轉乘43號快速巴士，火車車程約45分鐘。
🚇www.dsb.dk

市區交通
　　市區大多數景點可以步行抵達。

旅遊諮詢
◎比隆旅遊局遊客服務中心
🏠Hans Jensensvej 6
☎7213-1500
🕐平日07:00~22:00(週末至20:00)
🚇www.visitbillund.dk

Where to Explore in Billund
賞遊比隆

MAP ▶ P.126A1~B1

樂高樂園

MOOK Choice

Legoland
積木堆出的歡樂王國

從Billund Centret巴士站步行約15分鐘。若是搭乘43號巴士到比隆，樂園門口便有Legoland / Lalandia巴士站 Nordmarksvej 9, 7190 Billund 7950-1717 原則上每年3月底到10月底，約10:00~18:00，暑假旺季延長至20:00或21:00，每日時間不一，請上官網查詢 一日票399 DKK；官網購票，最低優惠價為329 DKK；2歲以下免費 www.legoland.dk

掃地圖

比隆的樂高樂園成立於1968年，是全世界第一座樂高樂園，當時樂高第二代掌門人Godtfred Kirk Christiansen在籌畫一場戶外展覽後，由於參觀者反應熱烈，遂興起打造樂園的想法。

丹麥的樂高樂園分為10大區域，其中最吸引人的，就是用2千萬塊樂高積木堆出的小人國

Miniland。小人國的每幢建築物或景點以1:20至1:40的比例建造，每個細節都相當講究。例如用了350萬塊積木堆起的哥本哈根新港，不僅外觀維妙維肖，用樂高做的運河觀光船還會在水道上來回航行。而在樂高鎮上，有一座幾可亂真的美國總統山，為了搭建這座模型，園區用了將近200萬塊樂高積木。另外還有一區是以星際大戰的著名場景為主題，甚至還用樂高拼了一架可以讓人坐進駕駛艙的X翼戰機！

不過別忘了，這裡的本質還是遊樂園，於是遊客可以駕著小船，航行在以樂高打造的世界知名景點中；或是開著吉普車來趟樂高動物Safari；或是在樂高的維京世界從瀑布上翻騰而下；或是闖進樂高鬼屋，尋找一點也不可怕的樂高幽靈。其他像是雲霄飛車、摩天塔、飛行模擬器等遊樂園標準設施，這裡也沒有少，甚至還有豢養活生生動物的水族館與企鵝館呢！

樂高城堡酒店
Legoland Castle Hotel

住進樂高的世界裡

📍 就在樂高樂園對面　🏠 Aastvej 20　☎ 7951-1350　💲
💲💲💲💲💲　🌐 www.legoland.dk

在樂高的眾多系列當中，騎士城堡一直是最受歡迎的系列之一，於是樂高樂園便把樂高城堡化為真實，邀請遊客化身為小黃人，住進樂高最經典的場景裡。2019年開幕的比隆樂高城堡酒店，其142間客房共有3種主題房型：騎士與龍、皇室公主、魔法巫師，住客可自由選擇要扮演哪種角色。家長睡的大床讓父母有如國王與王后般，而小孩睡的上下鋪則有特別準備的樂高盒與一面樂高牆，建構出孩子們的獨立空間。

酒店的餐廳名為騎士客棧，全天候供應自助餐料理，餐廳裡也有間遊戲室，想當然爾，裡頭有滿滿的樂高。餐廳外則是兒童遊樂場，以溜滑梯、攀爬場等組合成兒童們的玩樂堡壘。這裡不論是客房內還是公共空間，都有大量樂高造景，像是庭院裡結合聲響的勇者鬥惡龍場景，走廊上的照明火把也是以透明積木包覆燈管做成，仔細看的話，樓梯井的吊燈上還有隻用樂高做成的老鼠呢！

MINI CHEF

樂高小廚師為你上菜

🏠 在樂高之家中　🕐 11:30至樂高之家打烊　💲 成人199
DKK，兒童119 DKK

樂高之家的餐廳中，以MINI CHEF人氣最高，因為實在是太好玩了！在餐桌上你會看到一小包樂高積木，這不是讓你等餐無聊時玩的，而是讓你點餐用的，4種顏色分別代表4道式的餐點，紅色是主餐的肉類，藍色是小朋友最愛的配菜，黑色是小朋友可能不喜歡但很營養的蔬菜，而綠色是脆口的沙拉。至於形狀則代表餐點內容，例如1X4的紅磚是豬排、1X2的藍磚是薯條等。每種顏色各選取1個形狀組合起來後，便可放進點餐機裡，接著你就會在螢幕中看到樂高小廚師們忙進忙出準備餐點的搞笑影片。等到螢幕秀出桌號，再到取餐處去排隊，屆時你的餐點會裝在樂高盒子中從軌道上溜下，由兩位送餐機器人推到你的面前。如此具有娛樂效果，難怪每個人都躍躍欲試。而令人訝異的是，以一家賣噱頭的餐廳而言，餐點竟是意外地可口！

MAP ▶ P.126A2

樂高之家
LEGO House

MOOK Choice

用樂高開啟創意之門

🚌從Billund Centret巴士站步行約3分鐘　🏠Ole Kirks Plads 1　📞8282-0400　🕐約10:00~16:00（週六及國定假日至19:00）　🚫部份日期公休，詳見官網　💰每人299 DKK，2歲以下免費　🌐www.legohouse.com　🎫官網購票享50 DKK折扣

樂高廣場 LEGO Square
🕐約09:30~17:30（週六約至19:30）　💰免費

掃地圖

　　開幕於2017年的樂高之家，從空中鳥瞰，就像由巨大樂高積木拼裝成的房子。你可以視之為樂高博物館，也可以把它當成樂高體驗館，而它更像是一處樂高宇宙，讓遊客沉浸在樂高的無限想像力中。

　　樂高之家的門票是一條印有QR Code的手環，可使用於館內各處互動式遊戲機，而遊戲結果也能利用這條手環下載到個人裝置內，因此千萬不要弄丟。一進入館內，首先看到的是15公尺高的「創造力之樹」，這是目前世界最大以樂高拼湊的物體，總共用了630多萬塊積木，耗時2萬4千多個小時完成，樹冠層的每個枝頭上，都有一個小小的樂高世界，象徵著樂高自1932年投下種子以來，今日已然開花結果。順著創造力之樹走上去，便會來到「大師藝廊」，藝廊中的焦點是三隻主題各異的巨大暴龍，實在難以想像光是用普通的樂高零件便能拼出這樣栩栩如生的作品。四周則是來自全球的樂高大師傑作，每一個都是藝術品，其精巧的細節與創意，令人佩服得五體投地。

　　大師藝廊下方是以顏色區分的4個體驗區：紅區以創造力為主旨，藍區強調邏輯力的重要，黃區鼓勵孩子表達情感，綠區則在訓練說故事的能力，每一區都有大量樂高讓遊客動手參與，你可以創造一隻樂高魚放進數位水族箱裡、在樂高城市上興建屬於自己的大樓、改造樂高車在比賽中捷足先登、甚至利用樂高人物場景拍一部自己導演的電影。

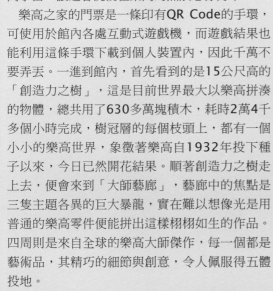

　　出館後別急著離去，樂高之家的屋頂是座免費進入的樂高廣場，每個顏色的區塊都有不同的兒童遊樂設施，穿越在起起伏伏的樓頂之間，即使早已過了玩遊戲的年紀，也無法抗拒這種魔幻的魅力。

里貝
Ribe

文●墨刻編輯部　攝影●周治平

里貝是丹麥古鎮，歷史可追溯至8世紀的維京時代，在11至15世紀時，因其地理位置優越，曾經是丹麥重要的港灣。當時有許多比利時的衣服、德國的酒都從這裡輸入丹麥，商務貿易因此造就不少當地富賈。17世紀後，里貝的商務地位逐漸沒落，這些富賈的豪宅因為沒錢翻修，因此被完整保留下來，成為里貝獨特的中世紀街景。

里貝的歷史相當戲劇性，據說曾奉行嚴刑峻法，是丹麥律法最苛刻的地方。中世紀時，若市民犯罪被判處死刑，在廣場斬首者屍首不得下葬，被判為吊刑者必須在郊外曝屍荒野，若女性罪犯則直接活埋。當時鎮上還傳說，若啤酒商將吊死者的手指放在釀酒桶，就會釀出最美味的啤酒。

而從古老的維京時代，到連年不斷的水災和火災、16世紀出現的英明領導者Hans Tavsen、1753年燒死最後一位女巫等，都是這個城鎮經常被人提起的故事。

里貝

里貝城堡遺跡
Riberhus Slotsbanke

Danhostel Ribe

洪水事件柱
Stormflodssøjlen

里貝大教堂Domkirken

達瑪飯店
Hotel Dagmar

里貝維京博物館
Museet Ribes Vikinger

舊市政廳
Det. Gamle Rådhus

聖凱瑟琳教會
Sct. Catharinæ Kirke

里貝火車站

圖　例
◎景點　🏛博物館
🏠飯店　🚉火車站
✝教堂

夜巡者之旅
The Night Watchman's Rounds

里貝鎮上的「夜巡者」始於中世紀，他們主要的職務像是輪夜班的警察。由於里貝曾經歷過幾起重大的水災和火災，這些夜巡者除了夜間巡守防盜外，同時也替鄰里注意火燭或是否有大水來襲的跡象。夜巡者工作時右手各持長矛、油燈，長矛有個好聽的名字，中文譯為「晨星」，因為當時只有他們有權力打開或關閉公共區域的燈，而身上掛著的銅牌則是夜巡者的身分證明。

夜巡者的工作在1902年後被警察取代。1932年，鎮上開始將「夜巡者」轉化為觀光導覽的活動項目，藉由一位穿著中世紀夜巡者服飾的解說員，領著遊客在鎮上走一圈，並在鎮上具代表性的建築物或紀念碑前停留，以丹麥語和英語交替介紹里貝的歷史。在行進間，解說員還會唱著中世紀夜巡者的傳統歌謠。

🏠集合地點在遊客中心旁的Restaurant Weis Stue門前 ⏰5~10月每晚20:00（7、8月加開22:00的梯次），行程約45分鐘 💲免費 🚇www.vadehavskysten.com/ribe-esbjerg-fano/experience-ribe/night-watchman

---

INFO

基本資訊
人口：8,257
面積：115.74平方公里

如何前往
◎火車+私鐵
從哥本哈根中央車站（København H）出發，先搭乘IC列車到布來明火車站（Bramming St.），車程約3小時，再轉乘Arriva-tog私鐵至里貝火車站（Ribe St.），車程約17分鐘。
🚇www.dsb.dk、arriva.dk
◎火車+巴士
從哥本哈根中央車站（København H）出發，先搭乘IC列車到Vejen St.火車站（車程約2小時40分鐘），再到隔壁的Vejen Rutebilstation巴士站轉乘177號巴士，至Nørremarksvej / Rosen Allé (Ribe)站下車即達鎮中心，巴士車程約40分鐘。

或是從哥本哈根中央車站搭乘ICL列車到Vojens St.火車站（車程約2.5小時），再到隔壁的巴士站轉乘135號巴士，至Ribe Rutebilstation站即達，巴士車程約50分鐘。
🚇www.dsb.dk

市區交通
市區大多數景點可以步行抵達。

旅遊諮詢
因疫情關係，目前旅遊資訊改為線上諮詢，或可至下列地點索取相關旅遊指南
◎里貝維京博物館
🚶從火車站步行約1分鐘
🏠Odins Plads 1　☎2774-1285
⏰10:00~17:00（9~5月至16:00）
🚫11~6月週一
◎線上旅遊諮詢
🚇vadehavskysten.dk

MAP ▶ P.131B1

里貝維京博物館
Museet Ribes Vikinger

記錄丹麥最古老城鎮的歷史

🚉從火車站步行約1分鐘　🏠Odins Plads 1　☎7616-3960
🕐10:00~17:00（9~6月至16:00）　❌11~6月的週一　💲成人85 DKK，18歲以下免費　🌐www.ribesvikinger.dk

自從在里貝挖掘出西元700年的維京船殘骸，里貝的歷史就上溯到8世紀，是丹麥最古老的城鎮。當時因為位置絕佳，成為維京人的中繼站，博物館現址就是維京時代的市場，而從博物館附近的**Sct Nicolaj Gade**街上所挖掘的土斷面層，正是維京人將垃圾或廚餘經年累月丟棄在屋外交雜堆疊而成的，現在這面土斷層就展示在博物館裡，讓參觀者藉此對當時維京人的生活有更深認識。

掃地圖

博物館館藏相當豐富，展示著里貝從維京時代到中世紀的文物與歷史演進。除了圖文加上實體文物外，館方還重建了西元800年的里貝生活樣貌，以實際比例的模型場景，展示當時人們居住的房舍、用品和交易等日常生活，而仿維京時期或中世紀的服飾，也以木架展示錯落在各展區之間。

在中世紀展區裡，放在透明展示櫃的遺骸說明了當時黑死病的蔓延，以及宗教改革對當地造成的影響。而丹麥第一本聖經也為館藏之一，只是當時丹麥的官方語言為德語，第一本聖經就是德文聖經。

MAP ▶ P.131A1

洪水事件柱
Stormflodssøjlen

記錄里貝歷年洪患

🚉從火車站步行約10分鐘

這座立在里貝港邊的木造圓柱刻畫的，是古鎮過去歷經水患的災難記事，柱子上每一條刻痕旁都有數字，刻痕是水位，數字就是水患發生的年代。里貝距離海邊不過5公里，加上地平無阻隔，從建城以來便飽受水患之苦，最嚴重的發生在1634年和1976年，不僅田地和房舍被淹沒，許多鎮民也因此喪命。而可儲水和調節水量的水庫，直到1911年才興建。1950年，當地農民想在田地上耕種玉米，卻因為土地含水量過多，持續抽取地

掃地圖

下水的結果，造成地層下陷，有些屋舍的牆面也因此略顯傾斜。

在事件柱旁停靠了一艘展示船，這艘船是1972年仿製的荷蘭古船，船底是平的，因為距離海口近，船隻只要等到漲潮，就可以順水漂出大海，但缺點是只要遇到大風就容易翻船，因此船身兩側架有平衡槳，讓木船不易翻覆。

MAP ▶ P.131A1

里貝大教堂

MOOK Choice

Ribe Domkirken

登人民之塔眺望里貝古城

🚶 從火車站步行約8分鐘　🏠 Torvet　🕐 11~3月11:00~15:00，4月和10月11:00~16:00，5~9月10:00~17:00（7月~8月中至17:30）　💲 教堂免費。登塔與博物館：成人25 DKK，兒童15 DKK　🔗 www.ribe-domkirke.dk　❗ 教堂週日和節假日只於12:00開放

　里貝大教堂於1130年開始興建，這座看似堅固的教堂原有兩座塔樓，但在1283年的聖誕夜，突來的崩塌造成百名信眾罹難，爾後教堂便只剩下一座鐘塔。1300年鐘塔需要修復時，教會沒有錢支付，最後是靠當地居民奉獻才得以在1333年完成，因此當地人稱這座鐘塔為人民之塔。塔樓是市鎮上的制高點，登上塔頂可眺望整座里貝古城。

　教堂正殿留下的聖喬治屠龍祭壇，是唯一逃過1260年大火的倖存品；壁畫則是由丹麥藝術家Karl Henning Pedersen於1982~87年間繪製，他將聖經故事以抽象畫的方式逐一畫在講道台後方和天花板上，色彩十分強烈。

　和一般歐洲教堂一樣，除了主教神父之外，王室成員和在地有錢人都想長眠於此，13世紀的丹麥國王克里斯多夫一世就葬在大教堂內。而不少在富人不但葬在這裡，甚至請比利時的石雕師傅為他們刻下墓碑石，以凸顯身價。

掃地圖

MAP ▶ P.131A1

達瑪飯店

Hotel Dagmar

見證里貝風光歲月

🚶 從火車站步行約7分鐘　🏠 Torvet 1　☎ 7542-0033　🔗 www.hoteldagmar.dk

　飯店建於1581年，是1580年里貝鎮經歷一場嚴重祝融之災後，由當時鎮長出資興建。在1700年間，這裡由當地富商 Baggesen 家族接手，爾後這幢當時所謂的豪宅可說是見證了里貝最風光的100年。

掃地圖

　1800年，這裡變為一座旅館，1912年以當時受到愛戴的王后命名為「Dagmar」。達瑪飯店完整保留了中世紀房舍的樣式，所有裝潢建材看起來似乎未曾改變，輕點一下接待櫃台上的傳統呼叫鈴，好像就跟著走進舊時代的客棧。房間因為年代久遠，地板和家具多少有點傾斜，但旅館認為保持原樣和其背後的歷史意義更形重要，是代表對原設計和屋舍最大的尊重。

挪威

Norge / Norway

文●蔣育荏・李曉萍・汪雨菁・墨刻編輯部
攝影●周治平・李曉萍・林志恆・墨刻攝影組

峽灣是挪威狂野的靈魂，經過千萬年的冰河不斷地擠壓、挖掘，形成地面上深長彎曲的烙印。長達1,700公里的海岸線曲折蜿蜒，冰河將堅硬的地面切割出壯麗的峭壁、深壑、瀑布，是世上獨一無二的瑰麗景色。

冰河也將挪威海岸切割破碎，點點島嶼不可計數，搏得萬島之國的名聲。也因為地形崎嶇，河流縱橫交錯，只有零星的農業可耕地，向海洋尋求資源便成了挪威不可跳脫的宿命。挪威的維京人祖先是了不起的航海家，遠征至今日的英、法等地，同時發現格陵蘭、冰島，甚至遠渡重洋到了北美洲，可說是最早登陸新大陸的歐洲人。

也許是好山好水造就了挪威人豐富的想像與創作力，出身挪威的著名藝術家包括表現主義先驅孟克、創作《人生柱》等大型雕塑的維格蘭，以及著名劇作家易卜生、作曲家葛利格等。甚至連諾貝爾文學獎，挪威人都拿下3座，在在可見挪威人輝煌的藝文成就。

挪威之最
The Highlight of Norway

布里根
漢撒同盟的日耳曼商人在卑爾根建構七百年來的形象，水岸邊成排尖頂木屋，用赭紅、鵝黃、奶油色的繽紛吸引遊人，世界遺產城市也多了點童話浪漫。（P.172）

羅浮敦群島
險峻山脊漂浮於挪威北海、彩色漁屋高架於岩石上，峽灣平靜如鏡，倒映雲影天光，分不清現實與夢境的交界，羅浮敦群島是挪威最動人的詩篇。（P.200）

挪威縮影
搭乘世界最美的高山鐵道，朝世界最長的峽灣前進，山崖峭壁環繞純樸小鎮，飛瀑處處傾瀉峽灣深處，將挪威的精華濃縮在一日遊程之中。（P.180）

聖壇岩
巨岩仿如被利刀筆直削切，垂直突出於604公尺高的山崖之上，似上帝佈道的聖壇，擁抱蜿蜒碧藍的呂瑟峽灣。用雙腳走進挪威森林，看見不同的峽灣風景。（P.192）

挪威地圖

挪威

北角 Nordkapp
Hammerfest　Vadsø
甚可尼斯 Kirkenes
特羅姆瑟 Tromsø　Alta
Kautokeino
挪威海 Norwegian Sea
Harstad　Narvik
芬蘭 Finland
羅浮敦群島 Lofoten
Bodø
北極圈 Arctic Circle
Mo i Rana
Sandnessjøen　Mosjøen
Brønnøysund
瑞典 Sweden
Vikna
Namsos
蓋倫格峽灣 Geiranger Fjord
Steinkjer
Trondheim
Kristiansund
Molde　Oppdal
Røros
Tynset
奧勒松Ålesund　Dombas
Otta
Florø
松恩峽灣 Sognefjord
弗拉姆 Flåm　Hamar
哈丹格峽灣 Hardangerfjord
佛斯Voss　Hønefoss
卑爾根 Bergen
Drammen　奧斯陸Oslo
Haugesund　Larvik　Fredrikstad
呂瑟峽灣 Lysefjord
斯塔萬格Stavanger　Evje
Egersund　Kristiansand

N

135

奧斯陸
Oslo

文●蔣育荏・李曉萍・汪雨菁・墨刻編輯部
攝影●周治平・李曉萍・林志恆・墨刻攝影組

奧斯陸位於奧斯陸峽灣旁，在這個充滿綠意的首都，有55％以上的面積為綠地，是座既舒適又清爽宜人的城市。為了減少空氣污染，奧斯陸政府甚至規定汽車開入市區必須付費。對遊客而言，結合了巴士、區間火車、電車和渡輪的大眾交通系統，不但方便而且便宜；然而，以步行或搭船遊覽市區，慢慢地感受這座城市的清新氣息，才是最棒的方式。

奧斯陸城市最早發展之地，原是在今日中央車站的東南邊，1624年的大火連燒3天，將舊城區付之一炬，當時統治挪威的丹麥國王克里斯提安四世於是把城市重心遷移到艾克胡斯堡一帶，可以說，現在的奧斯陸城市規模是從艾克胡斯堡發展起來的。而新修建的城區也以國王的名字命名為克里斯提安尼亞（Christiania），一直到1925年才又改回原來的名字奧斯陸。

卡爾約翰大道是最熱鬧的市區大街，從車站前開始，經過市議會，一直延伸至國家劇院，沿路兩旁盡是奧斯陸一流的餐廳、咖啡廳和購物商店，亦曾是孟克、維格蘭等藝術家的漫步路線。奧斯陸因這些藝術家而揚名國際，來這裡，可以參觀孟克博物館、維格蘭雕刻公園、新國家博物館等地，親炙大師們的作品。而從市政廳前也可搭乘渡輪前往比格迪島，那裡有好幾座很有意思的博物館，值得花上一天時間仔細逛逛。

INFO

基本資訊

人口：693,494　　**面積**：480.75平方公里

如何前往

◎飛機

　　奧斯陸國際機場（Oslo Lufthavn, Gardermoen，機場代號OSL）位於奧斯陸市區北方約50公里處。目前從台灣沒有航班直飛奧斯陸或挪威任一城市，必須從香港、曼谷、伊斯坦堡或歐洲主要城市轉機。

奧斯陸國際機場

ⓦ www.osl.no

◎火車

　　所有國際及國內線火車都會抵達市中心的中央車站Oslo Sentralstasjon（簡稱Oslo S），從瑞典斯德哥爾摩前往奧斯陸的直達車1天只有2班，車程約6小時；從丹麥哥本哈根出發，須在瑞典的哥特堡轉車，車程約7.5小時。奧斯陸車站正前方就是熱鬧的卡爾約翰大道，車站內有國鐵售票處、匯兌、郵局、餐廳、便利商店等服務，車站地下為地鐵Jernbanetorget站。

奧斯陸中央車站 Oslo Sentralstasjon

ⓐ P.138D2

ⓖ Jernbanetorget 1

ⓦ www.vy.no

◎巴士

　　奧斯陸巴士總站（Oslo Bussterminal）位於中央車站旁，鄰近Radisson Blu Plaza Hotel，從瑞典斯德哥爾摩或是丹麥哥本哈根出發，搭乘Swebus跨國巴士至奧斯陸，即在此處停靠。此外，挪威境內所有長途及地區巴士也由此發車。

巴士總站 Oslo Bussterminal

ⓐ P.138D1

ⓖ Schweigaards gate 10

ⓦ www.kollektivterminaler.no/oslo-bussterminal

◎遊輪

　　從丹麥的哥本哈根出發，可搭乘DFDS的過夜渡輪至奧斯陸，每日16:30發船，隔天09:45抵達。哥本哈根碼頭位於小美人魚與城堡要塞北邊（地址：Dampfærgevej 30），奧斯陸碼頭位於魚市場附近（地址：Akershusstranda 31）。

DFDS

ⓦ www.dfds.com

奧斯陸市中心

王宮 Det Kongelige Slott　國家劇院 Nationaltheatret　歷史博物館 Historisk Museum

圖例：●景點　○餐廳　購物　城堡　博物館　教堂　劇院　學校　政府機關　遊客服務中心　飯店　火車站　地鐵　碼頭　巴士站

Henrik Ibsens gt.　Nationaltheatret

Illegal Burger
奧斯陸大學 Oslo Universitet
Kaffistova
Paleet　Stortorvets Gjæstgiveri
易卜生博物館 Ibsen Museet
Norway designs
Stortinget
Oslo Guldsmeden　新國家博物館 New Nasjonalmuseet
Bergans
Munkedamsveien
國會大廈 Stortinget
奧斯陸大教堂 Oslo Domkirke　Oslo City
Fiskeriet
Radisson Blu Plaza Hotel　Grønland
諾貝爾和平中心 Nobels Fredssenter
奧斯陸市政廳 Oslo Rådhus
Jernbanetorget
巴士總站 Oslo Bussterminal
Olivia
奧斯陸中央車站 Oslo Sentralstasjon
往比格迪島 Bygdøy渡輪
Akrobaten 步行橋
Aker Brygge
Thon Hotel Oslo Panorama
Comfort Hotel Grand Central
建築博物館 Nasjonalmuseet Arkitektur
Mamma Pizza Osteria　Helly Hansen
Barcode
The Thief Hotel
阿斯楚普費恩利現代藝術博物館 Astrup Fearnley Museet
艾克胡斯堡 Akershus Slott
奧斯陸歌劇院 Opera Huset
Maaemo

機場至市區交通

◎火車

Flytoget

奧斯陸機場航廈裡就有一座火車站Oslo Lufthavn，前往市區最便捷的方式是搭乘機場快線Flytoget，第2站就會到達市區的中央車站，第3站為國家劇院。可在航廈1樓的火車站櫃檯或自動售票機購票，也可於票閘口使用感應式信用卡直接購票。

● 每日05:30~00:50，每10分鐘一班，車程約20分鐘
⑤ 成人210 NOK，16~20歲及67歲以上半價
⑩ www.flytoget.no
● 不適用歐洲火車通行證Eurail Pass

Vy

不趕時間的旅客，可以選擇搭乘挪威國鐵Vy，幾乎所有行駛於奧斯陸市區的區間車都會停靠奧斯陸機場火車站的4號月台，班次雖不如Flytoget頻繁，但車資卻親民許多。除了車站櫃檯和自動售票機，Vy也推出可直接購買車票的APP，十分方便。

● 每日05:13~23:43，約10~30分鐘一班，車程約23分鐘
⑤ 成人114 NOK，6~17歲及67歲以上半價，可使用歐洲火車通行證
⑩ www.vy.no

◎巴士

機場快速巴士 SAS Flybussen

巴士乘車處位於入境大廳出口的11號公車月台，FB2和FB5路線都會抵達王宮附近的Radisson Blu Scandinavia飯店，而FB2路線還有經過巴士總站，且停靠站點更少。車票可於官網購買，若是上車買票會

被多收一筆手續費，不過在車上買的票可於抵達市區1小時內轉乘Ruter的大眾交通工具。
☎ 4828-0500
● 每日04:10~01:30，每15~20分鐘一班，車程約50分鐘
⑤ 成人209 NOK，6~17歲及67歲以上129 NOK
⑩ www.flybussen.no/en

Vy (Nettbus)機場接駁巴士

Vy (Nettbus)提供從機場到特定飯店的巴士接駁Shuttle Gardermoen OSL，共有4條路線，對於住宿飯店往返機場的旅客相當方便，車票可上車或於旅館櫃台購買。接駁飯店、時間請查閱官網資訊。
⑤ 成人80 NOK，一張全票可陪同4位16歲以下兒童
☎ 8155-5545
⑩ www.vybuss.com/airport-bus/shuttle

◎計程車

可至入境大廳的資訊中心使用計程車預約機叫車，機器上也可查詢車資。機場至市區的計程車資採固定費率（非跳表），且各車行行情不同，到市區約在640~940 NOK之間，夜間會有加成。

◎租車

租車中心位於出境大廳對面P-Zone的P10區U2層，有Hertz、Avis、Budget、Sixt等租車公司櫃檯。而在出境大廳則可找到Enterprise的櫃檯。

市區交通

奧斯陸市區裡的大眾運輸系統，主要分成地鐵（T-bane）、電車、巴士、渡輪這4種。由於市區各景點相當集中，建議可以把中央車站Jernbanetorget、國會站Stortinget以及國家劇院站Nationaltheatret當作

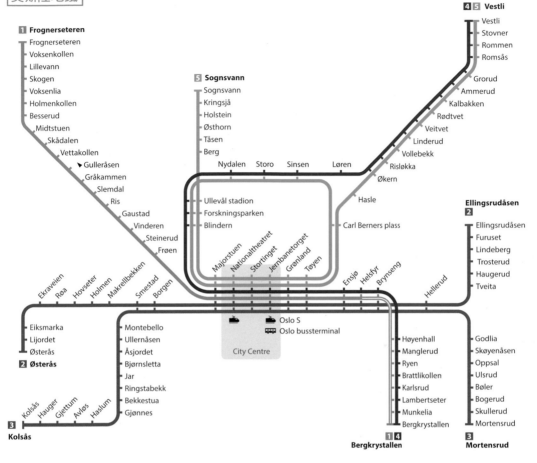

奧斯陸地鐵

1 Frognerseteren
Frognerseteren
Voksenkollen
Lillevann
Skogen
Voksenlia
Holmenkollen
Besserud
Midtstuen
Skådalen
Vettakollen
▶ Gulleråsen
Gråkammen
Slemdal
Ris
Gaustad
Vinderen
Steinerud
Frøen

5 Sognsvann
Sognsvann
Kringsjå
Holstein
Østhorn
Tåsen
Berg

Ullevål stadion
Forskningsparken
Blindern

Nydalen   Storo   Sinsen   Løren

Majorstuen
Nationaltheatret
Stortinget
Jernbanetorget
Grønland
Tøyen

Ekraveien   Røa   Hovseter   Holmen   Makrellbekken   Smestad   Borgen

Eiksmarka
Lijordet
Østerås
2 Østerås

Montebello
Ullernåsen
Åsjordet
Bjørnsletta
Jar
Ringstabekk
Bekkestua
Gjønnes

🚢 Oslo S
🚌 Oslo bussterminal

City Centre

Kolsås   Hauger   Gjettum   Avløs   Haslum
3
Kolsås

4 5 Vestli
Vestli
Stovner
Rommen
Romsås
Grorud
Ammerud
Kalbakken
Rødtvet
Veitvet
Linderud
Vollebekk
Risløkka
Økern
Hasle
Carl Berners plass

Ellingsrudåsen
2
Ellingsrudåsen
Furuset
Lindeberg
Trosterud
Haugerud
Tveita

Ensjø   Helsfyr   Brynseng   Hellerud

Høyenhall
Manglerud
Ryen
Brattlikollen
Karlsrud
Lambertseter
Munkelia
Bergkrystallen
1 4
Bergkrystallen

Godlia
Skøyenåsen
Oppsal
Ulsrud
Bøler
Bogerud
Skullerud
Mortensrud
3
Mortensrud

交通起點,再步行前往其他景點。

所有市區大眾運輸、奧斯陸至Akershus間的火車皆由Ruter負責營運,使用共通的票券和計費方式(前往博物館島的Bygdøy ferry除外),車資按區段收費,幾乎所有市區景點都在Zone 1的範圍內。車票可於車站內的售票機、便利商店、車站櫃檯和Ruter服務處購買,若直接於巴士或渡輪上向司機購票,成人需多加20 NOK、長者與兒童需多加10 NOK手續費。單程車票可於1小時內無限次數轉乘。

Ruter
🏠 最主要的服務處位於中央車站前的塔樓內
☎ 2205-7070
🕐 平日07:00~20:00,週六09:00~18:00,週日10:00~16:00
💲 1區的單程票:成人40 NOK,6~17歲及67歲以上半價
🌐 www.ruter.no

◎地鐵T-bane

奧斯陸地鐵稱為**T-bane**，入口處會有**T**字樣。目前共有5條路線，只不過所有路線在市中心都是重疊的，都會經過中央車站、國會與國家劇院，因此遊客搭乘的機會不多，反而是前往郊區比較常利用到地鐵。

●依路線不同，約06:30~00:00行駛，15~30分鐘一班

◎電車

在奧斯陸最常使用到的大眾交通工具反而是電車，電車路線分布綿密，範圍又廣，共有11、12、13、17、18、19號等6條路線。車站會有車班到達的時刻表或電子看板顯示列車進站時間，相當準確；電車上有螢幕顯示下一站的站名，如果擔心坐過頭，也可請司機提醒。乘車前須事先購票，前後門皆可上車，下

奧斯陸電車

車前請按車上的紅色下車鈴，車子停妥後，按車門上的黃色按鈕開啟車門。

◎平日約06:00~00:00，週末約06:30~00:00

◎巴士

奧斯陸的巴士系統可到達市區各角落，但遊客比較會使用到的僅有前往比格迪島（Bygdøy）的30號巴士。31、37號巴士24小時行駛，其他夜間巴士只有週五和週六夜間行駛。

◎大約05:30~00:30，約15~30分鐘一班

◎渡輪

渡輪主要有4條航線，除B11外，其他3條都在市政廳前的阿克爾碼頭（Aker Brygge）搭乘，開往奧斯陸峽灣內的各島嶼，夏天還會增加路線與停靠碼頭。渡輪船票使用Ruter的共通票券，不過最常被遊客利用的比格迪島渡輪卻另有獨立的購票系統。

比格迪島渡輪 Bygdøyfergen

雖然到比格迪島博物館區（Bygdøy）可搭乘30號巴士，但觀光客卻更喜歡利用B9號渡輪前往，因為不但交通時間較短，更有搭遊船賞景的渡假感。只是比格迪島渡輪雖同樣為Ruter營運，卻有自己的收費方式，票價當然也比較貴。

⌂從市政廳前的3號碼頭登船，先後停靠比格迪島上的Dronningen與Bygdøynes兩站

☎2282-3212

◎每日09:45~17:10（6~8月09:10~17:50），約20~30分鐘一班，航程約10~15分鐘

⊗10月中~3月中

⑤一日票99 NOK，單程成人64 NOK

⊕nyc.no/boatservice-sightseeing

❗上船才買票者，一日票99 NOK，單程成人75 NOK

◎計程車

奧斯陸計程車起錶為43 NOK，每公里跳錶15 NOK，等待時間每分鐘8.40 NOK。如果是事先叫車、夜間、週末假日，會再貴上許多。

優惠票券

◎Ruter交通票卡

若移動較頻繁，或停留時間較長，建議購買Ruter發行的交通票卡，可選擇24小時、7日、30日等效期，可於效期內不限次數搭乘大眾交通工具，包含夜間巴士。

⌂可於便利商店、售票機、車站櫃檯和Ruter服務處購買

⑤24小時卡：成人121 NOK，6~17歲及67歲以上61 NOK；7日卡：成人335 NOK，6~19歲及長者168 NOK（以上皆為1區票價）

⊕ruter.no

◎奧斯陸卡 Oslo Pass

適合預計參觀許多博物館的旅客，分成24、48和72小時3種。持卡者可於效期內參觀市區大部分的博物館、景點和Oslo City Walks的城市導覽行程，或是享有門票折扣，並可免費搭乘Zone 1和Zone 2的地鐵、電車、巴士、夜間巴士和渡輪（含比格迪島渡輪），不過不適用於往來機場的交通。在部分商店、餐廳、停車場，亦可享有優惠。

⌂可於遊客服務中心、部分博物館及飯店購買，或是用手機下載Oslo Pass APP直接購買，並於第一次使用時生效。如果是在官網上訂購，則須持憑證到遊客服務中心兌換實體票券

⑤

	成人	6~17歲	67歲以上
24小時卡	495 NOK	265 NOK	395 NOK
48小時卡	720 NOK	360 NOK	570 NOK
72小時卡	895 NOK	450 NOK	720 NOK

⊕www.visitoslo.com/en/activities-and-attractions/oslo-pass

觀光行程

◎H.M.K. Sightseeing觀光巴士

H.M.K.這家公司推出的觀光巴士導覽行程，有3、5.5、7.5小時等不同長短的行程選擇，最基本的3小時Oslo Panorama Tour，以乘坐巴士和散步的方式進行，由導遊帶領奧斯陸市區觀光，並參觀周邊的維格蘭雕刻公園及霍爾門科倫滑雪場，至於其他2種行程都是在這個基礎上增加不同景點。

⌂出發地點在市政廳西塔對面的Haakon VII's Gate上（Riktige Leker玩具店旁）

☎4808-3102

◎三種行程皆為每日10:30出發

⑤依行程長度不同，成人400~1250 NOK，4~15歲200~625 NOK

⊕sightseeingoslo.com

✿車上附有英文解說員與中文導覽耳機

◎City Sightseeing Oslo Hop-On Hop-Off觀光巴士

雙層露天觀光巴士從國家劇院出發，行經市區內各主要景點，包括中央車站、卡爾約翰大道、王宮、維格蘭雕刻公園、奧斯陸歌劇院和比格迪島的幾座博物館等11站，車票效期內可不限次數上下車。

⌂發車點為國家劇院，或任一停靠站上下車

◎4~9月每日10:00~16:00，每30分鐘一班

⑤24小時400 NOK，48小時495 NOK，6~15歲半價；官網購票8~9折

⊕www.stromma.com/en-no/oslo

✿車上有中文語音導覽耳機

◎City Cruise Hop-On Hop-Off渡輪

坐船也可以隨上隨下！搭乘渡輪City Cruise，24小時內可不限次數在渡輪停靠的5站：歌劇院、DFDS碼頭、市政廳、Color Line Quay和比格迪島上下船。或是就待在船上，沿途欣賞美麗的海景，船上會針對經過的16個景點，如諾貝爾和平中心、海港大樓等提供英語解說。

🎫 起迄點為歌劇院碼頭
☎ 2282-3212
📅 5月中~8月底每日09:45~15:45，每90分鐘一班
💲 成人235 NOK，6~17歲118 NOK
🌐 nyc.no/boatservice-sightseeing/citycruise-hopon-hopoff

旅遊諮詢

◎中央車站遊客服務中心

📍 P.138D2
🎫 Jernbanetorget 1(中央車站前的廣場旁)
☎ 2310-6200
📅 10~3月：09:00~16:00(週日10:00起)。4~9月：每日09:00~18:00（4月週日10:00~16:00）。7~8月：週一至週六08:00~19:00，週日09:00~18:00
🌐 www.visitoslo.com

奧斯陸行程建議
Itineraries in Oslo

奧斯陸是個背山面海的美麗城市，景點大多集中在市中心，放慢腳步，感受這個城市的美麗剪影和人文氣息，反而會讓人對這裡的印象更加美好且深刻。雖然都市規模不大，但有許多特別的主題博物館值得流連，建議至少安排兩天時間，才能細細品味城市的休閒氣氛。

第一天從孟克美術館出發，以藝術開啟旅程，接著回到中央車站，參考散步路線，走訪市中心主要景點。下午可以選擇搭電車至維格蘭雕刻公園，琢磨雕刻大師眼中的人生百態，或是搭地鐵至霍爾門科倫滑雪跳台，認識滑雪運動並俯瞰奧斯陸全景。

第二天一大早從市政廳前方的碼頭出發，搭乘渡輪前往比格迪島，15分鐘的海上巡禮，令人心曠神怡。島上有許多特色博物館，例如：維京船博物館、佛拉姆極圈探險船博物館、民俗博物館和康提基博物館等，值得花一天時間慢慢遊覽。

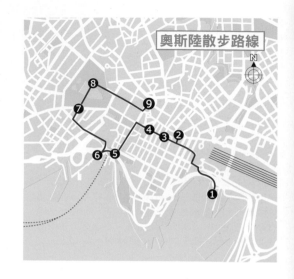

奧斯陸散步路線

奧斯陸散步路線
Walking Route in Oslo

這條散步行程能將市中心的必訪景點一網打盡，感受奧斯陸的人文、藝術、現代與時尚，如果時間充裕，其中的市政廳、易卜生博物館和新國家博物館，建議要進去參觀，讓這趟小旅行更為豐富。

散步行程可從港灣邊的①奧斯陸歌劇院出發，這是奧斯陸最具代表性的地標建築，不管白天晚上都有獨特美感，接著前往火車站前的③卡爾約翰大道，城市最熱鬧的經濟動脈，最In的吃喝玩買全在這條路上，逛街之餘，還能轉個彎參觀宗教聖殿②奧斯陸大教堂，行經漂亮的④國會大廈。

繼續往碼頭方向前行，舉辦諾貝爾和平獎頒發典禮的⑤市政廳、介紹諾貝爾和平獎歷史和得獎人的⑥諾貝爾和平中心，都值得進入參觀，也可在此歇歇腳，坐在碼頭的木棧道上欣賞奧斯陸峽灣風光。喜歡易卜生的人，則可以到⑦易卜生博物館，了解他的生平和作品；接著新古典主義風格的⑧王宮，是目前王室居所，如果時間剛好接近13:30，還能一睹衛兵交接儀式。散步路線終點為⑨新國家博物館，有孟克最著名畫作《吶喊》，在藝術的洗禮下結束行程。

距離：約4公里
時間：約2小時

中央車站周邊 Around Oslo Sentralstasjon

MAP ▶ P.138D2

奧斯陸歌劇院

MOOK Choice

Operahuset

擁抱峽灣的城市地標

從中央車站步行約6分鐘 ⬆Kirsten Flagstads plass 1 ⬆
2142-2121 ⬆演出時間詳見網站 ⬆大廳免費；表演門票視
演出團體而定，詳見網站 ⬆www.operaen.no ⬆週一至週六
的13:00與週日14:00有50分鐘的英語導覽，可帶你一窺歌劇
院內部及後台。成人130 NOK，4~10歲75 NOK

由挪威Snøhetta建築事務所歷時5
年、耗資5億歐元所設計的奧斯陸歌
劇院，自2008年4月開幕後，不僅成
為挪威欣賞表演的最佳場所，潔白優美的外觀也
成為奧斯陸的城市地標及新興旅遊景點。

奧斯陸歌劇院提供3種表演場地，包括歌劇
廳、芭蕾舞廳和音樂會，其中主廳和其他兩個
副廳可分別容納1,369和400、200個座位。當
然，最好親近奧斯陸歌劇院的方式，就是買張票
進去觀看一場表演，如果沒有這個機會，近距離
欣賞這棟美麗的建築，也是一個很好的選擇。

整座歌劇院的外觀以雪白的義大利大理石和花
崗岩，以及整片的落地窗打造而成，同時運用斜
面和立方組合而成的幾何設計，創造出時尚又清
新的現代化風格；更由於緊靠挪威峽灣，遠觀彷
彿是一座漂浮海上的冰山，天氣清朗之時，與碧
海藍天相映成美麗畫面，優雅的身影和氣質，讓
人目光不願稍移。

沿著斜坡登上屋頂遠望峽灣景致，這裡也是挪
威人休閒、曬太陽的好地方，你可以學他們一樣
找塊角落聊天、打盹、拍照，甚至談情說愛，享
受難以言喻的悠閒氣氛；有時還會舉辦露天音樂
會，讓人在星空下聆賞一場浪漫的音樂饗宴。

中央車站周邊 Around Oslo Sentralstasjon

MAP ▶ P.138D2

Barcode與
Akrobaten步行橋

攤開奧斯陸建築設計型錄

🚶 從中央車站步行約10分鐘
📍 在Dronning Eufemias gate上

掃地圖

　　Barcode完工於2016年，是
Bjørvika街區都更計劃的美麗成
果。這12棟高樓層的建築，每棟高度
和造型都各異其趣，有的有著不規則的玻璃立
面，有的有著俄羅斯方塊般的凸面，有的看起來
又像是用方塊積木疊成，但它們的共同特點是形
狀狹長、彼此之間留有固定寬度的窄巷、外觀
又以黑白色系為主，遠看有如條碼一般，因而
名為Barcode。這是本地建築師事務所DARK、
a-lab與荷蘭MVRDV合作的作品，目前大都由
公司行號進駐，另外也包含了400多個公寓單
位，而地面樓層則有許多餐廳、商店、藝廊等。

　　觀賞Barcode的最佳位置，是在跨越中央車
站鐵道的Akrobaten步行橋上，縱貫橋身上方
的三角柱體鋼架藝術造景，入夜後還會打上五
彩燈光。由於橋
本身就很富有現
代設計感，因此
也成了奧斯陸最
新的打卡聖地之
一。

中央車站周邊 Around Oslo Sentralstasjon

MAP ▶ P.138C1

奧斯陸大教堂

Oslo Domkirke

皇家級大教堂

🚃 搭電車17、18、19號至Stortorvet站　📍 Karl Johans
Gate 11　🕐 10:00~16:00（週五晚上開放至週六06:00）
💲 免費　🌐 www.oslodomkirke.no

　　奧斯陸大教堂是挪威最重要的教
堂，其荷蘭巴洛克式的外觀也使
它成為當地的醒目地標，包括國家慶
典、王室婚禮等重大活動都在這裡舉行。教堂
始建於1694年，3年後完工，之後歷經了3次大
規模修復，其中最近的一次是在2006年，並於
2010年重新開放。雖然建築翻修過，但祭壇、
管風琴及其周邊的裝飾，仍保持著最初的原貌。

掃地圖

　　教堂內優美的彩繪玻璃是伊曼紐維格蘭
（Emanuel Vigeland）於1910~16年間製作
的，他的哥哥就是挪威最重要的雕刻家古斯塔

夫維格蘭；另外，祭
壇後方繪於1748年、
以《最後的晚餐》為
靈感所做的裝飾，以
及1936~50年間由
Hugo Louis Mohr繪
製的天花板壁畫，還
有1938年由Dagfin
Werenskiold製作的銅
門，都十分具有看頭。

中央車站周邊Around Oslo Sentralstasjon

MAP ▶ P.138C2

建築博物館
Nasjonalmuseet Arkitektur
感受挪威建築魅力

🚋搭電車11、12、13號至Øvre Slottsgate站，步行約5分鐘 🏠Bankplassen 3 ☎2198-2000 ⏰10:00~18:00 林週一 💰成人60 NOK，長者與學生40 NOK，18歲以下免費 🌐www.nasjonalmuseet.no ❗部分展品已併入新國家博物館

開幕於2008年的挪威建築博物館，原先的建築是由挪威名建築師Christian Heinrich Grosch於1830

年所建的挪威銀行分部，之後又在1997年由普立茲克建築獎得主Sverre Fehn重建完成，因此這棟建築兼融了兩個時代既古典又現代的氣質，詮釋挪威19至20世紀兩位偉大建築師不同的設計風格。

展覽透過設計藍圖、素描繪畫、模型和攝影等，將早期的王室宮殿到今日的現代化建築，依時間排列，一一呈現出挪威建築的發展演進。不定期，這裡還會有以傳統歷史建築或當地建造藝術為主題的臨時展覽。

中央車站周邊Around Oslo Sentralstasjon

MAP ▶ P.138C1-C2

卡爾約翰大道
Karl Johans Gate
城市的大動脈

卡爾約翰大道是奧斯陸最主要的商業大道，全長約1公里，從中央車站一直延伸到國會再至王宮為止。街道名字是為了紀念拿破崙帝國元帥出身的卡爾約翰（Karl Johan），他是今日瑞典伯納多特王朝的開創者，並身兼挪威國王，迫使挪威接受瑞典統治。

從大教堂的Dronningens gate到國會前的Akersgata這段路，被規劃成行人徒步區，也是大道最熱鬧的區段，每逢週末假期或好天氣的時候，不但有街頭藝人獻藝，櫛比鱗次的商店、百貨商場，更讓愛購物的人停不下腳步。沿著上坡行經奧斯陸大教堂、國家劇院，直到國會附近的Egertorget廣場，這裡是整條街的最高點。

中央車站周邊Around Oslo Sentralstasjon

MAP ▶ P.138C1

國會大廈
Stortinget
一探國會古典美

🚇搭地鐵至Stortinget站，或電車11、12、13號至Øvre Slottsgate站，步行約2分鐘 🏠Karl Johans gate 22 🌐www.stortinget.no
英文導覽行程
⏰2月底~6月底、8月底~11月底，每週六11:30，行程約1小時 💰免費 ❗受疫情影響，目前暫停英文導覽行程，直到官方公告恢復服務。

位於卡爾約翰大道這座醒目的建築，正是挪威的國會大廈，它建造於1866年，主建築呈圓型的古典設計並分成兩翼，內部裝潢華麗優雅，水晶燈下議員的座位則以馬蹄型設計。這裡平常不對一般民眾開放，有興趣的人可以參加內部導覽行程，不需事先報名，只須提前至Akersgata街上的入口集合，每梯次限額30人。

奧斯陸市政廳

Oslo Rådhuset

諾貝爾和平獎頒獎地

🚃搭電車12號至Kontraskjæret站,步行約2分鐘 🏠 Rådhusplassen 1 ☎2346-1200 ⏰每日09:00~16:00(6~8月開放至18:00) 💲免費 🌐www.oslo.kommune.no/politikk-og-administrasjon/radhuset ❗如遇重大活動則不對外開放

導覽行程

⏰6~8月每日10:00、12:00、14:00出發 💲免費 ✂無需事先預約

市政廳經過12年規畫、20年興築,於1950年完工。室內設計則於20世紀初,由數十位挪威重量級藝術家聯手完成。入口大廳及6個廳廊全都繪滿了油畫,主要是以挪威人的文化、歷史及生活為主題。千萬不要錯過的是2樓的「孟克展示廳」,那裡有孟克所繪的《人生》畫作真跡。

在市政廳的各個角落都能看到聖人哈瓦爾(Hallvard Vebjørnsson)的蹤影,奧斯陸的市徽上畫的就是他的事蹟。根據傳說,哈瓦爾為了搶救一位受壞人綁架的女人,準備帶著她渡河到峽灣對岸,卻被惡徒追上,射中三箭身亡,惡徒還將他綁上大石,沉入海底。不料,數日後他的屍體仍浮出水面,當地居民大為驚奇,於是尊奉他為聖人,更將5月15日定為哈瓦爾日,又稱奧斯陸日。

每年有數百項重要集會或晚宴在這裡舉行,其中最知名的就是每年12月10日的「諾貝爾和平獎」頒發典禮,因為諾貝爾當年立下遺囑時希望和平獎於奧斯陸舉行,而奧斯陸當時仍屬瑞典統轄,雖然挪威在1905年獨立,諾貝爾基金會仍遵照其遺願,分兩地舉行頒獎典禮。也就是說,諾貝爾的所有獎項都在瑞典的斯德哥爾摩頒發,僅有和平獎是在這裡。

市政廳周邊 Around Oslo Rådhuset

MAP ▶ **P.138C2**

艾克胡斯堡

MOOK Choice

Akershus Slott

14世紀至今的挪威歷史巡禮

🚋搭電車12號至Kontraskjæret站，步行約8分鐘 🏠Akershus festning ☎2309-3553 ⏰5~8月10:00~16:00（週日12:00起），9~11月週末12:00~17:00 💲成人100 NOK，6~18歲40 NOK。門票含英文語音導覽 🌐kultur.forsvaret.no/forsvarets-festninger/akershus-festning 🎫持奧斯陸卡免費 ⚠如遇重大活動則不對外開放

　　從奧斯陸港口眺望，可望見山崖邊這座帥氣的艾克胡斯城堡，其經過數次整修，融合了文藝復興宮殿，以及中世紀堡壘的建築特色。

　　艾克胡斯城堡始建於中世紀，城堡內有特殊設計的安全通道，使得該城堡在14世紀時躲過9次攻擊。16世紀中由於瑞典軍屢次攻擊奧斯陸，使艾克胡斯堡嚴重受損。17、18世紀時，經過當時的國王克里斯提安四世（Christian IV）和幾代國王的整修，除了新增砲台的防衛功能，更增添了王族宮殿的貴氣。不過，自18世紀中期以後，這座城堡就逐漸荒廢，直到19世紀末，才又被藝術家和考古學家重新發現。1930年起進行33年的整修，成為今天所見模樣。

　　傍晚適合漫步在碉堡城牆上，欣賞奧斯陸港口的夕陽和城市暮色，城堡園區內並附設陸軍的國防博物館與挪威防禦博物館（Norges Hjemmefrontmuseum），有興趣可順道參觀。

掃地圖

`MAP ▶ P.137C3`

國防博物館

Forsvarsmuseet

細數挪威戰爭史

🏠 在艾克胡斯堡內 ☎ 2309-3582 ⏰ 10:00~17:00（9~4月至16:00） 💲 免費 🌐 kultur.forsvaret.no/museer/forsvarsmuseet

位於艾克胡斯堡內的國防博物館，詳細介紹了挪威自有信史以來的軍事歷史及武器裝備，從中世紀的維京海盜時代、卡爾瑪聯盟的丹麥統治時期、拿破崙戰爭結束後的瑞典時代，一直到挪威獨立後所經歷的各大大小小的戰爭。除了早期的火炮與步槍外，展示最豐富的還是第一、二次世界大戰的軍事裝備，與戰後挪威的各級主力武器。參觀者不僅能看到這些武器的實體，甚至還能坐進裝甲運兵車內部或爬上鷹級飛彈快艇的艦橋上一探究竟。同時，博物館內也有專門展示廳介紹近期挪威在國際上參與的各項軍事活動，以及挪威歷年十字勳章受勳者的光榮事蹟等。以一個免費景點來說，這間博物館的規模相當驚人，美中不足的是，部份展廳只有挪威文的說明介紹。

MOOK Choice

`MAP ▶ P.138A2`

阿斯楚普費恩利現代藝術博物館

Astrup Fearnley Museet

海灣峽角的藝術奇想

🚋 搭電車12號至Aker brygge站，步行約10分鐘 🏠 Strandpromenaden 2 ☎ 2293-6060 ⏰ 平日12:00~17:00（週四至19:00），週末11:00~17:00 ❌ 週一 💲 成人150 NOK，20歲以下免費 🌐 www.afmuseet.no 🎫 持奧斯陸卡免費

阿斯楚普費恩利現代藝術博物館開設於1993年，2012年搬遷至港灣旁的新興商業區，主要展示靠海運事業致富的企業家阿斯楚普費恩利的個人藝術收藏，並規劃各種主題企劃，展示國際和挪威現代藝術家的精彩作品，包括Damien Hirst、Anselm Kiefer和Jeff Koons等人，都曾在此展出。

現代藝術博物館重金聘請曾設計出巴黎龐畢度藝術中心的義大利鬼才建築師Renzo Piano，讓建築物本身就像是奧斯陸峽角上的大型藝術雕塑，從海面望向博物館，屋頂玻璃帷幕就像是Tjuvholmen半島上隨風張揚的船

帆。館外空間是大片綠地與雕塑公園，傍晚最適合坐在草地上，欣賞波光粼粼的峽灣和進進出出的船隻。

市政廳周邊 Around Oslo Rådhuset
MAP ▶ P.138B2

諾貝爾和平中心
Nobels Fredssenter
認識和平獎得主

🚋搭電車12號至Aker brygge站即達 🏠Brynjulf Bulls Plass 1 📞4830-1000 🕐4~6月中、9~12月11:00~17:00，6月中~8月10:00~18:00 🚫4~6月中、9~12月的週一 💲成人150 NOK，長者100 NOK，12~16歲50 NOK。門票含中文語音導覽 🌐www.nobelpeacecenter.org 🎫持奧斯陸卡免費 ❗目前整修，預計2023年4月重新開放

　　諾貝爾和平中心主要介紹諾貝爾和平獎的歷史，及創辦人阿爾弗雷德諾貝爾（Alfred Nobel）的生平事蹟和創辦目的。另外還展示了從1901年首屆和平獎至今，所有得獎者的個人功績和相關史料，希望讓參觀者透過這些展覽，進一步思考和平與戰爭的議題。

　　這裡原為建於1872年的奧斯陸西火車站，1980年代中期改為外交部發布國際媒體訊息的機構；到了2002年，英國建築師David Adjaye受邀參與諾貝爾和平中心計畫，他運用傑出的空間感，以色彩和素材改造建築內部，並利用現代化的多媒體技術來呈現展覽，遊客不僅可以透過觸頻螢幕或聲光功能與現場展示互動，中心還經常舉辦導覽行程，讓遊客透過會議、戲劇或音樂會的方式，更加了解這個地方，於是參觀博物館也可以變得很「娛樂」。

王宮周邊 Around Det Kongelige Slott
MAP ▶ P.138B1

歷史博物館
Historisk Museum
輕鬆了解挪威歷史

🚇搭地鐵或電車11、13號至Nationaltheatret站，步行約4分鐘 🏠Frederiks gate 2 📞2285-1900 🕐5~9月10:00~17:00，10~4月11:00~16:00（週四至20:00） 🚫週一 💲成人120 NOK，長者90 NOK，18歲以下免費 🌐www.historiskmuseum.no 🎫持奧斯陸卡免費

　　附屬於奧斯陸大學的歷史博物館於1904年開幕，以冰河、石器、青銅器、鐵器的時代順序，介紹挪威人9千年來的歷史演進。內部的展覽文物則以維京時期留下來的硬幣、生活用品、黃金珠寶、武器和掠奪物品為主，其中還有目前發現最完整的維京人頭盔，對於想多了解維京文化的人，這裡足夠花上大半天時間來好好研究。

　　除了維京時期的展品，另外還有中世紀的教堂藝術和部分13世紀木造教堂的遺跡。館藏不僅包含挪威歷史文物，在民族館中，還可以看到來自北極、東亞、美國和古埃及木乃伊等非歐洲文化的展品。

王宮
Det Kongelige Slott

國王處理政務與王室居所

🚇搭地鐵或電車11、13號至Nationaltheatret站，步行約3分鐘 🔗www.kongehuset.no

英文導覽行程
🏠集合地點在王宮西側（即王宮後面） ☎2204-8964 ⏰6~8月每日12:00、14:00、14:20、16:00出發，行程約1小時 💲成人175 NOK，6~18歲125 NOK，長者145 NOK ❀導覽行程可先於www.ticketmaster.no網站上訂購，或現場購買當日剩餘票券 ❗王宮內禁止拍照

奧斯陸的王宮位於卡爾約翰大道起點，動工於1824年，隔年由當時的瑞典兼挪威國王卡爾約翰奠基，然而直到1844年卡爾約翰去世時，這項工程都尚未

結束，一直到1849年，才在繼任國王奧斯卡一世（Oscar I）手中親自揭幕，自此成為歷任君王處理政務與居住的地方。

王宮外觀以新古典主義風格建成，3層樓的建築分為左右兩翼，雖然平時不對外開放，但在夏天時會有付費導覽行程，遊客可藉此機會一睹王宮內部各個不同風格的廳房，像是第一個會參觀到的前庭，是以典型的挪威古典風格建造；宴會廳則充滿了輕盈浪漫的氣氛，牆面和天花板並以花環、藤蔓和色彩裝飾而成。

王宮前的廣場上，有尊由挪威雕刻家Brynjulf Bergslien所雕製的卡爾約翰騎馬英姿銅像，每天13:30時在這裡會有衛兵交接儀式，夏天還會伴隨現場演奏會同時舉行。廣場旁連接著腹地寬廣的王宮公園（Slottsparken），不妨走入綠意中散散步，在城市裡享受大自然的悠閒氣氛。

奧斯陸大學
Universitetet i Oslo

挪威最古老的大學

🚇搭地鐵或電車11、13號至Nationaltheatret站，步行約2分鐘 🔗www.uio.no

奧斯陸大學是挪威最古老的大學，創校於1811年，最初是以丹麥和挪威國王費雷得里克

六世（Frederik VI）命名，所以稱做皇家費雷得里克大學。今日的奧斯陸大學是一間擁有神學、法律、醫學、人文和數學、自然科學、牙科、社會科學和教育等多所科系院所的大學，被評比為挪威最好的大學，且位居北歐前4大的學府，在全球則排名前百大。其中位於卡爾約翰大道的是舊校區，也是法學院的所在地，其他大部分科系院所則位於Blindern校區。有時間可以進入校園逛逛，感受這所知名大學的清新學風。

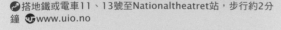

© The National Museum of Norway photo by Iwan Baan

© The National Museum of Norway photo by Børre Høstland

市政廳周邊Around Oslo Rådhuset

MAP ▶ P.138B1

新國家博物館

MOOK Choice

Nasjonalmuseet

北歐最大博物館

🚋搭電車12號至Aker brygge站即達　🏠Brynjulf Bulls plass 3　📞2198-2000　🕙10:00~17:00(週二與周三至20:00)　休週一　💰成人200 NOK，長者與18~25歲110 NOK，17歲以下免費　🌐www.nasjonalmuseet.no　🎫持奧斯陸卡免費

圖書館

🕙平日10:00~18:00(週三至20:00)　休週末

　2022年6月正式開放的奧斯陸新國家博物館，是目前全北歐地區最大的博物館，全館有三層樓，總面積54,600平方公尺，展覽空間為13,000平方公尺；館內共有86間展間，可輪流展示40萬件藏品中的6,500件作品，展示內容橫跨史前時代到現代，並結合古典藝術、現當代藝術、設計、工藝與建築。包括挪威畫家愛德華·孟克在1893年的作品《吶喊》蛋彩版，以及維京人飲酒號角、中世紀掛毯、中國古代宮廷瓷器、古羅馬雕塑等，典藏了許多從19世紀到1950年的繪畫、素描和雕塑品等傳統及現代藝術。

掃地圖

　挪威國家美術館建於1837年，在2003年至2005年期間，國家美術館與當代藝術博物館、建築博物館及藝術與工藝品博物館，四館組成奧斯陸新國家博物館，分別來自古代和現代藝術、當代藝術、設計和工藝以及建築領域。

　1樓展示1900年前後乃至現代的雕塑品、設計與工藝品等，更設有藝術圖書館、紀念品商店、咖啡廳、會議室、多功能活動室、特展展廳等。

　二樓則有特別為挪威畫家愛德華·孟克打造的二合一展廳，分別展示孟克成為畫家的歷程與畫作，其中又以作品《吶喊》最具代表性；事實上，孟克曾以《吶喊》為主題創作出數十幅同名畫作，國家美術館展出的這幅創作於1893~1910年間，畫中以表現主義描繪一個人在紅色的天空下，表現出痛苦、恐懼和不安的感覺。

　除了孟克的名作，還有達爾（Johan Christian Dahl）、提德曼（Adolph Tidemand）、貝克（Harriet Backer）等國寶級畫家的巨作；另有露天雕塑展示與多項藝術展品。

　頂層三樓的光廳(Light Hall)除了是個2,400平方公尺的臨時展覽空間，更設有9,000盞節能且可調整的LED燈，外牆則為建築團隊用兩片玻璃夾住葡萄牙大理石薄片的特製大理石玻璃；挑高7公尺的天花板與133公尺長的空間可以容納以往因空間限制而無法展示的大型展品。三樓另有可以眺望奧斯陸市政廳與峽灣壯麗美景的屋頂露台。

MAP ▶ P.138B1

易卜生博物館

Ibsen Museet

劇作大師的戲劇人生

🚇搭地鐵或電車11、13號至Nationaltheatret站，步行約5分鐘 🏠Henrik Ibsens gate 26 ☎2212-3550 🌐www.ibsenmuseet.no ❗目前博物館暫時關閉，部份日期開放團體導覽

這裡是挪威最偉大的劇作家易卜生晚年的居所，進入博物館後，左側可以參觀他生前的居住空間，裡頭仍維持著相同的家具擺設和色彩裝潢，只是必須參加定時的英語導覽行程才能進入參觀，透過解說員生動的講解與眼前的陳設，得以遙想他平日

掃地圖

的生活樣貌。右側則是進入展覽廳，可自由參觀，裡頭除了有關於易卜生的生平介紹，並展示他生前的劇本手稿、戲劇作品、演出海報等，讓人更加貼近這位大師的戲劇人生。

💡
易卜生 Henrik Ibsen

易卜生（1828~1906）是挪威19世紀最偉大的劇作家、戲劇導演和詩人，事實上在他身處的年代，整體社會風氣依然十分保守，而他真實反應生活面貌的作品，與其他歐洲戲劇被要求符合家庭價值觀和戒律相較，自然是不被接受的。然而他仍不顧世俗眼光，提出新的觀念，像是好人未必有善報這樣的主題，便經常在他的劇本裡出現。

易卜生的創作大略分為3個時期，初期作品經常以挪威民間傳說或傳奇英雄故事改編而成，內容深具民族風情；中期則是創作的巔峰，他開始接觸到資本主義，於是把眼光從傳統戲劇移轉到對社會的關懷，尤其是對資產階級所產生的弊端，更是毫不留情地加以批判；由於此時他對挪威現況十分不滿，所以在1864年移居到義大利，直到27年後才回到家鄉，此階段寫下的名作包括《培爾·金特》、《玩偶之家》、《群鬼》、《人民公敵》等。

1891年，他回到挪威，並陸續完成了《野鴨》、《建築大師》、《小艾友夫》等作品，這時算是他創作的晚期階段，筆調已不若以往犀利，反而表現出一種淡漠的風格，並對心靈層面留下較多關注。

易卜生在世的79年中，共計留下26齣劇本和其他詩集。由於他對現代戲劇有著承先啟後的影響，不僅創造了戲劇的新視野，也讓語言學有了更新的發展，因而被譽為「現代戲劇之父」。

王宮周邊 Around Det Kongelige Slott

MAP ▶ P.138B1

國家劇院

Nationaltheatret

以挪威語展現戲劇藝術的殿堂

🚇搭地鐵或電車11、13號至Nationaltheatret站即達 🏠Johanne Dybwads Plass 1 ☎2200-1400 🕐依演出時間開放，詳見官網 💲門票視表演而定，詳見官網 🌐www.nationaltheatret.no

位於國會大廈和王宮之間的國家劇院，是挪威規模最大的戲劇院，於1899年開幕後，就成為一座以挪威語展現戲劇藝術的殿堂，具有保存傳統戲劇和開

掃地圖

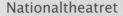

創新局的使命。這棟充滿洛可可建築風格的劇院，門口兩側豎立的銅像，面向劇院左邊的是戲劇大師易卜生，右邊則是人民文學作家比昂松（Bjørnstjerne Bjørnson），他們的作品經常被搬上舞台表演。

這裡擁有全國最具才華的演員，也只有各地最優秀的表演團體才會受邀在此表演。其中最不能錯過的盛事，除了每年在此上演的各種古典和當代戲碼的戲劇節外，易卜生藝術節與當代藝術舞台節也會每兩年在國家劇院舉行，尤其是前者，總是吸引世界各國的表演團體，在此競演易卜生的名作。

比格迪島 Bygdøy

MAP ▶ P.137A3

挪威民俗博物館

Norsk Folkemuseum

一趟穿越時空之旅

🚌搭巴士30號至Folkmuseet站即達。或搭渡輪至Dronningen碼頭，步行約15分鐘 🏠Museumsveien 10 ☎2212-3700 ⏰5~9月每日10:00~17:00，10~4月每日11:00~16:00 💲成人180 NOK（10~4月平日140 NOK），長者140 NOK（10~4月平日120 NOK），17歲以下免費 🌐www.norskfolkemuseum.no ✓持奧斯陸卡免費

低矮的木造房舍屋頂覆蓋著青草，散落在樹林草坡間，炊煙裊裊，牛羊漫步，女子穿著傳統服飾在廚房裡辛勤揉麵做餅，進入民俗博物館的瞬間，遠離了21世紀的現代挪威，常有誤闖進電影畫面的錯覺。

挪威民俗博物館是世界最早的露天民俗博物館之一，佔地廣大，收集挪威全國各地中世紀至20世紀包括房舍、穀倉、馬　等共160座木造建築，另外還有19世紀的奧斯陸公寓Wessels gate 15，展示過去130年來都市生活的轉變。大部份房舍內部都能入內參觀，夏季還有穿著傳統服裝的工作人員解說，並現場示範木雕、生活工藝與傳統歌舞表演等活動。

掃地圖

其中，從哥爾（Gol）所搬來的12世紀木造教堂Stavkirke，可列為國寶級精品。木教堂的特色是其建築結構由直立的木板所架起，而不是由圓木橫向堆疊；另外，屋頂盤旋的龍紋，門楣上雕飾精美的圖騰，都是在北歐少見的型式。這種類型的建築，目前僅在挪威的中、南部出現，所以19世紀國家主義興盛時，許多人便將木教堂當成挪威的象徵。

博物館入口左側的展示中心有不少精彩的民俗物品，例如很有味道的民族服飾、百衲被、彩繪木櫃、玩具等，以及豐富的薩米（Sami）文物收藏。

維京船博物館

Vikingskipshuset

重現維京航海年代

🚌搭巴士30號至Vikingskipene站即達。或搭渡輪至Dronningen碼頭，步行約15分鐘 🏠Huk Aveny 35 ☎2213-5280 🕐5~9月09:00~18:00，10~4月10:00~16:00 💲成人100 NOK，長者80 NOK，18歲以下免費 🌐www.khm.uio.no/besok-oss/vikingskipshuset ❗博物館目前關閉整修，預計2026年重新開放，部分館藏暫時移至歷史博物館展示

掃地圖

這裡展示了3艘在奧斯陸峽灣出土的維京船，是目前全世界保存最完整的維京文物。船隻同屬墓葬船，分別以出土地Osberg、Gokstad和Tune命名，伴隨出土的還包括精美的木雕及織品。

Osbereg是其中最大的一艘，發現於1904年，同時還有3輛雪橇及1輛拉車。這些木製品被發現時都已分解成碎片，但橡木本身並未腐化，科學家於是以現代技術將其一片片拼湊復原；其中一件出土的雪橇，就是由1,061塊碎片重新拼湊起來的！

重建完成的Osberg長22公尺，最寬處5公尺，需30位舵手操縱。狹長的造型適合在深窄的峽灣區域活動，船首有交纏的馬、蛇和鳥等圖騰，顯示維京人具備頗高的工藝水準。船裡有2具女性遺骸，一位是社會地位尊貴的女性，另一位是陪葬婢女。由於早期曾被盜墓，珠寶及武器等陪葬品都已不見，但留下的梳子、服飾、鞋子、紡織器具及紡織品等日常用品，反倒成了考古學家的最愛。同時出土的還有一輛拉車，車子是維京人少用的交通工具，據推測應是祭祀遊行時的用品，因為車軛無法轉彎，只能夠直行。

Gokstad於1880年出土，出土時的狀況較Osberg為佳，是一位男性酋長的墓葬船，另有台雪橇及3艘小船陪葬，但是像Osberg一般雕刻精美的文物就付之闕如。Tune則是以其出土時的模樣展示，並未重建，它的建造時間和Gokstad差不多，都是在西元850~900年間。

同時展出的還有在Borre出土的文物，例如雕飾精美的金、銀飾品，即使在今天看來仍相當有現代感。據考證，Borre是維京貴族的主要墓地，而且Oseberg和Gokstad的墓主，都應屬Borre王族成員。

比格迪島 Bygdøy

MAP ▶ P.137A3

佛拉姆極圈
探險船博物館
Frammuseet

見證不朽極圈夢

🚌 搭巴士30號至Bygdøynes站。或搭渡輪至Bygdøynes碼頭即達 🏠 Bygdøynesveien 39 ⏰ 9~5月10:00~17:00，6~8月10:00~18:00 💲 成人140 NOK，長者100 NOK，兒童50 NOK 🌐 frammuseum.no 🎫 持奧斯陸卡免費。亦有販售與挪威海洋博物館、康提基博物館的聯票

佛拉姆號（Fram）全長39公尺、重達800公噸、船桅高11公尺、吃水5公尺深，曾「南征北討」至地球的極南與極北。這艘船的催生者是南森（Fridtjof Nansen），當時他認為順著亞洲北部的洋流可以直抵北極，於是在各界贊助下，建造了這艘經過特別設計的「小船」。所謂特別設計，是指它在浮冰擠壓下會往上浮升，從而免於被壓沈或擠碎。

1893年6月，佛拉姆號在南森和船長Otto

Neumann Sverdrup的帶領下首航，花了三年和浮冰搏鬥後，又兵分水、陸兩路行進，最後奇蹟似地在Vardø會合，並帶回前所未有的極圈資料。其第2次出航目的地為格陵蘭北海岸，雖未達成目標，但帶回了更多化石、礦物和標本。1911年，佛拉姆號完成最後一趟旅程，成功挑戰地球最後的未探之境——南極洲。博物館內展示了這艘傳奇船隻在極圈探險時收集的科學資料，以及船上生活使用的各式器具。

比格迪島 Bygdøy

MAP ▶ P.137A3

挪威海洋博物館
Norsk Maritimt Museum

投入海洋的擁抱

🚌 搭巴士30號至Bygdøynes站。或搭渡輪至Bygdøynes碼頭即達 🏠 Bygdøynesveien 37 ☎ 2411-4150 ⏰ 11~3月週二至日11:00~16:00，4~10月10:00~17:00 ❌ 11~3月的週一 💲 成人140 NOK，67歲以上100 NOK，6~17歲50 NOK 🌐 www.marmuseum.no 🎫 持奧斯陸卡免費。亦有販售與佛拉姆極圈探險船、康提基博物館的聯票

這間博物館的內容以挪威海洋史為主，可以看到更多有關漁業發展、船體本身、海洋時代藝術、繪畫、遺跡和文明等的介紹，且依時代、種類區分，讓人更容易了解挪威與海洋密不可分的關係。

博物館分成兩棟建築，一座以展示史料為主，

另一座則以實物展示船隻、模型和裝飾物、繪畫，其中以挪威最古老的船隻Stokkebåten號、北極船Gjøa號和三桅帆船天鵝號（Svanen）等遺跡最引人入勝；另有還有部分船隻泊靠在戶外海港邊。

除了實物欣賞，不能錯過的還有由挪威名導親自從高空取景、實地拍攝挪威海洋風光的全景電影《海上挪威》，隨著影片畫面和輕鬆音樂，讓人彷彿也張著一雙翅膀，一同造訪壯觀迷人的海岸線。

康提基博物館

Kon-Tiki Museet

MOOK Choice

航海史上的冒險傳奇

🚌搭巴士30號至Bygdøynes站。或搭渡輪至Bygdøynes碼頭即達 📍Bygdøynesveien 36 ☎2308-6767 🕐9~4月10:00~17:00，5~8月10:00~18:00 💲成人140 NOK，長者100 NOK，6~17歲50 NOK 🌐www.kon-tiki.no ✿持奧斯陸卡免費。亦有販售與佛拉姆極圈探險船、海洋博物館的聯票

偉大的行動都來自於瘋狂的假設和不輕易被澆熄的堅持！傳奇人物索爾海耶達（**Thor Heyerdahl**）為了證明「波里尼西亞原住民可能來自南美洲」的理論，建造一艘仿南美早期原住民的木筏「康提基號」，在1947年4月28日由秘魯出發，橫渡太平洋，101天後在波里尼西亞的一座島嶼上岸。而康提基博物館就是海耶達的傳奇見證。

由於歐、亞、美洲的古文明都曾出現草紙船的記載與圖案，海耶達更大膽假設這三地之間可能可以藉由草紙船航行抵達，於是在埃及金字塔下複製了一艘草紙船，並以埃及太陽神的名字「Ra」命名，可惜最後由於船桅與纜繩的設計不當而解體。不過，海耶達認為這次失敗的原因並非因為草紙船容易滲水所造成，所以他又請來目前唯一保留草紙船製造技術的玻利維亞Aymara原住民協助製造Ra二號。Ra二號最後在1970年成功完成4千英哩的航程，由非洲摩洛哥橫越大西洋到中美洲的巴貝多（Barbados）。這項冒險行動，除了證明草紙船可用於長途航海，也推論了美索不達米亞、埃及、印度這三個古老文明，可能曾經搭乘草紙船，藉由季風與洋流而互有交流。

康提基博物館同時還展示復活節島高達9公尺的摩艾石像，以及海耶達在多次冒險中所收集的考古珍品。

中央車站周邊 Around Oslo Sentralstasjon

MAP ▶ P.137D3

孟克博物館

MOOK Choice

Munchmuseet

進入孟克的世界

🚶 從中央車站步行約7分鐘　🏠 Edvard Munchs plass 1　📞 2349-3500　🕐 10:00~21:00（週一及週二至18:00）　💲 成人160 NOK，18~25歲100 NOK，17歲以下免費　🌐 www.munchmuseet.no　🎫 持奧斯陸卡免費

研究圖書館
🕐 週二至週五09:00~15:00　🚫 週六至週一

MUNCH DELI & KAFÉ
🕐 10:00~17:00

BISTRO TOLVTE
🕐 週二至週六12:00~15:00、16:00~00:00（週二16:00起）
🚫 週日

KRANEN BAR
🕐 週二至週六12:00~00:00　🚫 週日與週一

掃地圖

　1963年成立的孟克美術館因館藏老舊以及空間不足，於2008年發起計畫建立新館，全新孟克博物館於2021年10月正式開幕，總面積高達26,313平方公尺成為全球最大的單一藝術家博物館。

　孟克博物館共有11間大型展廳分佈在13層樓中，館內常設展展出超過200件孟克作品，其中以不同時期的自畫像，呈現孟克迥然不同的心境與繪畫上的轉折，最受人注目。

　館藏除了經常外借到各地之外，亦會不定期更換作品展覽，但只要是在夏天的觀光旺季，其重要作品《吶喊》就絕對會在展示之列。另外，館內也透過多媒體裝置介紹孟克的生平和作品，同時也在部分展區為兒童設計互動裝置，讓你藉由多元化的方式更加了解這位畫家。

孟克 Edvard Munch

　以《吶喊》（Skrik／The Scream）這件作品名聞天下的孟克，可說是挪威最知名的藝術家了，他與高更、梵谷同屬於表現主義畫派的先驅。

　孟克生於1863年，父親是牧師，幼年時期經歷了母親和姊姊的死亡，也因此病痛與死亡成為他畫作中重複的主題，早期創作的《病童》（L'Enfant malade）亦成為傳世經典。1889年孟克前往巴黎習畫，1892年前往柏林，這段時間是孟克藝術創作的高峰，此後孟克在歐洲各地遊學，名氣漸大。不過，隨著成名而來的壓力與多舛的感情經歷，使得敏感脆弱的孟克在1908年精神崩潰。在精神狀況逐漸康復後，他決定返回故鄉挪威，開始另一階段的創作，將主題轉向自然風光，最後於1944年逝世。

吶喊 Skrik

　這幅畫表現了人與人以及人與環境間的疏離，畫中受到驚嚇、扭曲變形的人，面對所存在的環境，只有無奈，似乎除了吶喊別無他法。空氣中強烈的色調，與背景中的冷色，加上不安的筆觸，透露出孟克心中的焦慮。孟克曾就這個主題畫了50多幅同樣的畫作，最具知名度的一幅，收藏在國家美術館中。

自畫像

　孟克不同時期的自畫像代表了孟克人生不同階段的心路歷程，同時也深刻地反映人類普遍的苦惱與憂愁。

　此外，除了收藏大量的孟克作品之外，新館也展出不同當代藝術家的作品，而「Edvard Munch Art Award」的得獎者們也可在此舉辦個展，讓更多新銳藝術家有機會在此嶄露頭角。

　逛完博物館後也可前往咖啡廳、景觀餐廳、高空酒吧、餐酒館、研究圖書館、音樂廳以及觀景露台眺望奧斯陸城市與峽灣。

Vulkan

MOOK Choice

奧斯陸文青聚集地

🚋 搭電車11、12、18號至Olaf Ryes plass站，步行約8分鐘
🌐 www.vulkanoslo.no

南北走向的Akerselva河蜿蜒貫穿奧斯陸市區，其兩岸打從中世紀以來就扮演著城市工廠的角色，從維京時代的銀礦，隨後興起的磚造業、鋸木業和傢俱工廠，一直到19世紀的鐵器鑄造廠。20世紀中左右，工業逐漸退出這個區域，取而代之的是各種商業活動和娛樂場所，到了2009~2013年間，這塊區域經過大力改造，搖身一變成為奧斯陸文青聚集的新興區域。

創意十足的建築群、戶外雕塑和露天咖啡座主宰河流的西岸，形塑出一種慢活的時尚氛圍。這裡的建設包含公寓住家、旅館、學校、餐廳酒吧、文創商店、辦公室，以及集合室內市場及餐飲功能的美食倉庫Mathallen Oslo等。透過地熱發電，Vulkan甚至還有自給自足的能源系統，儼然就是奧斯陸市區外的獨立生活圈。

稍微往下游步行，Ingens gate小巷兩旁彩繪著活力繽紛的街頭塗鴉，每個週末在Blå區域舉辦的二手市集，是市民尋寶的好地方。沿河道往上游散步，兩岸綠樹成蔭、流水潺潺，沿途還能遇到數個瀑布，不禁羨慕奧斯陸居民，搭上公車只需要15分鐘，就能享受遠離市區的森林綠意。

生活在藝術中——Nydalen地鐵站

挪威人在有如藝術殿堂的市政廳中辦公，在處處充滿巧思的城市中生活，Nydalen地鐵站就是生活與藝術結合的最佳詮釋。

Nydalen地鐵站是由挪威的建築團隊Kristin Jarmund Arkekter設計，於2003年建造完成。地上入口亭的部分是以黑色花崗岩和直線條的鑄鐵以水平方式交疊，有陽光時，自然光透過鐵條，會在黑色岩石牆上映出像列車前進的梯形斜線。

最有趣的就是下到地鐵月台前的手扶梯，手扶梯以「隧道之光」(Tunnel of Light)為設計主題，結合了光線、聲音和科技，手扶梯兩側牆面以感應旅客上下而變化不同光線，在搭乘的同時，也可聽見音樂或有人

聲在唸詩，有不少乘客反覆搭乘就為了感受不同的聲光效果。

🚇 奧斯陸地鐵T-bane第4、5號線

維格蘭雕刻公園

Vigelandsparken

刻劃人生百態

🚋搭電車12號至Vigelandsparken站，步行約2分鐘　⏰開放式公園　💲免費　🌐www.vigeland.museum.no

這座占地32萬平方公尺的露天雕刻公園，是維格蘭畢生心血的結晶。212件雕刻作品、600多個雕像的主題，就是與我們息息相關的「人生」，不論是生老病死、悲歡離合、喜怒哀樂，全凝結在花崗岩和青銅裡，似乎是與我們一同呼吸、活生生的人，而不只是博物館裡冰冷的展示品。

從1900年開始，維格蘭就向市政府提出製作

「噴泉」群像的構想，原本計畫放置於議會廣場，但隨著維格蘭不斷新增的想法，形成目前看到的維格蘭公園，最後的定案是將公園設置在福格納公園（Frognerparken）之內，公園由入口起，可分為橋、噴泉、人生柱這三個主要部分。

挪威⋯奧斯陸 Oslo

橋 Broen

從大門進入，首先映入眼簾的就是排列著許多青銅人像的橋：有生氣踩腳的男孩、手舞足蹈的人、沈醉愛河的男女、也有親密的父子共遊。這些青銅像與公園裡溜滑板的少年、休閒享受日光浴的男女，相互映照，融合成生動又變化無窮的畫面。

人生柱 Monolitten

《人生柱》位於公園的最高處，也是維格蘭最著名的作品。這件高14公尺的作品是從整塊巨形花崗岩所雕鑿出來，動用3位石匠一共花了15年時間才完成。整根柱體刻滿121個人生百態，由下而上，每個人都呈現朝向上方的動感，似乎是掙扎著往上成長，又像是尋求某種超脫人生輪迴的方法！

噴泉 Fontenen

這件作品由六個巨人扛著，代表著人生不同時期的負擔；而四溢的水流，正是人生豐饒的象徵。噴泉四周人樹交纏的形象，底部的淺浮雕，都一致以人生歷程及必經的重要事件為主題。

奧斯陸市立博物館

Oslo Bymuseet

快速了解奧斯陸

🚃搭電車12號至Frogner plass站，步行約4分鐘 🏠 Frognerveien 67 ☎2328-4170 ⏰11:00~16:00 ❌週一 💲成人100 NOK，長者80 NOK，18歲以下免費 ⓤwww.oslomuseum.no 🎫持奧斯陸卡免費。每月第一個週六免費

　位於維格蘭公園內的奧斯陸市立博物館，是棟利用1790年所建的Frogner Manor老宅邸所改建而成，內部以不同的展廳分別介紹奧斯陸這座城市千年來的歷史發展、文化故事和商業演進。

　看似簡單的主題，介紹的層面卻極為廣泛，小從百姓日常生活的飲食起居、服裝飾品、休閒娛樂與節慶活動，大至整個城市的原始風貌、移民過程、建設演變，都透過保存良好的骨董、飾品，或是製作細膩的模型、照片、文字和聲光來呈現，讓人即使不懂當地文字，也能透過生動的模型和擺設清楚明瞭。

維格蘭博物館

Vigeland-museet

雕刻大師的創作空間

🚃搭電車12號至Frogner plass站，步行約5分鐘 🏠Nobels gate 32 ☎2349-3700 ⏰5~8月10:00~17:00，9~4月12:00~16:00 ❌週一 💲成人100 NOK，18歲以下免費 ⓤwww.vigeland.museum.no 🎫持奧斯陸卡免費

　維格蘭（Gustav Vigeland, 1869~1943）是木匠的兒子，早期作品以繪畫和木雕為主，後來因受到法國雕刻大師羅丹的啟發，才開始往石雕創作發展。維格蘭平常喜愛閱讀古希臘詩人荷馬的作品，或許因為這個緣故，他的群像作品都呈現出史詩般壯闊的氣勢。

　位於維格蘭公園南側的維格蘭博物館，是奧斯陸市政府為了讓維格蘭能夠專心於公園創作，特別送給雕刻大師的工作室。當時的條件是維格蘭去世後，須將工作室及所有藝術作品捐贈給市政府，也因此這裡完整保留了維格蘭當時工作室的景況，以及他大部分的作品，並可從中看出維格蘭藝術創作的發展演變。

郊區 Outskirts

MAP ▶ P.137A1

MOOK
Choice

霍爾門科倫
滑雪博物館及跳台

Holmenkollen skimuseum & hopptårn

北歐滑雪界的聖地

🚇搭地鐵1號線至Holmenkollen站，步行約10分鐘 📍
Kongeveien 5 ☎2292-3200 🕐10~4月10:00~16:00，5月
和9月10:00~17:00；6~8月09:00~20:00 💰成人170 NOK，
長者140 NOK，6~18歲80 NOK 🌐www.skiforeningen.no/
holmenkollen 🎫持奧斯陸卡免費

跳台滑索 Zipline
🕐4月及10月週末11:00~16:00，5月及9月週末
11:00~17:00，6~8月平日11:00~18:00，週末
11:00~19:00 🈺約11~3月底 💰成人600 NOK，18歲以下
590 NOK 🌐kollensvevet.no

挪威是現代滑雪的發源地，冬季
滑雪是全民運動，奧斯陸更以「世
界滑雪之都」聞名於世。對於滑雪愛
好者來說，距離市區西北方僅13公里的霍爾門
科倫滑雪跳台，地位就和奧林匹克山一樣崇高，
1994年的冬季奧運主場就是在這裡舉辦。

高84公尺，長126公尺的滑雪跳台，建於海拔
417公尺的霍爾門科倫山上，從滑雪博物館內部

搭乘傾斜式電梯來到跳台頂端，一出電梯就是跳
台起跳位置，優雅的弧度陡降劃過山間，就算沒
有懼高症，向下俯瞰時也難免腳底發麻。再爬上
一段階梯可到達頂端的觀景平台，360度廣闊的
翁鬱森林、奧斯陸市區與海天一色的峽灣島嶼皆
盡收眼底，令人心曠神怡。

每年3月第二個週末，會有許多滑雪愛好者來
這裡參加滑雪節Holmenkollen Ski Festival，同
時也會有很多精彩的滑雪表演和比賽。即使沒有
高超滑雪技巧，只要勇氣過人，在非雪季期間也
可以嘗試高空滑索，體驗從高處飛躍而下的難忘
旅程。若是心臟不夠強壯，那就選擇老少咸宜的
滑雪模擬機Ski-Simulator，透過科技設備，同
樣能夠感受跳台的刺激。

跳台下方的滑雪博物館開幕於1923年，是世界
第一個滑雪博物館，可以認識挪威4千年來的滑
雪歷史。館內收藏石器和陶器時代的滑雪板、挪
威極地探險家Nansen和Amundsen在北極探險
時使用的各種器具，以及各式各樣的現代滑雪用
具，同時透過互動遊戲解釋極地的氣候轉變，進
行環境教育，十足寓教於樂。

掃地圖

H Where to Stay in Oslo
住在奧斯陸

市政廳周邊

MAP ▶ P.138A2 **The Thief Hotel**

🚃 搭電車12號至Aker brygge站，步行約10分鐘 🏠 Landgangen 1 ☎ 2400-4000 💲 $$$$$$ 🌐 thethief.com

The Thief Hotel是一間位於奧斯陸 Tjuvholmen半島的精品設計酒店，像是堆疊 在運河旁的一個個玻璃展示盒，從外觀就揭示 了不安於俗的個性。

The Thief Hotel佔盡先天地利，緊鄰阿斯楚普費恩利現 代藝術博物館和時尚潮流購物中心Aker Brygge，擁抱奧 斯陸海灣，每個房間都奢侈地擁有私人景觀陽台。然而， 真正讓酒店備受矚目的是如同美術館般的室內空間，客房 內有Antonio Citterio設計的扶手椅、Tom Dixon設計的燈

飾、Anne Haavind的玻璃 器皿，公共空間有Tony Cragg的金屬雕塑和Niki de Saint Phalle的鋼鐵裝 置藝術，時尚與藝術的 結合讓入住旅館成為一 場視覺饗宴。

市政廳周邊

MAP ▶ P.138A1 **Oslo Guldsmeden**

🚃 搭電車12號至Ruseløkka站，步行約5分鐘 🏠 Parkveien 78 ☎ 9401-3091 💲 $$ 🌐 guldsmedenhotels.com/oslo

走進Guldsmeden立刻感覺回到家一般的溫 暖氣氛，大廳的沙發和臥榻總是半躺著慵懶 旅人，一邊看書一邊品嚐24小時供應的咖啡和

有機茶，粗獷不羈的飾品帶點非洲野性的情調，而身心早 已在舒緩淡香中得到釋放。房間雖然不大，但木製床架、 竹編傢俱、貝殼與仿皮草的搭配，讓旅客有置身大自然中 的輕鬆。

Oslo Guldsmeden是一家經過Green Globe認證的環境友 善旅店，重視環境永續的環保概念，餐廳每日提供有機早 餐，能嚐到奧斯陸近郊小農每日直送的新鮮滋味，更棒的 是，週末早餐的時間供應至11:00，讓晚起的度假旅客也能 睡到自然醒！

162

中央車站周邊

MAP ▶ P.138D1 **Radisson Blu Plaza Hotel Oslo**

📍從中央車站步行約3分鐘 🏠Sonja Henies plass 3 ☎2205-8000 💲$$$$ 🌐www.radissonblu.com

Radisson大片反射街景的玻璃帷幕，像
是一隻插入城市的峰利刀片，矗立在中央

車站旁，顯得相當
搶眼。酒店地理位置極佳，
不管是步行前往各個景點或
是轉乘機場快線都相當方
便，相鄰不遠處的Grønland
地鐵站，又有許多平價的食
物選擇。客房內部是時尚清
爽的北歐風格，以織品的亮
麗色彩增加活潑感，若入住
高樓層，還可以享受市區或
奧斯陸峽灣的美景。

中央車站周邊

MAP ▶ P.138C2 **Thon Hotel Oslo Panorama**

📍搭電車12、13、19號至Dronningens gate站，步行約3分鐘 🏠Rådhusgaten 7b ☎2331-0800 💲$$$ 🌐www.thonhotels.com

酒店隸屬Thon Hotels連鎖集團，由於離火
車站、卡爾約翰大道等主要鬧區很近，到各

大景點都步行可達，但本身又位於幽靜的環境
中，可說是相當理想的住宿選擇。這家飯店不以傳統歐式
風格呈現，反倒以明亮的色彩和現代化家具，充份表現出
簡約的北歐設計情調，這種彷如精品旅館的風格與氣質，
讓年輕族群幾乎第一眼就會愛上它。而且即使不是套房，
也區分成客廳和臥室兩種隔間，客廳除了有時尚的工作
桌、沙發、電視，還有簡單的流理台和咖啡壺。

中央車站周邊

MAP ▶ P.138C2 **Comfort Hotel Grand Central**

📍就在中央車站南面 🏠Jernbanetorget 1 ☎2298-2800 💲$$$$ 🌐www.nordicchoicehotels.no/hotell/norge/oslo/comfort-hotel-grand-central

說起交通便利，應該沒有其他旅館敢和
Comfort Hotel Grand Central一較高下，因

為這家旅館就屬於中央車站的一部分，前方
是奧斯陸歌劇院，隔壁鄰居就是卡爾約翰大道。旅館
於2012年開幕，隸屬於北歐最大旅館集團Nordic Choice
Hotels旗下一員，1854年的古典建築外表下，隱藏紐約
風格的都會型摩登空間，每個房間繪製風格迥異的塗
鴉，搭配設計傢俱，以及優秀的隔音設備，讓旅客即使
身處最熱鬧的城市中心，也仍然能保有寧靜。

想要來點難忘的住宿體驗，6間獨一無二的主題套房
絕對讓人印象深刻，例如充滿粉紅奇想的324房、向搖

滾樂團Rolling Stones和
Led Zeppelin致敬的212
和224房，而232房曾
是中央車站站長辦公室
和挪威國王的特別候車
室。

中央車站周邊

MAP ▶ P.138C1 **Stortorvets Gjæstgiveri**

🚋搭電車11、17、18號至Stortorvet站即達 🏠Grensen 1 ☎2335-6360 ⏰12:00~22:00 📅週日 💲午餐215 NOK起，晚餐主菜229 NOK起 🌐www.stortorvets-gjestgiveri.no

這間從18世紀便已開業的餐廳，堪稱是奧斯陸最古老的餐館，木質傢俱搭配華麗的燈飾、布幔，不難感受其悠悠的歷史氣息。

掃地圖

白色的桌巾、典雅的木椅與幾幅描繪奧斯陸歷史的畫作，在在烘托出一種舊時光的氛圍。這裡提供道地的挪威料理，像是挪威特產的鯡魚、鮭魚、比目魚、鱒魚，以及馴鹿燉磨菇、豬里肌肉等家常菜，另外還有各種傳統魚類、臘肉和乳酪的拼盤。傳統食材融合了現代烹飪手法，讓挪威人共同記憶中的家鄉美味，歷久而彌新。

中央車站周邊

MAP ▶ P.138C1 **Fiskeriet**

🚋從中央車站步行約7分鐘 🏠Youngstorget 2b ☎2242-4540 ⏰11:00~22:00(週六12:00起，週日15:00起) 💲主餐215 NOK起，外帶39~199 NOK 🌐www.fiskeriet.net

這是家由老字號魚販附設的海鮮輕食餐廳，新鮮海味即刻調，也是當地上班族的午餐首選。店面的一邊是販售魚貨的小

掃地圖

商店，料理台上師傅現場處理新進魚貨，冰台上擺滿色澤明亮、肉質有彈性的鮭魚、鱈魚和比目魚，等待餐點上桌的同時，食慾早已被挑起。推薦必嚐的是招牌奶油魚湯Fiskesuppe（239 NOK），滿滿一大碗鮭魚、時令白魚肉、鮮蝦和淡菜等，滋味濃郁，隨湯附贈無限量供應的麵包，相當滿足。另外也有炸魚薯條、牡蠣和每日新鮮生魚片可選擇。好天氣時不妨外帶到店面前方的廣場享用，價格較划算。

中央車站周邊

MAP ▶ P.138C2 **Mamma Pizza Osteria**

🚋從中央車站步行約5分鐘；或搭電車12、13、19號至Dronningens gate站 🏠Dronningens gate 22 ☎9151-1841 ⏰11:00~22:00（週末12:00起） 💲披薩180 NOK起 🌐www.mammapizza.no

雖然披薩是義大利的食物，但挪威人對它的喜愛，從街頭巷尾都是披薩餐廳就可

掃地圖

看出。這間Mamma Pizza是奧斯陸最負盛名的披薩店，在城裡共開了兩家店面，受歡迎的程度，若是在用餐時間才前來，免不了要排上好一陣子的隊。之所以生意興隆，一方面是因為這裡的價錢在奧斯陸算是便宜，另一方面也由於Mamma的披薩確實美味。其餅皮麵糰都經過36小時自然發酵，咬起來口感相當帶勁，上面的配料有許多來自義大利，味道十分道地。愛吃肉的建議點份Meat Feast披薩，配料用的是聖馬札諾番茄與莫札瑞拉起司，再加上自製的波隆那肉醬、烤火腿、培根，與從拿坡里進口的辣香腸，大口吃來，香辣過癮。

中央車站周邊

MAP ▶ P.138C1 **Illegal Burger**

🚶從中央車站步行約9分鐘　🏠Møllergata 23　☎2220-3302　🕐14:00~22:00(週五與六至01:00，週日至21:00)　💲肉類漢堡128 NOK起、素漢堡126 NOK起

　　這間漢堡店有個奇妙的店名：非法。其門面沒有大大的店招，只有張不起眼的紙貼在一扇不起眼的門上，要人來回走個幾趟才會發現，彷彿裡面真的是做見不得人的生意似的。不過這樣過度低調的小店，生意卻是好得不得了，因為它在網路上已累積了大量名氣，成為奧斯陸的必吃美食。Illegal的漢堡並不花俏，但好漢堡該具備的條件它全都符合，一是麵包紮實不鬆軟，外皮甚至有點酥脆，咬勁一流；二是肉排鮮嫩多汁不乾柴，除了牛肉（okse）外，也可選擇魚肉（fisk）或素肉排（vegetar），食量大的人也可要求做雙層（dobbel）；再加上新鮮的配菜與完美的調味，讓人大呼：原來是因為好吃到不合法啊！

中央車站周邊

MAP ▶ P.138D2 **Maaemo**

🚶從中央車站步行約5分鐘　🏠Dronning Eufemias gate 23　☎2217-9969　🕐平日18:00~00:00　🈺週末　💲主廚套餐4500 NOK　🌐maaemo.no　❗用餐需提早預約

　　Maaemo是挪威最好的餐廳，應該不會有人對此有異議，畢竟它是挪威目前唯一的米其林三星餐廳，也是唯一在世界百大餐廳中連年上榜的挪威餐廳。Maaemo開業於2011年，隔年就拿下米其林兩星，成為世界第一間以北歐菜系獲選米其林星的餐廳。主廚Esben Holmboe Bang出生於丹麥，卻對挪威的風土人情瞭如指掌，他的夢想是要帶給人們完整的飲食經驗，從挪威壯麗的山水風光與食材生產者的認真態度中汲取靈感，結合北歐的歷史文化，再創作出能反映挪威自然與氣候的料理。可以說，在Maaemo所享用的不只是一頓大餐，同時也是一部關於挪威食材的北歐傳奇。

市政廳周邊

MAP ▶ P.138B2 **Olivia**

🚶搭電車12號至Aker Brygge站即達　🏠Stranden 3　☎2109-0253　🕐週一至週四11:00~23:00，週五與週六11:00~00:00，週日12:00~22:00　💲披薩185 NOK起，義大利麵179 NOK起　🌐oliviarestauranter.no

　　位於時髦商場Aker Brygge中，坐擁奧斯陸港灣無敵海景，不管何時經過Olivia的室外座位區，必定一位難求。Olivia是奧斯陸的人氣義大利餐廳，柴火燃燒的烤窯是空間焦點，輪番送出廚師在料理台現場製作的香脆比薩。用餐氣氛熱鬧而輕鬆，口味道地不說，屬於海鮮類的餐點，更毫不吝嗇地展現奧斯陸的海港優勢，鮭魚、鮮蝦、牡蠣的份量可說是誠意十足。

市政廳周邊

MAP ▶ P.137C3 **Vippa**

🚶搭巴士35、60號至Vippetangen站，步行約3分鐘　🏠Akershusstranda 25　☎9172-8043　🕐週三至週五15:00~21:00，週末12:00~21:00（週日至20:00）　🈺週一、週二　🌐www.vippa.no

　　位於奧斯陸魚市場旁的Vippa，是處非常具有文青氣息的美食市集，鐵皮搭建的建築外牆，繪滿了色彩繽紛的塗鴉，裡頭則有11個小吃攤販。這裡賣的大多是異國料理，類型天南地北，從中東沙威瑪、印度咖哩、越南春捲，到西班牙燉飯、俄羅斯串烤、義大利麵點，也有挪威本地美食如炸魚片、挪威煎餅等，不論菜單食譜來自地球哪一個角落，所用食材都是出自奧斯陸周邊地區的本地小農。寬敞的空間裡可同時容納600名顧客，每當週末夜晚，這裡便會舉辦熱鬧的音樂會與舞會，而白天也常有各類型講座、二手市集等活動。

王宮周邊

MAP ▶ P.137C1 Lorry Restaurant

🚃搭電車11、17、18號至Welhavens gate站,步行約2分鐘 🏠Parkveien 12 ☎2269-6904 ⏰週一至週六11:00~22:00,週日12:00~22:00 💲午餐198 NOK起,晚餐主餐238 NOK起、3道式套餐605 NOK起 🌐lorry.no

打從1887年起,Lorry就在這裡供應著挪威料理,是一家有著悠久歷史的百年老店。由於毗鄰王宮與奧斯陸的藝文重鎮,自古以來就是藝術家、作家等文人雅士聚會流連之處,內部裝潢因而也散發一股博物館般的氣味。餐廳賣的是挪威傳統家常菜,招牌是魚湯、馴鹿肉丸、烤鱒魚等,而每年冬天的聖誕節菜單也很有名,像是燻羊頭(Smalahove)等冬季限定餐點,在這裡都能嚐到。另外不可不提的是,這裡收藏了128款特色啤酒,不管你點的是什麼樣的菜色,都有相應的啤酒可以搭配。

掃地圖

王宮周邊

MAP ▶ P.138C1 Kaffistova

🚃搭電車11、17、18號至Tinghuset站,步行約2分鐘 🏠Kristian IVs gate 2 ☎2321-4100 ⏰週一至週二11:00~21:00,週三至週六11:00~22:00,週日11:30~17:00 💲午餐155 NOK起、肉丸205 NOK起、週四馬鈴薯餃265 NOK起 🌐www.kaffistova.no

Kaffistova也是家百年老店,開業於1901年,當時店裡擺放的彩繪雕刻木傢俱,有許多還陳放在比格迪島的挪威民俗博物館中呢!今日餐廳內部裝潢已改建為現代風格,不過菜單依舊維持傳統菜色,如果想嚐嚐正宗道地的挪威家常料理,這裡絕對是個好選擇。Kaffistova的招牌菜是馴鹿肉丸(kjøttkaker)、風乾鱈魚(boknafisk)與酸奶燕麥粥(rømmegrøt),午餐時段也有供應開放式三明治。而

每週四則是專屬於馬鈴薯餃(raspeballer)的特殊日子,這種帶餡的丸子和台灣的肉圓可有異曲同工之妙呢!

郊區

MAP ▶ P.137C1 Mathallen Oslo

🚃搭電車11、12、13號至Olaf Ryes plass站,步行約8分鐘 🏠Vulkan 5 ☎4000-1209 ⏰週二至週六10:00~20:00,週日11:00~18:00,每家餐廳營業時間略有不同 🏠週一 🌐mathallenoslo.no

如果一時間無法決定要吃哪種類型的食物,Mathallen Oslo一定可以解決困擾!位於Akerselva河西岸的Vulkan區,2012年開幕的

掃地圖

Mathallen Oslo是奧斯陸首創的美食街,明亮挑高的工業風空間中,集合室內市場、餐廳與美食街功能。Mathallen內部的商家五花八門,包含新鮮的蔬菜水果和海鮮肉品、各式各樣本地及進口的食材雜貨、咖啡館、甜點鋪、街頭小吃、披薩店、日式便當快餐、酒吧及各國料理餐廳等。除了遊客之外,不少本地廚師和居民也都會前來採買,可以感受到挪威的飲食與日常生活文化。

郊區

MAP ▶ P.137D1 Tim Wendelboe

🚃搭電車11、12、13號至Olaf Ryes plass站,步行約3分鐘 🏠Grüners gate 1 ☎9443-1627 ⏰平日08:30~18:00,週末11:00~17:00 🌐www.timwendelboe.no

若說Tim Wendelboe是挪威咖啡界的傳奇,讓北歐咖啡走向世界舞台的推手,一點也不為過。他在2004年義大利舉辦的世界

掃地圖

咖啡師大賽一戰成名,3年後選擇在Grünersgate商業區開設第一家店,兼具咖啡烘培室與濃縮咖啡教室的小咖啡館。

這裡只賣咖啡,沒有其他飲品或搭配餐點,室內除了吧台和烘豆機,只有兩組小桌椅。對Tim Wendelboe而言,專注於咖啡原豆的來源、極具特色的淺烘培及沖煮方式,提供高品質的咖啡是唯一的目標,也因為這樣的堅持,才能吸引世界各地無數咖啡愛好者,不遠千里前來朝聖。

Where to Shop in Oslo
買在奧斯陸

中央車站周邊

MAP ▶ P.138D1 **Oslo City**

🚶 從中央車站步行約2分鐘 🏠 Stenersgaten 1 📞 4000-7370 🕙 10:00~22:00（週六至20:00） 🚫 週日 🌐 oslo-city.steenstrom.no

Oslo City是奧斯陸市中心一家大型購物商場，由於與中央車站和巴士轉運站只隔著一個路口的距離，地理位置得天獨厚，因此總是人來人往。這間商場共有5個樓層，超過90家店鋪，進駐的大都是北歐本地品牌，像是挪威的Bik Bok、Carlings、丹麥的Jack & Jones、Vero Moda、瑞典的H&M、KappAhl等。除了流行服飾外，也有販賣3C產  品、家居用品與化妝品的門市。地下室內也有漢堡王、星巴克等速食餐飲，以及Meny超市和Vinmonopolet酒類專賣店。

中央車站周邊

MAP ▶ P.138C2 **Helly Hansen**

🚶 從中央車站步行約2分鐘 🏠 Karl Johans gate 3 📞 2242-5704 🕙 平日10:00~19:00，週六10:00~18:00 🚫 週日 🌐 www.hellyhansen.com

Helly Hansen是創業於1877年的挪威百年經典戶外服飾品牌，以生產航海、滑雪等戶外服裝享譽全球，受到世界級海員、滑雪者及探險家們喜愛。其服裝著重於面料材質及戶外活動的功能性，在防風、防水和保暖等主要機能外，更增加穿著舒適度。設計上秉持北歐風格，注重時尚，線條簡約，強調  修身剪裁，這種運動中不忘展現時尚態度的設計，也深受好萊塢明星的推崇。Helly Hansen在奧斯陸有許多專賣店，卡爾約翰大道上的這家款式算是相當齊全。

郊區

MAP ▶ P.137C1-D1 **Grünerløkka購物區**

🚋 搭電車11、12、13號至Olaf Ryes plass站即達

從中央車站沿著Akerselva河向北的廣大區域，在19世紀時原是傳統工人階級的住宅區，現在則是年輕人居多的商業住宅混合 區，進駐許多引領時尚潮流的品牌，以及具有特色的獨立設計精品店。Thorvald Meyers gate和Markveien的街道兩旁，一間又一間的餐廳、咖啡館、服飾、珠寶、陶藝、家飾品店，往左右巷子尋寶，藝廊、手作工坊和二手商店隱藏在住宅之間，從行家蒐羅的古董到年輕設計師的創意，都在這裡佔據一方角落，想要感受奧斯陸的年輕生活潮流，一定要來逛逛。

王宮周邊

MAP ▶ P.138C1 **Paleet**

🚇 搭地鐵至Stortinget站，步行約3分鐘 🏠 Karl Johansgate 37-43 📞 2308-0811 🕙 10:00~20:00（週六至18:00） 🚫 週日 🌐 www.paleet.no

Paleet位於奧斯陸市中心最熱鬧的Karl Johans gate上，這條購物大道一側就是王宮，另一側是國會大廈，因此觀光人潮摩 肩接踵。這間3層樓的購物商場內部時髦、高貴，進駐的多是北歐高端或設計師品牌，包括奧斯陸服飾品牌APHRU、丹麥貴婦雨衣Ilse Jacobsen、倍受明星青睞的瑞典時裝Acne Studios、巴黎香水Lanvin等，都把概念店或旗艦店開設在這裡。而像是挪威設計師Tine Mollatt創立的byTiMo，與丹麥設計師Sanne Sehested的GESTUZ，也在這裡開有專店。

市政廳周邊

MAP ▶ P.138B2 **Aker Brygge購物商場**

🚃搭電車12號至Aker brygge站,步行約2分鐘　🏠Stranden 3a　☎2283-2680
🕐平日10:00~19:00,週六10:00~18:00　休週日　🌐www.akerbrygge.no

　　Aker Brygge位於奧斯陸市區西方靠近峽灣之處,過去這一帶是舊船廠的所在地,船廠於1982年關閉後,該區就逐漸開發成一個大型購物商場,成為奧斯陸最大及最時尚的血拼天地。Aker Brygge由8個商場組成,有的商場樓層之間還會以空橋連結,方便遊客進出。目前約進駐了60家商店,包括H&M、Oscar Jacobson、Gant、Accessoriz、Oasis等幾個知名的國際品牌,此外,還有電影院和俱樂部,更有不少餐廳、咖啡館、酒吧提供遊客歇腳休憩的去處。

掃地圖

市政廳周邊

MAP ▶ P.138B1 **Bergans**

🚃搭地鐵或電車13、19號至Nationaltheatret站,步行約2分鐘　🏠Kronprinsesse Marthas Plass 1　☎2242-5897
🕐平日10:00~20:00,週六10:00~18:00　休週日　🌐www.bergans.com

　　對於喜愛戶外活動的挪威人而言,日常穿著不一定要名牌加持,但戶外活動的裝備可不能馬虎。Bergans是成立於1908年的挪威戶外用品領導品牌,從1912年就開始贊助北極探險家的裝備,創辦人Ole F. Bergan設計出第一個金屬框架背負系統的背包,更影響之後背包負重系統的發展。Bergans有自家的材質研究室,商品種類包含專為滑雪、登山、健行等戶外活動設計的服裝,以及帳篷、背包、獨木舟等工具。位於市政廳旁的這家店,是面積1千平方公尺的全球最大旗艦店,不但能找到所有最新商品,還有過季商品專區以及修改服務。

掃地圖

王宮周邊

MAP ▶ P.138B1 **Norway Designs**

🚃搭地鐵至Stortinget站,步行約1分鐘　🏠Lille Grensen 7　☎2311-4510　🕐平日10:00~19:00,週六10:00~18:00　休週日　🌐www.norwaydesigns.no

　　喜愛北歐設計風格的人,一旦走進這家店,荷包很難全身而退。Norway Designs創立於1957年,專門販售挪威和北歐設計的室內居家佈置及生活用品,商品種類包羅萬象,包含陶器、玻璃製品、銀器珠寶、廚房用具、織品、衣物皮件、兒童用品等,除了人們熟知的品牌如Stelton、Georg Jensen、iittala、Marimekko外,還能看到許多獨特而藝術性極高的玻璃藝術品。至於精緻細膩的高級文具用品和紙張區,種類品項多元,幾乎可當作文具和紙藝廊來參觀。

掃地圖

●松恩峽灣
卑爾根

卑爾根與松恩峽灣
Bergen & Sognefjorden

文●蔣育荏‧李曉萍‧汪雨菁‧墨刻編輯部
攝影●周治平‧林志恆‧墨刻攝影組

在19世紀克里斯提安尼亞（今奧斯陸）因工業革命迅速崛起之前，卑爾根一直是挪威最重要的城市，也曾是挪威作為獨立王國時期的首都。市區以港口畔的魚市為中心，港口東北岸那一排有著尖頂、色彩鮮豔的木造老屋，總是能瞬間吸引遊客目光，這排名為布里根（Bryggen，即碼頭之意）的建築，已被聯合國教科文組織列入世界遺產。

布里根的建築深具日耳曼色彩，是因為14世紀起卑爾根便成為漢撒同盟的重鎮，漢撒同盟是以北日耳曼商人為首的貿易組織，結合歐陸和波羅的海周邊幾個重要城市所組成。目前位於港口邊的建築共有62棟，許多人利用傳統建築特有的風味經營起商店、工作室、餐廳，不論是Troll小精靈、仿維京工藝品、厚實保暖的羊毛衣，都可以在這裡買到。從魚市往西南延伸的Torgallmenningen大街，是最主要的商店街，兩家最大的百貨公司Galleriet和SUNDT，以及許多餐廳都集中在兩側。

若想欣賞卑爾根港口美麗的峽灣景致，可搭乘纜車和電車分別登上尤里肯山和佛羅伊恩山，俯瞰不規則的海灣與青山藍天，風景美得像幅畫，十分不真實。

卑爾根也是進出挪威峽灣的重要據點，往北有松恩峽灣、諾德峽灣（Nordfjord）和蓋倫格峽灣；往南則是哈丹格峽灣（Hardangerfjord）和呂瑟峽灣。其中又以氣勢磅礡的蓋倫格峽灣，以及世上最長的松恩峽灣最受歡迎。

INFO

基本資訊

人口：285,911　　**面積**：464.71平方公里

如何前往

◎飛機

卑爾根機場（Bergen Lufthavn, Flesland，代碼BGO）位於市中心南方13公里，可從奧斯陸或歐洲其他各大城市搭飛機前往。從奧斯陸出發，每天有超過20個航班，航程約50分鐘。抵達卑爾根機場後，可在航廈外搭乘卑爾根輕軌1號至市中心的Byparken；或是搭乘機場巴士Flybussen前往火車站旁的巴士總站或布里根。

卑爾根機場

🌐avinor.no/en/airport/bergen-airport

卑爾根輕軌 Bybanen

🔽每日約05:10~00:07，白天每5~8分鐘一班，車程45分鐘

💲成人40 NOK，6~18歲及67歲以上20 NOK

🌐www.skyss.no

🎫持卑爾根卡免費

機場巴士 Flybussen

🔽07:05~01:10（週六08:45起，週日09:05起），每20分鐘一班，車程約30分鐘

💲成人149 NOK，長者與兒童99 NOK

🌐www.flybussen.no

🎫持卑爾根卡享8折優惠

◎火車

從奧斯陸中央車站（Oslo S）搭RE火車至卑爾根，每日約4個班次，包含一班夜車，車程約6.5~7.5小時。

挪威國鐵

🌐www.vy.no

◎巴士

從斯塔萬格出發，可搭乘Kystbussen巴士抵達卑爾根，需時約4.5~5.5小時，行程中還包含一段跨越Boknafjord峽灣的渡輪。

Kystbussen

🔽從斯塔萬格，平日05:45~18:00，週六09:35~16:15，週日09:45~18:15，約1~1.5小時一班

💲成人799 NOK，長者599 NOK，6~17歲499 NOK。官網購票可享優惠

🌐kystbussen.no

◎遊輪

卑爾根是海達路德遊輪的母港，可從這裡搭乘遊輪前往挪威西岸沿海各城市。關於海達路德遊輪請見P.46。

海達路德遊輪 Hurtigruten

📍P.171C3

📍Nøstegaten 30（遊輪停靠碼頭）

🌐www.hurtigruten.com

卑爾根

往老卑爾根博物館
Gamle Bergen Museum

布里根博物館
Bryggens Museum

漢撒集會所
Schøtstuene

瑪麗亞教堂
Mariakirken

布里根
Bryggen

哈康城堡
Håkonshallen

羅森克蘭塔
Rosenkrantztårnet

Clarion Collection
Hotel Havnekontoret

瓦根港Vågen

漢撒博物館
Det Hanseatiske
Museum

魚市
Fisketorget

松恩峽灣遊船碼頭

佛羅伊恩山
纜車搭乘處
Fløibanen

往佛羅伊恩山Fløyen

往尤里肯山Ulriken

卑爾根大教堂
Bergen Domkirke

十字架教堂Korskirken

Opus XVI

Galleriet
Shopping Mall

SUNDT

科德博物館
KODE 1

科德博物館
KODE 2

科德博物館
KODE 3

Lille
Lungegårdsvann
湖

Festplassen
廣場

科德博物館
KODE 4

卑爾根
中央車站
Bersen St

巴士總站

卑爾根大學
文化史博物館
Universitetsmuseet i Bergen -
Kulturhistorie

Fjord Line及Hurtigruten
遊輪碼頭

卑爾根水族館
Bergen Akvariet

圖例 ◎景點 ✝教堂 🏰城堡 🚃火車站 🚌巴士站 🛍購物 🏛博物館 ⚓碼頭 ℹ遊客服務中心 🚡纜車站

市區交通

市區大部分景點步行可達，部分地點離市中心較遠，可搭乘市區巴士前往。至於輕軌主要用於連接市區外圍，除了往返卑爾根機場，一般遊客較少利用。巴士車票可在車站旁的售票機、遊客中心或直接上車購買。如搭乘次數頻繁，可購買卑爾根卡。

優惠票券

◎卑爾根卡 Bergenskortet

持有卑爾根卡，可於效期內免費或以折扣門票參觀大部分博物館及景點，亦可免費搭乘市區巴士和輕軌；參加行程導覽、在部份餐廳用餐與商店消費、租車及停車，皆可享有優惠。

🏠可於遊客服務中心、遊輪碼頭、部分飯店、機場及官網線上購買

💲持歐鐵通行證Eurail購買成人卡，享8折優惠

	成人	3~15歲
24小時	340 NOK	100 NOK
48小時	420 NOK	130 NOK
72小時	500 NOK	190 NOK

🌐en.visitbergen.com/bergen-card

觀光行程

◎Hop-On Hop-Off by bus in Bergen

隨上隨下觀光巴士共13站，行經卑爾根市區各重要景點，包括布里根、魚市、卑爾根水族館、佛羅伊恩山纜車乘車處等，可於24小時內不限次數上下車。

☎4817-4444

🏠可於遊客服務中心前出發，或於各停靠站上下車

🕐5~9月每日09:00~16:00從遊輪航站出發，約30分鐘一班

💲全票350 NOK，6~15歲175 NOK。官網購票享9折優惠

🌐www.stromma.com/en-no/bergen

🎧車上有含中文在內的語音導覽耳機

旅遊諮詢

◎卑爾根遊客服務中心

📍P.171C1 🏠Strandkaien 3（魚市場旁的碼頭上）

☎5555-2000

🕐10~4月09:00~16:00，5月及9月09:00~20:00，6~8月08:30~22:00

🌐www.visitBergen.com

Where to Explore in Bergen & Sognefjorden
賞遊卑爾根與松恩峽灣

卑爾根市中心Central Bergen

MAP ▶ P.171B1-C1

布里根

MOOK Choice

Bryggen

童話般的美麗建築

🚶 從遊客中心步行約4分鐘

90分鐘英語導覽行程

🏠 從布里根博物館前出發　📞4797-9585　🕐6~9月中每日
11:00、13:00　💰成人280 NOK，3~17歲100 NOK。持卑爾
根卡享9折

　　卑爾根這座城市在14至16世紀中
葉為漢撒同盟的貿易中心，而布里
根則是當時漢撒商人居住和活動的區
域；現今這塊地區仍保留當時的建築結構，為這
段漢撒同盟的歷史作了最好見證，這也讓布里根
在1979年被聯合國教科文組織列為世界遺產。

　　挪威國王奧拉夫三世（Olav Haraldsson）於
1070年建立卑爾根，作為當時的首都，並擁有
魚類貿易的壟斷權；到了12世紀，國王斯韋雷
（Sverre）下令布里根一帶為貴族商人居住使用；
1350年，強大的漢撒同盟勢力伸入卑爾根地區，他
們利用港口掌管各種食物和原料的往來貿易，並在
布里根狹窄的街道修建與港口平行的房舍。這些房

掃地圖

漢撒同盟 Hanseatic League

　　約當13世紀之時，北日耳曼商人有鑑於國力不足
以維持貿易的安全與穩定，呂北克（Lübeck）與漢
堡（Hamburg）首先簽定互惠條約，保證彼此的商
業往來安全，接著許多城市紛紛加入，形成廣大的
城市網絡，稱為漢撒同盟，其勢力極盛時，甚至還
擁有自己的軍隊。

　　卑爾根雖然不是會員之一，但由於當時挪威王室
給予漢撒同盟的商人極大優惠，他們便在此設立分
公司。

子最常見的特色為3層樓木造山牆立面，外側則以
木板連結而成一個長型的建築，並共同圍繞著一個
庭院。在庭院後頭，有一個以石頭建造的小倉庫，
除了用以儲藏食物，也有防火功能。

　　從14世紀漢撒商人將卑爾根設為主要貿易城鎮
並建立家園開始，布里根等於是整個社會型態的
縮影，只是過去數百年間陸續發生過數次火災，
讓這些中世紀的木造建築遭到嚴重損毀，所幸它
們仍依照原有型式和建造方式重建，讓現今的遊
客仍能從這些赭紅、鵝黃、奶油色等鮮豔卻又古
色古香的62棟建築物，窺看當時漢撒商人的群居
面貌。現在布里根的立面這排全是紀念品店，向
內步行，則可看到博物館、餐廳、酒吧、咖啡館
等，其間隱藏不少個性商店和工作坊，讓人一邊
穿梭在歷史之中，一邊享受遊逛的樂趣。

MAP ▶ P.171B1

布里根博物館

Bryggens Museum

帶你神遊回到中世紀

🚶從遊客中心步行10分鐘 🏠Dreggsalmenning 3 ☎5530-8030 🕐12月~3月11:00~15:00（週四至18:00），4~5月與9~10月10:00~15:00（週四至18:00，週末至16:00），6~8月10:00~17:00 💲成人160 NOK，17歲以下免費 🌐www.bymuseet.no ✦持卑爾根卡4~10月75折，11~3月免費

這座新穎的博物館因1955年的一場大火而設立，當時這場大火使得卑爾根市區裡大部分的房舍化成灰燼，卻也使得考古學家得以在此進行發掘、研究。由於這裡所出土的大量文物，有助於了解中世紀時卑爾根城的生活，於是政府在此興建博物館保存展示。

中世紀的卑爾根城是歐洲海上貿易的重鎮，博物館重現當時的城市生活，從忙碌的岸邊碼頭開始，沿著規畫路線，可輕易神遊14世紀時最繁忙的大街（Øvrestretet）和布里根建築。

MAP ▶ P.171B2

羅森克蘭塔

Rosenkrantztårnet

欣賞海景的好地點

🚶從遊客中心步行15分鐘 🏠Bergenhus Fortress ☎5530-8038 🕐5月與9月10:00~14:00；6~8月10:00~16:00；10~4月週二16:00~19:00，週末10:00~14:00 🚫10~4月週一、週三~週五 💲成人140 NOK，17歲以下免費 🌐www.bymuseet.no ✦持卑爾根卡免費

位於哈康城堡旁的高塔，顯得十分醒目，是觀賞海灣景色的好地方。這座塔最早是由馬格努斯六世（即老哈康的兒子）興建於1270年左右，除了是王室居所，也是具有防禦功能的堡壘。1560年時，丹麥任命的卑爾根領主羅森克蘭（Erik Rosenkrantz）下令重新整修，讓這裡成為挪威最重要的文藝復興時期建築。順著陰暗狹窄

的迴旋梯拾級而上，室內的拱型窗戶、雕飾著貴族人像的大型壁爐，皆讓人彷彿回到中世紀的城樓。

MAP ▶ P.171A1

哈康城堡

Håkonshallen

感受中世紀古堡氛圍

🚶從遊客中心步行15分鐘 🏠Bergenhus Fortress ☎5530-8036 🕐10:00~14:00(6月~8月至16:00) 💲成人120 NOK，17歲以下免費 🌐www.bymuseet.no ✦持卑爾根卡免費

哈康城堡是目前挪威境內所留存面積最大的中世紀建築，建於750年前，由挪威中古史上最重要的一位國王哈康哈康森（Håkon Håkonsson）所興

建，由於卑爾根時值挪威的政經中心，這座城堡算是當時最氣派的王室建築。1261年，哈康國王就是在這裡為兒子馬格努斯（Magnus Håkonsson）舉辦盛大派對，迎娶丹麥公主，當時有2千人參與盛會，極為風光熱鬧。

不過隨著王室沒落，哈康城堡也成了倉庫，1944年甚至被德軍炸毀，徒留四壁。城堡於二次大戰後重建，內部交錯的木樑及磚石結構以及城堡外的人頭雕飾，都顯得相當別緻。現任的挪威國王有時仍會在此舉行會議。

卑爾根市中心Central Bergen

MAP ▶ P.171C1

漢撒博物館

MOOK
Choice

Det Hanseatiske Museum

貿易商與學徒的生活面貌

🚶 從遊客中心步行約4分鐘 🏠Finnegården 1A 🌐www.museumvest.no ❗博物館目前關閉整修，預計2024年重新開放，館內收藏暫時移至漢撒集會所繼續展出

布里根建築群的生活方式，類似今日的社區生活，由5~10個房屋組成一個單位，共用港口、倉庫、起重機具、廚房，以及集會所等空間。而屋舍不僅供住宿用，同時也是儲藏、交易的場所。在14世紀的極盛期，布里根一帶約有30組這類建築。

漢撒貿易商屋子裡的成員，並不是商人的家庭，而是數十位男子。因為當時規定商人不得結婚，所以除了商人本身以外，屋子裡的成員就只有秘書和近十位男學徒。在這個組織裡，商人享有極高的權力，他們可以在寒冷的冬天獨享屋子最溫暖的房間！至於學徒，則必須跟著商人學習至少6年，才有資格考試升等為秘書。學徒的臥房有4個睡鋪，而且每張睡鋪還必須擠兩個人，這段學徒生涯相當辛苦，就期望有朝一日也能成為貿易商。

另外，一進屋內大廳，便可聞到滿屋子魚乾和獨特的香味，這就是漢撒貿易商屋子的特色。在丹麥國王特許下，貿易商們以優惠的條件從英國進口穀類、麵粉等生活必需品，交換北方漁民的鱈魚乾貨，銷往歐洲內陸。鱈魚乾主要用來提煉魚肝油，作為燃燈的原料。

當時所有的屋子裡都不准點燈、用火，甚至連酷寒時期都不准燒柴取暖。屋內的樑上可看到許多麻繩綁著的水桶，是當時簡易的滅火設施。

卑爾根市中心Central Bergen

MAP ▶ P.171B1

漢撒集會所

Schøtstuene

再現集會所景象

🚶 從遊客中心步行約10分鐘 🏠Øvregaten 50 ☎5300-6110 🕐5月中~9月中11:00~17:00，9月中~5月中11:00~15:00 💰成人120 NOK，兒童免費 🌐www.museumvest.no 🎫持卑爾根卡8折

每一組漢撒貿易商的建築裡，都會共用一個集會所，而且距離主建築有點遠，以避免火災時波及主建築。集會所也是唯一可在室內升火取暖、享用熱食的地方，大家也常在這裡玩「遊戲」。這些「遊戲」都有點殘酷，多半是對新進學徒的下馬威，包括綁人、煙燻人或泡水等五花八門的花樣。

這裡展示了3間集會所和廚房，其中兩間是複

製其它地點的集會所。廚房中央是一排石灶，上面鋪著木炭取火，石灶上方吊掛一排鍋具，牆上還展示著各種古老的廚房用具。

卑爾根市中心Central Bergen

MAP ▶ P.171D1-D2

科德美術館

KODE Kunstmuseer

跨越世代的文藝之美

🚶 從遊客中心步行約8分鐘　🏠 KODE 1：Nordahl Bruns gate 9，KODE 2、3、4：Rasmus Meyers allé 3, 7 & 9　☎ 5300–9700　🕐 9月中~5月中平日11:00~16:00（KODE 1&2週四至20:00），週末11:00~17:00；5月中~9月中10:00~17:00（KODE 2&4為11:00起）　🚫 9月中~5月中的週一　💲 成人150 NOK，18歲以下免費　💻 www.kodebergen.no　🎫 持卑爾根卡5~9月75折，10~4月免費

科德美術館合併了原本的卑爾根美術館和西挪威裝飾藝術博物館，成為北歐規模最大的美術

館，目前分為KODE 1、2、3、4四個館區。

KODE 1專門展示從16世紀至今，以挪威為主的歐洲工藝設計，包含紡織品、陶瓷、家具和銀器等。其中一定要看的，是一把製造於1562年、世上現存歷史最悠久的小提琴，並曾為19世紀挪威音樂家Ole Bull所使用過。另外還有一間椅子主題的大型展覽室，陳列了約2千張從16世紀至今的椅子。

KODE 2則是當代藝術美術館，每年也策劃好幾個不同性質的臨時特展。KODE 3是來自實業家Rasmus Meyer於1923年捐出來的收藏品，大部份以挪威1814~1914年間的畫家作品為主，其中以孟克的繪畫最為吸引人。

KODE 4的1樓以展示挪威和國際間1950年後的當代藝術作品為主，2樓則收藏1840~1900年間，如浪漫派大師J. C. Dahl的繪畫，另外還有15~19世紀藝術大師的收藏，以及來自俄羅斯和希臘的錢幣；3樓則是探索20世紀的挪威藝術。但最大的焦點，還是在西翼展區中畢卡索和保羅克利的作品。

卑爾根市中心Central Bergen

MAP ▶ P.171A3

卑爾根水族館

Akvariet i Bergen

親近可愛的海洋生物

🚶 從遊客中心步行約20分鐘；或從市區搭乘巴士11號前往　🏠 Nordnesbakken 4　☎ 5555–7171　🕐 每日09:00~18:00（9~4月10:00起）　💲 成人345 NOK，3~15歲220 NOK　💻 www.akvariet.no　🎫 持卑爾根卡3~10月75折，11~2月免費入場。每小時有不同的表演及餵食秀

卑爾根水族館深受小朋友喜歡，是當地校外教學或假日親子遊的熱門去處。館區飼養企鵝、海豹和鯉魚的戶外池，每天都有餵食秀或生態教學，工作人員同時以挪威語和英語介紹動物的名字和習性，而牠們

一個個逗趣可愛的模樣，也惹得全場笑聲不斷。

室內有2個樓層，觸摸區可以讓遊客直接摸到海星、海參、海膽等海洋生物。在60多個水族箱或飼育區中，養著包括鱈魚、狼魚等眾多魚類；而透過海底隧道兩側的玻璃，可以看到各種海底生物在身邊游來游去，非常有趣。

`MAP ▶ P.171C1`

魚市

MOOK Choice

Fisketorget

饕客必逛的海鮮市場

🚩 遊客服務中心旁 ⏰ 1~4月中10:00~22:00，5~9月08:00~23:00；10~12月10:00~18:00

卑爾根的魚市集中在港口邊的老市區，早從16世紀起，這裡就是魚貨的集散地。現在魚市場則成為觀光客流連徘徊之處，可挑選新鮮鮭魚、鮪魚、鯖

掃地圖

魚、龍蝦、帝王蟹、蜘蛛蟹等海產。來到魚市場不妨嘗嘗北歐人常吃的各式醃漬鯡魚，味道酸甜，適合拌沙拉或夾在三明治裡；或是外觀長得像牙膏的軟管包裝魚子醬，可用來塗抹長棍麵包，非常美味。

`MAP ▶ P.171C1`

卑爾根大教堂

Bergen Domkirke

莊嚴的信仰中心

🚩 從遊客中心步行約6分鐘 🏠 Domkirkeplass 1 🌐 kirken.no/bergendomkirke

掃地圖

教堂在1150年建立之初原是座小石頭教堂，膜拜陣亡後被封為挪威主保聖人的奧拉夫二世（Olav den Hellige）。到了13世紀兩度遭受火災，此時方濟會教義正好傳到卑爾根，修士便重建了這座教堂。然而教堂在1463年又遭到祝融損毀，成為廢墟好一陣時間，路德教派傳入北歐時加

以重建，作為他們的宗教寄託之所。現今看到的教堂是在1880年重建的，將原有的尖型高殿改成高塔，本來的洛可可風格也被哥德式外觀取代。而在1665年英荷戰役中，卑爾根也受到波及，當時的一顆砲彈現在還被嵌在教堂西牆內。

`MAP ▶ P.171D2`

卑爾根大學文化史博物館

Universitetsmuseet i Bergen – Kulturhistorie

觀察歷史的足跡

🚩 從遊客中心步行約20分鐘 🏠 Haakon Sheteligs plass 10 ☎ 5558-0000 💰 成人150 NOK 🌐 www.universitetsmuseet.no/nb ✚ 持卑爾根卡免費 ❶ 卑爾根大學文化史博物館目前因整修暫停開放

掃地圖

博物館隸屬於卑爾根大學，以保存挪威的文化歷史為初衷，漸漸也成為研究該領域的重要學術中心。博物館以收集西挪威和其他國家有關文化、藝術、考古學、人類學的各種歷史收藏為主，1樓有關於維京時期的展品，2樓則有教堂藝術和俄羅斯的錢幣收藏；3樓的參觀重點為民俗文化及生活藝品，像是家具和紡織品；4樓則以異國文化為主，其中以美洲原住民文化和探討埃及「永生」主題的展覽室最為吸引人，後者甚至還看得到兩尊木乃伊。

卑爾根市中心Central Bergen

MAP ▶ P.171C1

Opus XVI酒店

住進古典音樂的世界裡

🚶 從卑爾根火車站步行約7分鐘　🏠 Vågsallmenningen 16
📞 5301-2200　💲 $ $ $ $ $　🌐 opus16.no

　　愛德華葛利格（Edvard Grieg）是出生並成名於卑爾根的作曲家，他也是歐洲19世紀浪漫主義的代表人物之一，最有名的作品是《A小調鋼琴協奏曲》以及與易卜生合作的《皮爾金組曲》等，而前者便是他的第16號作品，也就是這間五星級酒店的名字。會以葛利格的作品命名，是因為這間酒店的經營者正是葛利格家族的成員。

　　酒店外觀有著紅色磚牆與花崗岩基腳，主體建築建於1876年，在當時是一間名為Banco Rotto的銀行。19世紀中以前，卑爾根是挪威最大的城市，而Banco Rotto則是卑爾根最大的銀行，這便是這棟建築建得如此莊嚴氣派的原因。有意思的是，當它在1918年最後一次擴建時，建築師正是葛利格的表兄弟。

　　雖然今日已被改建為酒店，這裡處處仍保留從前作為銀行大樓的痕跡，而既然是以葛利格為號召，當然也少不了這位「卑爾根之光」的影子。酒店前台上就擺著一本葛利格的傳記，一旁門框上則是葛利格的半身胸像，大廳裡還收藏了一些從前葛利格音樂會公演時所使用過的樂器，就像間小型的音樂展示館。至於整體裝潢亦營造出古典音樂雍容、浪漫的氛圍，下榻於此，有如正要去欣賞一場音樂演奏會，氣質彷彿也高雅了起來。

老卑爾根博物館
Gamle Bergen Museum
重現18世紀的小鎮風光

🚌 在遊客中心附近搭巴士3、4、5、6、83號至Gamle Bergen站，步行約3分鐘 🏠 Nyhavnsveien 4, Elsero ☎ 5530-8034 ⏰ 09:00~16:00 🈺 9月初~5月中 💲 成人120 NOK，16歲以下免費 🌐 www.bymuseet.no 🎫 持卑爾根卡免費

這座露天博物館位在海灣邊，集合了來自卑爾根附近約55座18~20世紀的木造房子，由於卑爾根屢遭祝融之

災，木屋保存不易，讓這座博物館的「館藏」格外珍貴。黃、紅、白等色彩亮麗的木屋，沿著山丘青石路直上，景色十分漂亮。當時黃、紅色的房子很多，並不是因為卑爾根人偏愛暖色系，而是這兩種顏色的油漆最便宜。而藉由瀏覽當時商店、麵包坊、理髮店、牙醫診所，以及攝影師、船長、船員等房舍的內部裝潢，更可了解從前的小鎮人民生活。

佛羅伊恩山和尤里肯山

Fløyen & Ulriken
享受山頂的遼闊景色

佛羅伊恩山纜車乘車處

🚶 從遊客中心步行約6分鐘 🏠 Vetrlidsallmenningen 23A ☎ 5533-6800 ⏰ 07:30~23:00（週末09:00起）10:00~19:00間每15分鐘一班，其他時間每半小時一班 💲 4~9月：成人來回票 160 NOK，4~15歲及67歲以上80 NOK；10~3月：成人來回票120 NOK，4~15歲60 NOK 🌐 www.floyen.no 🎫 持卑爾根卡5折

尤里肯山纜車

🚌 於Strandgaten與Torgallmenningen路口搭乘接駁巴士Ulriken Express至纜車站，4月~10月中09:00~18:00，每半小時一班 🏠 Haukelandsbakken 40 ☎ 5364-3643 ⏰ 5月~9月09:00~23:00；10月~4月09:00~19:00（週四~六至23:00） 🈺 週一 💲 纜車來回票：成人365 NOK，4~16歲150 NOK；纜車單程票：成人210 NOK，4~16歲100 NOK；接駁巴士：成人100 NOK，4~16歲50 NOK 🌐 ulriken643.no 🎫 持卑爾根卡9折

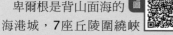

卑爾根是背山面海的海港城，7座丘陵圍繞峽灣，美麗的景致不需遠行，登高即可。其中，佛羅伊恩山和尤里肯山最方便遊客登頂賞景。

高320公尺的佛羅伊恩山可搭乘Fløibanen纜車前往，纜車站就在市區，相當便利。纜車以每秒

4.2公尺的速度，僅需5~6分鐘，就可以登頂擁抱遼闊視野，欣賞城鎮和峽灣美景。如果想活動筋骨，可以沿一旁的步道徒步登頂，沿途行經充滿鳥語花香的森林小徑，邊吸收美妙的芬多精，邊感受卑爾根的自然風情。而距離市區約2公里遠的尤里肯山，高643公尺，是本地最高的一座山峰，同樣可以從山下搭乘纜車直上峰頂，登頂後曲折的海岸線和星羅棋布的小島美景盡收眼底，也讓人大嘆不虛此行。

松恩峽灣 Sognefjorden

MAP ▶ P.9A6

松恩峽灣
Sognefjorden

四季變換的山水詩篇

🌐 www.sognefjord.no

掃地圖

挪威的峽灣景色絕奇，在世界美景中名列前茅。峽灣的形成起因於萬年前冰河溶解、移動，經年累月地將山谷向下切割成U形谷的地形，而當海平面上升，海水順流進入山谷，於是便形成了峽灣。

峽灣周邊山崖峭壁、飛瀑處處的壯麗美景，是其最吸引遊人目光的原因。挪威峽灣中，以松恩峽灣、哈丹格峽灣、蓋倫格峽灣、呂瑟峽灣和北峽灣（Nordfjord）這五大峽灣最為有名，其中位於卑爾根以北的松恩峽灣，完整表現出挪威峽灣的各種美景特色，加上地理位置正好位於奧斯

從卑爾根航向峽灣

峽灣區因為山勢地形破碎又複雜，火車並沒有經過，必須開車前往。對於觀光客而言，最容易接近峽灣也是最享受的方式，就是搭船遊覽。遊船朝向層層疊疊的山巒深處前行，劃破醞釀千萬年的靜謐，劃開幾乎靜止的如鏡水面，讓人折服於大自然的神奇。要進入松恩峽灣水域，除了選擇「挪威縮影」的行程外，也可以從卑爾根港口搭乘Norled的直達快船前往。

Norled

🏠 卑爾根Strandkai碼頭 🕐 4~10月，每日08:00從卑爾根出發，平日13:40(週末13:25)抵達弗拉姆 💲 單程票：成人 970 NOK，4~15歲及67歲以上半價 🌐 www.norled.no

陸和卑爾根兩大城市之間，因為容易安排行程而成為最熱門的旅遊路線。

松恩峽灣是世界最長的峽灣，頭尾綿延204公里，最深處則有1,308公尺，而巍峨的峭壁最高處更是高達2,405公尺，搭乘遊船仰望，更覺自身渺小。此外，其分支納柔依峽灣（Nærøyfjorden）是世上水面寬度最狹窄的峽灣，與蓋倫格峽灣並列為聯合國教科文組織的世界遺產。

依照各種峽灣套裝行程的不同，遊客還有可能拜訪奧爾蘭（Aurland）、拉達爾、弗拉姆這些寧靜的小鎮，如果時間允許，可再到不遠處的傳統木板教堂參觀，這個區域共保存了5座這種類型的教堂，數量名列挪威之冠。

挪威縮影1日之旅 Norway in a nutshell

從卑爾根出發，有各種旅遊套裝行程方便遊客參加，也可以自行購買各段鐵路、渡輪和巴士票券，透過不同的交通工具，來領略松恩峽灣之美。

最方便的方式是參加由Fjord Tours營運、名為「挪威縮影」的套裝行程，不管是從奧斯陸或卑爾根出發，沿途轉乘火車、高山鐵道、峽灣渡輪和巴士，都一次安排妥當，只要買一張票，所有行程通通搞定。一日行程的標準路線The original Norway in a nutshell總共轉乘5段行程，搭乘4種交通工具，可在14小時內欣賞到高山、峽灣、飛瀑和小鎮，一口氣網羅挪威的經典美景，相當值回票價。另外還有一條路線是Sognefjord in a nutshell，從卑爾根直接搭船到弗拉姆，享受更長更完整的松恩峽灣時光。

若是從奧斯陸出發，也有二日行程的選擇，會在弗拉姆小鎮上停留一晚，細細品味挪威的山城風情。

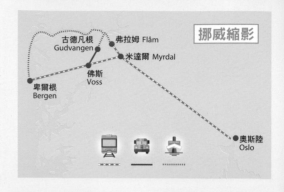
挪威縮影

⌂可直接上官網購買。台灣的飛達旅遊亦有代理 ☏5555-7660 ⏰全年運行，一日行程皆在早上8點多出發，行程約12~14小時，詳細時刻請上官網查詢 $Norway in a nutshell行程1880 NOK起，Sognefjord in a nutshell行程2205 NOK起 🌐www.norwaynutshell.com

奧斯陸 Oslo → 米達爾 Myrdal：挪威國鐵

這段鐵路屬於奧斯陸至卑爾根間的鐵道，曾在1999年被選為世界最漂亮的鐵路路線。隨著高度不斷爬升，林相與景觀也隨之變化多端，群山映照在清澈的湖面上，美得叫人屏息。遠望高低起伏的地形，轉個彎就出現另一幅美景，令人不由得快門連連，無可遏抑。

米達爾 Myrdal → 弗拉姆 Flåm：弗拉姆高山鐵道

這段火車路線是世界最陡的鐵路之一，從標高866公尺的米達爾下降到海拔2公尺的弗拉姆，平均每18公尺距離就下降海拔1公尺的高度。精華景點是Kjosfossen瀑布，列車會停下讓遊客拍照。這個水量超級豐沛的瀑布，水聲隆隆，令人連交談都不容易。行程的終點是弗拉姆，在此轉搭中型渡輪由水路進入峽灣。弗拉姆是個童話般迷人的峽灣小鎮，周圍適合獨木舟、健行等活動，若有充裕的時間，建議可選擇兩天行程，在此多停留一晚。

弗拉姆 Flåm → 古德凡根 Gudvangen：峽灣渡輪

從弗拉姆出發後首先進入奧爾蘭（Aurland）峽灣，這段是水面最寬的一段，接著進入納柔依峽灣（Nærøyfjorden），水路漸窄，最窄的地方僅250公尺寬。而兩側高山長年積雪，在陽光下閃耀，有著令人眩目的美麗。納柔依峽灣不僅被聯合國教科文組織列為世界遺產，迪士尼團隊更是以此地的景色為靈感，創造出電影《冰雪奇緣》中的美麗的艾倫戴爾王國。不過因為高峻的山巒遮蔽太陽，即使在夏季前往，陽光都無法長時間照射水面，氣溫甚低，所以保暖衣物是必備的。

挪威…
卑
爾根與松恩峽灣 Bergen & Sognefjord

利用行李托運，輕裝上路才是王道

由於挪威縮影行程中變換多種交通工具，高山鐵道的月台落差較大，且火車和巴士的行李置放空間有限，建議不要攜帶太大的行李箱，或是多利用行李托運服務。在Fjord Tours的官網上可找到Luggage transport的頁面，在行程出發之前24小時上網預訂，選擇收件與取件的旅館，即可輕鬆上路。不過要注意的是，Fjord Tours並不接受旅館名單以外的住宿地點，如民宿、Airbnb等，而機場酒店也不在運送的範圍內，且行李的保險亦需自行投保。

🔽 出發當日06:30前將行李放到旅館前檯，當天21:00後即可到目的地的旅館前檯領取 💲 每件行李300 NOK 🌐 www.fjordtours.com/luggage-transport-norway

古德凡根 Gudvangen → 佛斯 Voss：巴士

渡輪開到古德凡根這個城鎮後便下船。此時再轉乘巴士前往佛斯，一路沿著陡峭的山路抵達Stalheimfossen瀑布，必須經過13處急轉彎，從每個角度都可一瞥Stalheimfossen瀑布驚世之美。自19世紀起，遊客便絡繹不絕來觀賞這道瀑布，唯這段山路因冬季大雪封山，每年10~4月封閉，所以如果在這段時間前往，就欣賞不到這段美景，所幸一路上的村莊、溪流和森林風光也是十分漂亮。

佛斯 Voss → 卑爾根 Bergen：挪威國鐵

佛斯這個河畔小鎮是冬季滑雪的勝地，也是從奧斯陸出發的挪威縮影行程中最後的一段，可從這裡搭乘挪威國鐵到卑爾根。如果選擇來回行程的人，則費用內包含從卑爾根回到奧斯陸的臥鋪火車。

松恩峽灣 Sognefjorden

MAP ▶ P.179B1

弗拉姆

Flåm

環抱山光水色

🚉 搭挪威國鐵至Myrdal站，再轉乘弗拉姆鐵道至Flåm站即達。從奧斯陸到米達爾，每日4班，車程約4.5~5小時；從卑爾根到米達爾，每日6班，車程約2~2.5小時；米達爾到弗拉姆，每日4~10班，車程約50分鐘。或是參加挪威縮影行程；或搭乘渡輪前往

弗拉姆遊客服務中心

🏠 在弗拉姆碼頭與火車站之間　☎ 5763-1400 ◉
08:30~17:00　🌐 www.visitflam.com

　　弗拉姆不但是弗拉姆鐵路的起訖站，也是松恩峽灣的重要停泊點之一，其名字在挪威文中的原意為「高山間的平地」。小鎮坐落在青翠山谷間，倚著深邃峽灣、群山環伺，風景優美，相當值得多停留一天。

　　這裡從1898年開始開路，1940年火車才通車，也許是因為開發得晚，才能維持小鎮的淳樸原樣。小小的鎮上有火車站、碼頭，還有飯店、餐廳、紀念品店等設施，觀光條件齊備。在遊客中心櫃檯可報名各種峽灣行程，像是巡航納柔依峽灣的遊船就很搶手；另一個熱門行程是搭乘快艇前往古德凡根的Fjord Safari，由於更貼近水面，峽灣看起來也更加壯觀，中間還有機會到挪威棕色乳酪的故鄉遊覽，品嘗罕見的美味。而標高650公尺的Stegastein觀景台也是必去景點，從高處俯瞰峽灣，沿途還可望見終年冰雪不融的Aurlandsfjellet景觀道路；或是參加1日遊程遊覽拉達爾、奧爾蘭、木板教堂等周圍小鎮。

　　若想安步當車，小鎮附近也規畫出將近10條適合健行及單車的路線，步行短則半小時，最長約5小時，路線圖可向遊客中心索取。也可以騎腳踏車到距離4公里外的傳統農村Otternes，認識挪威山區住民的生活。

弗拉姆鐵路 Flåmsbana
☎5763-2100

	單程票		來回票	
	成人	6~17歲	成人	6~17歲
4月、10月	410 NOK	103 NOK	590 NOK	148 NOK
5~9月	470 NOK	118 NOK	680 NOK	170 NOK
11~3月	350 NOK	88 NOK	500 NOK	125 NOK

🚆於www.visitflam.com或www.vy.no訂票 ✿持歐鐵通行券 Eurail Pass，購買單程票享7折優惠 ❗無須事先訂位，可於米達爾或弗拉姆車站購票

往返米達爾和弗拉姆之間的高山火車，是世界標準軌距（1.435公尺）鐵路中最陡的一段，全長20.2公里，從標高867公尺的米達爾下降到2公尺的弗拉姆，平均每18公尺就下降海拔1公尺的高度。

當初計畫興建是為了延伸奧斯陸至卑爾根鐵路的峽灣支線，因為高山地形陡峭，始於1923年的鐵路工程，花了20年才完工。而期間最耗時的就是隧道的開挖，在當時大部分工程仍依靠人力的年代，沿線隧道都是手工挖鑿，每1公尺就得花1個月的時間完成。1998年，民間發展公司從挪威國鐵手中接管了弗拉姆鐵路，成為挪威少數私營鐵路之一。

弗拉姆鐵路之所以每年都能吸引5萬名遊客搭乘，不僅僅是其背後工程的難得，沿線風光更是令人難忘。火車沿途有幾個停靠點，其中最經典的就是Kjosfossen瀑布，這道瀑布高度落差約93公尺，水量豐沛傾洩而下，1900年在此曾設有一座水力發電廠。在讓遊客下車欣賞瀑布磅礡氣勢的同時，播音器還會傳來當地民謠，在靠近瀑布的地方會出現一位長髮的紅衣女子，隨著樂聲翩翩起舞，這是當地觀光單位為重現挪威山中精靈神話而特意安排的。

鐵路沿途最險峻的地勢要算是Blomheller站，那裡可見湍急的河水流經鐵路下方，而Berekvan站則是雙向列車唯一會車之處，要拍攝會車畫面的人請把相機準備好。到Håreina站可見黑色木造的弗拉姆教堂，此時距離終點站也不遠了。

弗拉姆鐵路博物館 Flåmsbana Museet
📍位於弗拉姆火車站旁 🕘每日09:00~17:00 💲免費

在弗拉姆火車站的旁邊，有座弗拉姆鐵路博物館，展示著這條世界最陡寬軌鐵路的背後故事。從入口處的小巧紀念品店，其實看不出這間博物館裡頭究竟有多大乾坤，直到走過一間又一間展示廳，才驚訝地發現原來這間不收門票的博物館竟然收藏了這麼多東西。館內豐富的照片、影片、檔案等文物，訴說當年建造弗拉姆鐵路的艱辛過程，那時除了技術方面需要不斷克服外，在社會及法律上也存在種種挑戰。實物展示方面，可看到從前興建鐵路的工具、車站設備等，鎮館之寶是一輛EI 9型火車頭，以及一輛調車機車頭。此外，這裡也有介紹鐵路建造時，弗拉姆一帶的居民生活情景。

MAP ▶ P.179B1

拉達爾

Lærdal

峽灣深處的小村莊

🚌 從弗拉姆車站，可搭乘Nor-Way城際巴士的NW420或Vy express的VY450到拉達爾鎮中心，平日兩個班次，週末約一至兩個半次，車程50分鐘，網路票價約54~127 NOK。或向弗拉姆遊客中心預定前往拉達爾的相關行程

拉達爾遊客服務中心

🏠 Øyraplassen 14, 6887 Lærdal ☎ 4827-7526 ◗ 6~12
月每日11:00~19:00 🌐 www.sognefjord.no

　　拉達爾是位於松恩峽灣深處的一座小村莊，村裡保留了超過150棟16~17世紀的木屋建築，除了可以搭巴士行經拉達爾隧道來到這裡，亦可搭乘一段渡輪沿途感受松恩峽灣的魅力。來到拉達爾，市區內的鮭魚中心是一定不能錯過的景點，或是再搭巴士或參加當地行程，前往木板教堂參觀。

掃地圖

鮭魚中心 Norsk Villaks Senter

🏠 Øyraplassen 14, 6887 Lærdal ☎ 9003-9413 ◗ 6~8月每日
11:00~23:00 💲 成人90 NOK，長者70 NOK，6~16歲60 NOK 🌐
www.villakssenter.no/laerdal ❗ 鮭魚中心 Norsk Villaks Senter
目前正進行整修，預計2023年夏天重新開放

　　野生鮭魚中心除了展示鮭魚生態，也致力於鮭魚的生長研究。鮭魚中心分有兩個樓層，由於緊鄰挪威鮭魚年產量最多的河川，利用地緣之便，除了以詳細圖文介紹不同品種的鮭魚成長過程與洄游生態外，在一樓室內架上的觀景窗，遊客還可透過長廊式的玻璃，近距離觀察鮭魚。另一側同樣引進河水，依照鮭魚生長的階段，將不同大小的鮭魚放在戶外觀賞池中，鮭魚停留在觀賞池的時間只有在旅遊旺季，一過旅遊季節，館方就會讓鮭魚游回河川。

　　鮭魚每年約成長1.5公斤，生長在這裡的鮭魚到2~3歲就會游向大西洋，6歲便以每天100公里的速度洄游到自己的出生地。鮭魚適合生長在6~28℃水溫的河川，而魚肉之所以呈粉紅色，多少和牠習慣食用的水中生物或蝦有關。想瞭解更多鮭魚生態與成長過程，館內放映室定時播放一部以鮭魚生長為主題的紀錄片，20分鐘的影片詳實記錄了鮭魚的一生。

　　鮭魚中心另有教導青少年如何製作飛蠅魚鉤、模擬釣鮭魚的遊戲，重現19世紀人們釣魚的工具。

拉達爾隧道 Lærdalstunnelen

拉達爾隧道長24.5公里，連結奧爾蘭（Aurland）和拉達爾之間，是目前全世界最長的公路隧道。以前，往來交通走的是挪威的國家景觀道路──雪之路（Aurlandsfjellet），這段路程需要翻山越嶺，冬季更常常冰雪封路，2000年隧道開通後，行車時間便大為縮短。

隧道限速80公里，每6公里就有一個像洞穴一樣的停點，在各停點都打上藍色的光並搭配不同顏色的光源，讓原本只是普通通勤的隧道也成為觀光景點之一。每個停點兩側都有可靠邊停車的位置，遊客可下車拍照，但請注意來車。

木板教堂 Borgund Stave Church

往返卑爾根、拉德爾和弗拉姆之間的巴士會在此停靠，或可向弗拉姆或拉達爾遊客服務中心預定行程 5766-8109 4月中~10月中 09:30~17:30 10月中~4月中 全票110 NOK，半票80 NOK www.stavechurch.com

在松恩峽灣一帶約有5間挪威木板教堂，這些稱為「Stave-Church」的教堂，是北歐特有的教堂建築，多建於1130~1350年間，目前以挪威保留的28座數量最多。

所謂的Stave-Church是以木材搭建，最大特點是其外牆使用木板以垂直方式嵌疊，和一般以水平方式往上建構的木房子不同。早期的木板教堂是直接在土地上興建，由於木材遇到土壤易腐，後期的建築則以石頭為基石，如此建築物才得以保存。

木板教堂可依建築形式分為4種，包括Haltdalen、Borgund、Rødven、Uvdal。座落在Aurland山上的木板教堂因為整幢建築呈矩形，且具有教會中堂和聖壇刻意挑高等特點，而被認定為「Borgund」形式的木板教堂，同時也被譽為挪威境內被保存最完整的木板教堂。

Borgund木板教堂建於1180年，屋頂兩端的龍型裝飾有兩種不同說法，一是源自維京文化，另一個則說是出自聖經。當時教堂建造的方法也很講究，正門一定是向西往東走進教堂裡，這座教堂正門上刻有許多龍和蛇交纏的圖騰，象徵善惡之戰，其他維京文字則載明為教堂奉獻金錢者的代稱。

教堂內四周共有12根主要支柱，每根支柱上都刻著不同表情的臉，牆上和支柱上方的「X」形木板，同時具有裝飾和支撐建築的功能。

教堂中堂現在看來空無一物，其實在1567年因為天主教影響，曾經擺了一些長凳，在1877年為了恢復原樣，才將凳子撤走。屋頂內部的建築架構，被部分學者認定和維京船的結構是相同的，在參觀時，不妨抬頭看看。教堂外的鐘樓則建於中世紀，據稱是目前挪威僅存的同時期鐘樓建物。

在教堂的斜前方有一座遊客服務中心，除了紀念品店和咖啡廳，一旁還設置了關於木板教堂的展示室，展示空間不大，但清楚解構木板教堂的建築形式與興建年代。

斯塔萬格與呂瑟峽灣
Stavanger & Lysefjorden

文●李曉萍　　攝影●李曉萍

早在西元872年統一挪威的哈弗斯峽灣（Hafrsfjord）戰役，就開啟了斯塔萬格的發展之路。市中心的斯塔萬格大教堂於1125年完工，讓這裡獲得城市地位，只是數百年來城市人口一直發展緩慢。直到19世紀初，豐富的鯡魚漁獲量改變了城市命運，1873年，第一個沙丁魚罐頭工廠設立後，斯塔萬格逐步成為歐洲最大的沙丁魚罐頭加工基地。

現在的斯塔萬格是挪威第三大都會區，而城市的富裕和人口快速擴張，真正功臣還是在北海發現的黑金。由於1970年代北海油田的開發，斯塔萬格成為油氣田設施和船隻維修及後勤基地，而獲得「北海油都」之稱，北歐最大的石油公司——挪威國家石油公司的總部即設立於此。

從火車站往碼頭方向步行，內灣碼頭VÅGEN的西岸是舊城區，保存北歐最完整的18到19世紀木屋群，東岸則是瀰漫悠閒風情的徒步購物區，由於斯塔萬格是少見沒發生過重大火災的歐洲城市，因此鵝卵石街道兩側依然留有許多古意盎然的17世紀木造建築。其中，Øvre Holmegat街最具特色，五彩繽紛的木屋順著斜坡延伸，餐廳、咖啡館和家飾店無不發揮巧思，將街道妝點得熱鬧可愛。

斯塔萬格市區有許多主題博物館，石油博物館、罐頭博物館和海洋博物館都是了解城市歷史的好地方，而更吸引遊客到訪的原因，是作為進入呂瑟峽灣的入口城市。從斯塔萬格港口出發，可以搭乘郵輪一覽峽灣壯麗風光，也可以健行到峽灣兩岸的聖壇岩及奇蹟岩，居高臨下，俯瞰穿山鑿石的寶藍峽灣。

斯塔萬格＆呂瑟峽灣

- Tau
- Jørpeland
- 聖壇岩登山口
- 聖壇岩 Preikestolen
- 斯塔萬格 Stavanger
- Høgsfjorden
- 往 Fjord Line 渡輪碼頭
- 斯塔萬格機場 SVG
- Lauvvik
- Forsand
- 呂瑟峽灣 Lysefjorden Kjeragbolten
- 奇蹟石
- 奇蹟石登山口 Øygardstøl
- Lysebotn

圖例 ◉景點 ■城市 ❶遊客服務中心 ✈機場 ⚓碼頭

INFO

基本資訊

人口：144,877　**面積**：71.35平方公里

如何前往

◎飛機

從奧斯陸國際機場出發，有北歐航空（SAS）和挪威穿越航空（Norwegian）營運的航班直達斯塔萬格，航程約55分鐘；從卑爾根出發，航程約40分鐘。除了以上兩家航空公司，威德羅航空（Widerøe）也有提供飛航挪威南部其他城市的服務，班次均相當頻繁。此外，與瑞典斯德哥爾摩、丹麥哥本哈根之間，也都有往來班機。

斯塔萬格機場（Stavanger Lufthavn, Sola，代碼SVG）位於市區西南方，前往市中心最方便的方式是搭乘入境大廳外的Flybussen機場快線巴士，車程約20~30分鐘，每15分鐘一班。

斯塔萬格機場

🌐avinor.no/en/airport/stavanger-airport

Flybussen機場快線巴士

💰成人180 NOK（官網購票149 NOK），兒童與長者140 NOK（官網購票115 NOK）

🌐www.flybussen.no

🎫每位成人可帶4名兒童免費同行

◎火車

從奧斯陸中央車站出發，每日有6~7班Go-Ahead Norge的列車直達斯塔萬格，車程約8小時。建議可搭乘每日22:25出發的臥鋪火車，隔日07:20抵達，可同時節省交通時間和一日住宿費，需注意的是，使用歐鐵

票券搭乘臥鋪，需提前訂位，並加收訂位費用。

Go-Ahead Norge
🌐go-aheadnordic.no

◎**渡輪**
　　從卑爾根出發，可搭乘Fjord Line的渡輪前往斯塔萬格，1月初~2月初每週一、三、五與5月底~12月每日一班，13:30出發，航程約5.5小時。自駕遊的旅客，也可將車子開上渡輪。

Fjord Line
☎5146-4099
💰成人單程約265 NOK，單程含車490 NOK，4~16歲75 NOK，長者215 NOK
🌐www.fjordline.com

市區交通

　　斯塔萬格市區範圍不大，景點都是步行即可到達。若要前往市郊或是鄰近島嶼，可搭乘Kolumbus整合營運的大眾交通工具，費用依區域計算，單程票一小時內有效，可通用於巴士、地方火車和往來Byøyene或Hommersåk的渡輪。遊客大多活動範圍都在一區

內，單程票價42 NOK，24小時票85 NOK。可於火車站旁的公車總站服務處或售票機購票，車上購票須另加收手續費。

Kolumbus
🌐www.kolumbus.no

旅遊諮詢

◎**斯塔萬格遊客服務中心**
📍P.188A1
🏠Strandkaien 61
☎5185-9200
🕐6月中~8月平日08:00~18:00（週末09:00~16:00），9月~6月中09:00~16:00 🎫9月~6月中的週末
🌐www.fjordnorway.com/en/destinations/the-stavanger-region

◎**聖壇岩遊客服務中心**
📍P.187B1
🏠Preikestolvegen（聖壇岩步道入口公園）
☎9821-9975
🕐6月底~8月底每日13:00~17:00

斯塔萬格市中心

罐頭博物館
Norsk Hermetikkmuseum

石油博物館
Norsk Oljemuseum

舊城區
Gamle Staverger

呂瑟峽灣郵輪乘船處

海事博物館
Stavanger Maritime Museum

斯塔萬格大教堂
Domkirken

Breiavatnet

往機場、石中劍巴士乘車處

斯塔萬格火車站

巴士總站

往石中劍Sverd I Fjell

往🏛考古博物館Arkeologisk Museum

圖例　🔵景點　🏛博物館　✝教堂　🚉火車站　⚓碼頭　🚌巴士站　ℹ️遊客服務中心

Where to Explore in Stavanger & Lysefjorden
賞遊斯塔萬格與呂瑟峽灣

斯塔萬格市中心 Central Stavanger

MAP ▶ P.188A1

罐頭博物館

MOOK Choice

Norsk Hermetikkmuseum

人工封存的海味與繁榮

🚶從火車站步行約12分鐘　🏠Øvre Strandgate 88　☎4587-3846　🕐11:00~15:00（週四至19:00，週末至16:00）　休週一　💲成人140 NOK，18歲以下免費　🌐iddismuseum.no

　19世紀前半葉，斯塔萬格的繁榮與沙丁魚罐頭產業息息相關，當時從斯塔萬格港口外銷的魚罐頭佔全國總量的70%，又以鯡魚佔多數，幾乎整個區域的婦女都投入魚罐頭加工的相關工作。

　罐頭博物館所在地就是以前的沙丁魚工廠，一樓以傳統工具逐步展示1870~1930年代，仰賴人工製作沙丁魚罐頭的方式，包含新鮮沙丁魚進廠後的清洗、挑選、鹽漬、煙燻、包裝、封罐等完整流程。二樓則收集了大量的罐頭標籤，甚至有以中文設計，外銷至中國的標籤。每月第一個週日、夏季的週二和週四，保持完好的烤爐將再次燒起柴火，屆時來訪，便有機會品嚐古法現做的煙燻沙丁魚滋味。

斯塔萬格市中心 Central Stavanger

MAP ▶ P.188A1

舊城區

Gamle Staverger

漫步歷史古韻

🚶從火車站步行約15分鐘

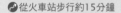

　踏上沿山坡砌築的石板街道，橘色屋瓦的白色木屋在陽光下顯得小巧可愛，家家戶戶的窗台是五彩繽紛的展示間，悉心照料的花卉，讓安靜的小巷弄生意盎然，斯塔萬格迷人的舊城區最適合散步。

　舊城區位於內碼頭的西岸，超過250棟保存完整的木造房舍，大多建於18世紀末到19世紀初，從前居民來自Ryfylke區域和鄰近島嶼，他們從原居住區移民到城市找尋工作機會，當時搬家都是連房子一起搬走，為了方便拆裝，以建造木屋為主，建築形式包含新藝術及實用主義的風格。現在除了幾間藝廊和精巧的手工藝品小店，大多為一般居民日常生活居住。

斯塔萬格市中心 Central Stavanger

MAP ▶ P.188A3

考古博物館

Arkeologisk Museum

認識北歐萬年文化歷史

🚶從火車站步行約7分鐘　🏠Peder Klows gate 30 A　☎5183-2600　🕐9~4月11:00~15:00（週二至20:00，週日至16:00），5~8月平日10:00~16:00(週末11:00起)　休9~4月的週一　💲成人100 NOK，兒童與長者40 NOK，學生免費　🌐www.uis.no/nb/arkeologisk-museum

　考古博物館收藏了挪威西南方羅嘉蘭郡（Rogaland）出土的豐富史前文物，包含石器時代、青銅時代、維京時代到中世紀晚期，可以了解北海地區跨域15,000年的自然與文化歷史軌跡。博物館內有許多珍貴稀有的展品，例如一具Viste出土的14歲男童骨骸，這是挪威保存最完整的石器時代骨骸，足以讓考古學家解讀8,200年前的飲食及疾病。另外也有只在北歐地區使用、刻於巨石上的神秘盧恩文字。而維京人的服裝和生活用品、鐵器時代的農家生活展示也值得參觀。

斯塔萬格市中心 Central Stavanger

MAP ▶ P.188A2

海事博物館
Stavanger Maritime Museum
滿足航海貿易夢

🚶 從火車站步行約7分鐘　🏠 Strandkaien 22　☎ 4076-9679　🕐 11:00~15:00（週四至19:00，週末至16:00）　休 週一　💲 成人140 NOK，18歲以下免費　🌐 stavangermaritimemuseum.no

掃地圖

　19世紀初，斯塔萬格因捕撈鯡魚及魚罐頭加工而興起，逐漸發展成挪威最大的遠洋貿易城市，近代又因北海石油的開採而再次致富，斯塔萬格與海洋之間密不可分的關係，在海事博物館中都能得到解答。

　海事博物館成立於1926年，建築本身已有超過200年歷史，是當時典型的碼頭建築，混合商店、倉庫、辦公室與居住功能。一樓展示許多精緻的輪船模型、航海地圖、羅盤和潛水設備、船長室和倉庫等船上生活空間；二樓是專為兒童設計的角色扮演區域。閣樓的尖屋頂則是港口倉庫特色，直到20世紀初以前，小船都能停靠在緊鄰房屋下方，為了方便吊運貨物，閣樓內靠近港口的方向都會設置大型木製輪軸。靠近花園的空間重現20世紀商人的生活樣貌，可看見雜貨店、船東辦公室、屬於居住區的廚房和餐廳等。

斯塔萬格市中心 Central Stavanger

MAP ▶ P.188B1

石油博物館

MOOK Choice

Norsk Oljemuseum
解開石油產業之謎

🚶 從火車站步行約15分鐘　🏠 Kjeringholmen 1A　☎ 5193-9300　🕐 6~8月10:00~19:00，9~5月10:00~16:00（週日至18:00）　💲 成人150 NOK，4~16歲75 NOK　🌐 www.norskolje.museum.no

掃地圖

　石油博物館內各種有趣的互動式展覽，揭開讓斯塔萬格致富的關鍵產業之謎，可以了解挪威石油開採的歷史、開採石油的相關設備及知識、石油對挪威社會的影響及其帶來的經濟價值。

　博物館坐落於海港邊，外型低調卻難以忽視，平整的灰色岩板即來自於挪威的岩床，入口處重達1,700公斤的世界最大鑽頭，挑起遊客對石油產業的好奇。正式踏入石油世界前，建議先觀賞生動活潑的3D電影，透過影片介紹，能在短時間內認識石油和天然氣的生成、探測、生產及運用。偌大的室內開放展廳，分區展示各種製作精緻的海上平台及船舶模型、油管剖面、開採機具及各式各樣的鑽頭；走進搭建於海面上的模擬鑽油平台，更能想像石油工人的海上生活。

　除了靜態展品，還有許多好玩的互動式設施，例如透過特殊裝置，體驗潛水員在海底壓力下操作工具的技巧，或是坐進直升機模擬座艙，開啟海上石油平台的虛擬飛翔之旅。

郊區 Outskirts

MAP ▶ P.188A3

石中劍

Sverd I fjell

象徵和平的巨人之劍

🚌從火車站搭16號巴士至Madlaleiren站，再步行約5分鐘 🏠
Møllebukta, 4044 Hafrsfjord

三把巨大的銅劍，氣勢驚人地矗立於峽灣邊緣，像是以天神之力插入堅硬岩石，鎮守國家的安定象徵。這是1983年時，挪威國王奧拉夫五世（Olav V）請雕刻家Fritz Røed所設計，用以紀念西元872年發生於哈弗斯峽灣（Hafrsfjord）的重要戰役，這場戰爭的勝利象徵金髮哈拉爾（Harald Hårfagre）統一挪威各部族，從此建立強大的封建王國。其背後還有個浪漫故事，傳說哈拉爾當時愛上霍達蘭國王的女兒Gyda，但Gyda卻開出條件，只嫁給統一挪威的王者，哈拉爾於是接受挑戰，最終完成統一大業。

石中劍紀念碑的特殊造型，已成了斯塔萬格的地標，十餘公尺高的巨劍樣式各異，以挪威不同地區的維京人寶劍為模板設計，像是一種永久的盟約，分別代表和平、團結與自由。

呂瑟峽灣 Lysefjorden

MAP ▶ P.7A6

呂瑟峽灣

MOOK Choice

Lysefjorden

賞峭壁觀飛瀑

Rødne遊船

🏠Strandkaien碼頭搭船（海事博物館前） ☎5189-5270
🕐10~3月：週五至週日11:00；4月：每日11:00；5~9月：每日10:00、15:00（7~8月加開12:00班次） 💲成人725 NOK，4~15歲365 NOK 🌐www.rodne.no

呂瑟峽灣位於挪威西南方的Ryfylke區域，斯塔萬格是峽灣的出海口城市。深入內陸的峽灣長42公里，兩岸遍佈幾乎垂直的陡峭岩壁，最高達到1,000多公尺，而在某些水域，水深處也幾乎深達千尺。峽灣水面平靜如鏡，倒映著雄偉的高山巨岩，偶有遊船劃過，激起柔柔波光，才會驚覺眼前美景全是畫家筆下的作品。

親近呂瑟峽灣的方法很多，攀爬至聖壇岩或奇蹟石，站在峽灣上方，感受君臨天下的恣意暢

快，是夏季最熱門的活動，也可挑戰Flørli的天梯，4,444層通往山頂的階梯，只適合對腳力有信心的人。當然還有悠閒派的玩法，參加Rødne公司推出的遊船行程，優雅享受峽灣風光，航程中也可看到從高聳岩壁落下的瀑布、島嶼、與世隔絕的古老農場、數百年前為了躲避稅收而居住在岩壁間的流浪者洞窟、山羊和海豹等野生動物、以及仰望雄偉的聖壇岩。

呂瑟峽灣 Lysefjorden

MAP ▶ P.187C1

聖壇岩

Preikestolen

傲視峽灣的巨岩

🚗 4~9月可從斯塔萬格市中心搭乘特快巴士直接至登山口的Preikestolen Fjellstue，相當方便。

特快巴士的來回套票

🕐 4~9月每日08:00、10:00由斯塔萬格出發，車程約1小時，分別於14:00與16:00從登山口回程 💲官網購買來回票，成人450 NOK，4~15歲230 NOK（現場購票須加付手續費）🌐 gofjords.com

Boreal來回接駁巴士

💲成人399 NOK，兒童263 NOK 🌐 www.pulpitrock.no

聖壇岩是一塊突出於呂瑟峽灣前段的巨大岩石，四方而平整的岩石平台長寬大約25公尺，距離峽灣水面落差高達604公尺，站在平台上方眺望峽灣，腳下是如利刃筆直削切的垂直山壁，蜿蜒碧藍的河道閃爍光芒，兩岸連綿山巒連接藍天，特別有君臨天下的豪情壯闊之感，而巨石的形狀就像是牧師佈道的聖壇，聖壇岩因此而得名。

掃地圖

想居高臨下一睹峽灣壯麗，只有靠自己的雙腳。前往聖壇岩的健行步道單程約3.8公里，從海拔270公尺的停車場向上爬升334公尺，來回約4到5小時，路徑清晰，不太容易迷路。一開始有兩段較陡峭的石階和大岩塊上坡，雖然走起來氣喘吁吁，但沿途休息時能回望海峽及對岸城鎮，令人心曠神怡。經過一段架設於溼地草原上的木棧道後，接下來的路程就輕鬆了，經過上上下下的山道與平靜如鏡的湖泊，視野忽然變得開闊，和緩上升的岩坡盡頭，就是聖壇岩的所在，而所有的辛苦都將被驚豔絕景所取代。

健行步道的起點有停車場、遊客服務中心、提供住宿和餐飲的山莊**Preikestolen Fjellstue**，這裡也是沿途唯一有廁所的地方，建議先使用並補充飲水乾糧再出發。

4~10月是可以挑戰聖壇岩的季節，夏季7~8月溫暖舒適，最適合攀登，春秋兩季則要留心天氣狀況，4~6月若山上積雪未融，最好準備防滑的鞋子和登山杖，9~10月常有下雨，天氣不穩定。冬季結冰濕滑，山區為封閉狀態，不建議攀爬。

呂瑟峽灣 Lysefjorden

MAP ▶ P.187D1

奇蹟石

MOOK Choice

Kjeragbolten

膽量大挑戰

🚌 6~9月可從斯塔萬格巴士總站搭乘Go Fjords營運的巴士直接到Øygardstøl登山口；或是自行開車前往

Kjerag特快巴士的來回套票

🕐 6月、9月週末與7~8月每日07:45由斯塔萬格發車，10:15抵達登山口，16:30從Øygardstøl回程 💲官網購買來回票，成人790 NOK，4~15歲590 NOK（現場購票須加付手續費）
🌐 gofjords.com

©visitnorway.com

　　謝拉格山（Kjerag）位於峽灣深處，是呂瑟峽灣周圍山脈的最高點。讓這裡聲名大噪的，是一顆剛剛好卡在岩壁縫隙中的圓石，這顆石頭的大小僅容兩人同時站立，懸空於峽灣之上，被稱為奇蹟石。立足於萬丈深淵之上有什麼感覺，爬上奇蹟石就能了解腎上腺素急速分泌的刺激感！

　　步道起點在Øygardstøl，距離呂瑟峽灣盡頭的Lysebotn碼頭約7公里，健行路線來回大約10公里，需要5~6小時，從海拔高度640公尺的登山口向上攀升至1,020公尺的奇蹟岩所在地，雖然高差不大，但卻需要上上下下翻越三個山頭，一路上都是裸露而陡峭的岩壁，沒有固定路線，只

有部分山壁有輔助登山客往上爬的鐵鍊，所以若自行前往，要留意地上的紅色指標確認方向。只有停車場有餐廳、遊客中心和廁所，上山前一定要攜帶充足的飲水和食物。

　　6~9月是攀爬奇蹟岩最合適的季節，由於路程時間較長，難度也比聖壇岩高，建議早點出發，避免摸黑下山。由於奇蹟石無任何安全護欄，且沿路幾乎都是岩坡，積雪未融及雨天的時候相當濕滑，不適合攀登。

挪威⋯斯 塔萬格與呂瑟峽灣 Stavanger & Lysefjord

站在魔鬼的舌頭上

　　除了呂瑟峽灣的聖壇岩和奇蹟岩，挪威還有另一塊讓登山愛好者趨之若鶩的奇石，位於卑爾根東方的哈丹格峽灣（Hardangerfjord）地區，細長扁平的岩石懸空凸出於Ringedalsvatnet湖上，被稱為「魔鬼之舌」（Trolltunga）。站在舌尖能將蜿蜒深入群山間的碧藍峽灣盡收眼底，而來回約22公里，需攀爬10到12小時的路程，也是充滿挑戰的魔鬼行程。

　　前往魔鬼之舌並不容易，對沒有租車的自助旅者而言，可利用NOR-WAY推出的巴士行程，每年6月中至9月中的10:30與13:55從奧斯陸巴士總站出發，中間在Selsjestad換車後，於17:20與20:25抵達距離魔鬼之舌登山口最近的城鎮Odda，住宿一晚後，於隔日攀登。

NOR-WAY

💲 單程成人836 NOK，6~17歲236 NOK 🌐 www.nor-way.no

山區領航者──紅 T

　　挪威人熱愛戶外活動，對他們而言，健行就是真的要「Go into the wild」，所以健行路徑上的人工設施相對稀少，即使是大熱門的聖壇岩步道，沿途也沒有任何商店和廁所。此外，步道上也少有指示路標，想避免迷路，需要時時留意路徑兩側的石頭，看是否有用紅色油漆寫上的「T」字，只要找到這個標示，就知道走在正規路線上。而若是想前往難度較高的路線，還是建議跟隨專業山導。

　　雖然攀爬聖壇岩的難度不高，但一雙好走的健行鞋、排汗透氣的衣物和防風外套仍是必備，此外，充足的糧食、飲水也最好在斯塔萬格就備妥。

奧勒松與蓋倫格峽灣
Ålesund & Geirangerfjorden

文●林志恆　攝影●林志恆

奧勒松是挪威沿海峽灣航線上的一顆明珠，也是前進蓋倫格峽灣的重要基地，這座城鎮由3座島嶼所組成，周邊地區也是島嶼羅列、水道縱橫，舟楫悠遊穿梭其間，因而享有「挪威威尼斯」的美名，並多次被評選為挪威最美麗的城市。同時根據官方資料顯示，奧勒松無論是鱈魚還是鯡魚的魚獲量，都在全世界排名數一數二。

然而今日所見到的奧勒松，卻是浩劫重生後的樣貌。1904年的一場大火，全城盡數燬滅，重建時，建築師們以當時歐洲流行的新藝術風格（Art Nouveau）讓這座城市重新站起來，經過藝術裝飾的石屋，取代了單調簡潔的木屋，也使得奧勒松的城市風貌在全挪威可說是獨樹一格。

INFO

基本資訊

人口：66,258　**面積**：98.65平方公里

如何前往

◎飛機

　　奧勒松機場（Ålesund Airport，代碼AES）位於市區北邊的Vigra島上，從奧斯陸、卑爾根每日都有班機往返。從奧斯陸出發，航程約55分鐘，從卑爾根則約45分鐘。從機場到市區可搭乘機場巴士，車程約25分鐘。

奧勒松機場

ⓦavinor.no/en/airport/alesund-airport

◎遊輪

　　航行於挪威沿岸的Hurtigruten遊輪，不論從南往北或由北往南，每天都各有1班停靠在奧勒松的Skansekaia碼頭。如果從卑爾根搭船，傍晚上船，隔日清晨便可抵達。從碼頭步行約10分鐘可達市中心。

◎巴士

　　挪威國鐵營運的Vy bus往來奧斯陸、卑爾根與奧勒松之間。從奧斯陸巴士總站搭乘VY148，晚上22:30出發，車程約8.5小時，全票1069 NOK，官網購買有折扣。從卑爾根巴士站搭乘VY430，早上

08:15出發，車程約9.5小時，全票879 NOK，官網購買有折扣。

ⓦwww.vybuss.com

市區交通

　　整座城鎮以奧勒松港為界，分為東西兩側，主要街道在東側，西側和港口周邊則多為新藝術建築。市區不大，步行即可。

奧勒松遊客中心

🅰Skateflukaia　☎7030-9800

🕙9~5月08:30~16:00（週末公休），6~8月每日08:30~18:00

ⓦwww.fjordnorway.com/en/destinations/alesund--geiranger

MAP ▶ P.195上A2

挪威新藝術中心
Jugendstilsenteret
記錄奧勒松歷史

🏠Apotekergata 16 ☎7010-4970 ⏰6月底~8月底每日與9~12月週三至週日11:00~16:00，1~6月底週二至週五12:00~18:00（週末至16:00）㊡9~12月的週一、週二與1~6月底的週一 💰成人110 NOK，18歲以下免費 🌐www.vitimusea.no 🐾10~4月的週四免費

　　挪威新藝術中心就位於奧勒松市中心，建築相當醒目，當然，它就是典型的新藝術建築，建於1905~07年間，由挪威建築師Hagbarth Martin Schytte-Berg所設計，算是奧勒松第一批被納入保護的新藝術紀念性建築。

　　這裡原本是一間名為天鵝的藥局（Svaneapoteket i Ålesund），不僅外觀顯眼，內部也保存完整，一樓仍保留當年的藥櫃，並展示著精緻的古典家具和陶瓷。這裡同時也是一座現代多媒體和國際藝術展覽館，有一區以影音重現1904年的大火場景。

掃地圖

MAP ▶ P.195上B1

阿科斯拉山

MOOK Choice

Aksla
飽覽奧勒松最美全景

🚶上阿科斯拉山有兩種方式，一是從市中心購物大街Kongensgata，公園裡Rollo雕像後方往上爬418層階梯，約15分鐘可抵達。另一條路是從市區東側的Røysegata及Fjellstua路沿著山勢慢慢往上爬，至少需要30分鐘

　　順著奧勒松城東郊區的阿科斯拉山一路蜿蜒向上，靜謐的登山步道旁，時而寒松挺立拔高，時而野花恣意怒放。隨著高度逐漸增加，奧勒松的街道輪廓也

掃地圖

愈加清晰，一直來到海拔約189公尺的山頂觀景平台，放眼眺望，整座城市都一覽無遺。從這裡你可以看到由3座島嶼組成的奧勒松突出於峽灣半島上，新藝術風格的城鎮中心侷促在大海一隅，四周島山環抱，港灣裡大舶小艇繁忙進出，開闊的視野，讓奧勒松看起來就像是夢境中的畫面。

MAP ▶ P.195上A2

大西洋水族館

MOOK Choice

Atlanterhavsparken

展示在地海洋生態

🚌 從市中心的Nedre Strandgate或Kirkegata街步行，約40分鐘可達。5~9月時，在市政廳外可搭乘前往Akvariebussen的634號巴士，週一至週六11:30~14:30（6月底~8月中10:30~15:30），每小時1班 🏠 Atlanterhavsparken, Tueneset 📞 7010-7060 🕐 9~2月10:00~16:00，3~5月11:00~16:00（週日至18:00），6~8月09:00~17:00 💲 成人225 NOK，3~15歲100 NOK 🌐 atlanterhavsparken.no

　　Atlanterhavsparken的挪威文意思是「大西洋公園」，實際上則更接近一般所認知的水族館。這座水族館早在1951年便設立，直到1998年才改建成今日的樣貌，並對外開放。在當年，這裡是北歐地區數一數二規模龐大的海水水族館，雖然如今北歐其他國家和城市已有更多更炫、更現代化的水族館迎頭趕上，但大西洋水族館仍是奧勒松地區最吸引人的景點之一，而且獲獎無數，像是2013和2015年拿到北歐最佳水族館，2014年則以其優異的景觀設計，獲得建築設計獎；2021年更成立了挪威第一座海洋科學中心。

　　水族館沿著峽灣地勢而建，讓遊客能以最自然的方式，走到海平面之下欣賞北大西洋和挪威海的在地物種，像是鱈魚和北大西洋鮭魚等。水族館分為室內和戶外兩大展區，其中最大的大西洋池每天都有固定時段的餵魚秀，戶外區則有企鵝、海豹等，尤其這裡正對著峽灣，風景絕美。

蓋倫格峽灣

MOOK Choice

Geirangerfjorden

挪威峽灣之王

⏱5~10月時，從奧勒松搭乘250號巴士至Hellesylt，再轉乘渡輪前往蓋倫格。巴士每日1~3班，車程約3小時；渡輪每日8班，船程65分鐘。在蓋倫格可報名當地的峽灣行程

從奧勒松出發的峽灣遊船

🏠奧勒松碼頭位於巴士總站南邊，蓋倫格碼頭位於遊客中心後方 ☎7026-3007 ⏰5月底及9月：每日09:00從奧勒松出發，12:00抵達蓋倫格，14:00從蓋倫格出發，17:00回到奧勒松（9月下旬為週三至五）；6~8月：每日08:30從奧勒松出發，11:30抵達蓋倫格，14:30從蓋倫格出發，17:30回到奧勒松 💲單程830 NOK，來回1,660 NOK 🌐www.geirangerfjord.no 🎧船上有中文語音導覽

蓋倫格遊客中心

🏠Gjørvahaugen 35, 6216 Geiranger ☎7026-3007 ⏰週一至週六10:00~15:00 🌐www.fjordnorway.com/en/eat-and-sleep/geiranger-tourist-information ❗蓋倫格遊客中心目前正進行搬遷建造工程，這段期間暫時移至挪威峽灣中心內。

　　於2005年被納入世界遺產名單的蓋倫格峽灣，位於海勒敘爾特（Hellesylt）和蓋倫格（Geiranger）這兩座小村落之間，僅僅15公里長，卻因其峻、奇、險，堪稱挪威峽灣的代表，而被稱為「挪威峽灣之王」。不論從陸路或水路進入峽灣區，都各有不同風情，據說迪士尼動畫《冰雪奇緣》裡，有不少場景的靈感都是得自蓋倫格峽灣。

　　從水平面仰望，群峰崔巍嵯峨，倒影在明鏡般的水面上，當遊船悠悠離岸，短短一個小時航程，兩岸垂直峭壁拔高避日，或飛瀑從山頂直洩而下，濺水成霧；或奇岩怪石鑲嵌山壁，任憑遊客發揮想像空間；偶爾群鷗飛過，劃破原本的寧靜。

　　當船在蓋倫格靠岸時，便到了峽灣盡頭，一路上的絕壁峽谷，至此豁然開朗，懸崖下幾畝大的平曠綠地，屋舍儼然，清澈溪水嘩啦啦流過。沿著「老鷹之路」的陡峭山壁往上爬行，九彎十八拐之後，來到半山腰的瞭望台，高處俯瞰峽灣，又是另番景況。放眼望去，千巖萬壑，連綿不絕，谷底的水面依舊平靜無波，只有船身劃過激起漣漪，留下一道道羽花般的水痕。

老鷹之路 Ørnevegen（Eagle Road）

從蓋倫格村沿著63號公路的陡峭山壁往上攀爬，總共會經過11道髮夾彎，然後來到山路上的制高點。這條路開通於1955年，供蓋倫格村民全年通行，之所以稱為「老鷹之路」，是因為公路最高點總是盤旋著為數不少的老鷹。而遊客可以從髮夾彎頂點處的Dalsnibba觀景台，往下俯瞰峽灣美麗的景致，以及水面上來來往往的大小遊輪。

蓋倫格 Geiranger

蓋倫格是位於峽灣盡頭的小村落，村落位於海平面，三面被群山包圍，最高峰海拔1,476公尺。峽灣最知名的「七姊妹瀑布」，就位於村落的西邊。這是一個人口僅250人的小村落，旅遊是最大產業，每年夏天短暫4個月的旅遊季節，會停靠140到180艘遊輪，迎來約30萬的遊客，也是挪威第三大的峽灣遊輪港。

峽灣遊船 Fjord Cruise

要欣賞蓋倫格峽灣，除了夏日航行在北歐地區的大型遊輪之外，就是每年5~10月定期航行在海勒敍爾特和蓋倫格兩座小村落之間的遊船，沿途會看到著名的七姐妹瀑布（Knivsflåelvane / Seven Sisters）、求婚者瀑布（Friaren / the Suitor）和新娘面紗瀑布（Brudesløret / Bridal Veil）等景觀，船程約1小時10分鐘，船上並有包括中文在內的6種語音導覽。

羅浮敦群島
Lofoten

文●李曉萍　攝影●李曉萍

海面上升起嶙峋陡峭的岩壁山脈，三三兩兩的彩色木屋散落山腳，遺世獨立；壯闊綿延的山脊連接茵綠草坡，雪白無垠的沙灘勾勒翡翠綠的平靜海灣，美得不可置信的景色，就是羅浮敦群島的日常。這裡被譽為「世界上最美的群島」，是戶外運動玩家的遊戲場，也是攝影師眼中的天堂。

冰河在堅硬的岩層上展現雕刻天賦，海水注入後形成特殊地貌，羅浮敦群島像是從挪威大陸延伸而出的海上山脈，由7座島嶼組成：Austvågøy、Gimsøya、Vestvågøy、Flakstadøya及Moskenesøya鄰近大陸，島嶼間有橋樑銜接，E10景觀公路貫穿南北，可以開車往來，主要景點及小鎮皆分佈在此；前往另外兩個離島Værøy和Røst，則需要搭乘渡輪。

從12世紀開始，鱈魚乾就是挪威最重要且最有價值的出口品，即使到現在，漁業依然是支撐羅浮敦群島的經濟命脈。每年2到4月的鱈魚

季，小漁村外的木棚架上掛滿了等待曬乾的鱈魚，是最具代表性的人文風景，而這樣的鮮美海味，當然是不可錯過的味蕾盛宴。

羅浮敦群島位於北極圈內，5月底到7月初可追逐永不歇息的太陽，9月到4月則能邂逅瞬息萬變的北極光。受到北大西洋暖流影響，氣候比同緯度其他地區來得溫和宜人，6～8月是最熱鬧的季節，白天氣溫可達30度，島上一片翠綠，騎自行車、騎馬、划獨木舟、潛水、攀岩健行等活動相當多元；其他月份都可算是冬季，進入一片銀白世界，追逐極光、滑雪、和漁夫出海抓鱈魚也同樣吸引旅人。此外，羅浮敦群島也是探索自然生態的寶庫，搭船來趟海上巡遊，便有機會看到多種鳥類、鯨豚、海豹、海鷹等。

INFO

基本資訊
人口：24,624
面積：1,227平方公里

如何前往
◎飛機
羅浮敦群島上的主要機場位於斯沃爾韋爾（Svolvær，機場代碼SVJ）和萊克內斯（Leknes，機場代碼LKN），從奧斯陸出發沒有直飛航班，需要在博多（Bodø，機場代碼BOO）轉機。從奧斯陸飛往博多約需1.5小時，博多至羅浮敦群島大約25分鐘。

從奧斯陸國際機場飛往博多可選擇Norwegian或SAS的航班，每日班次頻繁；從博多至羅浮敦群島則需要轉搭Widerøe航空。由於SAS與Widerøe聯營，行李可以直接掛機至目的地，因此若轉機時間短暫也毋需擔心。

斯沃爾韋爾機場位於市中心東北方，車程約5分鐘，是相當迷你的小機場，前往市中心只能搭乘機場外的計程車，單程價格約150 NOK。萊克內斯機場距離市區約2分鐘車程，計程車單程價格約109 NOK。

斯沃爾韋爾機場（SVJ）
🕐 P.202B2
🌐 avinor.no/en/airport/svolvar-airport
萊克內斯機場（LKN）
🕐 P.202A2
🌐 avinor.no/en/airport/leknes-airport
機場計程車叫車專線
☎ (+47) 075-50

◎挪威國鐵＋渡輪
羅浮敦群島沒有鐵路經過，從奧斯陸出發，可搭乘挪威國鐵經Trondheim至博多，再轉乘Torghatten Nord的渡輪，到雷納與奧鎮之間的Moskenes碼頭。從奧斯陸到博多的火車，一天只有兩班，總車程約17～18.5小時；從博多到Moskenes的渡輪（可搭載車輛），船程約3小時15分鐘。

從博多也可搭乘高速渡輪（Hurtigbåt）經Stokkvågen前往斯沃爾韋爾，總船程約3小時45分鐘。

挪威國鐵
🌐 www.vy.no
Torghatten Nord渡輪
🌐 www.torghatten-nord.no
◎瑞典國鐵＋長途巴士

若是從斯德哥爾摩出發，可搭乘瑞典國鐵至挪威的Narvik（每日一班直達車，車程約18小時），出Narvik火車站後步行5分鐘至Bromsgård巴士站，可轉乘Nordland的300號長途巴士至斯沃爾韋爾、萊克內斯、奧鎮等地。300號長途巴士一天兩班，從Narvik到斯沃爾韋爾約4.5小時，到萊克內斯約5.5小時，到奧鎮約7.5小時。

瑞典國鐵

ⓦwww.sj.se

Nordland巴士

ⓦreisnordland.no

◎遊輪

從卑爾根出發，沿著挪威西岸峽灣一路北上至Kirkenes的海達路德郵輪，中途皆有經過羅浮敦群島。其北上航班於第4天行程的19:15~19:40停靠Stamsund，21:20~22:15停靠斯沃爾韋爾；南下航班於第3天行程的18:30~20:30停靠斯沃爾韋爾，22:15~22:30停靠Stamsund。若是購買點對點的甲板票，可在博多搭乘15:20啟航的北上航班。關於遊輪航程詳見P.46。

海達路德遊輪

ⓦwww.hurtigruten.com

地區交通

◎巴士

地區巴士的班次相當少，建議出發前先再次確認時刻表。每天有2班次從斯沃爾韋爾開往奧鎮，停靠沿途各主要城鎮。前往漢寧史瓦及萊克內斯的車班較多，一天6班次。票價依路程而定，可上車購票。

Nordland巴士

ⓦreisnordland.no

◎租車

自駕是旅行羅浮敦群島最好的方式，在斯沃爾韋爾機場與萊克內斯機場內有AVIS、Hertz、Europcar、Sixt等租車公司櫃檯，Moskenes碼頭與斯沃爾韋爾機場也有Rent a Car Lofoten的據點。不過由於島上自排車較少，若是7、8月夏季前往，建議提前預約。如果要把車開上從博多前往Moskenes的渡輪，也建議事先訂票，以免沒有車位。

Hertz

ⓦwww.hertz.com

Avis

ⓦwww.avis-lofoten.com

Europcar

ⓦwww.europcar.no

Rent a car lofoten

ⓦwww.rentacar-lofoten.com

Sixt

ⓦwww.sixt.com

市區交通

羅浮敦群島上的小鎮和漁村規模都很小，步行是最好的方式。

旅遊諮詢

◎羅浮敦群島旅遊局

ⓦvisitlofoten.com

斯沃爾韋爾遊客服務中心

🅿P.202B2 　Torget 18 　☎7607-0575

🕐9月~6月中：平日09：00~15：30，週六10：00~14：00；6月底~8月：09：00~17：00（7月至18：00，8月週末至16：00）

🚫9月~6月中的週日

萊克內斯遊客服務中心

🅿P.202A2 　Storgata 8 　☎4817-5099

🕐10：00~18：00 　🚫週日

羅浮敦群島

Tjeldbergtinden
戰爭博物館
Lofoten Krigsminnemuseum
Austvågøy島
精靈峽灣
Trollfjorden
Kvalnes
Gimsøy島
斯沃爾韋爾
Svolvær
Skrova
維京博物館
Lofotr Vikingmuseum
伯格Borg
漢寧史瓦
Henningsvær
Vestvågøy島
Stamsund
Ramberg沙灘
萊克內斯
Leknes
Flakstadøy島
海達路德遊輪往博多Bodø
高速渡輪往博多Bodø
Moskenesøy島
雷納Reine
Møskenes
Sørvågen
奧鎮Å
渡輪往博多Bodø

圖例 　◎景點 🏛博物館 　ℹ遊客服務中心 　⚓碼頭 ●城市 ✈機場

斯沃爾韋爾Svolvær

MAP ▶ P.202B2

斯沃爾韋爾

Svolvær

羅浮敦群島的門戶

🔲 請參考P.201如何前往羅浮敦群島資訊

掃地圖

斯沃爾韋爾是區域的行政中心，北挪威最重要的港口之一，渡輪和高速遊輪皆在此停靠，也是羅浮敦群島最主要的空中門戶。城鎮座落於Austvågøy島南方，一面擁抱峽灣和散落海面的群島，另一面被高聳山崖和裸露的怪岩奇石圍繞，造型時尚的旅館和沿海而建的漁屋Rorbuer圍繞港灣，在陡峭岩壁下形成傳統與現代交織的獨特漁港風景。

雖然是羅浮敦群島的最大城鎮，仍然只要步行就能逛完市區，商店、餐廳、藝廊、旅館和遊客中心都聚集在碼頭周圍，戰爭博物館和北挪威藝術中心也在此區，後者與遊客中心位於同棟建築，展售北挪威藝術家的畫作與玻璃藝術品。

斯沃爾韋爾附近有8條適合登山攀岩的路線，都有極佳展望能眺望峽灣和城鎮，其中北方山稜有塊突出於半山腰的岩石Svolværgeita，因為狀似山羊而成為地標，是攀岩者最想挑戰的路線，也是最常出現在明信片中的景色，但攀爬難度高，較不適合一般遊客。

斯沃爾韋爾Svolvær

MAP ▶ P.202B2

戰爭博物館

Lofoten Krigsminnemuseum

挪威最豐富的軍服收藏

🚶 從遊客中心步行約1分鐘　🏠Fiskergata 3　☎9173-0328　🕐平日10:00~16:00，週六11:00~15:00，週日12:00~15:00，每日晚上18:30~22:00　💲成人120 NOK，7~15歲50 NOK　🌐www.lofotenkrigmus.no

掃地圖

如果不是走進戰爭博物館，很難想像看似與世無爭的羅浮敦群島，也曾捲入無情的二次世界大戰。1940年4月9日，德軍從陸海空同時襲擊挪威全國重要港口城市，發生於北挪威奈爾維克（Narvik）的戰役中，有許多士兵即是來自羅浮敦群島。1941年3月4日，英軍針對羅浮敦群島上德軍作出反擊，這也是聯軍對抗納粹軍隊的第一場完全勝利，這次戰敗讓希特勒相當不滿，隨後在斯沃爾韋爾周圍加強碉堡防衛建設，博物館內特別規劃一個展間呈現這一天的情境。

博物館展示挪威數量最多的軍服收藏及二戰的各種軍用品，大多來自英軍、挪威軍隊和當時部署在北挪威的德軍所留下，其中有許多1940~45年間未曾發表過的珍貴戰爭照片，以及Hugo Boss設計的軍服、希特勒使用過的手包和放大鏡等。

斯沃爾韋爾Svolvær

MAP ▶ P.202B2

Tjeldbergtinden

MOOK
Choice

展開峽灣群島山水畫軸

🧭 從斯沃爾韋爾出發，自行開車沿E10公路西行，約5分鐘後看到Esso加油站右轉，可將車子停放在加油站旁的停車空間，步行至第二條巷子左轉，即達登山入口

出自大地之母之手的巨型雕刻，順著羅浮敦群島東海岸綿延，展示一系列造型獨特的山崗裸岩。浪花盡頭，赭紅、鮮黃的小木屋遺世獨立，而斜射陽光下的北國雲彩清透柔和，為這幅畫面彩繪瞬息萬變的奇幻背景。

掃地圖

想要欣賞斯沃爾韋爾最美的景象，非得花點體力爬上周圍山陵不可，城鎮西邊的Tjeldbergtinde高度只有367公尺，屬於平易近人的健行路線，相當受到旅客歡迎。步道一開始是寬敞的小碎石路，經過一個手槍俱樂部的靶場建築後，繼續上坡步行約5分鐘，注意道路右邊的小指示牌，才會看到真正的登山口。雖然對挪

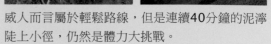

威人而言屬於輕鬆路線，但是連續40分鐘的泥濘陡上小徑，仍然是體力大挑戰。

爬上山脊視野遼闊，後方是連綿好幾座山峰的稜線，山頭白色殘雪，藍色漸層的天空倒映在平靜如鏡的湖泊上；面對峽灣，一邊是斯沃爾韋爾，另一邊是群島上歷史最悠久的漁村Kabelvåg，若天氣不錯，還能看到更遠方的漢寧史瓦。

航向夢境──精靈峽灣海上巡遊（Trollfjorden）

羅浮敦群島素有「海上阿爾卑斯山」的稱號，波光粼粼的海面上聳立連綿奇山怪岩是最經典的畫面。斯沃爾韋爾市中心有許多提供海上巡遊的旅行社，可搭乘高速橡皮艇（RIB）或快艇從海上一覽群島風光，其中最令人驚嘆的旅程當屬精靈峽灣巡遊（Trollfjorden sea safari）。

精靈峽灣位於Raftsundet海峽中段，是一個向內陸延伸3公里的細長峽灣，最窄處只有100公尺寬。由寬廣海域轉入峽灣，船長以高超的技術在U型山谷深處繞行旋轉，岩壁幾乎觸手可及，近距離帶來270°的環景視覺震撼。刀刃一般的高聳山壁垂直插入海平面，層層疊疊的山巒篩濾陽光，山水明暗交錯，似一幅精心調配濃淡深淺的油畫。

除了壯麗的自然景觀，羅浮敦群島有超過百種鳥類棲息，海上巡遊還有機會看到許多野生動物，例如白尾海鵰飛翔於山谷之間，朝海面高速俯衝獵魚，或是海豹懶洋洋地趴在岩石上曬太陽。

Lofoten Explorer

🏠 斯沃爾韋爾港口 ☎ 9715-2248 ⏰ 每日10:30、13:00出發，行程2小時 💲 成人1045 NOK，12歲以下750 NOK 🌐 lofoten-explorer.no

最美景觀公路E10

南北貫穿羅浮敦群島的E10公路，同時也被列為國家級的景觀公路，從斯沃爾韋爾出發，到Moskenesøy島最南端的小漁村奧鎮，全程130公里，若中途不停車，車程大約2小時15分。

E10公路彎彎曲曲，隨地形高低起伏，緊貼著山崖海灣繞行，島嶼之間則有可讓船隻通過的挑高橋樑或是深入海底的隧道連接，每次轉彎都有不同驚喜。除了看不盡的美景相伴，最古老的漁村Kabelvåg、Flakstadøy島的細白沙灘Ramberg、伯格的維京博物館等，都值得停留。此外，也別錯過公路兩旁與自然結合的藝術作品，北挪威政府為了把藝術帶到各個角落，邀請35位各國藝術家，在33個行政區內創作，羅浮敦群島就有5處，其中一件名為Uten tittle的裝置藝術在斯沃爾韋爾西方25公里處，半圓弧鏡面反射峽灣高山，營造景中有景的趣味。

漢寧史瓦 Henningsvær

MAP ▶ P.202B2

漢寧史瓦

Henningsvær

羅浮敦群島上的威尼斯

🚌 從斯沃爾韋爾出發，一天6班次巴士，車程約30~50分鐘；或開車約20公里路程，車程約30分鐘

Galleri Lofoten
🏠 過了漢寧史瓦大橋後左轉停車場 ☎9159-5083 🕐3月中~5月中週三至週日11:00~16:00；5月中~8月中每日10:00~21:00 🕐8月底至3月初每日、3月中~5月中的週一、週二 💲成人120 NOK，兒童50 NOK 🌐www.galleri-lofoten.no

KaviarFactory
🚗Henningsværveien 13, PB 2 ☎9080-3363 🕐每日10:00~19:00 🌐www.kaviarfactory.com

Henningsvaer Bryggehotell
🏠Misværveien 18 ☎7607-4750 💲1275 NOK起 🌐www.classicnorway.no

從E10公路轉向816號公路，車道變得狹窄，一邊是波濤洶湧的岩岸，另一邊是拔地而起的高聳峭壁，蜿蜒曲折。跨越兩座海上大橋後，對岸島嶼上的傳統高腳漁屋倏地進入眼簾，在陽光下閃耀繽紛，漢寧史瓦像是散落在Vestfjord峽灣深藍水域上的彩色拼圖，總叫每個旅人驚豔。

掃地圖

漢寧史瓦位於Austvågøy島上西南端，由數個小島組成，背向巨人般白雪覆蓋的Vågakaillen山，面向平靜的峽灣水道，色彩鮮豔的木造建築妝點紅花綠葉，家家戶戶門口停泊漁船，因此獲得「北方威尼斯」的美譽。鎮上有許多餐廳、手工藝品店、紀念品店、藝廊、攝影工作室等，是羅浮敦群島上最受遊客歡迎的小鎮。

從19世紀中開始，漢寧史瓦就是羅浮敦群島最重要的捕魚中心，與其他村落相較，人口也穩定維持在500人左右。因為直到1981年才修築漢寧史瓦大橋與本島相連，小漁村躲過60~70年代北挪威的改建風潮，得以保留傳統漁村的木屋樣貌。想要更深刻感受漁村風情，可以入住傳統漁屋改建的旅館Henningsvaer Bryggehotell，或是鱈魚乾工廠Johs. H. Giæver的員工宿舍。

漢寧史瓦的美景吸引許多藝術家定居此地，小鎮入口停車場旁的紅色建築，從前是罐頭工廠，現在則是油畫藝廊Galleri Lofotens，展示超過百幅以羅浮敦群島為主題的畫作，包括當地知名藝術家Karl Erik Harr的作品。連外道路上，Kavi Fac Ory像大型的雪白方糖，被放置在岩石與大海交界，現代化的建築內則展示北挪威地區少見的當代藝術。

伯格Borg

MAP ▶ P.202A2

維京博物館

MOOK
Choice

Lofotr Vikingmuseum

走進驍勇善戰的維京生活

從斯沃爾韋爾出發,一天有6班巴士到Borg,車程約1小時15分鐘;或是自行開車約55公里,車程1小時 ⌂ Vikingveien 539, 8360 Bøstad ☎7615-4000 ⊙9月中~4月10:00~16:00;5月~9月中10:00~17:00(6月中~8月中至19:00) ⊗11~1月的週日至週二;2~4月的週日至週一 ⑤6月~8月:成人225 NOK,6~15歲150 NOK,長者195 NOK。其他季節:成人180 NOK,兒童140 NOK,長者170 NOK ⓤlofotr.no

　　伯格位於Vestvågøy島正中央,土壤肥沃,遍佈丘陵和草原,是群島上的主要農業區域。1983年在此地展開的考古挖掘,發現至今規模最大的維京時代建築,周圍區域陸續有許多珍貴的維京文物出土。

掃地圖

　　維京博物館重現當時稱霸北歐海域的強悍民族生活,共分為三個區域,入口處的現代化建築以維京船為靈感,大廳天幕就是船底龍骨造型。展覽以一段影片開場,介紹維京人的歷史文化,展廳則陳列生活用品、首飾和服裝等文物,部分出土的玻璃珠和陶器來自南歐和土耳其,顯示羅浮敦群島維京人向外拓展的足跡。

　　丘陵上的長屋經過整修,真實還原維京時代的生活面貌。這是建於西元500年左右的維京酋長住所,也是部族聚會場所和宗教中心,長83公尺的魚鱗木瓦屋下,包含5個相連的房間,婦女們織布縫鞋,圍著火爐煮食、睡覺、娛樂、晾乾動

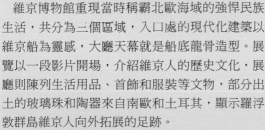

物毛皮等活動,都在同一個空間中。屋內有許多木工雕刻飾品,還有穿著維京服飾的工作人員示範織布動作、用火爐煮湯、並熱情地對遊客訴說維京人的故事。

　　長屋後方圈養著牛馬的丘陵草坡,也屬於博物館的一部分,靠近湖邊的地方還有一艘仿製Gokstad的維京戰船、重建的維京船屋和打鐵鋪。夏季有許多有趣的體驗活動,可以嘗試親自搖槳出航,也可以當一日維京勇士,在一旁的戶外訓練場體驗射箭和擲斧。每年8月上旬舉辦維京慶典,以戲劇、儀式、音樂、市集和各式各樣活動,帶遊客走進千年前的維京時代。

雷納

MOOK Choice

Reine

世界上最美的漁村

🚌 從斯沃爾韋爾出發,一天有4班巴士,其中兩班直達,兩班需要在Leknes轉車,車程約2小時45分至3小時15分;或是自行開車121公里,車程約2小時;若是從Moskenes渡輪碼頭出發,開車約5公里,車程7分鐘

位於西南端Moskenesøya島上的雷納,沒有特殊的景點或有趣的博物館,小漁村內只有一家超市,徒步走完僅需15分鐘,卻能讓每位駐足的旅人深深著迷,藝術家們在此尋找靈感,戶外玩家在此追求刺激,遊客則沈浸在美景和寧靜中。

掃地圖

若要為羅浮敦群島挑出一張代言照片,雀屏中選者非雷納莫屬。從E10公路轉進雷納的橋樑上,設有行人木棧道和景觀台,這裡是拍攝小漁村的最佳角度,尖銳裸露的高聳奇岩是天然屏風,環抱童話裡才會出現的彩色小屋,瞬息萬變的雲影天光將峽灣倒影渲染得如夢似幻。

登上漁村對岸的Reinebringen山,景色壯闊令人難忘。從觀景橋旁的停車場往E10公路南向步行,經過隧道旁邊的路,就能看見地上的白色箭頭指向登山口,海拔448公尺的陡峭上坡,路程溼滑艱辛,許多路段甚至要拉繩索攀岩而上,最好穿著登山鞋,難度頗高,只推薦給有登山經驗的好手。

住進天堂中的漁人小屋

北挪威從以前就是重要的鱈魚魚場，每到冬天，鱈魚的高經濟價值吸引各地漁夫北上捕魚。12世紀初期，Øistein國王開始命人在羅浮敦群島沿岸修築漁屋，讓遠道而來的漁民有個暫時棲身之所，其實有點類似工寮的概念；而在非捕魚的季節，則做為倉庫存放工具使用，所以設備也相當簡陋。

在挪威文中，這些傳統漁屋稱為「Rorbuer」，亮黃色或鮮紅色的木造房舍，搭配白色窗櫺，以木樁架高於海邊岩石上，或是直接架高於海面上，這是為了方便漁夫上船出海，以及應付潮汐的建築方式。

隨著漁船設備逐漸現代化，不少漁民選擇住在自己的船上，閒置下來的漁屋自1960年代開始，相繼進行內部改裝，歡迎旅客入住，體驗北國漁人生活。這些可愛小屋通常擁有水岸第一排的絕佳景觀，內部設備是漁人們未曾想像的舒適，獨棟漁屋內有客廳、廚房、獨立衛浴和1~3間臥房，暖氣設備和餐盤廚具樣樣不少。很少有漁屋會提供電視，因為冬季的極光、夏季的永晝就是窗外最佳娛樂。

Reine Rorbuer

⌂ Reine Rorbuer, N-8390 Reine ✆ 7609-2222 💲 1485 NOK起 🌐 www.classicnorway.com/hotels/reine-rorbuer

島嶼海味

來到北海最重要的漁場之一，當然不能錯過品嚐海洋滋味，不管是鮭魚、鱈魚、北海甜蝦、貝類或螃蟹料理，漁獲新鮮程度無庸置疑。

最具特色的自然是鱈魚乾（Tørrfisk），由於傳統作法沒有使用鹽醃製，吃起來像是帶點腥味而沒有鹹味的鱈魚香絲，當地人會做成鱈魚絲當作零食隨時帶在身邊。在餐廳也能點到鱈魚乾料理，將鱈魚乾浸泡軟化後，當作魚塊燒烤或燉煮，最常見的就是挪威式Bacalao，這是源於西班牙的料理，將鹽漬鱈魚、番茄和蔬菜一起燉煮而成。

鱈魚舌頭（Torsketunger）是另一道值得嘗試的地區限定美味，切成塊狀後裹上一層薄薄的麵衣油炸，外酥內軟，肉質有彈性，混合干貝的口感和鱈魚的味道，隨盤附上檸檬汁和塔塔醬，正好平衡油膩感。

中午想來點方便快速的食物，別錯過雷納附近的知名魚堡店Anita's Sjømat，可選擇煙燻鮭魚、或是鱈魚魚漿製成的魚餅漢堡。飯後來杯加了萊姆酒的香料茶Trollkarsk，能在寒冷的北國讓身體暖和。

Anita's Sjømat

⌂ Sakrisøy, 8390 Reine ✆ 9006-1566 🕐 12:00~15:00 🌐 www.sakrisoy.no

奧鎮Å

MAP ▶ P.202A3

奧鎮

Å

道路盡頭，海角天涯

🌐 從斯沃爾韋爾出發，一天有4班巴士，其中兩班直達，兩班需要在Leknes轉車，車程約3~3.5小時；或是自行開車130公里，車程約2小時15分；若是從Moskenes渡輪碼頭出發，開車約5公里，車程10分鐘

挪威漁村博物館 Norsk Fiskeværsmuseum
☎ 7609-1488　⏰ 10~5月平日11:00~15:00；6~9月每日11:00~18:00(9月至15:00)　㊡ 10~5月的週末　💲 成人110 NOK，長者100 NOK，6~17歲80 NOK　🎫 www.museumnord.no/vare-museer/norsk-fiskevaersmuseum

羅浮敦鱈魚乾博物館 Lofoten Tørrfiskmuseum
☎ 7609-1211　⏰ 6~8月11:00~16:00(週末至14:00)　㊡ 週一　💲 成人70 NOK，兒童35 NOK

羅浮敦群島最西端的漁村，擁有全世界最短的名字「Å」，發音為「奧」，是挪威文字母排序的最後一個字，而這裡也正好是E10公路的終點。紅色傳統漁屋高架在海岸岩石上，背倚拔地而起的岩山，面對波濤洶湧的挪威海，有一種來到世界盡頭的孤寂感。

掃地圖

漁村非常迷你，來到此地的旅客多半是為了留宿漁屋改裝的青年旅館，或是被奇特的名字吸引，而想一探究竟。整個漁村幾乎都是挪威漁村博物館的範圍，這裡最早的居民可追溯至1840

曬鱈魚乾

羅浮敦群島附近的北海是重要的鱈魚魚場，從15世紀漢薩同盟時代以來，捕撈鱈魚並製作魚乾就是支撐羅浮敦最主要的經濟活動，鱈魚乾甚至有「羅浮敦的黃金」之稱。因為這裡氣候乾冷且海風強烈，得以製作出高品質的鱈魚乾，經當時卑爾根漢薩商人出色的貿易手腕，行銷到歐洲各地，至今都還是挪威重要的出口商品之一。

每年2~3月是鱈魚季，也是島上最繁忙的季節，捕撈到的鱈魚經過宰殺後，把鱈魚頭和身體分開，魚身去除內臟，取出後的肝臟可製作魚肝油，魚卵則是魚子醬的材料，魚身則排列掛在魚棚架上自然風乾。這種傳統曬鱈魚乾的方式至今依然延續，每個漁村外大大小小的棚架上掛滿鱈魚，成為島嶼上最特別的季節限定風景。

年，博物館將百年前的北挪威漁村生活保留下來，不同的小屋內展示漁民的居家生活，包括挪威歷史最悠久的鱈魚魚肝油工廠；而在1844年開業的麵包店裡，至今依然有香噴噴的肉桂圓麵包出爐。至於另一間羅浮敦鱈魚乾博物館，可以了解鱈魚乾的製作方式和銷售。

特羅姆瑟

特羅姆瑟

Tromsø

文●李曉萍　攝影●李曉萍

特羅姆瑟位於北緯69°，是北極圈內最大的城市，中心區的Tromsøy島被峽灣和壯麗高山所環繞，島嶼南北兩座大橋分別連接挪威大陸和西邊的Kvaløya島。曾經因為是北極圈的狩獵中心而人聲鼎沸，現在搖身一變，成為旅人最嚮往的極光之城，在每個冬夜活躍而絢爛。

雖然特羅姆瑟建城只有二百多年歷史，區域內人類活動的痕跡卻能追溯至數千年以前的薩米（Sami）文化。受到墨西哥灣洋流影響，這裡的氣候比極圈內同緯度的地方溫和，因此19世紀初海豹和北極熊狩獵鼎盛的時期，特羅姆瑟自然而然成為補給和交易中心，19世紀後期，則成為北極探險和極地研究的重要根據地，被稱為「北極圈的門戶」。

特羅姆瑟地處極光帶的中心，看到北極光的機率相當高，每年9月到3月天氣晴朗的夜晚，即使在市區內，只要抬頭就有機會欣賞到奇幻綠光。長1,036公尺的特羅姆瑟大橋，以優雅弧線拋向對岸，盡頭處的北極圈大教堂猶如海上冰山，在舞動幻變的北極光下散發銀白柔和的神聖光芒。

夏季的特羅姆瑟又是另一個自然奇景的揭幕，5月底到7月中，永不落下的陽光打破對時間的想像，挑戰一天24小時的能量指數。

特羅姆瑟有全世界緯度最高的釀酒廠、最北的水族館、最北的植物園等，走一趟特羅姆瑟，立刻就能蒐集許多「世界之最」。

INFO

基本資訊

人口：77,544
面積：2521.34平方公里

如何前往

◎飛機

特羅姆瑟機場（Tromsø lufthavn, Langnes，代碼TOS）位於市中心西北方，從奧斯陸出發的直達班機，航程約1小時50分鐘，SAS和Norwegian都有提供飛航服務，每日約10~15班次。從卑爾根出發，可搭乘Widerøe的直航飛機，航程約2小時，一天2班。

從機場到市區，可搭乘機場巴士Flybussen，巴士發車時間大多配合班機到達時間，車程約10~15分鐘。或是搭乘市區巴士40及42號，停留站點較多，可於機場內的巴士櫃檯購票，若上車購票須加收附加費。

特羅姆瑟機場（TOS）

ⓌWavinor.no/en/airport/tromso-airport

機場巴士 Flybussen

🕐入境大廳外乘車，上車購票
💲單程：成人125 NOK，4~15歲80 NOK，長者100 NOK；來回：成人200 NOK，4~15歲130 NOK，長者165 NOK
Ⓦwww.bussring.no

◎瑞典國鐵＋長途巴士

特羅姆瑟沒有鐵路經過，若是利用瑞典國鐵至Narvik火車站，可轉乘長途巴士前往。

瑞典國鐵

Ⓦwww.sj.se

◎遊輪

從卑爾根出發，沿著挪威西岸峽灣一路北上至Kirkenes的海達路德遊輪，每日有兩班次停靠特羅姆瑟：北上航班靠岸時間為14:15，並於18:15啟航；南下航班為23:45停靠，01:30啟航。遊輪航程詳見P.46。

海達路德遊輪

Ⓦwww.hurtigruten.com

◎巴士

從那維克(Narvik)出發，可搭乘100號長途巴士，共05:35、13:20和15:45三個班次，分別在09:30、17:25和19:50抵達特羅姆瑟。

此外，從芬蘭的羅凡納米也可搭乘Eskelisen的直達巴士前往特羅姆瑟，車程約8小時，每日一班次，

全票156.8€。發車時間每年略有變動，詳見官網。

Nordland巴士

Ⓦreisnordland.no

Eskelisen

Ⓦwww.eskelisen.fi/en

市區交通

特羅姆瑟市區範圍不大，大部份景點步行即可到達。只有前往稍遠的北極圈大教堂或史都史坦寧山需搭乘市區巴士。車票可於遊客服務中心或機場櫃檯事先購買，上車購票會加收附加費。

💲

	預購票與購票app	離峰時段 平日09:00-14:00 與17:00-01:00	上車價	一日票
成人及18~29歲	39 NOK	25 NOK	60 NOK	110 NOK
6~17歲及67歲以上	20 NOK	20 NOK	30 NOK	55 NOK

Ⓦfylkestrafikk.no

旅遊諮詢

◎特羅姆瑟遊客服務中心

🧭P.212B1
📍Samuel Arnesensgate 5（Prostneset碼頭航站2樓）
☎7761-0000
🕐09:00~16:00(週日10:00起)
Ⓦwww.visittromso.no

Where to Explore in Tromsø
賞遊特羅姆瑟

MAP ▶ P.212B2

北極圈大教堂

MOOK Choice

Ishavskatedralen
白雪冰山教堂

從市中心搭20、24、26、28號巴士至Ishavskatedralen站 ⌂Hans Nilsens vei 41 ☎4100-8470 ◷8月底~5月13:00~17:00（週三14:00起）、6~8月中09:00~18:00（週日13:00起）。音樂會時間詳見官網 ⑤70 NOK；音樂會票價詳見官網 ⑥www.ishavskatedralen.no

北極圈大教堂11片覆蓋珍珠白鋁板的混泥土山型牆，像是層層疊疊、覆蓋白雪的起伏山巒，倒映在平靜無波的水面上，又像是漂浮於北極圈的冰山，靜謐地停泊在高聳山崖下。

北極圈大教堂完成於1965年，建築師Jan Inge Hovig受到極圈冬季的自然環境與極光啟發，設計出特羅姆瑟的地標建築。35公尺高的巨型白色十字架，宛如教堂的骨架，支撐西面玻璃牆；室內低調簡潔的空間中，高達23公尺、面積140平方公尺的三角馬賽克玻璃是視覺重點，光線穿透鑲嵌玻璃與山形外牆的間隙，散射溫柔而神聖的彩色光芒。其主題為耶穌的光榮回歸，以抽象方式描繪上帝手中傳遞出的三道光芒，分別射向耶穌、男人與女人，也代表光明戰勝黑暗，這是藝術家Viktor Sparre最突出的作品之一。

若是在日不落的夏季或極光躍動的午夜拜訪，教堂內迴盪管風琴的溫潤共鳴和優美樂音，將能體驗教堂最迷人的魔幻時刻。

MAP ▶ P.212B2

史都史坦寧山

MOOK Choice

Storsteinen
眺望峽灣全景

菲爾漢森纜車 Fjellheisen

從市中心搭26號巴士至Solliveien站，車程約10分鐘 ⌂Solliveien 12 ☎9261-7837 ◷10:00~00:00 ⑤來回票：成人345 NOK，3~15歲170 NOK，長者290 NOK ⑥fjellheisen.no

史都史坦寧山與市中心特羅姆瑟島隔著峽灣遙遙相望，從山麓可搭乘菲爾漢森纜車輕鬆抵達觀景台，爬升至海拔421公尺的高度，僅需4分鐘。這座纜車由雅庫布森兄弟船運公司於1961年建造，因為該公司在南北極擁有探險隊，便將車廂圖樣設計成海豹與北極熊，並依此為纜車命名。

山上纜車站附設餐廳，提供當地特色晚餐、輕食及咖啡，餐廳外有健行步道，可連接山腳，也可向上至史都史坦寧山頂，後方更遠處則是高達1,238公尺的Tromsdalstinden山。

從纜車站上方的透明觀景台眺望，特羅姆瑟島像是浮在湛藍峽灣中的尖錐型魚標，兩座優美的橋樑連接挪威大陸與對岸群島，連綿山脈與深邃海峽描繪一幅絕美畫作。這裡夏季可欣賞永不落下的午夜太陽，秋冬季節，極光在燈火閃爍的城市上空靈活舞動，想要捕捉特羅姆瑟最吸引人的經典畫面，沒有比史都史坦寧山更適合的地點。

MAP ▶ P.212B1

透視博物館

Perspektivet museum

特羅姆瑟的另一種面貌

🚃 從遊客中心步行約10分鐘　🏠 Storgata 95　☎ 7760-1910　🕐 平日10:00～16:00，週末11:00～17:00　休 週一　💲 成人50 NOK　🌐 www.perspektivet.no

掃地圖

　　這棟建於1838年的新古典主義式木造建築，原屬於貴族所有，之後成為地方人民舉辦各項活動的公共會所，也曾是挪威知名作家Cora Sandel的居所，現在則以靜態展覽提供認識城市的不同觀點。

　　博物館一樓為特展空間，舉辦不同主題的國際攝影展，討論爭議性的國際社會問題，喚醒

人們對文化多元性的寬容與接納。二、三樓為常設展區，訴說宗教帶動的城市發展，從黑白照片中尋找特羅姆瑟過去到現代的生活故事。此外，還有一區專門介紹Cora Sandel在此的生活及作品。

MAP ▶ P.212B1

北挪威美術館

Nordnorsk Kunstmuseum

北極圈內唯一當代藝術基地

🚃 遊客中心斜對面　🏠 Sjøgata 1　☎ 7764-7020　🕐 10:00～17:00(週四至20:00)　💲 成人80 NOK，18歲以下免費　🌐 nnkm.no

　　北挪威美術館是挪威的極圈地區內唯一以當代藝術為主題的美術

掃地圖

館，展示19世紀初期至現代的北挪威藝術家作品。一樓主要為北挪威當代藝術家的創作，在2017年更新的常設展中，著重於科技及不同媒材的藝術形式表現；二樓收藏大量畫作，內容多為北挪威的自然及人文生活景觀，也有薩米藝術家的繪畫和手工藝品展示。其中，一系列以特羅姆瑟和羅浮敦群島自然風光為主題的畫作，栩栩如生，最為精彩。

MAP ▶ P.212A1

麥可啤酒廠

Macks Ølbryggeri

緯度最高的釀酒廠

🚃 從遊客中心步行約8分鐘　🏠 Storgata 4　☎ 9040-8847　🕐 週一至週四12:00～00:30，週五至週六12:00～01:30，週日13:00～18:00　💲 50～155 NOK，視啤酒種類及容量而定　🌐 olhallen.no

掃地圖

　　挪威各地超市，常常能看到MACK啤酒的身影，這間成立於1877年的北挪威代表品牌就出自特羅姆瑟。另一個讓MACK酒廠成為必訪景點的原因是「世界最北釀酒廠」的稱號，雖然目前工廠已搬遷到郊區，傳承自1928年的啤酒屋Ølhallen仍然堅守崗位，提供

極地鮮釀滋味。

　　Ølhallen是市區歷史最悠久的啤酒屋，深色木質吧台與紅磚牆保留舊時代的氣息，每日提供60多種啤酒，一字排開的金銅色龍頭，相當壯觀。張牙舞爪的北極熊標本彷彿能將思緒帶回20世紀初，獵人與水手酒酣耳熱的暢飲，大聲交換與惡劣天氣及北極熊搏鬥的冒險故事。有「北極熊之王」稱號的Henry Rudi也是酒館常客，店裡還有一面牆掛著他的相框與事蹟。

北極博物館
Polarmuseet

極地生活與探險傳奇

🚶 從遊客中心步行約12分鐘 🏠Søndre Tollbodgt 11 ☎7762-3360 ⏰6~8月 09:00~18:00，9~5月11:00~17:00 💲成人 100 NOK，長者50 NOK，18歲以下免費 🌐uit. no/tmu/polarmuseet

掃地圖

越過亮麗的現代化建築，一座建於1830年的紅色碼頭倉庫格外醒目，倉庫外大型魚槍已暗示了北極博物館的展覽內容：關於白雪冰封的極北地區生活、狩獵與探險。

特羅姆瑟是北極圈內的狩獵中心，也是20世紀初極地遠征隊出發前的重要基地，所以這裡保留了最多關於極地活動的資料。北極博物館

隸屬於特羅姆瑟大學，館內收藏大量極地照片及遠征隊的文字紀錄，還可看到不少北極熊和海豹的介紹與標

本，以靜態展覽方式，介紹北極圈內的生活、獵捕海豹的方法及歷史、冬季設下陷阱誘捕北極熊和北極狐的方式、斯瓦爾巴群島（Svalbard）的文化及歷史等等。其中，特別專區介紹有名的狩獵者Henry Rudi和Wanny Wolstad，前者在1908~48年間創下獵捕713隻北極熊的紀錄，而後者則是斯瓦爾巴群島上第一個女獵人。此外，早期探險家Fridtjof Nansen和Roald Amundsen的極地探險故事也相當有趣。

北極水族館
Polaria

世界上最北的水族館

🚶 從遊客中心向西步行約12分鐘 🏠Hjalmar Johansensgate 12 ☎7775-0100 ⏰10:00~16:00 💲成人220 NOK，長者130 NOK，3~16歲110 NOK 🌐www.polaria.no

掃地圖

北極水族館醒目的建築外觀像水岸邊傾倒的骨牌，這裡是特羅姆瑟最受大人小孩歡迎的地方，特別是每天下午的餵食時間，當工作人員提著小魚出場，身材壯碩的鬍鬚海豹從水池靈活地一躍而上，與工作人員嬉戲互動，總能點燃全場遊客的歡樂。

這些長有鬍鬚的海豹是生活在北極的特有物

種，水族館的餵食秀並不是為了表演，而是趁機會確認海豹的狀態，同時達到教育目的。若是錯過餵食時間，也可從水池底的透明隧道觀察海豹。此外，館內還有許多生活在巴倫支海（Barents Sea）和斯瓦爾巴周邊地區的常見魚類及海洋生物，透過展覽解釋北極融冰如何威脅極地動物的生存，而觀賞全景電影則能快速瞭解斯瓦爾巴群島的極圈動物或是極光的相關知識。

瑞典

Sverige / Sweden

早期瑞典也是維京人活躍的地區，基督教在9世紀時傳入瑞典，奠定了今日瑞典的生活文化基礎。13~15世紀時因丹麥國力強盛，屢受威脅，因而在1397年加入與丹麥、挪威的卡爾瑪聯盟，但是1520年丹麥主導了「斯德哥爾摩血案」，屠殺瑞典王室和貴族，引發瑞典人的強烈反彈。1523年6月6日古斯塔夫瓦薩召集大眾起義，驅逐丹麥人，開始了瑞典的強盛時期，這一天也因此被訂為國慶日。

瑞典在瓦薩王朝的帶領下，成功地戰勝丹麥、呂北克、波蘭、俄羅斯等國家，到了卡爾十世在位期間，瑞典領土將近現在的兩倍大，幾乎要把波羅的海變成瑞典內海，使瑞典躍升為歐洲強權之一。瑞典王國的光榮一直維持到18世紀初，在大北方戰爭中慘敗給俄羅斯的彼得大帝為止。

19世紀是個工業急速發展的時代，中產階級勢力大增，政治自由化的呼聲也逐漸形成。接下來的兩百年間，瑞典極力避免參與世界性戰爭，在兩次世界大戰時保持中立，全力發展經濟和社會福利政策，使得瑞典成為世界上最富裕也最進步的國家之一。

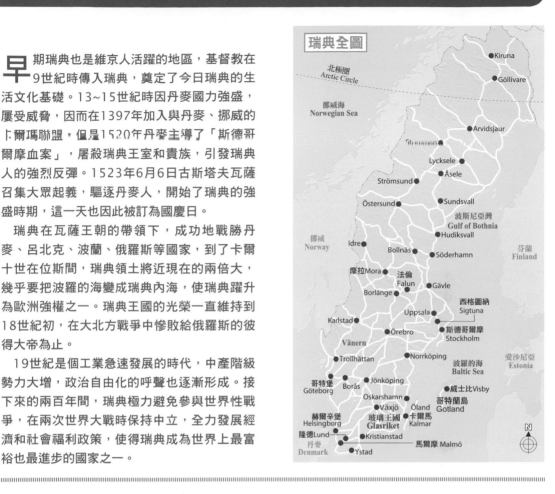

瑞典之最The Highlight of Sweden

動物園島Djurgården
這裡聚集了精彩的博物館群，包括北方民俗博物館、瓦薩號戰艦博物館、ABBA博物館等，都座落在這個小島上，堪稱斯德哥爾摩最知性的一隅。（P.237~239）

IKEA博物館
IKEA museum
博物館前身即為IKEA創始店，不但展示過去百年來北歐的生活演變、IKEA各時期的經典家具，同時也有許多啟發創意的小遊戲。（P.243）

玻璃王國 Glasriket
瑞典玻璃工藝的精華薈萃之地，12家玻璃工坊各展風華，精湛的玻璃吹製技巧和充沛細膩的創作能量，展現瑞典藝術，每年吸引上百萬遊客慕名而來。（P.271）

哥特蘭島 Gotland
威士比城至今維持中世紀漢薩同盟時代的樣貌，城外維京人遺跡向來是考古學家的焦點，以豐富歷史吸引文化旅人，以可愛小鎮和蔚藍海岸吸引度假的瑞典人。（P.274）

●斯德哥爾摩

斯德哥爾摩
Stockholm

文●蔣育荏・林志恆・墨刻編輯部　攝影●周治平・林志恆・墨刻攝影組

斯德哥爾摩的名字由「Stock」和「holme」所組成，字面上的意思為「木材小島」，不過究竟何以名之，至今仍眾說紛紜，莫衷一是。這座城市建立於波羅的海與梅拉倫湖（Lake Mälaren）之間的碎裂島群上，市區由14個大大小小的島嶼所組成，由於這種特殊的水上景致，斯德哥爾摩又有「水上美

人」之稱。

斯德哥爾摩建城於13世紀，當初是為了封鎖波羅的海通往梅拉倫湖水域的通道，以保護烏普沙拉（Uppsala）等內陸貿易中心而設立的防衛堡壘。那座名為「三王冠」（Tre Kronor）的高聳城堡，位置就在今日舊城區的王宮所在地，隨著17世紀瑞典帝國崛起，

斯德哥爾摩的國際貿易地位也漸形重要，三王冠城堡成為瑞典政治權力中心，斯德哥爾摩也正式定為瑞典首都。三王冠的名字可能出自當時同時統治挪威的馬格努斯四世（Magnus Eriksson）的家徽，雖然城堡在1697年毀於大火，但三座王冠的圖樣卻在瑞典國徽上屹立不搖。

　　今日的斯德哥爾摩仍保留黃金年代的雍容大氣，不僅是舊城區，沿著運河碼頭邊，錯落在緩坡上的中世紀建築，加上河濱公園的綠地，突出於城市天際線的教堂尖塔，在在營造出現代城市罕見的層次感。市區廣場和地下鐵的現代藝術創作，有別於印象中冷調的北歐設計，顯得活躍且富有生命力。而在市區內還有50多座博物館、10座宮殿，以及精彩迷人的老街區，就算花上一個月的時間，都無法盡覽。

INFO

基本資訊
人口：978,770
面積：188平方公里
區碼：(0)8

如何前往

◎飛機
　　目前從台灣沒有航班直飛斯德哥爾摩或瑞典任一城市，必須經由轉機抵達。

　　斯德哥爾摩附近共有3個機場，最重要的一座是位於市區北方42公里遠的阿蘭達機場（Stockholm Arlanda Flygplats，代碼ARN），幾乎歐洲各大城市都有航線在此起降，包括法蘭克福、阿姆斯特丹、蘇黎世、巴黎、倫敦、杜拜等，因此台灣旅客若把斯德哥爾摩當作北歐之旅的第一站，最有可能便是在阿蘭達機場入境。

　　布魯瑪機場（Stockholm-Bromma flygplats，代碼BMA）位於市區西北8公里，是最接近市中心的一座，主要起降卡爾瑪、馬爾摩、哥特堡、威士比等國內航線。斯卡夫司塔機場（Stockholm-Skavsta flygplats，代碼NYO）位於斯德哥爾摩西南106公里，大多飛航華沙、貝爾格勒、布加勒斯特等東歐城市。

阿蘭達機場（ARN）
🌐www.swedavia.se/arlanda
布魯瑪機場（BMA）
🌐www.swedavia.se/bromma
斯卡夫司塔機場（NYO）
🌐www.skavsta.se/sv

◎火車
　　所有國際及國內線火車都會抵達斯德哥爾摩中央車站。從奧斯陸出發的瑞典國鐵SJ城際列車，每日約有2~4班，車程約5.5小時；也可搭乘挪威國鐵Vy，至哥特堡（Göteborg C）轉乘瑞典國鐵SJ快車，車程約7.5小時。從哥本哈根出發，每日4~6班瑞典國鐵SJ的直達快車X2000，車程約5.5小時；也可搭乘Re區域列車至隆德（Lund C）轉乘瑞典國鐵，車程約5.5~6小時。

斯德哥爾摩中央車站 Stockholms Centralstation
📍P.221B4
📍Centralplan 15
瑞典國鐵
🌐www.sj.se

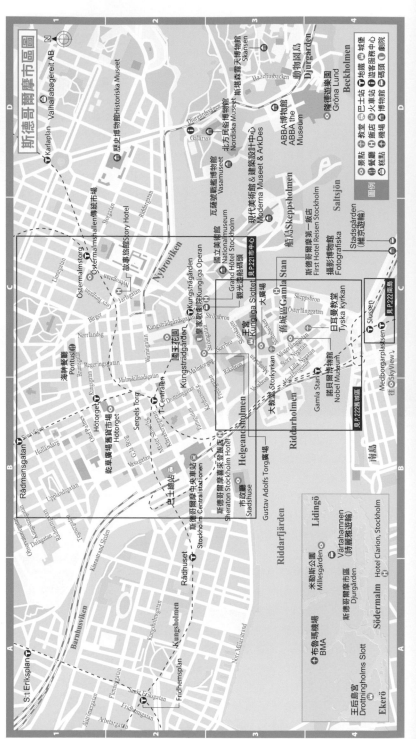

◎遊輪

　　從芬蘭赫爾辛基出發到斯德哥爾摩，搭乘遊輪是相當受歡迎的方式，不但可以享受郵輪上的豪華設備，還能節省一晚住宿費。Tallink Silja Line和Viking Line這兩家遊輪公司都有經營這條路線，而且全年行駛。Tallink Silja Line每日傍晚17:00從赫爾辛基出發，次日09:45抵達斯德哥爾摩市區車北方的Värtahamnen港，從碼頭前往市中心可搭乘City Transfer的巴士（單程60 SEK），或是步行約10分鐘至地鐵紅線T13的Gärdet站。Viking Line每日17:15

出發，次日10:00抵達南島東北岸的Stadsgården港口，從碼頭前往中央車站可搭乘Flygbussarna的專車，車程約15分鐘，會搭配船班抵達時間發車。

Tallink Silja Line
🌐 www.tallinksilja.com
🎫 持Eurail Pass者，享8折優惠

Viking Line
🌐 www.vikingline.com
🎫 持Eurail Pass者，享5折優惠

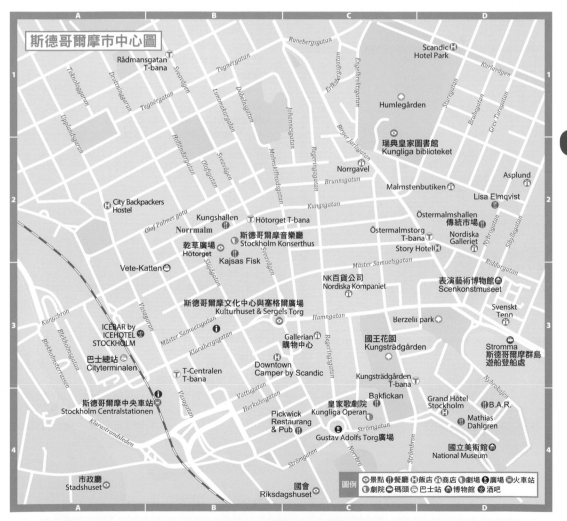

阿蘭達機場至市區交通

◎火車

阿蘭達機場快速列車 Arlanda Express

　　Arlanda Express在機場有兩個車站，分別為第5航廈的北站（Arlanda Norra）與第2、3、4航廈之間的南站（Arlanda Södra），搭乘直達列車前往斯德哥爾摩中央車站只要18分鐘。車票可在機場遊客資訊中心或自動售票機購買。

🕐 04:50~01:05，每10~30分鐘一班

💲 成人單程320 SEK，65歲以上210 SEK，8~25歲160 SEK（17歲以下有成人陪同者免費）

🌐 www.arlandaexpress.com

通勤火車 Pendeltåg

　　在第4和第5航廈間地下樓層的Sky City，可找到阿蘭達機場的火車站（Arlanda C），可搭乘SL的通勤火車40前往斯德哥爾摩中央車站，車程約39分鐘。

🕐 04:43~00:43，每30分鐘一班

💲 成人171 SEK，7~20歲及65歲以上158 SEK（含機場通行附加費）

🌐 sl.se

❗ 若使用SL的交通卡，仍須向車站櫃檯繳付132 SEK的機場通行附加費(18以下免收)

◎巴士

機場巴士 Flygbussarna

　　阿蘭達機場各航廈外皆可搭乘Flygbussarna，終點站為斯德哥爾摩中央車站旁的巴士總站（Cityterminalen），每10分鐘一班，車程約45分鐘。車票可在航廈內與巴士站的自動售票機，或機場旅客資訊櫃檯購買。

💲 單程成人129 SEK，8~17歲119 SEK

🌐 www.flygbussarna.se

🎁 官網購票享有優惠

夜間巴士

　　SL也提供阿蘭達機場到市區的夜間巴士服務，可搭乘592和593號。

🕐 深夜每小時一班，車程約45分鐘

💲 上車購票單程54 SEK，使用售票機或遊客中心購票，單程39 SEK

🌐 sl.se

◎租車

　　在P2 Beta停車場內有Hertz、Alamo、National、Enterprise、Avis、Budget、Europcar的租車櫃檯，而在P3 Alfa停車場內則有Sixt的櫃檯。這兩個停車場皆與航廈有段距離，可在第2、4、5航廈外搭乘租車公司的接駁車前往。

◎計程車

　　機場至市區的計程車車資採固定費率（非跳表），各家公司的費用不定，可至入境大廳的計程車諮詢櫃台詢問車資。

💲 4人以內至斯德哥爾摩市區，最高不會超過695 SEK

市區交通

◎大眾運輸系統類型

　　斯德哥爾摩市區的大眾運輸系統，主要分成地鐵（T-bana）、電車、輕軌、巴士、通勤火車、渡輪等6種，由SL（Stockholms Lokaltrafik）交通公司營運，車票在效期內皆可共通使用。

🌐 sl.se

地鐵 T-bana / Metro

　　地鐵共有紅、藍、綠3種顏色的3個主線，每個主線再分出2~3條路線，共計有10、11、13、14、17、

18、19號等7條線，請視路線號碼搭乘。所有地鐵線都會經過中央車站旁的T-Centralen地鐵站，而在地鐵站外會標示明顯的「T」，相當好認。

電車 Spårvagn / Tram

電車共有7、12、21、22等4條路線，其中7號線連結市中心與動物園島，是遊客最常利用的一條，其他3條路線則行駛於郊區與周邊城鎮。

輕軌 Lokalbana / Light Rail

輕軌有25、26及27、28、29兩組路線，行駛於斯德哥爾摩南、北周邊城鎮，一般觀光客不太有機會搭乘到。

巴士 Buss / Bus

斯德哥爾摩巴士路線綿密，不過市區景點多半利用地鐵或電車就可到達，除非要去比較偏遠的景點，否則似乎也沒有搭乘巴士的必要。要特別注意的是，在巴士上無法向司機買票，上車前請先購票。

通勤火車 Pendeltåg / Commuter Rail

40~44及48號為通勤火車的路線，通往鄰近各大城鎮，不過對觀光客來說，只有經過阿蘭達機場的40號路線較有機會搭乘。

渡輪 Pendelbåt / Ferry

渡輪有80、82、83、89四條路線，比較常被遊客利用的路段為80與82，搭乘80號渡輪從國王花園附近的Nybrokajen碼頭出發，或82號渡輪從舊城區南端的Slussen kajen碼頭出發，前往動物園島上Gröna Lund遊樂園旁的Allmänna grand碼頭。

◎大眾運輸系統購票

要搭乘斯德哥爾摩的大眾運輸系統，有3種購票選擇，分別為購買旅遊交通卡、儲值式電子感應卡（SL smart card）、單程票。

旅遊交通卡 Travelcards

這是最適合短期停留、並依賴大眾運輸的觀光客所使用的票券，因為在效期內可無限次數搭乘各種大眾交通工具，完全不用為了購票而傷腦筋，下載SL官方免費app「SL-Journey planner and tickets」，在app上直接購買與使用交通旅遊卡，購買後不會自動啟用，可自己選擇開通時間；或於車站SL服務中心或貼有SL標誌的商店購買，但須先購買20 SEK的綠色SL智慧卡。短期交通旅遊卡的效期有24小時、72小時和7日卡三種，7日卡與其他長期交通卡自使用當日00:00開始計算，至到期隔口的04:30為止。

💲

	24小時	72小時	7日
成人	165 SEK	330 SEK	430 SEK
7~20歲及65歲以上	110 SEK	220 SEK	290 SEK

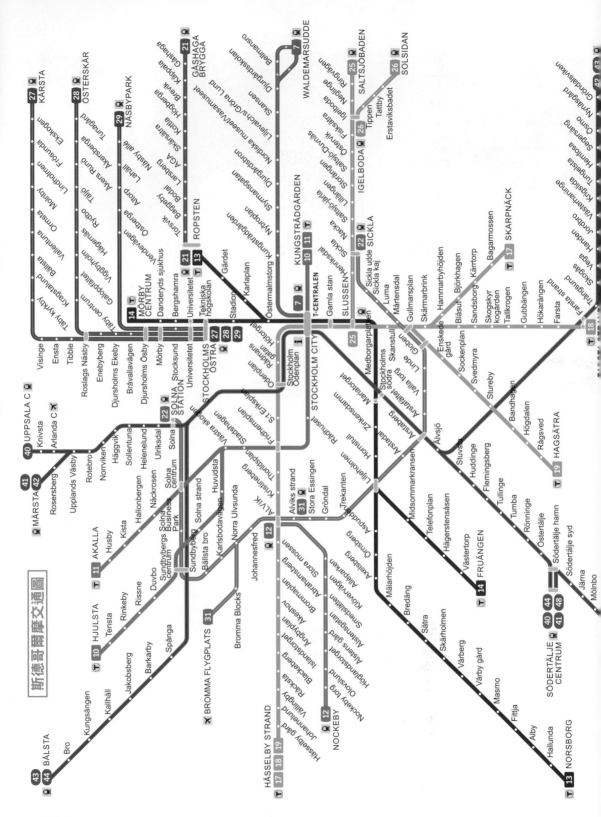

斯德哥爾摩交通圖

224

感應式電子儲值票卡 SL smart card

如果會待上更長時間，建議購買一張可重覆儲值的SL smart card，卡片本身為20 SEK，每次儲值最少100 SEK，最多1,000 SEK。使用SL smart card搭乘，可以把24小時、72小時和7日的旅遊交通卡儲值進去。卡片效期為6年，使用方式就像悠遊卡，在機器上加值時，只要感應卡片，投入金額，並按下reskassa即可。舊款藍色的SL Access Card系統自2023年3月底起全面停用，取而代之的是綠色的SL smart card。

💲成人單程扣款39 SEK，長者與兒童單程扣款26 SEK

單程票

如果不常搭乘大眾運輸，其實購買單程票即可，單程票可在車站自動售票機、SL服務中心、也可下載APP購買。車票效期為75分鐘，可在效期內不限次數轉乘。要注意的是，只有7號電車可在車上買票，其他路線都必須在上車前就先把票買好，而在車上買的票也是最不划算的。

💲

	單程票	上車購票
成人	39 SEK	54 SEK
7~20歲及65歲以上	26 SEK	36 SEK

◎計程車 Taxi

每家車行跳錶價錢不同，時段不同也有不同的收費方式，上車前請先確認車窗上的黃色貼紙。大致來說，起錶約50 SEK，每公里跳錶約29 SEK。

🌐www.taxistockholm.se、www.taxikurir.se

優惠票券

◎斯德哥爾摩通行票 Go City

原有的斯德哥爾摩通行券 Stockholm Pass，自2023年起被斯德哥爾摩通行票 Go City取代，持有Go City可於效期內免費參觀瓦薩號戰艦博物館、斯堪森露天博物館、諾貝爾博物館等在內40多個知名景點、博物館與觀光行程。Go City可透過線上購買，下載Go City app並輸入訂單編號，其效期自第一次使用起開始計算，未開通的通行票自購買之日起兩年內有效。

💲

	成人	6~15歲
1日票	549 SEK	249 SEK
2日票	959 SEK	369 SEK
3日票	1209 SEK	479 SEK
5日票	1569 SEK	629 SEK

🌐gocity.com/stockholm
💠官網購買享9折優惠

觀光行程

◎Hop-on Hop-off Bus觀光巴士

原有的Stockholm Panorama觀光巴士現與Hop-on Hop-off Bus觀光巴士整併。搭乘隨上隨下觀光巴士，可於車票效期內不限次數上下車。其路線共有兩條，紅線是觀光巴士，行經斯德哥爾摩精華區域，沿途停靠18個站點；綠線是觀光遊船，以船島為中心，停靠其周邊各島嶼碼頭。

🏠出發點位於Gustav Adolfs torg旁的Strömgatan
📞1200-4000
🕐5月中~9月每日10:00~17:00，每10~30分鐘一班；1~3月每日10:15~15:00，每45~60分鐘一班；4~5月中週五至週日10:00~16:00，每30分鐘一班
💲24小時：成人370 SEK，6~15歲185 SEK。72小時：成人530 SEK，6~15歲265 SEK。官網購票享8折優惠
🌐www.stromma.se
💠車上提供中文語音導覽

◎Royal Canal觀光遊船

搭乘觀光遊船航行在皇家運河上，路線環繞動物園島一圈，全程50分鐘。

🏠出發點位於Gustav Adolfs torg旁的Strömgatan
📞1200-4000
🕐5月~10月中，首班船於11:30出發，每日約6~8個班次(6月底~9月中首班船於10:30出發)；10月中~12月中週五至週日首班船於11:30出發，約2個班次；4月週五至週日16:40發船
💲成人275 SEK，6~15歲半價。官網購票享9折優惠
🌐www.stromma.se
💠船上提供中文語音導覽

旅遊諮詢

◎斯德哥爾摩旅遊局 Visit Stockholm
📞5082-8508
🌐www.visitstockholm.com

阿蘭達機場遊客服務中心
🏠位於第5航廈
📞+46 (0)10 109-1000
🕐24小時，06:30~20:00有專人服務

中央車站遊客中心
📍P.221B4
🏠Stockholm Central Station, Centralplan 15(中央車站內大廳)
📞+46(0)76 196-9233
🕐每日09:00~19:00
🌐www.stockholminfo.com

市中心遊客中心
P.221B3
Klarabergsgatan 50（Åhléns City百貨公司內2樓）
676-6213
平日10:00~21:00，週六10:00~19:00，週日11:00~19:00
www.ahlens.se/cms/in-english

動物園島遊客中心
P.220D2
Djurgårdsvägen 2
667-7701
09:00~17:00
royaldjurgarden.se

斯德哥爾摩行程建議
Itineraries in Stockholm

這個古典與現代兼容並蓄，被綠意與水光包圍的迷人城市，適合花一整週的時間好好感受，若是旅遊時間有限，至少也要安排2~3天時間。第一天從市政廳出發，爬上水岸邊的高塔眺望城市，揭開旅程最美的序幕，接著向東經過國王花園、皇家歌劇院前往舊城區，可參考散步路線收納舊城精華。

斯德哥爾摩散步路線

第二天不妨搭乘觀光遊船或渡輪，欣賞斯德哥爾摩這個水上美人的風情；選擇在動物園島上岸，島上精彩的博物館和北歐清透陽光下的森林綠地，會讓你心甘情願消磨一整天。傍晚回到市中心，塞格爾廣場周圍的時尚繁華，絕對能滿足血拼的慾望。

第三天可以往郊區前進，皇后島宮的王室風華，或是西格圖納的純樸古城都是不錯的選擇。

斯德哥爾摩散步路線
Walking Route in Stockholm

這條散步路線全程位於舊城區，雖然範圍不大，但如果不只是走馬看花，邊逛街、邊看博物館，實際也會花上一整天的時間。

首先搭乘地鐵於①**Gamla Stan車站**出站後向前直行，就來到②**Västerlånggatan大街**，這是舊城區最熱鬧的商店街，紀念品店一家接著一家，沿街仔細逛，會耗去你不少時間。

穿過幾個小巷弄，過橋來到騎士島，遠遠就可以看到③**騎士島教堂**高聳的尖塔，這裡是不少王室成員長眠之地。再過橋回到舊城區，首先會看到一棟美麗的巴洛克式建築，那是④**貴族之家**。前行沿著水邊走，舊城與市中心之間的小島上，厚實的石造建築為目前瑞典的⑤**國會**。

幾步之遙的龐大建築群，就是⑥**瑞典王宮**，如果剛好中午時分來到這裡，可以欣賞到精彩的衛兵交接儀式。離王宮不遠處的高聳鐘樓建築，也是舊城區的地標⑦**大教堂**。附近還有一座芬蘭教堂（Finska Kyrkan），教堂院子裡有座僅14公分的⑧**鐵男孩雕像**（Järnpojke），十分受到當地人及觀光客喜愛。

再穿過小巷弄，眼前視野大開，這是舊城中心的⑨**大廣場**，廣場旁最大的建築物就是⑩**諾貝爾博物館**。廣場四周由諸多巷道匯集，找到Köpmangatan街，兩旁有不少古董店和藝廊，盡頭處是一座⑪**聖喬治屠龍雕像**。這條散步路線的終點是華麗的⑫**日耳曼教堂**，而這裡非常接近Gamla Stan地鐵站。
距離：約2公里
時間：約1小時

斯德哥爾摩中心區 Central Stockholm

MAP ▶ P.221A4

市政廳

MOOK Choice

Stadhuset

諾貝爾獎晚宴大廳

🚇搭地鐵藍線T10、T11至Rådhuset站，步行約5分鐘 🏠
Ragnar Östberg's plan 1 🔗stadshuset.stockholm
英語導覽行程
☎5082-9058 ⏰每日10:00~15:00，每小時整點出發，行
程45分鐘 💲成人140 SEK，長者120 SEK，7~19歲60 SEK
⏱08:30開始售票，不接受預約
登塔
⏰5~9月09:10~15:50（6~8月至17:10）💲成人80 SEK，
11歲以下免費

　位於海灣畔，高塔上頂著瑞典三
王冠標誌的美麗建築，就是斯德
哥爾摩的市政廳。這座城市地標建於
1911~23年，由建築師Ragnar Östberg所設
計，他採用文藝復興時期王宮建築的樣式，以
藍廳（Blå hallen）和花園（Borgargården）
兩個方形中庭為中心，總共用了800萬塊紅磚，
1,900萬塊馬賽克磁磚，規模相當龐大。

　如果想進入市政廳參觀，必須參加每日的導覽
行程。藍廳是市政廳最大的廳院，也是諾貝爾
獎晚宴的舉辦場地，不過藍廳內部並非藍色，而
是磚紅色，這是因為在當初的設計圖裡，這裡
原本要鋪上藍色馬賽克，不過在紅磚砌成後，
Östberg覺得紅磚所帶來的典雅美感更適合市政
廳，然而因為在建築過程中早已習慣稱它為藍
廳，這個名字也就沿用下來了。除了藍廳，最著
名的設計還有貼滿金箔的金廳、具有藝術巧思的
王子畫廊，以及屋頂如覆蓋維京船的議會廳，代
表了維京精神的延續。

　夏季時，遊客可以爬上高塔，挑高106公尺的
建築宛如哥德教堂，連窗戶都設計成狹長形，塔
內展示相關的歷史文獻。登塔電梯只能到達一半
高度，其餘得靠雙腳才能登上塔頂，而這裡就是
眺望斯德哥爾摩這座美麗城市的最佳地點。往東
望去，整個舊城區被水域所環抱，騎士島教堂、
大教堂、日耳曼教堂的尖塔突出於天際線，倒影
在水面之上，更見這座北方水都的優雅與風華。

瑞典⋯⋯**斯**德哥爾摩 Stockholm

MAP ▶ P.221B3

斯德哥爾摩文化中心與塞格爾廣場
Kulturhuset & Sergels Torg
現代藝術打造的文化中心

🚇搭任一地鐵線至T-Centralen站即達 📍Sergels Torg
📞5062-0200 🕐11:00~19:00（週末至17:00）
kulturhusetstadsteatern.se

掃地圖

斯德哥爾摩文化中心這棟龐大的玻璃帷幕建築，與塞格爾廣場連成一個大型的文化與商業中心，再加上周邊延伸出的行人徒步購物街、百貨商場，終日人潮不斷，可說是城裡最熱鬧的中心區域。

文化中心立面寬達160公尺，裡面有劇場、電影院、收集瑞典藝術家和設計師作品的藝廊、書店、設計名店、漫畫圖書館、閱覽室、景觀咖啡廳、酒吧等，斯德哥爾摩遊客服務中心也設置在此，提供諮詢、訂旅館、訂票等服務，也可下載城市旅遊資訊到智慧型手機中。

塞格爾廣場上的圓環則矗立了一座透明高塔，由8萬多片玻璃打造而成，入夜開燈之後，放射出水晶玻璃的透亮光芒，是斯德哥爾摩夜晚最璀璨的現代裝置藝術。

現代藝術在地鐵

由於斯德哥爾摩地鐵是在地下岩盤中挖鑿出來的，因此有許多岩石景觀，瑞典人就在這些岩石上請藝術家們畫下作品，造就了一條長達110公里的畫廊。幾乎大多數地鐵車站都被藝術創作妝點得各異其趣，尤其是地鐵藍線各站，從第一個進行藝術化的起站T-Centrelan，到終點站Hjulsta，每次停靠都有出人意表的裝飾出現。

這些地鐵創作從1950年開始，由將近140位藝術家投入這項計畫，約有9成的地鐵站都有不同的現代藝術。例如T-Centrelan站往第6月台方向移動，彷彿穿越次元走進童話森林；再繼續搭到Kungstvädgården站，那裡則是西班牙風的馬賽克拼貼。又例如Rissne站，整面牆上繪出世界地圖，並以瑞典文標示橫向嵌代的大事記。

斯德哥爾摩幾乎所有觀光景點皆可搭乘地鐵前往，若不趕時間，在抵達目的地之前不妨多停幾站，體驗一下斯德哥爾摩充滿創作力的地鐵藝術。

MAP ▶ P.221B2

乾草廣場

Hötorget

走一趟北歐生活市集

🚇 搭地鐵綠線T17、T18、T19至Hötorget站即達

市集

⏰ 平日07:30~18:00，週六07:30~16:00，週日10:00~17:00

　　瑞典語Hö的意思即為乾草，一百多年前，這裡就是乾草、雜貨、衣物、生鮮食品等生活用品的集散地。而這傳統延續至今日，目前乾草廣場平日是傳統市場，露天攤位上可看到顏色鮮豔的蔬果、海鮮、起士等食材，以及各種和飲食有關的商品，呈現出斯德哥爾摩的餐桌風景。到了週日，攤位上的交易就從食品變成了舊貨，約莫40個攤位的舊貨商，販賣二手唱片、書籍、手機、服飾、家具及家電生活用品。

　　同時，作為古典音樂主要表演場地的斯德哥爾摩音樂廳（Stockholm Konserthus）就位於廣場上，那裡也是每年諾貝爾獎頒獎典禮的舉辦場地。音樂廳前有座名為《奧菲斯之泉》的雕像，是瑞典現代雕刻大師米勒斯（Carl Milles）的作品。除了新古典風格的音樂廳，再加上圍繞著這片廣場的影城與百貨公司，來往的人群構成非常有活力的北歐生活場景。

掃地圖

MAP ▶ P.221D4

國立美術館

Nationalmuseum

河畔的雄偉藝術殿堂

🚇 搭地鐵藍線T10、T11至Kungsträdgården站，步行約5分鐘　🏠 Södra Blasieholmshamnen 2　☎ 5195–4300　⏰ 11:00~17:00（週四至21:00，週五至19:00）　😴 週一　💲 成人150 SEK，20歲以下免費，閉館前90分鐘入場100 SEK　🔁 www.nationalmuseum.se　❗ 特展另收門票

　　國立美術館坐落於運河邊，與船島橋（Skeppsholmsbron）對岸的當代美術館和建築博物館兩相對望。其建築融合了義大利文藝復興風格，館內共分為

掃地圖

3層樓，館藏藝術品多數來自瑞典王室的歷代收藏，畫作以中世紀晚期至19世紀初為多，其中又以荷蘭畫家林布蘭的作品為最，再加上雕塑，共有上萬件作品，數量是全瑞典之冠。近幾年美術館也增設了1900~2000年間的現代設計作品與工藝品，展品以瑞典設計為主，依年代陳列瑞典近代的經典設計。

斯德哥爾摩中心區 Central Stockholm

MAP ▶ P.221C3-C4

國王花園

Kungsträdgården

中古世紀御用花園

🚇 搭地鐵藍線T10、T11至Kungsträdgården站即達

斯德哥爾摩市區的公園綠地將近38公頃，這座位於中心區的長形公園便是其中之一。公園夏季時花卉開得嬌豔，兩旁的露天咖啡座和餐廳是享受陽光的最佳選擇，午後也常有音樂會在此舉行；冬季時，整座公園則變成一座大型溜冰場。而1866年時，瑞典第一屆露天藝術展覽便是在此舉辦。

這裡在中世紀時曾經是王宮御用花園，有很

長一段時間是王室專屬的空間和活動範圍，一般民眾不得進入。公園裡有兩座瑞典國王的雕像，一座是能征善戰、卻因兵敗俄國導致瑞典霸權終結的卡爾12世（Karl XII），另一座有獅子雕像護衛的是將拿破崙麾下猛將伯納多特（卡爾約翰）收為養子、借助其力攻下挪威的卡爾13世（Karl XIII）。

斯德哥爾摩中心區 Central Stockholm

MAP ▶ P.221C4

皇家歌劇院

Kungliga Operan

華麗的藝術舞台

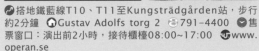

🚇 搭地鐵藍線T10、T11至Kungsträdgården站，步行約2分鐘 ⏰Gustav Adolfs torg 2 ☎791-4400 ◷售票窗口：演出前2小時，接待櫃檯08:00~17:00 ⓌwWW.operan.se

英語導覽行程
◷ 大部份週六的12:30出發 💲95 SEK

緊鄰國王花園的皇家歌劇院，建於1887~98年，由建築師Axel Anderberg所設計，他刻意在屋頂和一些裝飾細節上模仿河道對岸的王宮建築，讓兩棟建築物看起來像是同一個建築群。在大部份週六的中午會有1小時付費英語導覽行程，帶遊客參觀歌劇院後台及更衣室，行程中也會介紹當地歷史與一些不為人知的傳聞軼事；偶爾還會有主題行程，像是藝術展覽、戲服展覽與專為兒童設計的導覽等，運氣好的話還能看到皇家管弦樂團現場演出呢！

斯德哥爾摩中心區 Central Stockholm

MAP ▶ P.220D2

歷史博物館

Historiska Museet

維京文化黃金屋

🚇 搭電車7號線至Djurgårdsbron站，步行約5分鐘 ⏰Narvavägen 13-17 ☎5195-5600 ◷11:00~17:00(週三至20:00) ⓧ9~5月的週一 💲成人150 SEK，19歲以下免費，週三夜間免費 Ⓦwwww.historiska.se

博物館收藏了石器時代至中世紀約1萬4千年的歷史，包括大量維京考古收藏，其中又以地下室約700平方公尺的黃金屋（Guldrummet）最吸引人，裡頭有共52公斤的金製寶藏，以及約250公斤的銀製品，這些金銀寶物大多是維京時期與中世紀的飾品和宗教用具，例如一個飾有無數寶石的金杯，其實是12世紀聖人伊莉莎白的聖柩，當中還有她的頭蓋骨。而這個房間的外牆由250公噸的強化水泥砌成，目的就是用以保護這些價值不菲的寶物。

斯德哥爾摩中心區 Central Stockholm

MAP ▶ P.221D3

斯德哥爾摩群島遊船

MOOK Choice

Stockholm Archipelago, Stromma Boat Tours

迎風出海看豪宅

🚇搭地鐵紅線T13、T14至Östermalmstorg站，步行約5分鐘 ⛴從Strandvägen的15及16號船席出發 🕐10:30、14:00出發（4~8月中增開2~5船班，1月初~3月僅週四至週日發船），行程約2.5~3小時 💰成人365 SEK，6~15歲半價，5歲以下免費 🌐www.stromma.se/stockholm 🍴可加訂午餐。持Go City斯德哥爾摩通行票免費

斯德哥爾摩素有「北國威尼斯」的稱號，其周邊通往波羅的海的水域上，坐落著超過3萬座大大小小的島嶼，因此搭乘遊船穿梭在忽窄忽寬的水道之間，一一走訪這群姿態萬千的小島，也成了斯德哥爾摩非常熱門的重點行程。

Stromma遊船公司是經營斯德哥爾摩群島的翹楚，旗下兩艘遊船都是歷史船隻，分別是打造於1906年的M/S Östanå I，與建於1931年的S/S Stockholm，光是遊船本身的懷舊感便已極具魅力。在3小時的航程裡，遊船最遠會抵達Vaxholm後折返，一路上經過的島嶼，有的大到上面建有城鎮，有的小到只容得下一棟屋舍，也有的島嶼遺留有歷史古蹟及各種設施，當然，從未被開發的無人島也不在少數。行程最精彩的部分是沿途經過的鄉間別墅，這些彷彿遺世獨立的屋宇大多集中在利丁奧（Lidingö）、哈瑟路登（Hasseludden）與東、西格蘭霍爾門島

（Granholmen）一帶，較有名的景點包括青年藝術家聚集的羽毛群島（Fjäderholmarna）、人收藏家Klas Fahraeus的故居紅博格別墅（Högberga，現已成為旅館）、始建於17世紀的博吉桑德城堡（Bogesunds Castle）與曾是軍事重地的瓦克斯霍姆城堡（Vaxholm Castle）等。

除了一般船票外，也有加購船上午餐的選項，可在享用瑞典傳統菜餚的同時欣賞船外美景。沒有加購午餐的乘客，則可以到販賣部自行購買熱咖啡與肉桂捲。船上也有隨船的導覽人員，會輪流以挪威語和英語為乘客解說沿途的歷史典故與趣聞軼事。

舊城區 Gamla Stan

MAP ▶ P.222上B1

王宮
Kungliga Slottet
與王室近距離接觸

搭地鐵紅線T13、T14，或綠線T17、T18、T19至Gamla Stan站，步行約8分鐘 ○Slottsbacken 1 ☎402-6100 ○10:00~16:00（5~9月至17:00）日期不定，詳見官網 ⑤成人170 SEK，7~17歲85 SEK ♨www.kungligaslotten.se

45分鐘英文導覽行程
○10:30、11:30、13:30導覽王室居所（11~3月僅週末），14:30導覽寶物庫 ⑤成人30 SEK，18歲以下免費 ✿6~8月週四及週六14:00，有中文的王室居所導覽行程 ❶不用事先預約

衛兵交接儀式
○週一至週六12:15，週日及假日13:15

原本的三王冠城堡在1697年被大火夷為平地後，於1754年在原址上重建成義式巴洛克風格的王宮，一直到今天，這裡都是瑞典王室的官方居住地。目前開放參觀的部分，包括王室住所、寶物庫、兩座教堂、軍械庫、三王冠博物館、皇家馬廄與古斯塔夫三世博物館。

王室住所共有608個房間，規模龐大，這裡是歷代瑞典王室日常生活的場域，雖然現任瑞典國王卡爾十六世大多數時間其實是住在王后島宮，但他接受加冕、辦公和接待外賓都是在這裡。其內部收藏了為數眾多歐洲和瑞典從中世紀至今的文物，尤以

大量的法式、瑞典掛毯最引人注目，最古老的廳室是Festvåningen，據說室內擺設和數百年前一模一樣。

寶物庫中收藏了象徵王室的王冠、權杖和鑰匙，三王冠博物館則是展示瑞典的中世紀文物。軍械庫位於地下室，其武器收藏包括16世紀瓦薩王朝開創者古斯塔夫瓦薩（Gustav Vasa）的整套盔甲、17世紀有北方雄獅之稱的古斯塔夫二世的戰馬標本，以及各式刀、槍、劍、戟等武器。除了軍械之外，也有王室婚禮才穿得上的鑲金線禮服、金馬車，甚至還有1792年古斯塔夫三世在化粧舞會中遇刺時所戴的面具等。

舊城區 Gamla Stan

MAP ▶ P.222上B1

大廣場
Stortorget
重要歷史事件發生地

在舊城區閒逛，總會不經意就繞回大廣場，這裡是舊城區最大的廣場，廣場上最醒目的建築就是諾貝爾博物館，此外還有建於1776年的證券交易所（Börsen）。這裡是1520年影響北歐歷史的

「斯德哥爾摩血案」發生地，當時瑞典執政官小斯頓斯圖雷（Sten Sture den yngre）率領貴族反抗由丹麥主導的卡爾瑪聯盟，引來國王克里斯提安二世入侵，雖然國王同意赦免投降的反對者，但最後還是將他們押到大廣場上處死。這次事件讓瑞典舉國激憤，終於在倖存貴族古斯塔夫瓦薩的領導下，脫離丹麥而獨立。

舊城區 Gamla Stan

MAP ▶ P.222上B1

諾貝爾博物館

MOOK Choice

Nobelmuseet

見證獲獎者的劃時代創造

🚇搭地鐵紅線T13、T14，或綠線T17、T18、T19至Gamla Stan站，步行約5分鐘 🏠Börshuset, Stortorget 2 ☎5348-1800 🕚11:00~17:00（週五至21:00） 🚫週一 💲成人140 SEK，65歲以上100 SEK，18歲以下免費 💻nobelprizemuseum.se 🎫持Go City斯德哥爾摩通行票免費。每日有多梯30分鐘的免費英語導覽

阿弗雷德諾貝爾（Alfred Nobel, 1833~1896）出生於斯德哥爾摩，9歲時舉家搬到俄國。在父親刻意栽培下，諾貝爾成為一名優秀的科學家，研發出比黑火藥更安全的矽藻土炸藥，因此揚名於世，同時也累積許多財富。

掃地圖

諾貝爾發明炸藥原是要用在採礦工程上，後來卻被大量使用於非和平用途，令他感到非常痛心。在他辭世的前一年，遺囑載明要將大部分遺產（約920萬美金）拿來設立基金，將每年所得利息分為五份，分別設立化學、物理、醫學、文學和和平5個獎項，委由諾貝爾遴選委員會選出世界各國在這幾項領域中，對人類有重大貢獻的人士，並於每年12月10日、諾貝爾逝世紀念日當天頒予獎項和獎金。爾後又出現的諾貝爾經濟獎，是由瑞典中央銀行在1968年建行300週年時，為紀念諾貝爾才增設的獎項。

博物館坐落在大廣場旁一座中世紀建築裡，展廳中除了介紹諾貝爾的生平與諾貝爾獎的沿革外，也陳列不少歷年重要得獎者的成就貢獻與相關的紀念文物；而在展場中央則有數台觸碰式螢幕，可依年代與獎項類別，搜尋所有得獎者的個人故事與得獎理由。而大門旁的咖啡廳也是坐下來休息、喝飲料的好去處，可以嚐到頒獎典禮晚宴中的冰淇淋和甜點。

舊城區 Gamla Stan

MAP ▶ P.222上B1

大教堂

Storkyrkan

典藏藝術文物的古老教堂

🚇搭地鐵紅線T13、T14，或綠線T17、T18、T19至Gamla Stan站，步行約6分鐘 🏠Trångsund 1 🕚09:30~17:00 💲成人85 SEK，長者65 SEK，18歲以下免費 💻www.svenskakyrkan.se/stockholmsdomkyrkoforsamling 🎫持Go City斯德哥爾摩通行票免費

大教堂始建於13世紀，不僅是市民的信仰中心，也是瑞典王室舉行重大慶典或儀式的地方。教堂正中央以全銀打造的主祭壇，是1650年由一對瑞典議員

掃地圖

夫婦捐贈；講道壇旁的聖喬治屠龍雕像刻於1489年，以華麗又細膩的雕刻技法顯示當年木雕藝術的純熟，是北歐最大的一座木雕像。同時，聖喬治屠龍像的背後也有其政治上的象徵意義，因為當時瑞典在執政官老斯頓斯圖雷（Sten Sture den äldre）領導下，與丹麥國王衝突不斷，也許就是冀望聖喬治出現，來教訓丹麥這隻惡龍。

靠近講道壇的王室專屬包廂，是1684年由Nicodemus Tessin the Younger所設計，雕工細膩，尤其是座椅背後仿厚重絨布帷幕的部分，飄動的線條維妙維肖。

`MAP ▶ P.222上A1`

貴族之家

Riddarhuset

貴族聚會之所

🚇搭地鐵紅線T13、T14，或綠線T17、T18、T19至Gamla Stan站，步行約4分鐘 🏠Riddarhustorget 10 ☎723-3990 🕐平日11:00～12:00 🈺週末 💲成人60 SEK，長者40 SEK 🌐www.riddarhuset.se

貴族之家建於17世紀中葉，19世紀又增建兩邊側翼，建築風格屬於荷蘭巴洛克樣式。貴族之家的大廳是貴族們開會的地方，1668到1865年這段期間，貴族與國會便是在此開會，如今每三年一次的「貴族會議」也是在此舉行。大廳牆上掛滿了代表2,330個瑞典貴族家族的徽章和盾牌，建築前方的銅像則是瑞典16世紀中葉的偉大國王古斯塔夫瓦薩。

掃地圖

`MAP ▶ P.222上A2`

騎士島教堂

Riddarholmskyrkan

王室貴族專屬教堂

🚇搭地鐵紅線T13、T14，或綠線T17、T18、T19至Gamla Stan站，步行約5分鐘 🏠Riddarholmen 🕐5～9月每日10:00～17:00 💲成人60 SEK，學生30 SEK 🌐www.kungligaslotten.se/Riddarholmskyrkan

位於舊城區西邊的騎士島（**Riddarholmen**）上，有幾座斯德哥爾摩最古老的建築物，其中最顯眼的就是騎士島教堂，無論走到哪裡，都無法忽視那高聳的鑄鐵尖塔。教堂採新哥德式風格，與大教堂並列為斯德哥爾摩最古老的教堂，由於兩度

掃地圖

遭逢祝融之災，目前看到的尖塔為1846年所重建。這座教堂過去為瑞典貴族們專屬的尋求永恆之所，教堂裡有一座綠色大理石棺，那是「北方雄獅」古斯塔夫二世（**Gustav II Adolf**）的陵墓。

`MAP ▶ P.222上B2`

日耳曼教堂

Tyska kyrkan

中古世紀德國境外教堂

🚇搭地鐵紅線T13、T14，或綠線T17、T18、T19至Gamla Stan站，步行約5分鐘 🏠Svartmangatan 16 A 🕐平日12:00～16:00，週六11:00～15:00，週日10:00～14:00 🈺週一 💲免費

日耳曼教堂是由14世紀一個日耳曼商會所捐贈，曾經是唯一在中歐境外的德意志教區。教會建築經過多次重建與整修，終在1878年完成現今的模樣。教堂內部為巴洛克風格，所有設計、壁畫、彩繪玻璃皆出自德籍建築師和藝術家之手，其中最醒目的莫過於在側翼的**The Royal Gallery**，其為王室專用的包廂，以金黃色和綠色為基底，外觀刻上代表瑞典國王卡爾十一世的花押字，金碧輝煌。另一個有趣的雕塑則是在神父講道壇下方，這座採跪姿的天使，倒是在其他教會裡比較少見的。

掃地圖

南島 Södermalm

MAP ▶ P.220C4

攝影博物館

Fotografiska

透過鏡頭到達新的藝術境界

🚇搭地鐵紅線T13、T14或綠線T17、T18、T19至Slussen站，步行約13分鐘 🏠Stadsgårdshamnen 22 📞900-500 🕐09:00~23:00 💲依日期與時段票價不同，成人150~225 SEK，長者與學生100~185 SEK，12歲以下免費 🌐www.fotografiska.com/sto 🎫持Go City斯德哥爾摩通行票免費

雖然斯德哥爾摩從來不乏國家級的博物館，但近年來話題性最高的，卻是位於南島上的這間攝影博物館。攝影博物館成立於2010年，座落在一棟建於1906年的舊海關大樓內，從其古色古香的紅色磚牆外觀，實在很難想像裡頭展示的都是超乎人類視覺經驗的前衛性影像。博物館內沒有常設

館藏，在將近550坪的展示空間裡，約略分為4個主展覽和數間小展廳，每個展覽展出數月後便更換成新的展覽，因此一年內大約會有25個不同的展覽在此展出。

博物館的邀展對象都是當今世上最頂尖的攝影師，來到這裡你將會發現，原來攝影並不只是在記錄某個偶然瞬間的影像，就像繪畫、雕刻等其他各種藝術表現手法一樣，攝影也可以從思想的層面出發，經過特意安排、設計，結合不同素材與動態呈現，再經由構圖、色調，甚至後製，來表達藝術家的中心想法。逛完一圈後，讓人不但對攝影這門藝術有了新的定義，也能重新認識我們所處的這個世界。

而在博物館頂樓則是間炙手可熱的景觀餐廳，可透過大面積的窗戶欣賞斯德哥爾摩老城區與動物園島的景致，入夜後也時常舉辦由知名DJ所主持的音樂派對等活動。

市中心外圍

MAP ▶ P.220C4

SkyView

MOOK Choice

在透明圓球中俯瞰斯德哥爾摩

🚇搭地鐵線T19至Globen站，步行約13分鐘 🏠Globentorget 2（在Ericsson Globe中）📞771-310-000 🕐週一至六10:00~16:00(平日12:00~13:00休息) 💰成人170 SEK，5~12歲及65歲以上130 SEK 🌐www.stockholmlive.com/skyview/om-skyview 🎫持Go City斯德哥爾摩通行票免費

想要一覽斯德哥爾摩全景，除了Sky View外，沒有其他更好的地方。Sky View啟用於2010年，是架設在愛立信球形體育館（Ericsson Globen）外部的觀景電梯，這座體育館是當今世界上最大的半球體建築，其直徑長達110公尺，室內屋頂高度達83公尺，最多可容納1萬6千名觀眾，主要是用作本地職業冰球隊的主場，也經常是國際巨星演唱會與其他重要賽事的場地。

由於體育館為球體形狀，因此Sky View的升降軌道必須做成傾斜式。其電梯艙為兩顆玻璃圓球，每個可乘坐16名遊客，當圓球順著體育館南側牆面的弧度緩緩上升，感覺就像是被吹進巨大的泡泡裡，即將飛離地球表面。到達130公尺高的體育館館頂後，電梯艙會停留一小段時間，此時便可360度欣賞整個斯德哥爾摩及其周邊地區的景致，雖然斯德哥爾摩並沒有令人驚豔的高樓天際線，但也正因為如此，開闊的視野倒也令人心曠神怡。之後，電梯艙再沿著原路緩緩回到地面，整個過程大約20分鐘。

掃地圖

動物園島 Djurgården

MAP ▶ P.220D3

斯堪森露天博物館
Skansen

MOOK Choice

活的瑞典歷史文化館

🚋搭電車7號線至Skansen站即達 🏠Djurgårdsslätten 49-51 ☎442-8200 ⏰1～3月及10～12月10:00～15:00（週末至16:00），4月10:00～16:00，5～9月10:00～18:00 💲1月中～4月及10～11月：成人185 SEK，長者165 SEK，4～15歲70 SEK。5～9月及1月初：成人245 SEK，長者225 SEK，4～15歲70 SEK 🌐www.skansen.se 🎫持Go City斯德哥爾摩通行票免費

　　斯堪森露天博物館設立於1891年，是世界上第一座戶外露天博物館，如果北方民俗博物館讓你覺得意猶未盡，那麼一定要來這座「活的」博物館參觀。

掃地圖

　　創辦人Artur Hazelius為了保存急速消失的傳統文化，到全國各地努力收集了150多座各式各樣的老房子，從富豪宅邸、傳統農村，到教堂、倉庫、風車、磚窯等，各種瑞典傳統的建築形式在此皆一目了然，而這當中也包括了Artur自己的老家Hasseliushuset。你可以到麵包店吃片純手工製作、剛從陶爐中烤出的麵包，也可以參觀熱烘烘的玻璃水晶製造過程，或是到雜貨店買個

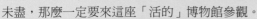

仲夏節 Midsommar

　　北歐冬季漫長，一天有16個小時處在黑暗之中，因此對於日光格外珍惜。在夏季來臨時，為了慶祝這全年日照最長的一天，北歐諸國都把仲夏節當作重要節日，各地皆有慶祝活動，而瑞典最知名的仲夏慶典，首推在斯堪森露天博物館所舉行者。

　　仲夏節一般會於6月底舉辦連續三天的活動，而以第一天下午的節目最為隆重。身著瑞典傳統服飾的男男女女和樂隊一同入場，樂隊坐定位後，開始以傳統樂器演奏瑞典民謠，其他人則拿起花朵裝飾在以樺樹葉圍繞的十字形五朔柱（Midsommarstång）上。完成後，由男人們豎立起五朔柱，所有群眾再一起手牽著手，以花柱為中心，繞著圈子跳著簡單的舞步，隨著領唱人的口號和音樂歡樂一整天。

　　這個季節正逢馬鈴薯的第一期產季，此時的馬鈴薯最為美味，因此節日期間最常享用的就是水煮馬鈴薯，搭配各種醃漬或燻製的鯡魚冷盤，佐以瑞典乳酪，就是道初夏最經典的瑞典料理。

古早味的糖果…逛完一圈，不僅看遍全國各地的傳統建築，還走過一段瑞典的歷史。除此之外，這裡還有一座北方動物園，完整收集生活在北歐地區的特有動物，包括麋鹿、馴鹿、棕熊、海豹、水獺、狼獾等。

　　在這個活的博物館裡，活動隨著四季變化，所以在不同時節參觀斯堪森，會看到收割、曬魚乾、牛車趕集等季節限定的活動與展示，而且在傳統慶典如仲夏節、聖誕節時，園區還會規畫特別的慶祝活動。

瑞典…**斯**德哥爾摩 Stockholm

動物園島 Djurgården

MAP ▶ P.220D3

北方民俗博物館

Nordiska Museet

遇見傳統瑞典生活

🚋搭電車7號線至Nordiska Museet／Vasamuseet站即達 🏠Djurgårdsvägen 6-16 ☎5195-4600 ⏰10:00~17:00（9~5月週三至20:00） 💰成人150 SEK，長者130 SEK，18歲以下免費。不收現金，需刷卡或線上購票 ⭕www.nordiskamuseet.se 🚌持Go City斯德哥爾摩通行票免費。門票含中文語音導覽

為了保存瑞典農村生活樣貌，讓下一代了解瑞典傳統民俗，瑞典學者Artur Hazelius在動物園島上成立了北方民俗與斯堪森兩座大型博物館，前者室內，後者露天，完整呈現瑞典傳統生活。

一走進博物館，便看到一尊巨大的古斯塔夫瓦薩雕像端坐在圓頂之下，那是瑞典雕塑家卡爾米勒斯的作品。館內收藏了從16世紀到現代的生活物品，不論是貴族的高級珠寶服飾，抑或是不起眼的童玩，以及薩米原住民的文物等，都在他的收藏範圍。這裡也重塑了數百年來瑞典家居裝飾的演進，從講究的餐具組和家具可看出瑞典人對居家品質的要求。展示中也可窺見許多有趣的瑞典生活，例如傳統婚紗的頭紗上有個金色小冠，據說這是新娘純潔的象徵，至今許多瑞典新娘仍承襲這項傳統。

動物園島 Djurgården

MAP ▶ P.220D3

瓦薩號戰艦博物館

MOOK Choice

Vasamuseet

重返北方雄獅的霸主時代

🚋搭電車7號線至Nordiska Museet／Vasamuseet站，步行約5分鐘 🏠Galärvarvsvägen 14 ☎5195-4880 ⏰9~5月10:00~17:00（週三至20:00），6~8月08:30~18:00 💰10~4月成人170 SEK，5~9月成人190 SEK，18歲以下皆免費 ⭕www.vasamuseet.se 🚌持Go City斯德哥爾摩通行票免費。門票含英語導覽行程

瓦薩戰艦總長69公尺、高達52.5公尺，是瑞典國王古斯塔夫二世（Gustav Ⅱ）在位時下令建造，目的是為了要向普魯士進行威赫。因為擔負宣揚國威的任務，船上特別雕刻了700多座精緻的裝飾，顯示當時瑞典的堅實國力和富裕程度，雕飾中的獅子象徵力量與勇氣，呼應了古斯塔夫二世的外號：北方雄獅。

只是沒有想到，這艘威風凜凜的木造戰艦在1628年下水首航時，就在一陣颶風吹掃下隨即翻覆，造成船員死亡。瓦薩號沉船333年後，科學家在1961年終於確定她的沉沒地點，並推測船隻應是安置了太多火砲，加上高達50公尺的船桅，才導致船心不穩造成翻覆。

由於波羅的海裡沒有專吃木材的微生物，所以木船得以在水中完整保存3百多年，但沉船時的重擊使船桅、船首部分嚴重受損，考古學家仍須費力將13,500塊碎片拼湊起來。而從船上發現的船員衣物，以及他們所使用的煙斗、餐具，和醃肉、香腸等食物，可重建當時的船上生活。

動物園島 Djurgården

MAP ▶ P.220D3

ABBA博物館

ABBA the Museum

向瑞典最成功的流行音樂人致敬

🚋搭電車7號線至Liljevalchs/Gröna Lund站即達 🏠Djurgårdsvägen 68 ☎1213-2860 🕐9~4月10:00~18:00（週四至20:00），5月10:00~19:00，6~8月10:00~20:00 💲票價依日期與時間不同，成人230~290 SEK，7~15歲90~110 SEK，長者200~260 SEK 🌐www.abbathemuseum.com

撇開小眾的死黑金屬不談，北歐流行音樂史上真正做到在國際主流市場發光發熱的，ABBA應該是前無古人，後無來者。ABBA成軍於1970年代，由Agnetha、Björn、Benny和Anni-Frid（Frida）兩對夫妻所組成，成名金曲包括《Mamma Mia》、《Waterloo》、《Dancing Queen》等，專輯銷售全球超過3億8千萬張。尤其是Mamma Mia，靠著百老匯歌舞劇與好萊塢電影，至今仍被許多年輕世代琅琅上口。

這間開幕於2013年的博物館，就是為了其廣大歌迷而設，館內陳列有大量照片、影片，詳細介紹每位團員的個人故事與ABBA出道的經過，其中有不少影片是未曾公開的獨家訪談。展品當中包含ABBA團員曾經用過的物品，像是Waterloo MV中彈奏的吉他、參加歐洲歌唱大賽時的舞台服裝、巡迴演唱時的保姆車、ABBA歷年的金唱片等。博物館最棒的地方在於有許多互動式的遊戲，遊客只要掃瞄門票上的QR Code，就可以到錄音室與ABBA團員合唱他們的成名曲，或是藉由電腦影像錄製自己的舞蹈MV，或是假扮ABBA成員拍攝定裝照，甚至登上舞台與4人的虛擬實像一同表演，而這些成果全都可以下載回家，成為自己與ABBA的完美留念。

MAP ▶ P.220C3

現代美術館 &
建築設計中心

Moderna Museet & ArkDes

趣看現代藝術

🚇 搭地鐵藍線T10、T11至Kungsträdgården站，轉乘65號巴士至ArkDes／Moderna museet站即達 🏛 Exercisplan 4 ⏰ 10:00~18:00（週二、五至20:00）🚫 週一

現代美術館
☎ 5202-3500 💲 現代美術館與建築設計中心聯票，成人200 SEK，長者與學生160 SEK 🌐 www.modernamuseet.se

建築設計中心
☎ 5202-3500 💲 成人100 SEK，長者與學生80 SEK，19歲以下免費 🌐 www.arkdes.se

掃地圖

現代美術館坐落在斯德哥爾摩市區外圍的船島上，沿著緩坡循指標上行，最先映入眼簾的就是館外廣場由法國和瑞士雕塑家共同創作的誇張雕塑。其館藏都是20世紀的現代藝術創作，包括達利、馬諦斯等大師級的作品，以及近期新銳藝術家的各類型創作，不僅止於平面繪畫，也有不少以影像或聲音、影片為素材的作品。現代美術館不但展品有創意，就連廁所都相當有趣，門口架設了一台監視器，看起來是廁所內部的影片，其實只是每間廁所裡「模型廁所」的影像。

和美術館相連的是建築設計中心，館內以模型和圖片展示斯德哥爾摩的現代設計建築，可直接從現代美術館進入。

斯德哥爾摩家具展
Stockholm Furniture Fair

斯德哥爾摩家具展是全世界最大的北歐家具展，每年一次在瑞典斯德哥爾摩國際會展中心展出。北歐設計在全球蔚為潮流，想要了解這一股設計力量的走向，斯德哥爾摩家具展是不可不看的重量級會展。

北歐家具在設計感之外，同樣注重實用性與生活性，展出的吸睛商品往往就是廠商下波要推出的趨勢。除了廠商展覽，這裡更是新人設計師馳騁創意之處，許多著名設計團隊與設計師皆出自於此，如瑞典設計團隊前端（Front）、挪威說法（Norway Says）、英國與瑞典設計師組合的布洛博格和瑞德史卓（Broberg Ridderstrale）、挪威設計師諾蘭德（Johannes Norlander）等，都是從這裡初現鋒芒，進而為全世界認識。

🔽 約於每年2月，詳見官網 🌐 www.stockholmfurniturefair.com

王后島 Drottningholm

MAP ▶ P.220A4

王后島宮
Drottningholms Slott

MOOK Choice

名列世界遺產的宮殿

🚇搭地鐵線T17、T18、T19至Brommaplan站，轉乘巴士176、177、301、302、303、305、309、311、312、317、323、336、338、396號，至Drottningholm站即達。夏季時，也可在市政廳前的Stadshuskajen碼頭搭乘Strömma的渡輪前往 🏠Drottningholm 📞402-6100 ⏰10~4月週末10:00~16:00，5~9月每日10:00~17:00 🚫10~4月的平日 💰成人150 SEK，7~17歲75 SEK 🌐kungligaslotten.se

45分鐘導覽行程

⏰英文導覽：11:30、13:30（5~9月增加10:30、15:30兩梯）；中文導覽：6~8月週五13:00 💰30 SEK，18歲以下免費

王后島宮初建於16世紀末，是約翰三世（Johan III）為愛妻所建的宮殿，17世紀中因失火而大幅改建，由Nicodemus Tessin父子花了15年時間裝潢設計，奶油色的法式宮殿建築倒映水中，顯得十分優雅細緻，由裡而外都展現了富麗的巴洛克風華。1991年被列為世界遺產，也是瑞典首度入選之地。

1744年瑞典王儲阿道夫腓特烈（Adolf Fredrik）迎娶普魯士公主露易莎（Lovisa Ulrika）時，將這座宮殿送給公主當作結婚禮物，而這位普魯士公主創造了王后島宮的黃金時期，她邀請多位學者到宮裡為收藏品歸類、編號，並成立烏爾利卡圖書館，影響當時科學、藝術甚為深遠。

建於1766年的巴洛克劇院，是露易莎之子古斯塔夫三世為了紀念母親而設立，也是目前仍在運作的最古老劇院。1922年劇院重新整理時，許多設計精巧的機關被重新發現，例如可迅速變換的背景道具，至今仍堪使用。中國亭閣（Kina Slott）建於1769年，外觀是洛可可式建築，但在許多細節上加入東方元素，裡頭收藏全是當時由東印度公司運送來的東方藝術品。

宮殿前還有座小型法式幾何花園，花園裡的海克力士銅像出自荷蘭文藝復興大師Adrian de Vries之手，是從丹麥腓特烈堡搶來的戰利品。

利丁奧島 Lidingö

MAP ▶ P.220B4

米勒斯公園
Millesgården

大師級的雕塑公園

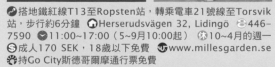

🚇搭地鐵紅線T13至Ropsten站，轉乘電車21號線至Torsvik站，步行約6分鐘 🏠Herserudsvägen 32, Lidingö 📞446-7590 ⏰11:00~17:00（5~9月10:00起）🚫10~4月的週一 💰成人170 SEK，18歲以下免費 🌐www.millesgarden.se 🎫持Go City斯德哥爾摩通行票免費

米勒斯公園位在利丁奧島上，整座公園所展示的雕塑都是瑞典雕塑家卡爾米勒斯（Carl Milles）的作品。米勒斯在法國旅居時期，曾和雕塑大師羅丹一起工作，回到瑞典後持續創作，剛回來的頭兩年就為北方民俗博物館雕刻了一座紀念瑞典國王古斯塔夫瓦薩的雕像。

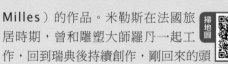

米勒斯的作品多半為庭園、噴泉雕刻等公共藝術，塑像主題都以人的情感或動作為主，著重優美的線條與人物之間的平衡。除了戶外雕塑，米勒斯夫婦生前的居所和工作室也都保留完整下來，開放供大眾參觀；另外還有一間藝廊，展示他生前的藝術收藏品。

西格圖納 Sigtuna

MAP ▶ P.7C6

西格圖納
Sigtuna

MOOK Choice

瑞典最古老的城鎮

🚌 從斯德哥爾摩中央車站搭區域列車至Mårsta站，轉乘巴士570、579號至Sigtuna busstation站即達，車程約1小時

遊客服務中心
🏠 Stora gatan 33 ☎ 5912-6960 ⏰ 平日08:00~16:00，週末11:00~15:00 🌐 destinationsigtuna.se

西格圖納
西格圖納

西格圖納距離斯德哥爾摩約1個小時車程，是瑞典最古老的一座城鎮，當地人類遺跡可追溯到冰河時期，維京人也曾在此地停留。

掃地圖

西格圖納正式被規畫為城鎮的年代約在西元980年，歷經千年，小鎮的樣貌似乎沒有太大改變，鎮上數座13世紀的教堂遺跡顯示早期居民眾多，舊城的主要街道至今仍維持傳統矮房和石磚路，並且為了維持道路不被毀損，已禁止車輛通行。

除了18世紀的舊市政廳、13世紀的聖瑪麗亞教堂，鎮上數間以瑞典繪本作家艾爾莎（Elsa Beskow）筆下故事主人翁為名的商店和餐廳，像是棕姑媽咖啡屋、藍叔叔餐廳等，都值得進去感受一下中世紀的味道。

聖奧勒夫教堂遺址
Sankt Olofs kyrkoruin
📍 Olofsgatan

在西格圖納有7座教堂遺跡，聖奧勒夫是其中之一。教堂興建於12世紀，被棄置的年代不明，如今只剩下斷垣殘壁，但在考古學家挖掘與考證之時，曾在教會地下發現應屬於另一座教會的牆面；此外，也曾在地底下發現一對可能是貴族母子的墓穴。

市政廳 Rådhuset
🏠 Stora torget 4D ⏰ 7~8月每日12:00~16:00

第一任西格圖納市長建立了這座市政廳，於1744年落成，1949年最後一任市長卸任後，市政廳就不再使用。有別於大城市瑰麗堂皇的建築樣式，這座一層樓的市政廳顯得親切許多。目前市政廳只在夏季開放，會議室仍保留當時的桌椅及國王畫像，並展示一些西格圖納相關的歷史過往。

聖瑪麗亞教堂 Mariakyrkan
🏠 Olofsgatan 4

聖瑪麗亞教堂是西格圖納第一座哥德式紅磚教堂，1227~30年間由多明尼克修士所建，是當時瑞典少見以紅磚替代石頭為建材的教會。當時修士們不僅為地方建立信仰中心，同時也關心當地教育，並將香草植栽帶進西格圖納，現在教會旁的香草園由當地婦女團體繼續照顧著。雖然經歷宗教改革的洗禮，教堂仍保留部分修士時代的遺跡，像是聖壇右側小門就是過去修士進出的專用門，左側仍留有瑞典貴族的標誌。

斯德哥爾摩中心區

MAP ▶ P.221D2 | **Story Hotel**

🚇搭地鐵紅線T13、T14至Östermalmstorg站,步行約1分鐘 🏠Riddargatan 6 ☎5450-3940 💲$ $ $ 🌐www.storyhotels.com

在故事旅館,並沒有房間鑰匙或IC卡,入住的旅客藉由網站訂房及付款後,會得到一組密碼,抵達旅館時在大門旁的電腦輸入,便完成入住手續,此時會產生房間號碼及另一組密碼,旅客在房間前的機器輸入便可進出,和瑞典事事講求自助的風格非常吻合。雖然沒有傳統定義上的大廳和接待櫃台,旅館入口處仍有24小時待命的服務人員,提供旅客所需的協助。

旅館各類房型都有十分「故事性」的名字。像是The Bath Room的名稱令人不明所以,一走進去,僅以玻璃隔間的浴室就已說明一切;Super Squeeze是其中最有趣的房型,兩人同住時,像臥舖列車般地從牆上放下另一張床,一點空間都不浪費。而這家飯店擁有設計旅館的品質,卻維持一般城市商務旅館的價格,這在物價高昂的北歐簡直令人心生感激!

掃地圖

斯德哥爾摩中心區

MAP ▶ P.221D2 **Östermalmshallen傳統市場**

🚇搭地鐵紅線T13、T14至Östermalmstorg站，步行約5分鐘 🏠Östermalmstorg ⏰09:30~19:00(週六至17:00) 🈺週日 🌐www.ostermalmshallen.se

　　Östermalmshallen是斯德哥爾摩第一座室內市場，想多認識瑞典人的傳統食物，或是想知道他們平日吃些什麼，走一趟Östermalmshallen市場便知分曉。這裡的攤販有賣新鮮的麋鹿肉、馴鹿肉、魚肉、乳酪、麵包，以及各式冷食如燻鮭魚、醃漬鮭魚、麋鹿肉乾等，而北歐人最常食用的鯡魚，在市場裡也有多種不同醃漬口味選擇。

斯德哥爾摩中心區

MAP ▶ P.221B2 **Kajsas Fisk**

🚇搭地鐵綠線T17、T18、T19至Hötorget站，步行約1分鐘 🏠Hötorgshallen 3 ☎207-262 ⏰11:00~18:00（週五至19:00，週六至16:00） 🈺週日 💲魚湯125 SEK，蝦醬土司 150 SEK 🌐kajsasfisk.se

　　這家藏身在乾草廣場Hötorgshallen市場地下室的海鮮餐吧，開業至今也有將近40個年頭了，一天無論是早是晚，點餐檯前總是大排長龍，因為不管是本地人還是觀光客，都想一嚐Kajsas世界有名的魚湯。這裡的魚湯是蕃茄湯底，感人的地方在於湯裡的海鮮料似乎比湯水還多，魚肉加總起來似乎可以拼湊出一整條魚，蝦仁、蛤蜊、牡蠣也是放好放滿，湯頂再加上一大塊起司，光吃一碗就很飽足，而且用料都十分新鮮。魚湯之外，這裡的蝦醬土司和蝦仁沙拉也是招牌。

斯德哥爾摩中心區

MAP ▶ P.221A3 **ICEBAR by ICEHOTEL STOCKHOLM**

🚇搭任一地鐵線至T-Centralen站，步行約3分鐘 🏠Vasaplan 4 ☎5056-3140 ⏰週一至週四15:00~23:00，週五與週六13:00~00:00，週日14:00~21:00，打烊前45分鐘停止入場 💲成人240 SEK起，3~17歲115 SEK起 🌐hotelcstockholm.com

　　位在斯德哥爾摩的這家冰酒吧和瑞典北部的冰旅館系出同門，同樣取自Jukkasjärvi的Torne River河水急速冷卻後，製成如水晶般清透的冰塊當建材，就連吧台、座椅、杯子等都是冰塊製品。為了維持冰塊不融化，冰酒吧將室溫維持在-5℃，並以厚重的雙道大門隔絕室外暖空氣。要進入冰酒吧得先穿上保暖斗篷和手套，且每次僅限60人進場。冰酒吧提供十多種以瑞典品牌Svensk伏特加為基底，搭配不同果汁製成的調酒，若有未成年者同行，這裡也可以點純果汁。

斯德哥爾摩中心區

MAP ▶ P.221C4 **Pickwick Restaurang & Pub**

🚇搭任一地鐵線至T-Centralen站，步行約7分鐘 🏠
Drottninggatan 6 ☎411-1016 ⏰11:00~01:00 💲主
餐179 SEK起、魚湯155 SEK 🔗www.pickwick.nu

　　早在17世紀時，這個地方就已開有一間
酒吧，儘管物換星移，無論換過多少名
字，這裡始終有間酒吧滋潤人們乾渴的心。在
這樣的歷史背景下，Pickwick的內部以復古的木製裝潢
為主，的確很有百多年前的氣氛。這裡供應10多種本地
生啤酒和數十種來自世界各地的瓶裝啤酒，酒單上也多
的是葡萄酒、威士忌與雞尾酒等酒精飲料，餐點則有煎
鯡魚、肉丸、魚湯、蝦醬土司等經典瑞典料理。最特別
的是「詹森的誘惑」，這道以馬鈴薯、洋蔥、黍鯡魚和
奶油烘烤成的砂鍋菜，是瑞典聖誕大餐的要角，不過在
這裡一年四季都吃得到。

斯德哥爾摩中心區

MAP ▶ P.220D1 **Valhallabagereit AB**

🚇搭地鐵紅線T13至Karlaplan站，步行約5分鐘 🏠
Valhallavägen 174 ☎662-9763 ⏰平日07:00~18:00，
週六08:00~15:00，週日09:00~15:00 💲肉桂捲35 SEK

　　肉桂捲（kanebullar）是瑞典的國民美食
之一，要問全斯德哥爾摩最好吃的肉桂捲在
哪裡，Valhallabagereit當仁不讓。這家小巧的麵
包店，狹窄的空間裡只擺得下幾張比托盤還小的桌子，上
門的顧客卻總是絡繹不絕，其中有不少就是為了招牌肉桂
捲而來。這裡的肉桂捲甜而不膩，淡淡的肉桂香氣與麵糰
本身的甜味相得益彰，麵包不軟不硬，相當有咬勁，上面
灑上脆脆的珍珠糖粒更增添了口感。這樣的肉桂捲再配上
一杯咖啡，就是瑞典人心目中完美的Fika。

掃地圖

斯德哥爾摩中心區

MAP ▶ P.221D2 **Lisa Elmqvist**

🚇搭地鐵紅線T13、T14至Östermalmstorg站，步行約5分鐘
🏠Östermalms Saluhall ☎5534-0400 ⏰平日11:00~22:00
（週一至19:00，週五至23:00），週六11:30~23:00 ❌週日
💲主餐195 SEK起 🔗www.lisaelmqvist.se

　　位於Östermalms Saluhall市場內的Lisa
Elmqvist，1926年從魚販起家，如今已傳承
至第4代了！90多年的經驗累積，Elmqvist家族
早已和當地漁夫及水產業者結下緊密關係，因此所採購
的都是最新鮮的頂級食材，有的漁獲甚至是當天打撈直
送廚房。同時，廚房在料理上的知識也隨著歲月不斷精
進，使得過去10年來，Lisa Elmqvist每一年都榮登米其林
手冊的推薦名單。既然是魚販兼營的餐廳，菜單上滿是
以各種方式烹調的鮭魚、鯡魚、鱸魚、比目魚等魚類料
理，此外，這裡的蝦醬土司也很出色。除了餐廳之外，
隔壁也有經營熟食鋪，販賣各式各樣的開放式三明治。

掃地圖

斯德哥爾摩中心區

MAP ▶ P.221B3　Vete-Katten

🚇搭地鐵綠線T17、T18、T19至Hötorget站，步行約3分鐘 🏠Kungsgatan 55 ☎208-405 ⏰平日07:30~20:00，週末09:30~19:00 💲蛋糕約54 SEK左右、麵包33 SEK起、午餐92 SEK起 🌐vetekatten.se

　　如果想吃瑞典傳統甜點，Vete-Katten絕對是首選！這間老字號的糕點咖啡店開業於1928年，由女糕餅師Ester Nordhammar所創，數十年來穩坐瑞典糕餅餅龍頭的祕訣，在於無論是原料還是烘焙工序，都絕不偷斤減兩，寧願多花費時間心力，也不讓烘焙成果欠缺完美。來到這裡，一定要嚐嚐最有名的公主蛋糕（prinsesstårta），這種外面包裹一層淡綠杏仁糖的莓果蛋糕，可是從前瑞典公主們的最愛。另外像是椰絲巧克力燕麥球（chockladboll）與吸塵器巧克力（dammsugare），也都是非常瑞典的甜點。

斯德哥爾摩中心區

MAP ▶ P.221C4　Bakfickan

🚇搭地鐵藍線T10、T11至Kungsträdgården站，步行約2分鐘 🏠Jakobs torg 12 ☎676-5808 ⏰平日11:30~22:00，週六12:00~22:00 🚫週日、週一 💲主餐245 SEK起，素食餐點225 SEK 🌐operakallaren.se

　　Bakfickan字面上的意思是「褲子後面的口袋」，因為它就像是瑞典皇家歌劇院的口袋一樣，可以收藏珍貴的小東西。其實Bakfickan和歌劇院另一側的高級餐廳Operakällaren是由同一個老闆經營，然而不像Operakällaren吃一頓飯動輒上萬台幣，Bakfickan的價位雖然也不便宜，但仍屬一般人負擔得起的範圍。這裡賣的是瑞典傳統料理，最有名的是淋上濃濃奶油醬的肉丸，搭配馬鈴薯泥、越橘、醃黃瓜，滋味遠非IKEA的肉丸可比。其他像是蝦醬土司、醃鯡魚、烤鮭魚等瑞典家常菜，這裡也有供應。

斯德哥爾摩中心區

MAP ▶ P.221D4　B.A.R.

🚇搭地鐵藍線T10、T11至Kungsträdgården站，步行約3分鐘 🏠Blasieholmsgatan 4A ☎611-5335 ⏰週二至週六17:00~00:00 🚫週日、週一 💲雙人燒烤主菜每人395 SEK，外帶主餐220 SEK起 🌐restaurangbar.se

　　這個由家族經營的海鮮餐廳，其創業哲學就是：與食材的來源愈親密，所獲得的食材就愈新鮮，食材愈新鮮，用餐的經驗就會愈難忘。憑靠著多年經驗，B.A.R.已懂得拿捏出如何以最合理的價格，賣出最高品質的料理。這裡的主餐為碳烤海鮮，點菜方式是自行到前檯的海鮮櫃中挑選想吃的魚貝或肉類，價錢都是秤重計算，再點選薯條、烤蔬菜等配菜與各種醬汁。至於龍蝦，則是到水族箱中現撈，可選擇燒烤或水煮等烹調方式。

斯德哥爾摩中心區

MAP ▶ P.221B2　Kungshallen

🚇搭地鐵綠線T17、T18、T19至Hötorget站即達 🏠Kungsgatan 44 ⏰平日09:00~23:00，週六11:00~23:00，週日11:00~22:00 🌐www.kungshallen.eu

　　Kungshallen是斯德哥爾摩最大的美食街，就位於乾草廣場和音樂廳旁。如果愁著不知上哪兒吃飯，一般人比較熟悉的美食街是個不錯的選項，要吃什麼，櫃台上的看板一目瞭然。美食街裡共有16間餐廳，超過800個座位，包括中國菜、墨西哥菜、印度菜、土耳其菜、黎巴嫩菜、泰國菜等各國料理，不必期待會有什麼驚天美味，但至少個個是安全牌。

舊城區

MAP ▶ P.222上B1 Fem Små Hus

🚇 搭地鐵紅線T13、T14、或綠線T17、T18、T19至Gamla Stan站，步行約7分鐘 🏠 Nygränd 10 ☎ 108-775 🕐 週二至週六17:00~23:00 🚫 週日、週一 💲 主菜295 SEK起，套餐675 SEK起 🌐 www.femsmahus.se

Fem Små Hus的瑞典文意思是「五間小屋」，顧名思義是由5棟相連的17世紀酒窖改建而成，而房子裡原本的9座拱形酒窖則被闢為用餐空間。餐廳提供高檔的傳統瑞典料理，主菜包括馴鹿肉、烤豬五花、烤鱒魚等，並搭配法式料理擺盤，可以單點，也可以選擇

掃地圖

套餐。地面樓層是可單純品酒、喝飲料的Lounge Bar，拾級而下，則是一間間拱頂地窖，裝飾得十分具有歷史感。既然是酒窖改裝，Fem Små Hus對自己提供的酒品也十分自豪，當然也有侍酒師會幫你挑酒。

舊城區

MAP ▶ P.222上B2 Under Kastanjen

🚇 搭地鐵紅線T13、T14、或綠線T17、T18、T19至Gamla Stan站，步行約6分鐘 🏠 kindstugatan 1 ☎ 215-004 🕐 平日08:00~23:00，週末09:00~23:00(週日至21:00) 💲 主餐215 SEK起，午間特餐125 SEK 🌐 www.underkastanjen.se

Under Kastanjen的意思是「在栗子樹下」，因為門前就有一棵身形巨大又漂亮的栗子樹。這是一間提供咖啡、麵包、酒品和

掃地圖

簡餐的小餐館，用餐空間相當舒適，服務人員親切，營業時間又長，是個非常適合在舊城區逛累了，坐下來歇腳、填飽肚子的地方。餐廳所賣的麵包和點心會隨著季節變化，例如二月有瑞典傳統小圓麵包（Semlor），聖誕節期間有薑餅等。

瑞典⋯⋯斯德哥爾摩 Stockholm

南島

MAP ▶ P.222下B1 Meatballs for the People

🚇 搭地鐵綠線T17、T18、T19至Medborgarplatsen站，步行約7分鐘 🏠 Nytorgsgatan 30 ☎ 466-6099 🕐 11:00~22:00 💲 雙人肉丸套餐每人329 SEK，主菜225 SEK起 🌐 www.meatball.se

來到瑞典，怎麼可能不吃肉丸？這家近來炙手可熱的排隊名

店，沒有訂位的話根本不得其門而入，就算有訂位，通常也要等上好一陣子。店家與瑞典本地信譽良好的牧場合作，肉品由產地新鮮直送，再由廚房現打現做，因此絕非市面上的冷凍肉丸可比。除了搭配奶油肉汁、薯泥與越橘的經典肉丸外，還有牛肉丸、麋鹿肉丸、小牛肉丸、野豬肉丸等不同丸子，各有相應的配菜醬料，像是大蒜薯泥、紅酒醬汁、蘑菇菜飯、帕馬森碎片等。如果太難抉擇，也有4種肉丸的雙人餐可以點。

斯德哥爾摩中心區

MAP ▶ P.221C3 **Gallerian購物中心**

🚃搭電車7號線至Kungsträdgården站，步行約3分鐘 📍Hamngatan 37 📞(0)72 200-4549 🕐平日10:00~20:00，週六10:00~18:00，週日11:00~18:00 🌐gallerian.se

Gallerian購物中心成立於1976年，賣場設計引進日光照明，是斯德哥爾摩第一家白天就可以看到日光投射進來的購物中心，整體設計現代而新穎。購物中心集結了眾多瑞典和國際品牌的知名商店，以及誘人的餐廳和食品賣場，同時也是各種會議及音樂會的舉辦場地，因此除了免費Wi-Fi之外，還提供舒適的座位區出租iPad供遊客使用。

掃地圖

斯德哥爾摩中心區

MAP ▶ P.221D2 **Nordiska Galleriet**

🚇搭地鐵紅線T13、T14至Östermalmstorg站，步行約3分鐘 📍Nybrogatan 11 📞442-8360 🕐平日10:00~18:00，週六10:00~17:00，週日11:00~16:00 🌐www.nordiskagalleriet.se

這家看起來相當新穎的店面，其實已有將近百年歷史，店家以展售北歐主流設計商品為主，也有部分經典設計家具進口自其他歐洲國家。店面賣場空間寬敞，包括生活用品區，一次可陳列上千種商品，而且隨時都有新商品登場，每年初秋更有大量新品上架。

掃地圖

斯德哥爾摩中心區

MAP ▶ P.221C2 **Norrgavel**

🚇搭地鐵紅線T13、T14至Östermalmstorg站，步行約5分鐘 📍Birger Jarlsgatan 27 📞5452-2050 🕐平日10:00~18:00，週六10:00~16:00，週日12:00~16:00 🌐www.norrgavel.se

Norrgavel的商品以自然、環保為宗旨，本身也是設計師的負責人Norrgavel Nirvan Richter認為環保比經濟效益更重要。簡單命名為「扶手椅」（Länstol）的扶手椅便是Norrgavel的著名作品，到了店內最大的好處，就是可以親眼看見這張扶手椅搭配上各個顏色的坐墊、腰墊與頭墊的不同組合版本，還可以坐上去體會彷彿被椅子「吸進去」的安心感受。

掃地圖

斯德哥爾摩中心區

MAP ▶ P.221D3 **Svenskt Tenn**

🚃搭電車7號線至Nybroplan站，步行約1分鐘 📍Strandvägen 5 📞670-1600 🕐平日10:00~18:00，週六10:00~17:00，週日11:00~16:00 🌐www.svenskttenn.se

成立於1924年的Svenskt Tenn是瑞典最經典的家居品牌，最初以生產白鑞製品為主，這是一種以錫、鉛和黃銅等金屬合成的材質，Svenskt Tenn在瑞典文中即意指「瑞典的白鑞」，創辦人Estril Ericsson本身就是白鑞製品的設計師。不過對Svenskt Tenn影響最大的應該是1933年一位來自維也納的設計師Josef Frank，他大膽使用各式鮮豔花色，取材大自然的各種圖像，色彩鮮明但不誇張的風格，在當時瑞典平淡無奇的室內設計中異軍突起，爾後甚至在世界各大展覽中，將該品牌成功營造成瑞典時尚的代名詞。

掃地圖

斯德哥爾摩中心區

MAP ▶ P.221D2 **Malmstenbutiken**

🚇搭地鐵紅線T13、T14至Östermalmstorg站,步行約4分鐘 🏠Humlegårdsgatan 13 ☎233-380 🕐平日10:00~18:00,週六10:00~16:00 ㊡週日 🌐www.malmsten.se

談起瑞典設計史上的大人物,卡爾馬姆斯登(Karl Malmsten)絕對是其中之一。這家位於堤岸道上的Malmstenbutiken家具及家飾店,是由卡爾馬姆斯登的孫子從1999年開始營運。設計師Pontus Djanaieff翻新卡爾馬姆斯登名為「分享」(Samas)的座椅系列,原色的鮮亮色彩搭配上座椅線條,充滿歡樂氣息。而原型完成於1942年、名為「小歐蘭島」(Lilla Åland)的座椅,是瑞典設計的經典款,在店內試坐後也可讓人明白其質感是何等柔和、深具包覆力。

斯德哥爾摩中心區

MAP ▶ P.221D2 **Asplund**

🚇搭地鐵紅線T13、T14至Östermalmstorg站,步行約7分鐘 🏠Sibyllegatan 31 ☎665-7360 🕐11:00~18:00(週六至16:00) ㊡週日 🌐www.asplund.org

想要看高質感、簡練的瑞典設計,Asplund絕對不可錯過。它於1989年由麥可和湯瑪斯兄弟創設,起初是以家具為展出主題的藝廊,現在的Asplund既是品牌名稱,擁有自身的設計團隊,也和北歐及世界各地的設計師合作,推出Asplund商品。Asplund的選件標準為「乾淨、簡練,並且穩定而優雅」。這樣的想法也實現在陳設上,空間以白色為基調,但運用家具本身的顏色,以及原色系圖案和圖紋,自由自在的氣氛給人充滿活力的北國印象;而隨著季節變化,他們也會調整店內品項,推出適合當季使用的商品。

南島

MAP ▶ P.222下A1 **Design Torget**

🚇搭地鐵綠線T17、T18、T19至Medborgarplatsen站,步行約4分鐘 🏠Götgatan 31 ☎644-1678 🕐平日10:00~19:00,週末11:00~17:00 🌐www.designtorget.se

Design Torget自稱是「聚集所有特色設計商品的市集」,店內陳列的商品種類眾多,以生活類用品為主,每項商品上都有註明設計師的名字。Design Torget在全斯德哥爾摩共有8家分店,每週都有新商品上架,其中有50%來自當地設計師,另一半則是向外地買進獨特、有趣且合適在架上展售的商品。

南島

MAP ▶ P.222下B1 **Grandpa**

🚇搭地鐵綠線T17、T18、T19至Medborgarplatsen站,步行約8分鐘 🏠Södermannagatan 21 ☎516-4480 🕐11:00~18:00 🌐www.grandpastore.com

雖然名為Grandpa,店內卻可看到斯德哥爾摩年輕人的流行文化。服飾和配件是店裡的主要商品,大致而言是「去掉了非常喧鬧的部份,加上北歐式冷靜的街頭流行風格」,再加上瑞典人非常喜愛的極合身剪裁,陳列尤以窄管褲為多。想在市中心的百貨公司或購物大街的H&M以外找到更多瑞典式的流行,Grandpa會是很恰當的選擇。

達拉納湖區
Dalarna

文●墨刻編輯部　攝影●墨刻攝影組

以絲麗雅安湖（Siljan）為中心的湖區，因為受外來文化影響不大，向來是瑞典傳統保存最完整的地區，一年到頭節慶不斷，其中又以各村鎮的仲夏節和音樂節最為吸引人。

法倫是達拉納省的政府所在地，市區內的達拉那博物館是湖區50個露天博物館活動與展示的樞紐；而相距不遠的法倫銅礦則有將近千年的開採歷史，現在已列入聯合國教科文組織的世界遺產名單中。

摩拉是湖區的重鎮，5百年前古斯塔夫瓦薩從薩倫（Salen）長途滑雪到摩拉，號召人民起義，將丹麥國王的勢力趕出瑞典國土，今日的Vasaloppet長途滑雪賽就是為了紀念他當年的行動。而出身摩拉的畫家左恩則是使達拉那湖區名揚天下的人物，現在到摩拉可參觀左恩博物館，以及他生前的住宅。

INFO

基本資訊

◎法倫
人口：39,492　　**面積**：27.17平方公里　　**區碼**：(0)23
◎摩拉
人口：12,854　　**面積**：12.36平方公里　　**區碼**：(0)25

如何前往法倫與摩拉

◎火車

從斯德哥爾摩中央車站（Stockholm C），可搭乘SJ城際列車直達法倫中央車站（Falun C），每日約有8班（週日班次較少），車程約2小時45分鐘。或是在耶夫勒中央車站（Gävle C）轉車，班次更多，總車程約3~3.5小時。

從斯德哥爾摩中央車站到摩拉火車站（Mora stn）或摩拉湖濱火車站（Morastrand stn）的直達列車一天只有2班，大多數班次都需要在博倫厄（Borlänge C）轉車，不過無論是直達還是中轉，總車程都大約是3小時50分鐘。

瑞典國鐵 ⓦwww.sj.se
◎巴士

往來法倫與摩拉之間，可在火車站旁的巴士站搭乘達拉納交通局的350號巴士，平日9班（週日2班需轉車），車程約1.5~2小時，單程票價103 SEK。
達拉納交通局 ⓦwww.dalatrafik.se

市區交通

法倫和摩拉市區大部分景點皆步行可達。

旅遊諮詢

◎達拉納省旅遊局

☎771-626-262　ⓦwww.visitdalarna.se
因疫情關係，目前旅遊資訊改為線上諮詢，可至達拉納博物館或下列地點索取相關旅遊指南
◎**Dalarna Design of Sweden**
🚶從火車站步行約11分鐘　📍Falugatan 1, 791 71 Falun　☎+46 77130-0322　🕐10:00~18:00（週六至15:00）　🚫週日
◎**Mora Hotell & Spa**
🚶從摩拉火車站步行約2分鐘　📍Strandgatan 12, 792 30 Mora　☎+46 25059-2650

👁 Where to Explore in Dalarna
賞遊達拉納湖區

法倫 Falun

`MAP ▶ P.252上A1`

達拉納博物館

Dalarnas museum

深入了解達拉納的旅遊起點

🚶從法倫火車站步行約15分鐘　📍Stigaregatan 2-4　☎666-5500　🕐10:00~17:00　🚫週一　💲免費　ⓦwww.dalarnasmuseum.se

若對達拉納地區的歷史和文化不甚了解，位於法倫的達拉納博物館是旅遊的最佳起點。博物館內收集了大量瑞典民俗文物，包括音樂、民俗服飾、農民畫等。音樂可說是達拉納文化的靈魂，在這個充滿舞蹈與慶典的地區，音樂是絕不可少的要素，因此博物館內收藏了大量民俗音樂錄音，以及不少古老的樂器。博物館配合重建的實景，只要按下

掃地圖

聆聽鈕，就可欣賞悠揚的傳統民謠。至於達拉那地區的傳統繪畫，主要是用來裝飾木箱、櫥櫃等家具，很少繪畫於紙上，內容則多半和聖經故事有關，少數是以王室人物為主題。

法倫銅礦區

MOOK Choice

Falu Gruva

千年風華的礦業發展史

🚌 從法倫火車站步行約30分鐘

遊客中心

🏠 Gruvplatsen 1　☎ (0)23 782-030　⏰ 10~6月中平日11:00~16:00，週末10:00~15:00(4~6月中每日10:00~16:00)；5~9月平日10:00~16:00，週末10:00~15:00 ⓧ 10~6月中的週一 🌐 www.falugruva.se

　根據估算，法倫約自11世紀起就開始開採銅礦，算是世界最早的採礦區之一。17世紀時瑞典成為歐陸強權，當時法倫的銅礦產量，更高達世界銅總產量的7成！法倫銅礦在歷史上最重要的事件，是

掃地圖

　1687年6月25日發生的礦坑塌陷，形成今日所見驚人的大型坑洞，約350公尺×300公尺大小，原因是長久以來的挖掘工作未曾好好規畫，日積月累之下導致木結構塌陷。但是這起意外發生後，開採活動仍持續了300年之久，直到1982年才結束。

　2001年法倫銅礦區入選為世界遺產，目前列入遺產的區域包括礦山周圍的5個地區，其特殊的紅木屋、溝渠與水壩，都與這座礦山息息相關。

礦業博物館 Gruvmuseet

⏰ 週末10:00~15:00(4~6月中每日10:00~16:00) ⓧ 10~6月中的平日 💲 成人100 SEK，兒童60 SEK

　1922年開幕的礦業博物館，是瑞典第一個以工業技術為主題的博物館，以3D影片和實物展示採礦及冶煉的過程，以及用來採礦的各式工具。

礦坑Gruvan

導覽行程

🔽 每日約有數個梯次，詳細日期及時間請上官網查詢 💲 成人230 SEK，長者200 SEK，3~15歲100 SEK。價錢含礦業博物館 ❗ 建議事先上官網訂票，並請注意場次的語文

　遊客可參加導覽行程，深入地下55公尺的Creutz坑道，觀看為採礦而建的龐大木結構，體驗當時礦工們艱苦的工作環境，並聆聽數百年來發生在此地的傳奇故事。因為從前工人開鑿堅硬岩石的方法，是以火炬和火藥炙燒石塊，使其變軟後再行開採，所以現場也會見到許多煙燻的痕跡。

　礦坑下的每一個工作場都各有名稱，其中有個工作場名為「聖誕禮物」，因為在這裡發現了金礦，牆上滿是王族簽名，像是古斯塔夫瓦薩就曾留下一筆，今日看來自是價值非凡。

摩拉 Mora

MAP ▶ P.252下A1

左恩博物館及故居
Zornmuseet & Zorngården
著名畫家筆下的湖區生活

🚶從Morastrand火車站步行約5分鐘 🏠Vasagatan 36 ☎
(0)250 592-310 🕐博物館:9~5月中11:00~17:00,5月中~8
月9:00~17:00。故居:9~5月中13:00~15:00(週末12:00起),5
月中~8月每日09:00~17:00,每小時各一場導覽。 🚫9~5月中
的週一 💰博物館:成人100 SEK,18歲以下免費。故居:成人
150 SEK,18歲以下75 SEK 🌐www.zorn.se ❗進入故居須參
加導覽行程

　　左恩(Anders Zorn,1868–
1920)可說是瑞典最知名的畫家,
他出生於摩拉的農家,以水彩畫聞名,
而遊歷英、法、西班牙、美國等地的經歷,更使
他的畫風臻於成熟。他著名的人像畫,除了準確
抓住模特兒的神韻外,也記錄了湖區風光和當地
人們的生活實景。

　　雖然左恩生前就有成立紀念館收藏所有畫作的

念頭,卻一直到他去世後,經由其夫人努力重新
收購許多已出售的畫作,才得以完成這個夢想。
1939年,左恩博物館成立,由曾經設計過斯德
哥爾摩市政廳的建築師Ragnar Östberg一手擘
畫,收藏了左恩的油畫、水彩、蝕版畫和雕塑等
各類型作品。

　　左恩故居則在1942年左恩夫人去世後開放供大
眾參觀,這間房子完全由左恩一手設計,所擺設
的骨董、掛毯多半是夫妻倆長年旅遊世界各地的
收藏。最著名的是挑高11公尺的客廳,天花板
設計成倒覆的維京船形,顯示左恩追隨傳統的情
感;牆上則掛滿了中世紀的掛毯,營造出舒適溫
馨的氣氛。

摩拉 Mora

MAP ▶ P.252下B1

木馬工坊
Nils Olsson Hemslöjd AB
色彩繽紛的木馬王國

🚶從摩拉火車站搭巴士324號至Trähästvägen Nusnäs站即
達 🏠Edåkersvägen 17 ☎(0)250 37-200 🕐8月中~6月
平日09:00~18:00,週末10:00~15:00(週日11:00起);6月
中~8月平日09:00~19:00,週末10:00~17:00 🌐www.
nilsolsson.se

　　木馬在瑞典有著象徵力量、勇
氣、忠誠、智慧和尊嚴的意義,在
18世紀時,達拉納伐木業興盛,許多
伐木工人在冬季夜裡因為不需工作,便動手刻起
小馬造型的木雕用來打發時間,此後木馬不僅成
了瑞典最具代表性的手工藝品,也成為達拉納一
帶的特產。

　　在Nusnäs同一地址的街道兩旁,分別有兩家
木馬工坊,以Nils Olsson Hemslöjd AB較為著
名。店裡除了彩繪木馬外,還有同樣呈現傳統風
格的木鞋、木雞、木豬等農家常見動物木雕。
在這裡可參觀木馬的製作過程,每隻木馬須經
過二度上色、打磨的工序,接著再繪上傳統的
Kurbits紋飾,由於是全手工製作,每隻木馬的
花紋和型態都有些許不同,最小的木馬甚至只有
0.2公分大。

哥特堡
Göteborg / Gothenburg

文●蔣育荏・林志恆・墨刻編輯部　攝影●周治平・林志恆・墨刻攝影組

哥特堡是瑞典的第二大城及第一大港,不過她的建城歷史並不算太長,是1619年時瑞典國王古斯塔夫二世(Gustav II Adolf)為了鞏固西邊海岸的入海港口而建,也因此哥特堡每年在其逝世紀念日(11月6日)都會舉行盛大的紀念活動。

哥特堡的名字來自位於哥塔河口(Göta älv)的地理位置,今日的瑞典南部古時是北日耳曼民族哥塔人(Götar)的地盤,這也是為什麼城市名字這麼有德國味的原因。事實上,哥特堡在1621年的建城特許狀上,除了瑞典名字Göteborg外,也標明德文與英文名字Gothenburg,使得哥特堡成為今日瑞典少數同時擁有官方內名與外名的城市。

當年為了打造哥特堡,古斯塔夫二世借用了荷蘭人的智慧,建造出由運河、堡壘環繞的港口城市,現在這些設施早已失去防衛功能,卻成了遊客攬勝蒐奇的好去處。像是Skansen Kronan碉堡便是登高俯瞰市容的最佳地點,艾爾夫斯堡(Älvsborg)也早已嗅不出一絲火藥味,哥塔運河更是重要的遊船旅遊路線。

18世紀時,哥特堡成為瑞典最重要的國際貿易中心,瑞典東印度公司(SOIC)即是成立於此,當時它每年與中國、印度等地的貿易總額,甚至還高於瑞典的國家年度預算。19世紀開始,哥特堡作為瑞典最大的造船中心,也連帶使這裡成為近代最重要的重工業和貿易重鎮之一。

INFO

基本資訊

人口：594,229
面積：447.76平方公里
區碼：(0)31

如何前往

◎飛機

哥特堡－蘭德維特機場（Göteborg-Landvetter Flygplats，代碼GOT）位於市區東南方約20公里處，歐洲各大城市每天都有班機飛往哥特堡。從斯德哥爾摩前往，飛行時間約1小時；從丹麥哥本哈根約45分鐘，從芬蘭赫爾辛基約1小時25分鐘。

從機場前往市中心，可搭乘機場巴士Flygbussarna，只要30分鐘便能抵達中央車站旁的巴士總站Nils Ericson Terminalen。

哥特堡-蘭德維特機場（GOT）
🌐www.swedavia.com/landvetter

機場巴士Flygbussarna
🏠上車處在機場報到大廳外
🕐每日07:10~00:20，每小時約3~4班次
💲單程成人149 SEK，8~17歲129 SEK（官網購票享有折扣）
🌐www.flygbussarna.se/en/landvetter
🎁每位購票成人可攜同最多2名8歲以下兒童免費搭乘

◎火車

從斯德哥爾摩中央車站（Stockholm C）每日有20多班瑞典國鐵的直達列車前往哥特堡中央車站（Göteborg C），班次最多的是SJ特快車X2000，車程約3~3.5小時；若是搭乘城際列車InterCity，車程約4小時；搭乘區域列車Regional，車程約5小時。

從奧斯陸中央車站（Oslo S），每日有4班挪威國鐵Vy的R20直達車，車程約3小時45分鐘。

從哥本哈根中央車站（København H），可搭乘丹麥瑞典跨國列車Öresundståg（Øresundståg）直達哥特堡，每日有10多班，車程約4小時。或是搭Öresundståg到馬爾摩（Malmö C）轉乘瑞典國鐵特快車X2000，車程也大約是3.5~4小時；若是在隆德（Lund C）轉車，車程是最短的，只要3.5小時，但班次極少。

瑞典國鐵 🌐www.sj.se
挪威國鐵 🌐www.vy.no
丹麥瑞典跨境火車 🌐www.oresundstag.se

◎巴士

長途巴士總站Nils Ericson Terminalen就在中央車站旁邊，國際長途巴士Flixbus和Vy bus4you都會在此停靠。從奧斯陸出發至哥特堡，車程約3.5小時，從斯德哥爾摩出發約6.5~7小時，從哥本哈根出發約4.5小時。

Flixbus 🌐www.flixbus.com
Vy bus4you 🌐www.bus4you.se

市區交通

哥特堡的大眾運輸工具包括電車、巴士和渡輪，由Västtrafik整合營運，尤以電車（Tram）最常為觀光客搭乘。電車路線以中央車站附近的Brunnsparken站為樞紐，12條路線中有10條經過那裡，其次才是中央車站，有9條路線停靠。

車票可在7-11或巴士總站購買，雖然電車上也有售票機，但只接受有pin code的信用卡。整個哥特堡都屬於同一區段，單程票效期自上車感應開始計算，可在90分鐘內無限次數轉乘。另外，也可購買24小時或72小時的交通卡。若覺得到處找7-11很麻煩，不妨利用手機在官網上下載Västtrafik To Go的APP，不但方便，而且會更便宜一點，不過要注意電子票卡的效期是自購買開始計算。

💲

	成人	7~19歲
單程票	36 SEK	27 SEK
1日票	115 SEK	85 SEK
3日票	230 SEK	170 SEK

🌐www.vasttrafik.se
❗青年的一日或三日票只能以APP購買

優惠票券

◎哥特堡通行票 Go City

原有的哥特堡通行券 Gothenburg Pass，自2023年起被哥特堡通行票 Go City取代，持有哥特堡Go City可於效期內免費參觀包括富豪汽車博物館、海事博物館等在內20多個景點、博物館與觀光行程。Go City可透過線上購買，下載Go City app並輸入訂單編號，其效期自第一次使用起開始計算，未開通的通行票自購買之日起兩年內有效。

💲

	成人	6~15歲
1日票	350 SEK	280 SEK
2日票	500 SEK	355 SEK
3日票	570 SEK	420 SEK
5日票	750 SEK	535 SEK

🌐gocity.com/gothenburg
🎁官網購買享7折優惠

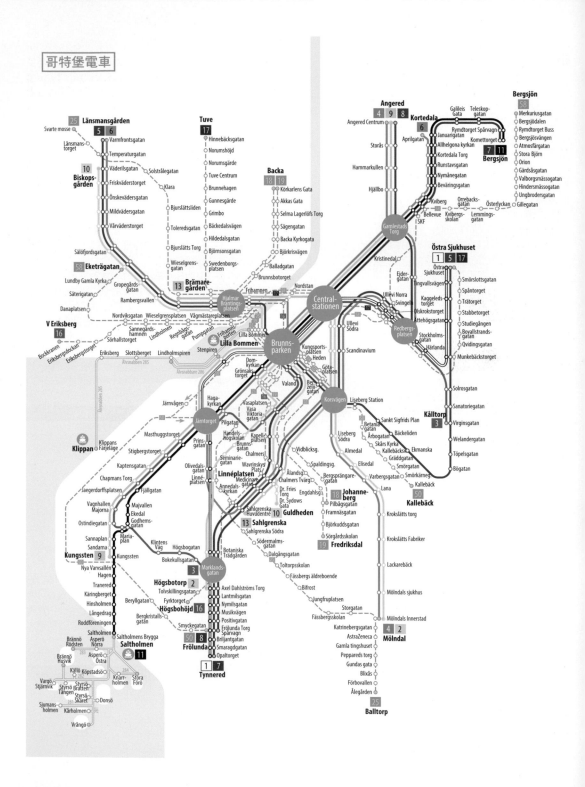

哥特堡電車

旅遊諮詢

◎哥特堡旅遊局

☎+46 (0)31 368-4200　🌐www.goteborg.com

Nordstan遊客服務中心

🔺P.259B1　🚶在中央車站對面

🏠Nordstadstorget 1　🕙10:00~20:00（週末至18:00）

Kungsportsplatsen遊客服務中心

🔺P.259B2

🚋搭電車3、4、5、7、10號線至Kungsportsplatsen站即達

🏠Kungsportsplatsen 2

🕙1~6月與9~11月中平日10:00~17:00，週六至15:00(6月週日11:00~16:00)；7~8月平日10:00~18:00（週六至17:00，週日11:00~16:00）

🚫1~5月與9~11月中週日

哥特堡

圖例　◉景點　學校　飯店　🍴餐廳　⚓碼頭　🚌巴士站　🚂火車站　🏛博物館　✝教堂　◎球場　🛍購物　🎭劇場　ℹ️遊客服務中心

哥特堡展望台
Göteborgs Utiken

Kruthusgatan

哥特堡歌劇院
Göteborgs Operan

長途巴士總站
Nils Ericssonterminalen

STAMPEN

Friggagatan

海事博物館
Maritiman

諾史頓購物中心
Nordstan

哥特堡中央車站
Göteborg Centralstationen

Odinsgatan

王冠之家
Kronhuset

Clarion
Hotel Post

Scandic
Europa

Scandic
Hotel Crown

Stampgatan

Postgatan

Brunnsparken

Ullevigatan

市立博物館
Stadsmuseum

Norra Hamngatan

烏利維體育場
Ullevi

Comfort Hotel
Göteborg

Drottninggatan

Kyrkogatan

Smålandsgatan

Levgrensvägen

哥特堡大教堂
Domkyrkan
Göteborg

Vallgatan

Hotell Allén

Hotel
Riverton AB

Strömma
運河遊船碼頭

INOM
VALLGRAVEN

HEDEN

Scandic
Opalen

Feskekörka
室內市場

Sahlgrensgatan

Nya allén

Parkgatan

Vallhallagatan

Norra Allégatan

VASASTAN

Parkgatan

工藝美術館
Röhsska Museet

Scandinavium

Storgatan

Scandic Hotel
Rubinen

HAGA

Haga Nygata

Koka

哥特堡大學
Göteborgs
Universitet

LORENSBERG

Vasagatan

Geijersgatan

利絲柏遊樂園
Liseberg

Skansen Kronan
觀景台

哥塔廣場與哥特堡美術館
Götaplatsen &
Göteborgs Konstmuseum

Universeum
科學館

LANDALA

↓往 城堡森林公園 Slottsskogen

MAP ▶ P.259C4

哥塔廣場
與哥特堡美術館

MOOK Choice

Götaplatsen & Göteborgs Konstmuseum

哥特堡的文化中心

🚋搭電車4、5號線至Berzeliigatan站，步行約3分鐘 📍Götaplatsen 6 ☎368-3500 ⏰週二至週四11:00~18:00（週三至20:00），週五至週日11:00~17:00 🚫週一 💲成人65 SEK，25歲以下免費 🌐goteborgskonstmuseum.se ✱持Go City哥特堡通行票免費

哥塔廣場位於哥特堡東南端，從市中心向南走，過了哥塔運河，沿寬敞筆直的皇家運動大道（Kungsportsavenyn）前行，盡頭處便是開闊的哥塔廣場。廣場中央噴水池的巨大海神雕像，是瑞典雕刻大師卡爾米勒斯的作品，也是哥特堡最具代表性的城市地標。廣場周邊可說是哥特堡最主要的文化中心，除了正對著皇家運動大道的哥特堡美術館外，還有哥特堡音樂廳、市立劇場和圖書館等藝文設施。

哥特堡美術館是座國際級的大型美術館，以大量北歐藝術收藏聞名，其中包括孟克、拉森（Carl Larsen）、左恩、布魯諾（Bruno Liljefors）、柯羅耶（P.S. Kroyer）等人的作品。另外，其他歐洲國家從文藝復興時期到近當代的藝術大師，如魯本斯、林布蘭、梵谷、畢卡索、夏卡爾等人作品，也都在展覽之列。美術館附設的Hasselblad 攝影中心每年展示6~8個主題，包括每年3月所公布Hasselblad攝影獎的得獎之作。

MAP ▶ P.259B2

哥特堡大教堂

Domkyrkan Göteborg

新古典主義風格主座教堂

🚋搭電車2、6、11號線至Domkyrkan站即達 📍Kyrkogatan 28 ⏰10:00~18:30（週末至16:00）

哥特堡的第一座大教堂落成於1633年，是哥特堡建城時代最早的建築之一，不過目前所看到的主座大教堂其實是建於19世紀初，已是現址重建的第三代教堂，因為前兩座大教堂都毀於城鎮大火中。這座新古典主義風格的教堂，聳立在哥特堡中心區

域，面向西邊的正門飾有4根多立克式石柱，立面中央的鐘塔有52.82公尺高，在老城區算是醒目的地標。至於教堂內部，則整體呈現新古典主義第二個時期的帝國風格，以白色為基底，再以金箔作裝飾。

哥塔運河遊船

由於古斯塔夫二世當年大力開鑿運河，如今沿著哥塔運河出航，經過一連串水道和湖泊，可以從西岸的哥特堡一路航向東岸的斯德哥爾摩，而被稱作「瑞典藍色絲帶」（Swedens blue ribbon）運河之旅。當然，要欣賞哥塔運河的美景不必這麼大費周章，Strömma Turism & Sjöfart AB這個北歐跨國經營的旅遊公司，在哥特堡就推出較簡便的遊船行程，讓你在短短數小時內就可以欣賞哥塔運河之美。

⊕登船處位於Kungsportsplatsen ☎609-670 ◐4月中~10月中運行（依行程不同），航程約50分鐘至2小時 ⑤依行程不同，成人約240~345 SEK，6~15歲半價 ⊕www.stromma.se

---

MAP ▶ P.259B1

哥特堡歌劇院 與哥特堡展望台

MOOK Choice

Göteborgs Operan & Göteborgs Utkiken

哥特堡雙現代地標

哥特堡歌劇院

🚃搭電車5、10號線至Lilla Bommen站，步行約2分鐘 ⊕Christina Nissons Gata ☎108-000 ◐售票窗口：平日12:00~16:00，或至表演開始；週末12:00起至表演開始 ⊕www.opera.se

哥特堡展望台

🚃搭電車5、10號線至Lilla Bommen站，步行約7分鐘 ⊕Lilla Bommen 1 ☎156-147 ❶哥特堡展望台自2022年9月起進行整修，暫停開放

落成於1994年的哥特堡歌劇院雖然已經不是北歐地區最新穎的歌劇院，然而其現代風格的造型，可以說是開各國風氣之先。

掃地圖 掃地圖

坐落在哥塔河港灣邊的歌劇院，造型就像一隻展翅的海鷗，設計這座歌劇院的建築師Jan Izikowitz這樣說道：「來這裡欣賞音樂會的聽眾，心靈也能像海鷗一般邀翔在天空。」這座龐大的建築長160公尺、寬85公尺、高32公尺，大廳可以容納1,301位觀眾，以其絕佳的音響效果著稱，主要作為歌劇、芭蕾舞、音樂劇等表演的場地。

與哥特堡歌劇院隔著港灣相對的另一棟現代建築，則是86公尺高的Lilla Bommen，因為顏色「唇紅齒白」，造型又呈現柱狀，而被當地人戲稱為「唇膏」（Läppstiftet）。搭乘電梯可以直達頂樓的展望台，放眼望去，哥特堡的街景、港灣、群島一目瞭然，是眺望全城的最佳地點。

海事博物館

MOOK Choice

Maritiman

回顧繁榮的海上歷史

🚋搭電車5、10號至Lilla Bommen站，步行約8分鐘 🏠Packhusplatsen 12 ☎105-950 ⏰4~5月及9~11月初的週末11:00~16:00，6~8月每日10:00~17:00(7月至18:00) 休12~3月與4~5月及9~11月初平日 💲6~8月：成人175 SEK，長者150 SEK，5~15歲100 SEK。其他季節：成人150 SEK，長者135 SEK，5~15歲85 SEK。線上購票可享優惠 🌐www.maritiman.se 🍁持Go City哥特堡通行票免費

海事博物館於1987年開幕，經過1994年的擴充才形成今日規模，可說是世界最大的實體船舶博物館。共展示15艘功能不同的船艦，包括Fladen號燈號船、Flodsprutan II號救火船、Stormprincess號港口拖船、Herkules號碎冰拖船、Fryken號貨船、Nordkaparen號潛水艇、ESAB IV號焊接船、Sölve號炮艇、驅逐艦Småland號、Dan

Broström號渡輪，以及數艘19世紀時用來運送貨物的平底小貨船等。其中又以大型驅逐艦Småland最為壯觀，船上所配備的各式武器依舊保存完好。而Nordkaparen號潛水艇則是遊客的最愛，可進入內部參觀，了解船員如何在狹小的空間裡工作，是相當難得的體驗。

哥特堡中央車站與諾史頓購物中心

Göteborg Centralstationen & Nordstan

北歐最大的購物中心

諾史頓購物中心
🏠Götgatan 10 ⏰10:00~20:00（週末至18:00） 🌐www.nordstan.se

哥特堡的中央車站啟用於1858年，是瑞典歷史最悠久的火車站，古樸的車站棚架，猶見斑斑歷史。每年旅客進出達2,700萬人次，為瑞典第二大車站，僅次於斯德哥爾摩。

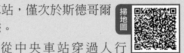

從中央車站穿過人行地下道，與之比鄰的是諾史頓購物中心，堪稱北歐地區最大的購物商場。其面積廣達32萬平方公尺，由9棟相連的建築構成，裡頭容納了180家商店及150間辦公室，加上周邊綿延不盡的人行徒步商店街，就算一整天都耗在這裡也逛不透。哥特堡遊客中心就在購物中心裡設立了一個據點，你可以在此詢問博物館、景點等相關旅遊資訊，或是購買哥特堡通行券及預定旅館。

市立博物館

Stadsmuseum

記錄哥特堡歷史

🚋 從Brunnsparken電車站步行約3分鐘 🏠 Norra Hamngatan 12 ☎ 368-3600 🕐 10:00~18:00 （週三至20:00，週五至週日至17:00） 🚫 週一 💲 成人65 SEK，20歲以下免費 🎫 持Go City哥特堡通行票免費 🌐 goteborgsstadsmuseum.se

掃地圖

市立博物館位於運河邊，建築前身為瑞典東印度公司，走進這裡，你將經歷哥特堡自中世紀建城以來的歷史。館內的精彩收藏包括瑞典所發現的唯一一艘維京船，這艘名為Äskekärrsskeppet的維京船發現於1930年，其建造年代約在10世紀左右，保存狀況依然十分完好。其他還有東印度公司從中國、印度等地帶回來的瓷器物品，以及多媒體展示

工業革命時期人們的生活狀況。更有趣的是，這裡收集了許多古老童玩，兒童們可以親自動手，體驗祖父級的手工玩具。

工藝美術館

Röhsska Museet

收藏世界工業藝術文化

🚋 搭電車3、4、5、7、10號線至Valand站，步行約1分鐘 🏠 Vasagatan 37-39 ☎ 368-3150 🕐 週二、三11:00~18:00，週四11:00~20:00，週五至週日11:00~17:00 🚫 週一 💲 成人65 SEK，25歲以下免費 🌐 rohsska.se 🎫 持Go City哥特堡通行票免費

工藝美術館坐落在一棟古樸的紅磚建築裡，門口雄踞著兩隻石獅子，這是瑞典唯一一座以時尚、設計和裝飾藝術為主題的博物館。博物館成立的時間相當早，1916年開幕時就已收集不少織品、家具、玻璃、陶瓷等器具，而後隨著時間推進，展品也與日俱增。目前博物館的展品成功結合了瑞典時尚精品、現代主義、裝飾藝術、古典北歐、中國陶瓷、日本浮世繪等各種完全不同風格的文化與藝術，從北歐的現代設計到數千年前中國的古老器皿，都齊聚一堂。

掃地圖

瑞典⋯⋯哥特堡 Göteborg / Gothenburg

利絲柏遊樂園

Liseberg

刺激休閒一次滿足

🚋 搭電車5號線至Liseberg站即達 🏠 Örgrytevägen 5 ☎ 400-100 🕐 4月底~10月初約11:00~22:00，每年、每日開放的日期和時間都略有不同，請上官網查詢 💲 票價自345 SEK起 🌐 www.liseberg.com

2023年迎接100週年的利絲柏遊樂園，一點都看不出老態，依然以各式高低起伏的雲霄飛車，和各種旋轉式的刺激遊樂器材取勝，相當適合年輕人。例如維京主題的雲霄飛車Valkyria，最高時速達

掃地圖

105公里，軌道最高處離地47公尺，高低落差卻有50公尺高，因為有一段軌道是直接衝落地面

之下的。而Helix雲霄飛車的軌道總長將近1.4公里，是北歐最長的雲霄飛車之一。

若不想玩嚇出心臟病的遊戲，園區內如茵的綠草和錦簇花團，很適合悠閒散步、欣賞庭園造景。這裡也是知名音樂家時常舉辦搖滾樂、歌劇等演唱會的場地，如ABBA、Jimi Hendrix等國際巨星就曾在此表演，也在園區內留下了紀念星號。

MAP ▶ P.259B2

王冠之家
Kronhuset
見證歷史的古老建築

🚋 從Brunnsparken電車站步行約4分鐘　🏠 Kronhusgatan 1D
🕐 每日09:00~17:00

王冠之家建於1643~1655年，是哥特堡現存最古老的建築。1660年時，國王卡爾十世（Karl X Gustav）為了籌措戰爭經費，在這裡召見內閣成員，卻不幸在會議期間染病猝死，由年僅4歲的兒子繼承王位。

18世紀時，這棟兩層樓的四合院，成了堆藏軍械用品和糧食的倉庫，歷經大火摧殘，現在已整修成為哥特堡樂團的練習場所。主建築旁的小建築現在是金飾、木工、玻璃、陶瓷等手工藝品的工作坊，現場製作漂亮的工藝品，是市區內保留最具古老情調的地方。若是運氣好遇上樂團練習，坐在附近的小咖啡屋喝杯飲料，享受古鎮的情調，也是件很過癮的事。

MAP ▶ P.259A4

城堡森林公園

MOOK Choice

Slottsskogen
城市裡的免費動物園

🚋 搭電車1、2、6號至Linnéplatsen站即達　🕐 24小時　💲 免費

佔地137公頃的城堡森林公園，對哥特堡的市民來說猶如紐約的中央公園。這裡在17世紀時，是屬於艾爾夫斯堡（Älvsborg Slott）的森林牧地，城堡森林的名字便是由此而來。19世紀後，哥特堡的城市範圍已擴張到森林一帶，人們有感於需要為市民創造一處遊憩空間，於是在1874年時將森林規劃為城市公園。

今日公園裡保留了大片綠地，並闢有多條步道與兒童遊樂場，讓民眾得以在此野餐、健行、慢跑，同時這裡也是每年8月中Way Out West Festival搖滾音樂節的舉辦場地。公園的驚人之處在於，其中央廣大地帶竟豢養了多種北歐特有種動物，包括麋鹿、馴鹿、哥特蘭矮種馬、哥特蘭綿羊、天鵝、海豹等，是瑞典唯一的免費動物園。每年4到9月時，還會開放兒童動物園（Barnens Zoo），讓小朋友們近距離接觸這些可愛的小動物。

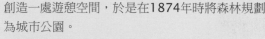

城堡森林公園

Slottsskogens Hostel
Brunnsgatan
Olivedalsgatan
Seminariegatan
Linnéplatsen
自然歷史博物館
Göteborgs
Naturhistoriska Museum
城堡森林公園
Slottsskogen
動物園
Zoo
兒童動物園
Barnens Zoo
Sahlgrenska
Huvudentré
植物園大門
植物園溫室
Botaniska
Trädgarden
哥特堡植物園
Göteborgs
botaniska trädgård
觀景點

圖例 ▶景點 H飯店 博物館 電車 咖啡廳

MAP ▶ P.265B2-B3

哥特堡植物園

MOOK Choice

Göteborgs botaniska trädgård

一年四季繁花似錦

🚋搭電車1、2、7、8號至Botaniska Trädgården站,步行約6分鐘 🏠Carl Skottsbergs Gata 22A ☎473-7777 ⏰24小時 💲花園30 SEK(自由捐獻) 🌐www.botaniska.se 🎫持Go City哥特堡通行票免費

溫室

❗溫室目前正進行整修,預計2026年重新開放

　　1923年開放的哥特堡植物園,面積廣達40公頃,是歐洲最負盛名的植物園之一,獲得各大獎項無數。植物園中種植了超過1萬6千種植物,其中光是溫室就包含了4千多個品種,除了北歐的原生植物外,也有不少來自世界各地。

　　植物園的範圍從西北邊的大門延伸到東南邊的國家自然保護區,沿著一路爬坡的主大道走上去,首先看到的就是植物園溫室,這也是園裡唯一需要付費參觀的場所,溫室以全瑞典最大的熱帶蘭花收藏聞名,而其肉食性植物如捕蠅草、豬籠草等,也相當受到遊客喜愛。溫室後方的

Formal Garden裡,有棟建於1812年的莊園華宅,在植物園正式開放之前,規劃者與園藝師們就是住在這棟房子裡。而這一路上不時能看到大理花、杜鵑花、鴿子樹與五彩繽紛的多年生花卉在爭奇鬥艷,也有香草園、竹林等林園供遊客徜徉。快到山頂時,會來到一處石頭花園,瀑布伴隨著淙淙流水聲從高處的岩石傾洩而下,帶給人們幾許清涼。石頭花園再過去便是日本庭園與韓國花園,從韓國花園有條小路可爬上制高的觀景點,在那裡可俯瞰整片哥特堡的市景。

瑞典…哥 特堡 Göteborg / Gothenburg

265

MAP ▶ P.265B1

自然歷史博物館

Göteborgs naturhistoriska museum

五花八門的動物標本

🚃搭電車1、2、6號至Linnéplatsen站，步行約5分鐘 ⌂Museivägen 10 ☎441-4400 ◐11:00~17:00（週四至20:00）休週一 💲免費 ⓦwww.gnm.se

　　自然歷史博物館成立於1833年，是哥特堡歷史最悠久的博物館，館藏多半來自哥特堡皇家藝術與科學學會。博物館在1923年時遷至城堡森林公園內的現址，並於1981年擴建至今日規模，館內的動物標本與化石骨骼多達1千萬件，從單細胞的阿米巴原蟲到形體巨大的非洲象，從上古時代的三葉蟲化石到令人眼花撩亂的蝴蝶標本，叫人驚呼這間免費的博物館，收藏內容竟然比許多門票昂貴的博物館還要豐富。博物館依不同生物類別分為數間展廳，包括擁有恐龍化石的古生物廳、鳥類

廳、哺乳類廳、魚類及爬蟲類廳等，最值得一看的是鯨魚廳，裡頭有付巨大且完整的藍鯨骨骼，相當壯觀。另外，許多標本後方的背景繪畫也大有來頭，是出自20世紀初瑞典名家Olof Gylling的手筆。

MAP ▶ P.259A2

富豪汽車博物館

MOOK Choice

Volvo Museum

瑞典汽車發展史

🚃搭電車5、6、10號至Eketrägatan站，轉乘往Sörredsmotet方向的32號巴士，在Arendal Skans 站下車即達 ⌂Arendals Skans ☎664-814 ◐平日10:00~17:00，週末11:00~16:00 💲成人160 SEK，65歲以上100 SEK，16~19歲80 SEK，7~15歲50 SEK ⓦvolvomuseum.com 🚌持Go City哥特堡通行票免費

　　富豪汽車由Assar Gabrielsson和Gustaf Larson兩人共同創立於1927年，總部就設在哥特堡，現在已成為北歐規模最大的汽車工廠。博物館內展示了他們兩人在創廠初期所共同使用的辦公桌，顯示早期創業的艱辛，而現在的規模想必也是當初所始料未及。

　　富豪汽車除了生產轎車外，還製造飛機、船舶、巴士、建築機具和貨運車，歷年所有產品都

在此一一展列。以我們較熟悉的轎車為例，從最早的ÖV4車型到量產的PV51、二次大戰後銷售最成功的PV444貨車，一直到現在最新的車款，樣樣不少。此外，也展示了許多量產前的原型車（Prototypes）與特殊功能車，例如最早的電力車，以及造型奇特的概念車等。

　　富豪汽車向來以符合人性的安全與環保為訴求，例如現在大部分車子所使用的三點式安全帶，就是Volvo在1959年的發明。富豪還同時致力於發展能源使用率較佳的引擎，這些技術研發與努力耕耘，都在博物館的展示之列。

●卡爾瑪

卡爾瑪與玻璃王國
Kalmar & Glasriket

文●墨刻編輯部　攝影●周治平

卡爾瑪是進入玻璃王國的入口，也是前往度假島嶼奧蘭島和哥特蘭島的轉運站。早年瑞典和丹麥爭奪波羅的海海權時，卡爾瑪就是兵家必爭之地，而1397年由瑞典、丹麥、挪威三國共同協議的卡爾瑪聯盟（Kalmarunionen），也是在這裡締結。卡爾瑪聯盟的組成，主要是為了抗衡由北日耳曼商業城鎮組織的漢薩同盟，避免其壟斷北歐和波羅的海的商權，其協定是以丹麥國王為首，瑞典和挪威仍維持王國地位，各國國政也獨力運作，但由丹麥國王一手總攬三國外交與國防事務。但由於丹麥王室不斷干預其他兩國內政，三國之間遂漸生嫌隙，終於導致日後的血案與兵戎相見。

雖然說歷史有些沉重，但瑞典那段黃金年代至今仍留在卡爾瑪城堡裡。而和丹麥之間的過往，除了博物館裡的克隆納沉船遺跡外，在舊城牆旁的廣場上，有座一人持劍、腳踩另一個男人的雕像，當地人不忘舊樣子，笑說躺在地上的就是丹麥人。

INFO

基本資訊
人口：41,852　**面積**：19.5平方公里　**區碼**：(0)480

如何前往
◎火車
　　從斯德哥爾摩（Stockholm C）搭X2000特快車至Alvesta，再轉乘區域火車至卡爾瑪（Kalmar C），總車程約4小時40分鐘，班次相當密集。從哥特堡每日約4班直達的區域火車至卡爾瑪，車程約1小時。從丹麥哥本哈根可搭乘Öresundståg跨國列車直達，每日有10多班，車程約3小時50分鐘。

瑞典國鐵
●www.sj.se

市區交通
　　市區景點皆步行可達。

旅遊諮詢
◎卡爾瑪遊客服務中心
● P.267B2
● 從火車站步行約5分鐘
● Ölandskajen 9
● 417–700
● 10~4月平日10:00~16:00；5月與9月平日09:00~17:00，週六10:00~15:00；6~8月平日09:00~18:00，週末10:00~15:00
● 10~4月的週末及5、9月的週日
● www.kalmar.com

卡

地圖：
卡爾瑪
卡爾瑪大教堂 Kalmar Domkyrka
卡爾瑪博物館 Kalmar Läns Museum
Larmtorget廣場
舊城區 Gamla Stan
花園咖啡 Krusenstiernska garden
卡爾瑪火車站
市立公園 Stadsparken
Baronen購物中心
Clarion Collection Hotel Packhuset
卡爾瑪城堡 Kalmar slott
舊市政廳 Rådhus
圖例 ●景點 ●教堂 ●購物 ●公園 ●火車站 ●城堡

267

MAP ▶ P.267A2

舊城區
Gamla Stan
重生的城市樣貌

🚶 從中央車站步行約5分鐘

Krusenstiernska gården

🏠 Stora Dammgatan 9~11 🕐 花園和咖啡座：4月底~5月與9月11:00~16:00，6~8月11:00~18:00(7月至17:00)。博物館：預約制，可洽工作人員 💲 博物館依活動價格不同，詳見官網 ⓘ kalmar.se

　由於卡爾瑪曾和丹麥軍隊正面衝突，當時為了不讓敵軍占領，不惜將民房和教堂燒毀，整個市區搬遷移位，因此現今所見位在市立公園後方的舊城區，其實多半是17~18世紀重建後的樣貌。

　沿著Västerlånggatan街道往西南方前進，有座隱身在木柵欄後方的花園（Krusenstiernska gården），花園裡有一棟19世紀初留下來的房子，依照房內擺設和物品，可以推斷主人應是當時中產階級的家庭。房子目前只在夏季時間開放，庭院裡的露天咖啡座也歡迎遊客進來坐坐，在花園躺椅上享受悠閒時光。

MAP ▶ P.267B1

卡爾瑪大教堂
Kalmar Domkyrka
未被改建的羅馬式教堂

🚶 從火車站步行約8分鐘 🏠 Stortorget 🕐 9~5月：平日08:00~15:30（週三至18:30），週末09:00~14:00。6~8月：平日08:00~18:00（週三至18:30），週末09:00~18:00 💲 免費 ⓘ www.kalmardomkyrka.se

　大教堂建於1660~1702年，和位在斯德哥爾摩的瑞典王宮出自同一位建築師Nicodemus Tessin the Elder之手。Nicodemus Tessin曾經在義大利修業多年，尤其專精於文藝復興式的教堂建築，卡爾瑪大教堂的四大廊柱和鐘塔，以及兩層樓的建築架構，都明顯取自羅馬風格。

　根據教堂內部記載，爾後曾經被授意要改建為巴洛克式風格，但這個計畫始終沒有被採納，也因此教堂成為瑞典少數未被改建的同時期建築之一。

MAP ▶ P.267B1

卡爾瑪博物館

MOOK Choice

Kalmar Läns Museum

追溯沉沒的戰艦

🚶從火車站步行約12分鐘 🏠Skeppsbrogatan 51 📞451-300 🕙10:00~16:00（週三至20:00，週末11:00起）💲成人130 SEK，19歲以下免費 🌐www.kalmarlansmuseum.se

斯德哥爾摩有一座紀念瓦薩戰艦的博物館，而在卡爾瑪則有另一艘克隆納戰艦（Kronan）的故事。1675年秋天，瑞典國王卡爾十一世將當時指揮艦隊的將軍撤換，由Lorentz Creutz擔任船艦的指揮工作，他雖然行政經驗豐富，卻沒有航海作戰的經驗，加上這支艦隊從未上過戰場，在先天條件不完備的情況下，Lorentz Creutz率領克隆納號等6艘戰艦和2,500支加農砲航行至哥特蘭島一帶，銜命將已在島上設下據點的丹麥艦隊擊沉。

當時瑞典和丹麥正在爭奪波羅的海的海權，海上大小征戰不斷，那段時間也是瑞典占有北歐最大版圖的黃金時期。克隆納號最後被擊沉在鄰近卡爾瑪的奧蘭島（Öland）海域，不是因為船隻太小，而是輸在船隊的總體戰略、總指揮與其他艦長的行動不一致，加上海上強風影響，最終於1676年6月1日沉船。

克隆納戰艦總長53公尺、排水量2,300噸，比瓦薩戰艦47.5公尺、排水量1,210噸的規模更大，應該是當時最大的船艦。船上的生還者包括另一名指揮官Simon Rosenberg，他在劫後餘生的日記裡寫下當時的情況，也成為爾後追溯船艦歷史的重要史料。

卡爾瑪博物館的展示區裡，重現部分模擬船艙，也展示了船員沉船前的家書、藥箱、衣物等，其中最著名的就是207公斤的錢幣，以及瑞典最大的金幣。博物館除了克隆納戰艦展覽，館藏也包括其他中世紀文物，以及以聖誕老人插畫聞名的本地藝術家Jenny Nyström的作品。4樓的懷舊咖啡座是館方特別重現卡爾瑪19世紀初的咖啡館，並供應當地傳統手工點心和咖啡。

卡爾瑪城堡

MOOK Choice

Kalmar Slott

重返城堡輝煌年代

🚶 從火車站步行約12分鐘　🏠 Kungsgatan 1　☎ 451-490　🕐 11~3月週末10:00~16:00，4~6月及10月每日10:00~16:00，7~9月每日10:00~18:00　💲

	成人	長者	6~19歲	3~5歲
11~3月	130 SEK	120 SEK	60 SEK	45 SEK
4~6月與8月中~10中	180 SEK	155 SEK	90 SEK	65 SEK
7~8月中	185 SEK	165 SEK	130 SEK	免費

🌐 www.kalmarslott.se

掃地圖

卡爾瑪城堡興建於1180年，起初只是個防禦要塞，13世紀末在丹麥占領瑞典南部時，作為瑞典防守邊陲的唯一據點，才擴建出城牆和防禦高塔。16世紀瑞典脫離卡爾瑪同盟後，在國王古斯塔夫瓦薩的領導下，城堡從一座中世紀的堡壘轉變成文藝復興式的宮殿。

目前所保留的大廳、教堂和文物，多半記錄著古斯塔夫瓦薩與他的兩個兒子：艾瑞克十四世與約翰三世在位時的事蹟。其中最有趣的，要算是

重現1586年約翰三世設下盛宴的灰色大廳，廳堂的長桌上擺滿了山珍海味，當時約翰三世設宴款待貴族，這場長達60小時的宴席，大魚大肉不間斷地上桌，席間還請來一位作家將所有過程記錄下來。桌子正中央放著一隻天鵝，根據作家描述，國王要求廚師將許多幼禽藏在天鵝的肚子裡，端上桌後才將天鵝剖開，關在黑暗中的幼禽因為光亮乍現而四處竄逃，這個滑稽又荒謬的場面，就是當時餐間的娛樂節目。

艾瑞克十四世的寢室和宴會廳位在同一層樓，相較於約翰三世的揮霍，艾瑞克十四世因為喜歡狩獵和偏好藝文，房間牆上的繪畫主題都圍繞著打獵和樂器，其中有一幅描繪海克力士的未完成畫作，據說就出自國王之手。此外，由於艾瑞克的不安全感，他在房間裡特別打造了一間隨時可逃出城堡的密室，以備不時之需。

在上下樓梯時，低頭看看也許可發現樓梯的磚塊部分刻有文字，這些石塊是當初古斯塔夫瓦薩在宗教改革時，把天主教堂一一拆卸後，將其建材拿來當作階梯，象徵將舊教踩在腳下。而在入口處旁的展覽室裡，則以圖文展示中世紀對女巫與女性罪犯的刑罰，以及城堡歷代演進的模型。

玻璃王國

MOOK Choice

Glasriket
聞名遐邇的瑞典工藝

🚗建議從卡爾瑪租車，自行開車前往　🌐www.glasriket.se

瑞典東南部的斯莫蘭省（Småland），從Nybro一直到Växjö兩個城市之間，被稱為「玻璃王國」，每年都有上百萬旅客為了當地玻璃工藝慕名而來。

16世紀時，瑞典國王古斯塔夫瓦薩將歐洲的吹玻璃師帶到斯德哥爾摩，這便是瑞典玻璃工藝的濫觴。斯莫蘭省地區因為森林資源豐富，當地的

木材產量足以供應從清晨就要開始使用爐火的玻璃工坊，而附近湖泊裡的砂石也適合用來製作玻璃，因而成為玻璃工藝的發展重鎮。18世紀時，第一家玻璃工坊Kosta Poda在該區成立，爾後在周遭小鎮陸續有工作坊誕生，且每一家都以所在的地方命名，到20世紀初甚至曾高達100家玻璃工坊進駐於此。時至今日，仍有12家工坊持續經營，他們共同組成一個聯盟，統一彼此營業的時間和規格，每家工坊無論大小，都必須有展示間、工作室及賣場，且輪流舉辦傳統紀念活動，每年夏季還有為期一週的音樂節。

若喜歡瑞典玻璃工藝品，必須參加工作坊的導覽行程，而各家的展示室和賣場也不容錯過，展示室有多件經典作品和設計師的獨家創作，賣場商品售價都較其他城市便宜約2~3成，價格相當划算。

玻璃王國

A | B

● Lindshammar

⊙ Hauges Hantverksglas　1
● Ålgult

⊙ Målerås Glasbruk
⊙ Kosta　⊙ Carlos R Pebaqué
⊙ Bergdala　⊙ Transjö Hytta

Nybro

⊙ Erikshyttan Glass Art Gallery　⊙ Boda
⊙ Pukeberg Glasbruk
⊙ Skrufs Glasbruk　⊙ Mickejohans Konstglas　⊙ 卡爾瑪 Kalmar　2

Emmaboda

N

圖例 ⊙ 玻璃工坊

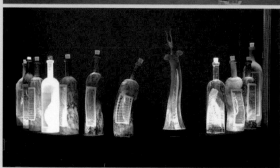

Kosta・Boda・Orrefors

Kosta Glasbruk

📍P.271A1 🏠Stora Vägen 96, 365 43 Kosta 📞
(0)478 345-00 ⏰工作坊：平日08:30~15:30，
週末10:00~16:00。藝廊：10:00~17:00（週末至
16:00）🌐www.kostaboda.se

Boda Glasbruk (The Glass Factory)

📍P.271A2 🏠Storgatan 5, 361 97 Boda Glasbruk
📞(0)471 249-360 ⏰10:00~17:00，週末11:00起 💲成人80
SEK，15歲以下免費 🌐theglassfactory.se

Orrefors Glasbruk（已無玻璃工坊）

🌐www.orrefors.se

Kosta是玻璃王國最早成立的品牌，1742年時由卡爾瑪和克魯努貝里（Kronoberg）兩地的省長Anders Koskull和Stael von Holstein共同創立，並以兩人名字的縮寫為品牌命名。他們因為參與戰爭，在波西米亞一帶認識了當地的玻璃藝品和製作手法，回國之後，發現這個區域相當適合開設玻璃工坊，也因此開始了Kosta的事業。

由於瑞典境內砂質含鐵量過高，在Kosta的展示室裡還可看見1742年的成品，顏色當然和現在逐年改良的作品相去甚遠，但畢竟也記錄了當時創業者的成就。現今Kosta已改用進口自比利時質地較好的砂，加上瑞典設計師的巧思與吹玻璃師的功力，每一項作品都深受消費者喜愛。

19世紀末之前，Kosta都是玻璃工人自行研發生產的實用性商品，直到1898年開始有藝術家加入創作後，Kosta逐漸擺脫單調的產品，爾後有許多長期和品牌配合的設計師，每年春、秋兩季都推出不同主題的作品，部分不僅止於藝術欣賞，甚至量產為銷售型商品。

1964年Kosta將附近獨立生產的Boda納入旗下，而在1990年，其主要競爭對手Orrefors又合併了Kosta Boda，從此成為一家公司。即便如此，目前在各家玻璃工坊裡，這幾家的商品路線仍有明顯區隔：Orrefors以傳統碗盤、花瓶等實用家居商品為主，Kosta Boda的作品則相當多元，無論在外觀設計或玻璃技術上，都有著相當精細且大膽的處理。例如用油混和顏料，製作成實心的「玻璃蘋果」，或是將顏料混進玻璃中，將玻璃瓶重複貼2至3個層次，最外層以噴砂效果處理，再拋光其中一塊，接著扭轉瓶身，製作出來的成品不僅透光，更富色彩層次。

Målerås Glasbruk

P.271A1　Industrigatan 20, 382 76 Målerås　(0)481 314-00　平日10:00~16:00，週六10:00~16:00，週日11:00~16:00　www.maleras.se　6月初~8月初的11:00、13:00、15:00，有免費專人導覽的吹製玻璃秀

Mats Jonasson過去曾在Kosta Boda旗下擔任設計師，1981年接下Målerås工作坊後自創獨立品牌。Mats以設計、裝飾作品為主，創作多取材自大自然，強調人物或動植物的細部呈現，是其作品特點。其中最經典的就是以熊和麋鹿為主要圖案的玻璃紙鎮，以「Back Work」的手法，將圖案以鑄模或刻劃在玻璃背面，形成一種視覺立體感。

他也是第一個將瑞典兩大工業：鐵和玻璃結合在一起的人，不只是融合兩種材質作為創作素材，許多小型作品多半是以鐵先鑄模，再將熱熔後的玻璃倒入模具中成型。Mats也有許多細膩的大工程，像是「海神」就是使用電動磨刀，一筆一筆細細刻畫。後來的作品還出現多色彩的手法，像是「面具系列」就以人或動物的臉部為主題，並以單色系色彩處理，讓作品更加鮮活。

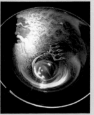

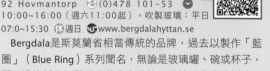

Bergdala

P.271A1　Bergdala Glasbruk 365 92 Hovmantorp　(0)478 101-53　10:00~16:00（週六11:00起）。吹製玻璃：平日07:0~15:30　週日　www.bergdalahyttan.se

Bergdala是斯莫蘭省相當傳統的品牌，過去以製作「藍圈」（Blue Ring）系列聞名，無論是玻璃罐、碗或杯子，開口邊緣都有一圈深海藍作為裝飾。根據瑞典人的說法，以前的人認為這樣的裝飾可以混淆蒼蠅的視覺，避免蒼蠅圍繞在食物周圍。是否有其功效很難說，但簡單的樣式加上深藍色做點綴，倒是非常有瑞典風。

2005年，一位年輕的藝術家Björn Hultquist將這座玻璃工坊買下，維持老招牌的藍圈商品和傳統燒製玻璃的方式，同時也開發屬於自己的創作新品。由於Björn本身對光影和「人」的感覺非常有興趣，Lighting Glass就是他的作品特色，無論是真的有照明功能或只是擺飾，所有玻璃作品都和燈光脫不了關係，有小巧的心型燈飾，也有可埋入室內裝潢的玻璃地磚燈。

哥特蘭島

哥特蘭島
Gotland

文●墨刻編輯部　攝影●周治平

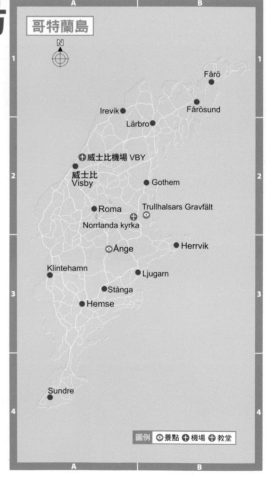

哥特蘭島是瑞典第一大島，每年夏季都有數以萬計的觀光客從瑞典本土搭乘渡輪來此渡過假期，島上城鎮尤以主要的停靠港口威士比最受歡迎，這座城鎮因為維持漢薩同盟時代的樣貌至今，已被納入世界遺產之列。鎮上有許多設計小店、樸實的染布織品、灰色羊毛椅墊或紀念品等，都是哥特蘭島特有的手工藝品。除了領略舊城鎮的風華，鎮上擁有大片綠地的Almedalen公園和濱海步道等，都是信步漫遊的好去處。

　　中世紀的古鎮之外，哥特蘭島上豐富的維京遺跡，向來是考古學家們專注的焦點，相關的考古研究直到今日仍是進行式。同時，也許是因為位處瑞典本土之外，島上有許多遺世獨立的地方，據說不少知名設計師和藝文人士長期定居於此。至於美食方面，到哥特蘭島千萬別錯過美味的羊肉和馬鈴薯料理，這裡出產的羊肉和馬鈴薯都是全瑞典品質最好的。

INFO

📍P.275B4
🚶從碼頭步行約10分鐘
🏠Donners plats 1, Visby ☎201-700
🕐平日09:00~17:00，週六10:00~15:00 ㊡週日
🌐www.gotland.info

基本資訊

人口：61,205 　面積：3183.7平方公里 　區碼：(0)498

如何前往

◎渡輪

Destination Gotland公司經營瑞典本土與哥特蘭島之間的渡輪，港口位於斯德哥爾摩南邊的Nynäshamn、卡爾瑪北邊的Oskarshamn，與哥特蘭島上的威士比。

📍P.275A4 　☎(0)498 201-800
🌐www.destinationgotland.se

從斯德哥爾摩出發

渡輪開航前1小時45分，可從斯德哥爾摩中央車站旁的巴士總站（City Terminal）搭乘Flygbussarna長途巴士至Nynäshamn碼頭，再從碼頭轉搭渡輪前往威士比，總行程約3小時15分，夏季每日約5~6班，冬季約1~2班。

從卡爾瑪出發

從卡爾瑪中央車站旁的巴士總站，搭乘巴士160或161號至Oskarshamn Stn站，碼頭就在車站旁邊，車程約1小時20分。到威士比的渡輪，夏季每日2~3班，冬季每日1班，船程2小時55分。

◎飛機

威士比機場（Visby Airport，代碼VBY）位於市區北邊3.5公里處，提供往來斯德哥爾摩Bromma機場與Arlanda機場的飛航服務，每日約有8~10個航班，飛行時間約35~40分鐘。從機場可搭乘61號巴士前往市區的巴士總站，也可招呼計程車或自行租車。

市區交通

威士比舊城大部分景點皆步行可達；若要前往其他城鎮，可搭巴士或租車，巴士會從威士比城牆外的長途巴士總站發車，但班次非常少，詳情可洽遊客服務中心。

旅遊諮詢

◎哥特蘭島遊客服務中心

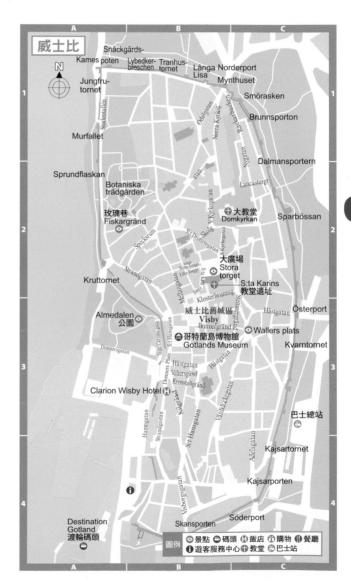

威士比

MAP ▶ P.274A2

威士比舊城

MOOK Choice

Visby

玫瑰與廢墟之城

中世紀慶典 Medeltidsveckan
🔽 8月初，持續一週 🌐 www.medeltidsveckan.se

掃地圖

威士比因為是「一座保有完整漢薩同盟時期建築與城牆的城鎮」，而在1995年時被評定為世界遺產。在12~13世紀時，威士比是波羅的海相當活躍的商業重鎮，1288年以石灰石建造、長達3.6公里的城牆，現在仍幾近完整地圍繞著威士比，不僅在瑞典難得一見，也是北歐地區保留最完整的中世紀城牆。這座城牆當時並非為了抵抗外侮而建，主要是因為內戰頻繁，統治者刻意將小鎮圍起來以隔絕戰亂。

18世紀時瑞典國王下令，凡是以石頭搭蓋屋子的家庭可以減少課稅，是以鎮上大多都是石頭房屋。爾後為了保存古蹟，瑞典政府規定威士比舊城內的房子雖可買賣，但若想重新為外牆漆上不同顏色或甚至改建者，都要向政府報備，由相關單位核准才能施工，因此威士比才得以保住鎮上具有中世紀特色的石造房屋和獨特的城鎮景致。

每年夏季在哥特蘭島舉行的中世紀慶典，也是瑞典重要的觀光節慶之一，這個從1984年開始的活動，主要是在重現1362年丹麥國王攻占哥特蘭島的歷史。當時由於鎮民沒有防衛能力，丹麥軍隊輕而易舉便攻下了城池，故事聽起來有點悲傷，但當地人卻不以為意，每年8月初或中旬，鎮民們便會穿上中世紀的服裝遊行，熱鬧的節慶活動維持整整一週之久。

哥特蘭島上有100間教堂，在舊城裡也有不少教會建築，除了坐落在制高處的聖瑪麗亞大教堂，主廣場旁的S:ta Karins教堂建於1233年，原為瑞典第一座方濟會修道院，16世紀後逐漸廢棄，現今只剩下石造的外牆遺址供遊客追想。

此外，想捕捉最美的舊城巷道景色，被稱為玫瑰巷的Fiskargränd裡，家家戶戶門前種植各色玫瑰，是鎮上最熱門的取景地點。

維京人在哥特蘭島
Vikings in Gotland

　　哥蘭特島因為地理位置居於波羅的海中央，早在維京時代就是連結東西方貿易的重要島嶼，因而也成為北歐維京文化的考古重鎮。目前在哥特蘭島上已有許多遺跡被一一發掘出來，銀飾是其中最重大的發現，現下全世界的維京銀飾或銀幣，有2/3都是在瑞典境內出土，而光是哥特蘭島就有7百多個發掘地點。從這些銀飾寶藏的數量研判，當時的哥特蘭島應該是座富裕的島嶼，不僅地方農產富庶，往來各國的交易也是島上重要的收入來源。

　　此外，在哥特蘭島還挖掘出400多座維京時代的盧恩石碑（Rune Stone），大多已送至斯德哥爾摩或是威士比博物館保存，只有少部分仍佇立在原地。若是對哥特蘭島的維京文化遺址有興趣，可洽詢威士比遊客服務中心，索取相關遺址路線。

哥特蘭島博物館
Gotlands Museum

📍 P.275B3　🚶 從遊客中心步行約2分鐘　🏠 Strandgatan 14　☎ 292-700　🕐 5~9月10:00~18:00；10~4月11:00~16:00　💲 成人150 SEK（10~4月100 SEK），19歲以下免費　🌐 www.gotlandsmuseum.se

　　位在威士比的哥特蘭島博物館收藏所有島上發現的維京文物，包括1999年挖掘出兩大袋重達40公斤的銀幣，以及各式維京男女配戴的銀手環、戒指、珠寶盒等，還有1100年的教會物品和椅子。數座維京盧恩石碑就展示在博物館1樓，從石碑上的圖騰可以瞭解其年代，像是9世紀的石碑上一定有維京船的圖樣，更早期的石碑上都有一個像太陽的圖騰。此外，館內另有13世紀文物的展示，重現中世紀的威士比。

Trullhalsars Gravfält

掃地圖

📍 P.274B2　🚗 距威士比約40公里，從威士比開車約50分鐘

　　考古學家在這裡發現了350個8世紀遺留下來的墓穴，不同於其他維京墓穴都深埋地下，這裡的墓穴特徵是以石頭堆砌成半圓形，在墓穴頂端另外用石頭覆蓋一個同心圓的圖案。這些墓穴有部分是單人墓，有些則發現是母子同葬。

Änge

掃地圖

📍 P.274A3　🚗 距威士比約35公里，從威士比開車約40分鐘

　　這裡坐落兩座1911年尋獲的維京石灰石碑，其中一座高約3.7公尺，是目前島上找到最大的石碑，可惜碑上的圖騰因年代久遠而淡去。

馬爾摩
Malmö

文●林志恆・墨刻編輯部
攝影●林志恆・墨刻攝影組

距離丹麥哥本哈根只有半個多小時車程的馬爾摩，是瑞典的第三大城，過去以造船業維生，這幾年由於政府著手將城鎮賦予設計城市的印象，轉型以商業或藝術設計以及IT產業為主。

正因為打著設計城市的旗幟，近年陸續興建完成的現代建築群也成為城市藍圖的重要成員，像是HSB旋轉中心就是繼奧勒森大橋通車之後，最受人矚目的建築奇景；而由丹麥建築師Henning Larsen所設計的市立圖書館新館就在城堡公園旁，大廣場附近也有許多設計小店，小廣場旁的設計中心則展出最新的北歐創作。若想追尋城市的過往歷史，鄰近中央車站的大廣場，以及由丹麥國王克里斯提安三世所興建的文藝復興式城堡等，在市區之內皆步行可達。

馬爾摩的城市綠地比例很高，隨處可見公園，馬爾摩城堡旁的花園和旋轉大樓旁的濱海公園等，都擁有大片草坪和活動空間。由於環境好、物價較低，加上交通便利，有許多哥本哈根人甚至舉家搬遷到這裡，每天通勤至哥本哈根上班。

INFO

基本資訊
人口：325,069　**面積**：156.9平方公里　**區碼**：(0)40

如何前往
◎火車
從斯德哥爾摩中央車站（Stockholm C）搭瑞典國鐵的X2000特快車至馬爾摩中央車站（Malmö C），車程約4.5小時，班次非常密集。

從哥本哈根中央車站（København H）搭跨國列車Öresundståg，車程約40分鐘，班次密集的程度和捷運差不多。若是搭到瑞典國鐵的X2000特快車，車程則是50分鐘。

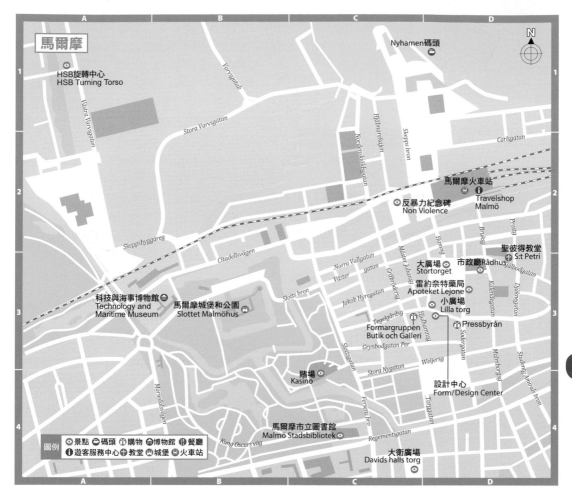

馬爾摩

- HSB旋轉中心
  HSB Turning Torso
- Nyhamen碼頭
- 馬爾摩火車站
  - Travelshop Malmö
- 反暴力紀念碑
  Non Violence
- 科技與海事博物館
  Technology and Maritime Museum
- 馬爾摩城堡和公園
  Slottet Malmöhus
- 賭場
  Kasino
- 馬爾摩市立圖書館
  Malmö Stadsbibliotek
- 大廣場
  Stortorget
- 市政廳Rådhus
- 聖彼得教堂
  S:t Petri
- 雷約奈特藥局
  Apoteket Lejone
- 小廣場
  Lilla torg
- Pressbyrån
- Formargruppen
  Butik och Galleri
- 設計中心
  Form/Design Center
- 大衛廣場
  Davids halls torg

圖例
- ● 景點 ● 碼頭 ① 購物 ⑩ 博物館 ⑪ 餐廳
- ① 遊客服務中心 ⑪ 教堂 ⑭ 城堡 ⑨ 火車站

瑞典國鐵 ⓤwww.sj.se
Öresundståg跨國列車 ⓤwww.oresundstag.se

市區交通

　　市區大部分景點皆步行可達，若是要前往較遠的地方，可搭乘市區巴士。馬爾摩的巴士站標示清楚，路線繁多，車上會有螢幕顯示下一站的站名。由於巴士上已不再收取現金，請先至遊客資訊站或中央車站購票。
ⓤwww.skanetrafiken.se

旅遊諮詢

◎馬爾摩旅遊局

　　馬爾摩旅遊局在市內許多店家設有資訊站，提供地圖、景點傳單、旅遊手冊等，其中以馬爾摩大學對面的Travelshop單車行與小廣場旁的Pressbyrån便利商店，對遊客來說最是方便。
ⓤwww.malmotown.com

Travelshop Malmö
🅰P.279C2
🅐Malmö Central Station
▼平日10:00~15:00，週六至13:00　🅗週日

Pressbyrån
🅰P.279D3
🅐Södergatan 11
▼平日07:30~21:00，週六09:30~18:00，週日11:00~17:00

MAP ▶ P.279B3

馬爾摩城堡和公園

MOOK Choice

Slottet Malmöhus

都市之肺裡的城堡博物館

從中央車站步行約15分鐘 Malmöhusvägen 6 341-000 週二至週日11:00~17:00（週四至19:00） 休週一 成人40 SEK，19歲以下免費 www.malmo.se/museer

馬爾摩城堡是瑞典境內最早的文藝復興風格城堡，1436年由卡爾瑪聯盟國王波美拉尼亞的艾瑞克（Erik av Pommern）興建。後來城堡在16世紀初遭受嚴重損毀，丹麥國王克里斯提安三世（Christian

掃地圖

III）於是在1537年按照原來的樣式重建。這段時間也是城堡最輝煌的時代，經常有王室貴族居住進出，直到1658年馬爾摩重回瑞典懷抱，城堡才由瑞典陸軍接收。18世紀後，城堡早已不具備防禦功能，反而成為關押囚犯的監獄。爾後城堡重新整修，於1973年正式改闢為馬爾摩博物館（Malmö Museer）。

現今城堡內涵蓋了藝術博物館、市立博物館及自然史博物館，遊客可在各區博物館裡，欣賞20世紀的北歐藝術品、考古文物與北歐生態歷史等。周圍的城堡公園是馬爾摩眾多綠地公園中占地最廣的休憩場所，公園裡林蔭處處，隨時都有鴨群從面前走過，而蜿蜒在公園四周的護城運河，現在則成為民眾划獨木舟的最佳去處。

MAP ▶ P.279C4

馬爾摩市立圖書館

Malmö Stadsbibliotek

光之日曆的現代建築

從中央車站步行約20分鐘 Kung Oscars väg 11 660-8500 平日08:30~20:00（週五至18:00），週末10:00~17:00 malmo.se/stadsbiblioteket

馬爾摩市立圖書館的舊館建於1899年，是一棟優雅的紅磚建築，與舊館以走廊相連的，是落成於1999年的新館，其建築師便是設計出哥本哈根歌劇院的Henning Larsen。一如北歐許多公共建築，新館利用整面落地玻璃窗引進溫暖的陽光，因

掃地圖

而被稱為「光之日曆」（Ljusets kalender / Calendar of Light），而面對城堡公園的大片綠地，也為刻意挑高的室內帶來更寬闊的空間感。於是坐在圖書館裡，沒有過於沉悶的靜默，多的是舒適的閱讀空間。

大廣場與市政廳

MOOK Choice

Stortorget & Rådhuset

見證馬爾摩政權交替的歷史

🚇 從中央車站步行約3分鐘

大廣場建於1536年，原為市集所用，曾經是北歐最大的廣場，由當時的馬爾摩市長Jörgen Kock一手擘畫。廣場中央的銅像是為了紀念瑞典國王卡爾十世（Karl X Gustav），他在1658年進攻丹麥，迫使丹麥簽訂《羅斯基爾條約》割讓斯堪尼（Skåne）等土地，馬爾摩就是在那時成為瑞典領土。

廣場周邊有市政廳及數棟中世紀建築，華麗的市政廳由建築師Helgo Zettervall所設計，立面呈荷蘭文藝復興式樣，上頭裝飾了幾尊雕像，他們都是馬爾摩歷史上的代表人物，其中包括打造這座廣場的Jörgen Kock市長。而在廣場的東南角落，有棟立面刻了一隻金色獅子的老房子，這是創立於1571年、馬爾摩最古老的藥局，名為獅子藥局（Apoteket Lejonet），內部可以看見從19世紀末保留至今的裝潢與擺設。

瑞典⋯⋯**馬**爾摩 Malmö

設計中心

Form/Design Center

傳統建築搭配新興設計

🚇 從中央車站步行約8分鐘 🏠 Lilla Torg 9 ☎ 664-5150 ◷ 週二至週六11:00~17:00，週日12:00~16:00 ✕ 週一 💲 免費 ⓣ www.formdesigncenter.com

設計中心坐落在16世紀的舊建築群裡，主建築是1850年由一位商人Gabriel Hedman所增建，有著傳統建築的外觀，然而推開大門，裡面展示的卻是北歐最新的商業或藝術設計作品，每年都有將近20個主題展不定期在1~2樓的展示廳裡展出。

2樓咖啡座提供不少設計相關的雜誌與書籍，3樓的紀念品店販賣許多瑞典知名設計品牌，包括Svenskt Tenn、Orrefors等，也有馬爾摩本地的創意品牌如MOMO Design的商品。鄰近設計中心的小廣場（Lilla Torg）上，有許多露天咖啡座和餐廳，吸引不少遊客停留。

MAP ▶ P.279D3

聖彼得教堂
Sankt Petri kyrka
馬爾摩最古老建築

🚇 從中央車站步行約6分鐘 🏠 Göran Olsgatan 4 ⌄
10:00~18:00 🌐 www.svenskakyrkan.se/malmo

從大廣場往東邊走，在市政廳的後方就是馬爾摩現存最古老的建築——聖彼得教堂。這座教堂最初建於14世紀初期，中堂有3條狹長的側廊通道，屬於波羅的海哥德式的教會建築，樣式和德國呂北克的聖馬利亞大教堂相似。教堂內部原本繪有中世紀的壁畫，在歷經宗教改革之後，於16、20世紀兩次整修，才逐漸恢復完整的樣貌。

MAP ▶ P.279A1

HSB旋轉中心

MOOK Choice

HSB Turning Torso
全瑞典最高的奇葩建築

🚌 從中央車站搭巴士2號至Malmö Turning Torso站即達
🏠 Lilla Varvsgatan 14 🌐 www.turningtorso.se

坐落在馬爾摩市中心西北方的HSB旋轉中心，落成於2005年，是一棟住商合一的高樓大廈，同時也是HSB建築公司在馬爾摩的總部所在。大樓出自西班牙設計師Santiago Calatrava之手，整座白色建築由下往上如同螺旋般扭轉，其原始概念來自於人體軀幹的扭轉圖像。從底端基座直到大樓頂部，在190公尺的高度裡，主體結構整整扭轉了90度，沒有一個樓面是方正格局，從外觀看，所有窗子都是斜的。這樣一棟新穎的概念式建築，據傳最終花了雙倍的工程期和經費才告完工。

大樓落成之初，四周仍一片空曠，經過十多年發展，現今周邊已是一片高樓林立的新興住宅區，不過旋轉中心目前仍是全瑞典最高的住宅大廈。大樓近海區域被規劃為遊憩區，走在步道上，便能欣賞遼闊的松德海峽（Öresund）景致。

Formargruppen Butik och Galleri

匠心獨具的馬爾摩設計

🚇從中央車站步行約10分鐘 🏠Engelbrektsgatan 8 ☎073-984-1699 🕐平日11:00~18:00，週六11:00~16:00 💤週日 🌐www.formargruppen.se

Formargruppen集合了20多位馬爾摩本地設計師，其設計作品從銀飾、陶瓷創作到木雕藝品和生活器皿等，品項相當多元，每件樣式都獨具風格。這些設計師的新作品與商品會在店裡做展示，而且每個月都會更換內容，在其展示專區旁可以找到這些設計師的工作坊資訊，若是對某樣商品或設計師特別喜愛，皆可循店家提供的資訊前往參觀。

瑞典…馬爾摩 Malmö

隆德 Lund

隆德大教堂

Lunds domkyrka

北歐少見的仿羅馬式教堂

🚇搭火車至隆德（Lund C），再步行約10分鐘 🏠Kyrkogatan 4 🕐平日08:00~18:00，週六09:30~17:00，週日09:30~18:00 🌐www.svenskakyrkan.se/lundsdomkyrka

天文鐘
🕐週一至週六12:00、15:00，週日13:00、15:00

隆德位於馬爾摩東北方約10分鐘車程的距離，相較於馬爾摩以現代建築取勝，隆德則是一座歷史悠久的古都。維京時代曾以此為中心，建立了一個海上王朝，掌控整個波羅的海和北海海域。12世紀時，隆德大教堂更是北歐地區第一個直屬於羅馬的大主教轄區。今日的隆德也是北歐最大的大學城，在其10萬人口中，有4萬人是來自世界各地的大學生。

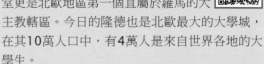

來到隆德，決不能錯過古城的精神中心隆德大教堂，教堂由砂岩所打造，歷史可追溯至1145年，建築形式為北義大利倫巴底仿羅馬式風格，古樸的岩石雙塔造型，在北歐十分少見。教堂入口左側有一座天文鐘，從14世紀起就開始報時至今，每天固定兩次，天文鐘上的耶穌、聖母瑪麗亞和東方三聖人會在鐘聲鳴響時一同現身。

©VisitFinland, Markus Kiili

芬蘭

芬蘭

Suomi / Finland

數百年來，芬蘭夾在瑞典、俄羅斯這兩大強權之間，辛酸的歷史在北歐可說是無出其右，而在文化上也分別受到瑞、俄兩國的強烈影響。位於西南方的土庫就是700多年來受瑞典統治時期的首都，瑞典化的程度較深，土庫大學至今都是以瑞典語教學；而首都赫爾辛基則是19世紀俄國為了取得影響力而新建的首都，市區內以多樣的現代建築聞名。

芬蘭素有「千湖之國」的美譽，境內光是大大小小的湖泊就約有187,888個，內陸水域占了全國面積的10%，沿岸還有多達179,584座島嶼。想領略這個國家的湖泊美景，那就一定要到離赫爾辛基不遠的坦佩雷和海門林納，坐上一段「銀色之路」或「詩人之路」遊輪，沿途細細品味它的湖光之美。

極圈以北的拉普蘭地區是耶誕老人的故鄉，每到冬季大雪紛飛之時，可與馴鹿、哈士奇打交道，享受任他們拉動雪橇的難得經驗，更可欣賞幽黯天際傳來的極光美景。

芬蘭之最
The Highlight of Finland

赫爾辛基現代建築
隱藏在堅硬巨岩內部的岩石教堂、鬧區中的寧靜綠洲康比禮拜堂、以及阿瓦奧圖的大理石傑作芬蘭廳，赫爾辛基的建築風格迥異，每一處都讓人驚豔。

芬蘭城堡 Suomenlinna
18世紀時利用6座島嶼興建的要塞碉堡，曾在芬蘭歷史上位於戰爭的第一線，現在則是熱門旅遊勝地。城堡內有多間博物館，以及一艘曾參與二次大戰的潛水艇。(P.302)

坦佩雷 Tampere
悠閒自在地參觀嚕嚕米等各種主題博物館，登高遠望或搭乘郵輪欣賞湖光雲影，穿梭在森林與湖泊之間，感受千湖之國的自然魅力。(P.314)

聖誕老人村
Joulupukin Pajakylä
聖誕老人故鄉，可駕馭馴鹿雪橇、欣賞冬日極光，或是預約寄出一張有聖誕老人郵戳的明信片，讓親朋好友收到來自北極圈的祝福。(P.328)

赫爾辛基

Helsinki

文●李曉萍・汪雨菁・墨刻編輯部
攝影●李曉萍・林志恆・墨刻攝影組

赫爾辛基原本只是波羅的海畔的一座小鎮，發展成今日的大城規模，其實與俄羅斯極欲建立「俄國化」的芬蘭有很大關係。1809年芬蘭戰爭結束，俄羅斯帝國擊敗瑞典，佔領了瑞典東部的領土，並成立芬蘭大公國，由帝俄沙皇亞歷山大一世自兼芬蘭大公。公國首都一開始設在芬蘭第一大城土庫，但沙皇嫌厭土庫受瑞典影響太深，於是在1812年時遷都到赫爾辛基，同時委任埃倫斯特倫（Johan Albrecht Ehrenström）為城市重建的規畫者。1817年埃倫斯特倫的藍圖完成時，幸運地找到年輕又才華洋溢的恩格爾（Carl Ludvig Engel）來執行

這項計畫，恩格爾設計興建了議會廣場附近的30座建築，其中包括幾乎成了古典芬蘭地標的白色大教堂。

環繞港口的芬蘭城堡，是瑞典與俄國爭奪芬蘭所有權的代表性建築，在強權夾縫中求生存的血淚史，可從附設的博物館中看見。而市區內最著名的是3座風格各異的教堂，除了恩格爾所設計的白色大教堂，還有洋溢濃厚俄羅斯風情的烏斯本斯基東正教教堂，以及由整塊大岩石所鑿出的岩石大教堂。至於1914年完工的火車站，則是芬蘭重生的象徵。這個由沙利寧（Eliel Saarinen）設計的建築，以垂直的高牆和大弧度的鑲銅拱門，以及簡練的細部線條，完美表現磚石建築的特性。入口幾何式的裝飾，與兩邊持火人相互對稱，呈現一種理性之美，被視為火車站建築中的極品。

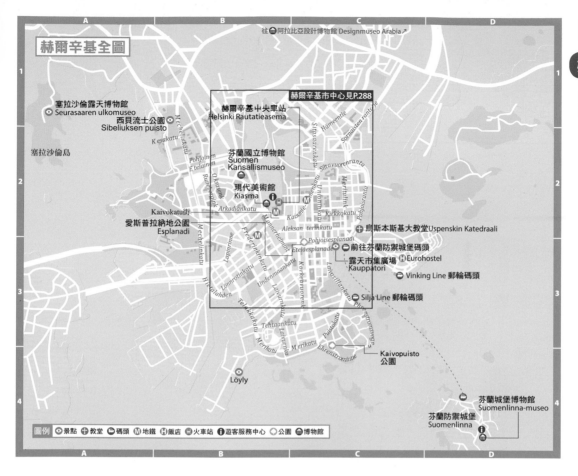

赫爾辛基全圖

往⑩阿拉亞設計博物館 Designmuseo Arabia ↗

赫爾辛基市中心見P.288

窘拉沙倫露天博物館
Ⓜ Seurasaaren ulkomuseo

西貝流士公園
Sibeliuksen puisto

塞拉沙倫島

赫爾辛基中央車站
Helsinki Rautatieasema

芬蘭國立博物館
Suomen Kansallismuseo

現代美術館
Kiasma

Kaivokatu街

愛斯普拉納地公園
Esplanadi

鳥斯本斯基大教堂Uspenskin Katedraali

前往芬蘭防禦城堡碼頭

露天市集廣場
Kauppatori

Ⓗ Eurohostel

Vinking Line 郵輪碼頭

Silja Line 郵輪碼頭

Kaivopuisto
公園

Löyly

芬蘭城堡博物館
Suomenlinna-museo

芬蘭防禦城堡
Suomenlinna

圖例 ●景點 ✚教堂 ⊡碼頭 Ⓜ地鐵 Ⓗ飯店 ●火車站 ❶遊客服務中心 ○公園 ⑩博物館

INFO

基本資訊

人口：658,864
面積：213.75平方公里
區碼：(0)9

如何前往

◎飛機

　　赫爾辛基－萬塔機場（Helsinki-Vantaan lentoasema，代碼HEL）位於赫爾辛基市區北方約17公里處。機場的兩座航廈皆有國內和國際線航班起降，航廈之間可以步行相通。

　　目前從台灣沒有航班直飛赫爾辛基或芬蘭其他城市，必須從香港、曼谷、首爾、東京或歐洲各主要城市轉機。

赫爾辛基-萬塔機場🔗www.helsinki-vantaa.fi

◎火車

　　所有國內和國際線長途火車都會抵達赫爾辛基中央車站（Helsinki Rautatieasema），從俄國聖彼得堡的芬蘭車站（Finljandski），搭乘快板號高鐵（Allegro），車程約3.5小時；若從莫斯科出發，車程則需14.5小時。車站地下2樓可連接地鐵Rautatientori站。

　　目前，因2022年俄羅斯入侵烏克蘭，為響應國際制裁，往返芬蘭與俄羅斯之前的列車自2022年3月28日起暫停服務。

芬蘭國鐵🔗www.vr.fi

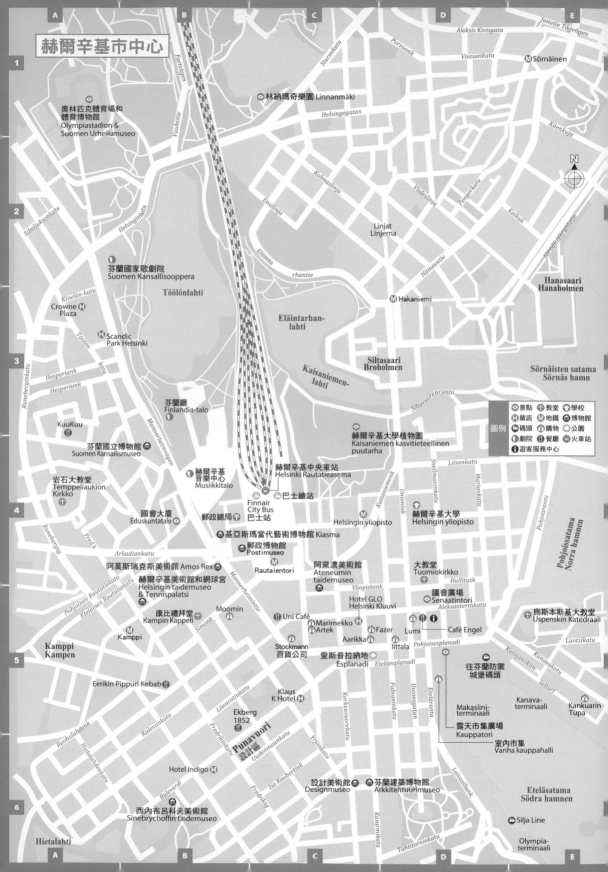

赫爾辛基市中心

◎郵輪

從瑞典斯德哥爾摩出發，可選擇搭乘詩莉雅號遊輪（Tallink Silja Line）或維京號（Viking Line）遊輪抵達赫爾辛基，夜間遊輪不但可節省一晚住宿，還能欣賞峽灣風光。

Tallink Silja Line
🔗P.288E6
🏠 從斯德哥爾摩的Värtahamnen碼頭上船，停靠於赫爾辛基的Olympia碼頭，可搭乘3號電車至中央車站
🚢 每日一班，16:45從斯德哥爾摩出發，翌日10:30抵達
🌐www.tallinksilja.com

Viking Line
🔗P.287C3
🏠 從斯德哥爾摩的Stadsgården碼頭上船，停靠於赫爾辛基的Katajanokka碼頭，可搭乘4或5號電車至中央車站
🚢 每日一班，16:30從斯德哥爾摩出發，翌日10:10抵達
🌐www.vikingline.com

機場至市區交通

◎火車
從機場可搭乘HSL的區域火車I或P線前往赫爾辛基中央車站，這兩條皆是循環路線，經過的地方完全相同，只是行駛方向相反，但到市中心的車程都是30分鐘。前往機場火車站（Lentoasema）的通道位於第一航廈和第二航廈之間的走道1樓，車票可在火車站月台前的自動售票機、航站內的便利商店與遊客服務中心購買。
🚆 大約10分鐘一班，清晨和深夜約20~30分鐘一班
💶 單程成人€4.1，7~17歲€2.1
🌐www.hsl.fi

◎市區巴士
可從航廈外的巴士站搭乘600號巴士至市區，車程約30~40分鐘，終點站為中央車站前的廣場Rautatientori。可於機場內的HSL售票機或上車購票。
🚌 約10~30分鐘一班
💶 單程成人€4.1，7~17歲€2.1
🌐www.hsl.fi

◎計程車
有跳錶計費和固定車資兩種，後者是採共乘制的Airport Taxi，必須事先預約，較為麻煩，可上網查詢。
🚕 約30分鐘
💶 約€50，價格依人數與行李箱數而不同
🌐www.airporttaxi.fi

◎租車
在第1航站與第2航站之間的通道上，可找到Hertz、Avis、Enterprise、Budget、Europcar、Sixt等6家租車公司櫃檯，取車處則在P3停車場。

市區交通

◎大眾運輸系統類型
市區內各景點相當集中，步行即可遊覽其大多數，只有前往郊區時才會需要搭乘交通工具。大眾運輸系統由赫爾辛基交通局（HSL）整合管理，主要分成電車、地鐵、巴士、渡輪和通勤火車這5種，車票皆可通用。
🌐www.hsl.fi

電車 Raitiolinjat / Tram
在赫爾辛基市區最常使用的大眾交通工具應該就是電車了，電車分成10條路線，對旅客而言，2號和3號線組成的環狀路線正好繞行市區一圈，等同於觀光電車，最常使用。電車可以從任何車門上下車，上車前請先確定自己搭乘的方向是否正確，車上會有螢幕顯示下一站的站名，下車前可按鈕通知司機。

地鐵 Metro
地鐵有M1和M2兩條路線，但絕大部分軌道是重疊的，而且雖有經過中央車站，但主要提供郊區民眾通勤使用，因此週末班次較少，一般遊客也不太有搭乘的必要。

巴士 Bussit / Bus
遊客搭巴士的機會不多，車上不會顯示站名，可於上車時告知司機欲前往的地點，請他提醒你下車。巴士站和電車站一樣，站牌有班車時刻表，準點率一般來說相當高。

渡輪 Lautta / Ferry
渡輪主要是指航行於市集廣場旁的Kauppatori碼頭與芬蘭城堡的päälait碼頭之間的19號路線，這條路線全年運行，平日約40分鐘一班，週末約20~40分鐘一班，船程15分鐘。

◎大眾運輸系統購票

要搭乘赫爾辛基的大眾運輸系統，有3種購票選擇，分別為購買單程票、旅遊票與季票。如果長時間住在赫爾辛基，則可買張感應式的儲值票卡HSL-kortti，購買新卡為€5。

在火車站、地鐵站及碼頭，可找到HSL的自動售票機，售票機有藍色及粉紅兩種顏色，兩者都可購買單程票及旅遊卡，但只有藍色機器可加值HSL卡。而在中央車站服務櫃檯與市內各處的R-Kioski等便利商店，皆可購買及加值各種票卡；另外在市中心各停車場的繳費機，也可購買單程票，不過只能以Visa和Mastercard的信用卡付款。

雖然上車後也可直接向司機購票，但還是建議事先購買，價錢會比較便宜。若非得上車才買票，則最好

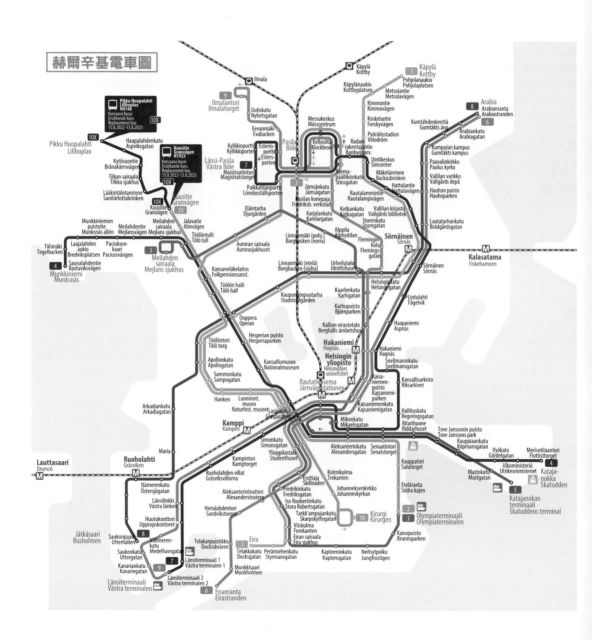

準備剛好的零錢，因為車上能找的錢有限，且多半拒收20歐元以上的大鈔。

單程票 Kertaliput

HSL的交通範圍分為4個區段，赫爾辛基市區為A區，機場則在C區，若只在市中心內遊覽，買AB區的車票即可。車票效期也依跨越區段多寡而有長有短，AB區的車票為80分鐘，全區域的車票為110分鐘，效期內可無限次數轉乘。

💰AB區的單程票：成人€3.10，7~17歲半價，於HSL購票機器或app購買，不收取手續費，其餘販售地點可能會收取手續費。

旅遊卡 Vuorokausiliput

旅遊卡的效期有1~7天數種，效期內可不限次數搭乘。只有一日卡可在車上向司機購買，其他天數都須事先在售票機或售票點買好。旅遊卡可加值進HSL卡內，若要前往購買區段以外的景點，則需加購延伸區段的單程票Lisävyöhykeliput。

💰AB區的成人一日卡為€9，效期每增加1天多€4.5，7~17歲半價

季票 Kausiliput

季票是一次購買長時間的效期票，通常是以APP加值在HSL卡內，費用每月計算，短期觀光客不會使用到。

◎計程車

在赫爾辛基不可以隨處招停計程車，需在計程車乘車處叫車。

💰起錶€5.9，夜間起錶€9，每公里跳錶€1.55，等待時間每分鐘跳錶€0.74

優惠票券

◎赫爾辛基卡 Helsinki Card

針對觀光客推出的赫爾辛基卡，由旅遊公司Stromma發行，效期分為1日、2日及3日三種，可在效期內免費參與超過40項活動，包括著名景點、博物館及觀光行程等。持卡同時還能免費搭乘市區大眾交通工具，依交通範圍遠近，又分為城市卡與區域卡兩種。赫爾辛基卡可在機場遊客服務中心及部分旅館購買，也可在官網上訂購，再下載到手機中。

💰

效期	卡種	成人	7-16歲
一日卡	城市卡	€ 54	€ 27
	區域卡	€ 58	€ 29
二日卡	城市卡	€ 66	€ 33
	區域卡	€ 72	€ 36
三日卡	城市卡	€ 78	€ 39
	區域卡	€ 86	€ 43

🌐www.helsinkicard.fi

觀光行程

◎Panorama Sightseeing觀光巴士

乘坐觀光巴士遊覽市區重要景點，如舊城區、國會大廈、芬蘭廳等，並停靠岩石大教堂20分鐘（車票不含教堂門票，若教堂關門，則停西貝流士公園）。車上提供包括中文在內的語音導覽，車票可上車。

📍P.288C5

🚏出發地點在愛斯普拉納地公園（Esplanadi）

🕐每日11:00出發，行程約1小時45分鐘

💰成人€32，6~15歲€16

🌐www.stromma.com/en-fi/helsinki

🎫持赫爾辛基卡免費

◎Hop-On Hop-Off觀光巴士

隨上隨下的露天雙層觀光巴士，停靠市區內19個站點，可於效期內不限次數上下車。車上提供包括中文在內的語音導覽，車票可上車購買。

📍P.288D5

🚏出發地點在議會廣場（Senaatintori）

⏱5~9月每日及4月和10月的週末10:00~16:00行駛，每30~40分鐘發車

💰成人24小時€32，48小時€46，6~15歲半價

🌐www.stromma.com/en-fi/helsinki

🎫持赫爾辛基卡免費

◎**Beautiful Canal Route觀光遊船**

　　乘坐觀光船欣賞赫爾辛基的海上及運河風光，路線行經芬蘭城堡、赫爾辛基動物園與Degerö運河，1.5小時的航程內，一邊聆聽城市歷史故事，一邊享用飲料和輕食。

📍P.288D5

🏠出發地點在市集廣場（Kauppatori）

⏱每日10:30~18:00，每小時一班（5月上旬及9月班次較少）

💰成人€26，6~15歲半價

🌐www.stromma.com/en-fi/helsinki

🎫持赫爾辛基卡免費

旅遊諮詢

◎**赫爾辛基旅遊局**

☎3101-3300

🌐www.myhelsinki.fi

市區遊客服務中心

📍P.288D5

🏠Aleksanterinkatu 24(赫爾辛基參議院廣場對面)

⏱平日09:30~17:00，週末10:00~16:00

赫爾辛基行程建議
Itineraries in Helsinki

　　赫爾辛基的精采景點相當集中，以步行搭配短程電車就可造訪完大部分的景點，而且如果每個地方不要停留太久，2天便足以飽覽全城經典風光。

　　第1天上午可參考散步路線，走訪市區內的精華景點。中午在市集廣場享用芬蘭美食後，從港口搭乘渡輪前往芬蘭城堡，下午就在島上渡過悠閒時光，傍晚再伴隨赫爾辛基的海上風光歸航。第2天不妨挑選有興趣的博物館參觀，喜歡藝術的人，建議雅典娜美術館或是現代美術館；喜歡設計的人，可以選擇設計美術館、阿拉比亞博物館、以及設計街區；對傳統文化有興趣則推薦塞拉沙倫露天博物館。

　　如果還有時間，第3天以後可以選擇前往坦佩雷或海門林納，欣賞湖泊之美，感受芬蘭「千湖之國」的魅力；或是前往西南方的土庫，遊覽芬蘭最古老的城

市。這幾個城市都只要1.5~2小時車程，適合安排一日遊。

赫爾辛基散步路線
Walking Route in Helsinki

　　赫爾辛基市區的景點相當集中，從東側走到西北側，就可以把大部分的重要景點一網打盡。這條路線主要瀏覽中央車站附近及舊城區，行程包含文化景點、特色現代建築及逛街購物，若對沿途博物館有興趣，建議多留點時間參觀。

　　搭乘電車4、10號線於Kansallismuseo站下，建築大師阿瓦奧圖的黑白傑作①**芬蘭廳**與城堡造型的②**芬蘭國立博物館**，隔著寬敞的道路對望。向西轉進安靜的住宅區，彎彎曲曲的巷子內，③**岩石教堂**的圓頂像降落在巨大岩塊上的飛碟，而內部音場極佳，坐下來聆聽樂音，幾乎不想離去。

　　接著沿Arkadiankatu路往中央車站方向前進，欣賞④**基亞斯瑪當代藝術博物館**的玻璃建築藝術，而另一側被購物中心包圍的圓弧建築，則是都市人尋找寧靜的聖域⑤**康比禮拜堂**。繼續往南經過赫爾辛基最大的百貨公司Stockmann，東邊出現延伸至海邊的綠地，就是芬蘭人享受陽光的⑥**愛斯普拉納地公園**，而公園旁的Pohjoisesplanadi街則是最受歡迎的購物街，可找到眾多芬蘭設計商品。

　　逛街購物消耗不少體力時間，欣賞⑦**議會廣場**和**大教堂**的古典莊嚴，以及⑧**烏斯本斯基大教堂**的華麗東正教風格建築，正好可以轉換心境。行程最後來到⑨**露天市集廣場**，綺麗的海港風光作伴，品嚐道地庶民小吃，好天氣在這裡散步曬太陽，十分愜意。

距離：約5公里　　**時間**：約2小時

Where to Explore in Helsinki
賞遊赫爾辛基

中央車站周邊 Around Rautatieasema
MAP ▶ P.288B5

赫爾辛基美術館和網球宮
Helsingin taidemuseo & Tennispalatsi

複合式娛樂藝術中心

🚇 從中央車站步行約10分鐘，或搭地鐵至Kamppi站 🏠 Eteläinen Rautatiekatu 8 ☎3108-7001 ⏰週二 10:00~17:30，週三至週日11:30~19:00 🈺週一 💲成人€16，18歲以下免費，每月最後一個週五免費 🆔www.hamhelsinki.fi 🎫持赫爾辛基卡免費

外觀現代的網球宮開幕於1999年，是一座具有複合式功能的娛樂和藝術中心，裡頭有電玩遊樂場、咖啡館、速食店、餐廳和電影院，吸引許多年輕人聚集在此，一進去就能感受到吵雜熱鬧的氣氛。

掃地圖

然而走上2樓卻有另一番感覺，優雅的氣息取代了喧嘩，因為赫爾辛基美術館（HAM）就坐落在此。館內以現代藝術、流行文化和公共藝術品為主題的圖片和裝置藝術，表現出這個城市或美麗或幽默的一面，有些作品還因為帶著戲謔或情色的元素，令人莞爾。除了當地藝術，臨時展則會有不少來自拉丁美洲、北美、亞洲和歐洲等國際作品來此交流，提供人們不同的美學視野。

中央車站周邊 Around Rautatieasema
MAP ▶ P.288B4

阿莫斯瑞克斯美術館

Amos Rex

當代芬蘭藝術收藏

🚇 從中央車站步行約5分鐘，或搭電車1、2、4、10號線至Lasipalatsi站 🏠Mannerheimintie 22-24 ☎6844-460 ⏰11:00~20:00（週末至17:00）🈺週二 💲成人€20，19~30歲€5，18歲以下免費 🆔amosrex.fi 🎫持赫爾辛基卡免費

阿莫斯安德森（Amos Andersoni）是20世紀的一名富商，他對藝術和科學充滿熱情，十分熱衷於藝品收藏。在他去世之後，其私宅於1965年改建成阿莫斯安德森美術館（Amos Andersonin Taidemuseo），每年以8~12個主題展廳，陳列他多年來和建築師好友Sigurd Frosterus的藝術典藏，另外還有不少來自各方陸續捐贈的珍品。

掃地圖

2018年時，博物館搬遷到鄰近的玻璃宮（Lasipalatsi）內，並改名為阿莫斯瑞克斯美術館，館藏大部分為當代藝術，也有少部分傳統作品，種類以繪畫、素描最多，其他還有家具、雕刻、織品、玻璃、陶瓷和照片等，包括Helene Schjerfbeck、Birger Carlstedt等芬蘭知名藝術家的作品都看得到，總數達6,000件之多，是芬蘭境內最大的私人博物館。

MAP P.288C5

阿黛濃美術館

MOOK Choice

Ateneumin taidemuseo

芬蘭國家級的美術館

🚇 從中央車站步行約2分鐘 🏠 Kaivokatu 2 ☎(0)294 500-401 ⏰ 週二、五10:00~18:00，週三、四10:00~20:00，週末10:00~17:00 ⊗ 週一 💲 成人€18，18歲以下免費 🌐 www.ateneum.fi ⭐持赫爾辛基卡免費 ❗博物館目前整修中，預計2023年4月14日重新開幕。

　阿黛濃大樓由芬蘭建築師 Theodor Höijer建造於1887年，名字暗指希臘神話中的雅典娜，寓意為「雅典娜的殿堂」。這棟建築原為芬蘭藝術學院和工藝與設計大學，當時就積極收藏各種藝術品，直到預備成立美術館之際，再集合民間捐贈，促成了這座無論藏品、規模和重要性，皆為全國首屈一指的國家級美術館。

掃地圖

　美術館本身就是一座優雅的藝術品，正立面2樓處有3位古典藝術家的半身胸像，分別為文藝復興時期的建築師布拉曼帖、畫家拉斐爾和古希臘雕刻家菲迪雅斯；3樓外牆則有4根雕刻成女神像的裝飾柱，象徵建築、繪畫、雕刻和音樂等4大藝術形式。

　館內主要展出從18世紀中至20世紀中的芬蘭藝術繪畫和雕塑作品，像是Albert Edelfelt、Helene Schjerfbeck、Akseli Gallen-Kallela等國寶級大師的名作，數量多達2萬件。另外，這裡還收藏了部分19世紀後期至20世紀中的西方藝術，如羅丹的雕塑，以及孟克、梵谷、高更、夏卡爾和塞尚等人的繪畫。

MAP P.288B4

基亞斯瑪
當代藝術博物館

Kiasma

藝術中邂逅創意

🚇 從中央車站步行約4分鐘 🏠 Mannerheiminaukio 2 ☎(0)294 500-501 ⏰ 平日10:00~20:30，週六10:00~18:00，週日10:00~17:00 ⊗ 週一 💲 成人€20，18歲以下免費。每月第一個週五免費 🌐 www.kiasma.fi

　基亞斯瑪由美國建築師Steven Holl所設計，其名字取自「染色體的嵌合點」，意指建築主體以鋅鈦合金與玻璃兩種材料嵌合，也有日光與空間相遇結合的意味。

掃地圖

　五層樓挑高的內部空間，由雙曲線構成蛇腹般的白色通道，打破方正的展覽空間格局，總能在意想不到的角落與藝術相遇。自然光從各種角度折射而入，隨著日影飄移，內部光線也為之變化。這種設計將館內與館外的景致相結合，從玻璃往外望，就可看到Töölönlahti灣和附近的公園綠地，而夜晚的五彩燈光，更讓美術館變身為奇幻的大型劇場。

　博物館內展示了自1960年以來的現代藝術，其展品不拘泥於平面繪畫，許多有趣而超乎想像的創意，在這裡皆以極其新穎的手法表達，不論是反諷或是投射，都凸顯了不同的價值觀和詮釋觀點。

體驗芬蘭桑拿文化

「桑拿、烈酒和焦油都無法治癒的，必是絕症。」這句古老諺語恰如其分地說明了桑拿對芬蘭人的重要性。

正統桑拿是男女分開，在更衣處脫下衣服稍微沖洗後，帶著一條當作坐墊的小毛巾，赤裸裸進入桑拿間。火爐內燃燒的木柴加熱上方的石頭，再使用木勺子盛水澆在熱石上，「嘶～」的一聲伴隨大量蒸汽噴發，室內溫度會瞬間升高。將身體烤得暖烘烘後，再拿新鮮的白樺樹枝拍打皮膚，促進血液循環。最後一個步驟，當然是直接走到戶外，跳進湖水或海水中，感受毛細孔瞬間收縮的快感。

現代化的桑拿多以加熱器取代柴燒，男女共用的桑拿則可以穿著泳衣入內。芬蘭的旅館和公眾游泳池大多會附設桑拿，是旅途中不可錯過的體驗。赫爾辛基市區最受矚目的新式桑拿，是開幕於2016年的Löyly，位於城市南端海邊，設有傳統柴燒乾式桑拿和蒸汽桑拿，放鬆身體的同時可欣賞港灣海景，最後深吸一口氣，直接跳入波羅的海中，相當過癮。

此外，中央車站附近的漢堡王也在地下室設置桑拿間，適合一群朋友包場開趴，享受一邊桑拿、一邊吃漢堡的樂趣。

Löyly

🚋 搭電車6號線至eiranranta站，步行約3分鐘 🏠 Hernesaarenranta 4 🕐 週一16:00~22:00，週二到週四14:00~22:00，週五13:00~23:00，週六9:00~23:00(11:00~13:00休息)，週日 11:00~21:00 💲2小時€20 🌐 www.loylyhelsinki.fi ❗假日建議先在網站上預約

中央車站周邊 Around Rautatieasema

MAP ▶ P.288B5

康比禮拜堂

MOOK Choice

Kampin Kappeli

繁華中心的靜默力量

🚋 從中央車站步行約5分鐘，或搭地鐵至Kamppi站 🏠 Simonkatu 7 ☎(0)50 578-1136 🕐 平日08:00~20:00，週末10:00~18:00 💲免費 🌐 www.kampinkappeli.fi ❗受疫情影響，暫停對外開放

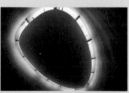

在最熱鬧的商業區納瑞卡廣場（Narinkkatori），創造一處讓人靜心而放鬆的空間，這個由赫爾辛基路德教會構思的奇特想像，終於在2012年落實了，那便是建築師Kimmo Lintula、Niko Sirola和Mikko Summanen所設計的康比禮拜堂。

禮拜堂外觀像是高11.5公尺的橢圓木桶，深具芬蘭傳統建築特色。外牆由雲杉拼接，塗上運用奈米技術的特殊蠟，推開白蠟樹大門，內牆則是切割排列的赤楊木，日光穿越穹頂上的環狀玻璃灑落，氤染一室柔和。這裡不舉辦禮拜或婚禮儀式，只是提供一個場所，隔絕外界的吵雜與紛擾，讓每個人傾聽靈魂深處的聲音。蛋形空間內只有簡潔的聖壇、木椅和角落石頭造型的坐墊，進入禮拜堂，立刻能感受到踏入自然森林中的身心和諧，充滿溫暖、安全而靜謐的力量。

MAP ▶ P.288C5

愛斯普拉納地公園

Esplanadi

最受當地人喜愛的綠地

🚇 從中央車站步行約8分鐘，或搭電車2號線至Kauppatori站

位於Pohjoisesplanadi和 Eteläesplanadi兩條街道之間，並 從露天市集廣場（Kauppatori）延伸 到Erottaja廣場之間的這塊優美綠地，自1812 年起即被闢為愛斯普拉納地公園。公園內有座 Johan Ludvig Runeberg的雕像，他是芬蘭著 名的愛國詩人，芬蘭國歌其中一段歌詞就選自他 的作品；這座雕像則是出自他的兒子——雕刻家

Walter Runeberg之手。

延續了市集廣場的活力，這裡同樣是當地人最 喜歡流連的地方，尤其是一碰到好天氣，許多芬 蘭人便就地野餐，享受溫煦的陽光，不時還可看 到街頭藝人賣力表演。公園內也有小亭子，提供 咖啡、麵包或冰淇淋等點心，至於與公園平行的 兩條街則都是高級精品店和紀念品商店。

Cafe Kappeli是公園內最受歡迎的一家餐廳， 它的露天咖啡座前有座表演舞台，夏天時常舉辦 音樂會等各種活動。

MAP ▶ P.288D5

議會廣場和大教堂

Senaatintori & Helsingin tuomiokirkko

芬蘭開國的象徵

🚇 從中央車站步行約12分鐘，或搭電車2、4、5、7號線至 Senaatintori站 🏠Unioninkatu 29 ⏰09:00~18:00 💲免 費 🌐www.helsinginseurakunnat.fi

由恩格爾（Carl Ludwig Engel） 所設計的議會廣場可說是舊市區的 中心，也是芬蘭開國時的代表建設。廣 場中央立著沙皇亞歷山大二世（Alexander II）

的銅像，四周雕像分別代表和平、科學、藝術與 正義，而據說代表正義的女人便是芬蘭的象徵。

廣場北邊的白色大教堂更是恩格爾的心血結 晶，不過他卻無緣見到大教堂完工就去世了，此 後則由E. B. Lohrmann接手於1852年完成。大教 堂原名為路德大教堂，又稱尼古拉教堂，是當地 福音路德教會聚會做禮拜的場所。新古典樣式的 綠色圓頂白牆，優雅地佇立在高地上，高大的塔 樓四周環繞柯林斯式圓柱，屋簷上有十二使徒聖 像。進入內部，完全白色的內觀設計成十字形， 沒有雕飾精美的祭壇、木雕等，稍嫌單調。而盤 踞高地的大教堂，同時也是俯瞰赫爾辛基舊市區 和海港的好地點。

愛斯普拉納地周邊 Around Esplanadi

MAP ▶ P.288C6

設計美術館

MOOK Choice

Designmuseo

完整展示芬蘭名師設計

🚋 搭電車10號線至Johanneksenkirkko站，步行約1分鐘 🏠 Korkeavuorenkatu 23 ☎ 622-0540 ⏰ 6~8月11:00~20:00(週末至18:00)，9月~5月11:00~18:00(週二至20:00) 🚫 9~5月的週一 💰 成人€15。9~5月每月最後一個週二17:00後免費 🌐 www.designmuseum.fi ✳ 持赫爾辛基卡免費

設計美術館開幕於1989年，其前身是一所工藝學校，後來搬遷至現今這棟由芬蘭建築師Gustaf Nyström於1894年所設計的新哥德式建築內。

芬蘭設計以色彩鮮豔或形式簡約兩大特色深植人心，近來深受全球矚目，如果你想多了解這塊領域，這座博物館將提供一個最完整的介紹空間。館內依時間順序，展示芬蘭及其他各國從1870年至今的設計發展，其中包括工業設計、平面設計和時尚裝飾等，並以芬蘭本地設計師的作品為主軸，像是阿瓦奧圖、塔皮奧維爾卡拉（Tapio Wirkkala）、耶洛沙利寧（Eero Saarinen）等大師的作品，都在展示之列。

設計大師阿瓦奧圖

阿瓦奧圖（Alvar Aalto, 1898~1976）是芬蘭最具影響力的全方位設計師，他的才華洋溢，所涉足的領域包括建築、城市設計、家具、燈飾、布紋和玻璃等，在他長達55年的創作生涯裡，得到無數國際獎項肯定，因而有「芬蘭設計之父」的美稱。戰後赫爾辛基市區許多建築的重建，便有奧圖不少心血在內，對他而言，建築最重要的目的是與自然和諧相映，於是在他的建築裡時常見到柔和的線條，以及結合建築與周圍景觀的巧思。奧圖為好友Gullichsen夫婦所設計、位於市郊的Mairea別墅，可說是奧圖建築理想的極致表現。

愛斯普拉納地周邊 Around Esplanadi

MAP ▶ P.288C6

芬蘭建築博物館

Arkkitehtuurimuseo

一窺芬蘭建築堂奧

🚋 搭電車10號線至Kirurgi站，步行約1分鐘 🏠 Kasarmikatu 24 ☎ (0)45 7731-0474 ⏰ 11:00~18:00(週三至18:00) 🚫 週一 💰 成人€10，18歲以下免費。與設計博物館的聯票€20。每月第一個週五免費 🌐 www.mfa.fi ✳ 持赫爾辛基卡免費

設立於1956年的芬蘭建築博物館，最初位於Kaivopuisto公園內，1981年才移到這座由Magnus Schjerfbeck

於1899年所建的新古典主義建築中。博物館裡收藏大量20世紀之後芬蘭建築師的設計藍圖、手稿素描、照片和

建築比例模型，還擁有自己的圖書館、書店和出版物，並不時舉辦海內外各種建築設計特展及演講。館方甚至會邀請群眾走出博物館，進行一場赫爾辛基城市建築之旅；讓人透過這些靜態和動態的活動，更加了解芬蘭的建築歷史與未來的發展。

MAP ▶ P.288E5

烏斯本斯基大教堂
Uspenskin Katedraali

北歐最大東正教教堂

🚋搭電車4、5號線至Tove Janssonin puisto站，步行約3分鐘 🏠
Pormestarinrinne 1 ⏰平日09:30~16:00，週六10:00~15:00，週日
12:00~15:00 ⛔週一 💲免費 🌐www.hos.fi

　　烏斯本斯基一字由俄文的Uspenie
而來，意為「聖母升天」。這座教
堂建成於1868年，由聖彼得堡的建築師
Aleksey Gornostayev所設計，金色洋蔥式的屋
頂洋溢著濃濃俄羅斯風味，也標記了俄國在芬蘭
所留下的文化遺跡。

　　建築除了延續俄國拜占庭式風格，同時也融入
了些許西方羅馬式建築的特色。一般俄國教堂的
正面多為白或灰色，而烏斯本斯基教堂的正立面
是深磚紅色，因為所使用的紅磚是從Åland島上
的Bomarsund堡壘拆除而來；其鎏金屋頂由4支
石柱撐起，共計有13個金色洋蔥頭，分別代表基
督和祂的12門徒。

　　芬蘭的東正教因為融合斯拉夫和拜占庭傳統，
常常吸引非教徒的遊客參觀，其禮拜儀式是在週
六晚上與週日早上，儀式進行時必須全程站立，
不過禮拜堂周圍有放置椅子供需要的人使用。

MAP ▶ P.288D5

市集廣場與室內市場
Kauppatori & Vanha kauppahalli

庶民口味美食

🚋搭電車2號線至Kauppatori站
市集廣場
⏰平日06:30~19:00，週六06:30~18:00，夏季週日10:00~17:00
⛔夏季以外的週日
室內市場
⏰08:00~18:00 ⛔週日 🌐vanhakauppahalli.fi

　　露天市集廣場是赫爾辛基最有活
力的地方，攤子上販售的盡是生鮮
肉類、鮮花、水果、民生用品、手工藝
品等，當然也不乏散發出撲鼻香味的熟食攤，不
論市民還是遊客，都喜歡來此打牙祭，畢竟在這
裡飽餐一頓要比進餐廳便宜許多。

　　來此不妨試試芬蘭的傳統料理馴鹿肉，吃起來
與牛肉味道接近，一般做成馴鹿香腸和馴鹿肉丸
兩種，搭配上馬鈴薯球，就是一盤最符合當地庶
民口味的美食了。另外，鮭魚和白鮭也是攤販上
的常見食物。不過癮的話，轉進廣場南邊的百年
室內市場，裡頭的食材都以高品質聞名。

　　市集廣場東邊是從前俄國沙皇的行宮，自從芬
蘭宣布獨立後，就成了共和國的總統府。另一側
於愛斯普拉納地和Unioninkatu街的交叉口有一
座噴泉，上頭的青銅雕像《波羅的海少女》，是
法藉芬蘭裔雕刻家Ville Vallgren的作品，以一位
從海上浮現的女孩之姿，象徵赫爾辛基這座城市
的誕生。

國會大廈周邊 Around Eduskuntatalo

MAP ▶ P.288B4

國會大廈
Eduskuntatalo
融合新古典主義與現代主義建築風格

🚋搭電車4、10號線至Kansallismuseo站,步行約3分鐘 🏠
Mannerheimintie 30 🌐www.eduskunta.fi
遊客中心
🏠 Arkadiankatu 3 ⏰平日08:00~16:00 🈲週末

　　1923年,在芬蘭脫離俄國獨立之後的第6年,政府開始計畫在曼納漢大道(Mannerheimintie)旁建立一座新的國會大廈,並由芬蘭建築師Johan Sigfrid Sirén主導設計。1931年,嶄新的國會大廈誕生了,Sirén結合了新古典主義與20世紀初現代主義的建築風格,外牆使用來自卡爾沃拉(Kalvola)的玫瑰花崗岩,正面並豎立了14根17公尺高、69公噸重的科林斯式柱,整體呈現簡單莊嚴的設計風貌。

　　在國會大廈的開放時間內,可以走進它的遊客中心,詢問或搜尋相關訊息;而在議員開會期間,遊客也有機會進入旁聽。

國會大廈周邊 Around Eduskuntatalo

MAP ▶ P.288B3

芬蘭廳
Finlandia-talo
建築大師阿瓦奧圖的傑作

🚋搭電車4、10號線至Kansallismuseo站,步行約2分鐘 🏠
Mannerheimintie 13 e 🌐www.finlandiatalo.fi ❗芬蘭廳目前正在裝修,裝修期間,原服務改於小芬蘭廣場(Little Finlandia)進行。
小芬蘭廣場 Little Finlandia
🏠Karamzininranta 4
FINLANDIA CAFE & WINE
⏰平日09:00~20:00(週一與週二至19:00),星期六 11:00~20:00 🈲週日

　　提供會議、音樂會和展覽廳功能的芬蘭廳,完工於1967~71年,是芬蘭建築大師阿瓦奧圖的傑作,當時他提出一系列都市建設計畫,包括沿著蝶略灣(Töölönlahti)在國會附近興建新的市區廣場和建築,而芬蘭廳便是計畫之一。

　　由於打造之初是作為音樂廳之用,因此它的主建築屋頂端刻意挑高,並作傾斜設計,試圖營造出有如教堂裡的美聲殘響效果,可惜這樣的設計並未成功,芬蘭廳的音響效果一直不甚理想,直到後來做了細部重建工程才略有改善。另外,奧圖對產於義大利的卡拉拉大理石(Carrara Marble)一直深感興趣,希望能把這種具有地中海文化的素材引進芬蘭,於是他將來自外地的白色大理石和黑色花崗岩相結合,使用於芬蘭廳的外牆上,可惜這樣的材質並不適合芬蘭的氣候,不到10年時間,牆面便開始彎曲,即使在1998年整修換新後,至今還是出現類似的問題。

　　然而這些缺點仍然瑕不掩瑜,優美的芬蘭廳依舊是奧圖傑出的代表作之一,從開幕至今也舉辦過各種音樂表演和國際會議。

國會大廈周邊 Around Eduskuntatalo

MAP ▶ P.288B4

芬蘭國立博物館
Kansallismuseo
收藏芬蘭重要文物

🚋 搭電車4、10號線至Kansallismuseo站即達 🏠
Mannerheimintie 34 ☎(0)259 336-901 ⏰11:00~18:00
（週三至20:00） 🚫9~4月的週一 💰成人€16，65歲
以上€11，18歲以下免費。週五16:00後免費 🌐www.
kansallismuseo.fi/en/kansallismuseo ⭐持赫爾辛基卡免費

芬蘭國立博物館的建築由著名
的建築師三好友Eliel Saarinen、
Herman Gesellius與Armas Lindgren
所共同設計，融合了中世紀教堂和城堡特色，並
加入新藝術的細節，成為芬蘭重要的新建築代表
作之一。

博物館於1916年正式開放，展示所有與芬蘭相

關的歷史文物，常設展分為三大主題：芬蘭故
事、史前時代，以及閣樓工作坊。芬蘭故事依時
間軸分區陳列，展示13到19世紀期間芬蘭歷經教
會、瑞典、帝俄統治，直到芬蘭獨立的歷史及相
關文物；史前時代則是展示芬蘭從冰河時代到鐵
器時代的考古遺跡；閣樓工作坊著重於互動式學
習，特別受到親子歡迎。此外，博物館也預計在
2021年開放新的展覽：Otherland。

國會大廈周邊 Around Eduskuntatalo

MAP ▶ P.288A4

岩石教堂
（聖殿廣場教堂）

MOOK Choice

Temppeliaukion kirkko
巨岩內沐浴聖光

🚋 搭電車1、2號線至Sammonkatu站，步行約2分鐘 🏠
Lutherinkatu 3 ☎2340-6320 ⏰原則上週一至週六
10:00~17:00，週日12:00~14:45、15:45~16:45，
但開放時間每週異動，請上官網查詢 💰€5 🌐www.
temppeliaukionkirkko.fi ⭐持赫爾辛基卡免費

從外觀看，岩石教堂就像個停在
大石裡的飛碟，唯一能看出教堂身
分的，是立在門口上方小小的銅製十
字架。這個大膽新穎的造型，是由兄弟檔建築
師Timo和Tuomo Suomalinen所設計，只花了
1年時間建造，於1969年完工。

這座教堂的所在地點原本就是塊堅硬的巨岩，
為了符合這特殊地形，建築師大膽地將岩石挖
空，並以挖出的石塊堆砌成5~9公尺高的教堂外
牆。而高大的銅製圓形屋頂，由許多鋼樑撐起，
圓頂與石牆之間還開有360度的天窗。寬闊的內
部空間可容納750人，內牆有部分是岩體本身，
有的則是開挖的石塊所堆成，都保留了岩石原
有的粗糙質感，營造
出特殊的冷調空間。
祭壇位置經過特殊計
算，在夏季的禮拜
時間，陽光會透過天
窗，直射在祭壇上。

郊區Outskirts

MAP ▶ P.287B1

西貝流士公園
Sibeliuksen puisto

紀念芬蘭愛國音樂家

🚋搭電車1、2、8號線至Töölöntori站，步行約10分鐘

為紀念芬蘭最著名的音樂家西貝流士（Jean Sibelius, 1865~1957），赫爾辛基市民特別設置了這個公園與紀念碑。西貝流士在芬蘭人的心目中有如救國英雄，因為他1899年所創作的「芬蘭頌」（Finlandia）一曲，寫出芬蘭的悲苦命運和對未來的憧憬，在帝俄統治下的芬蘭掀起一股愛國風潮，也幾乎成了當時的國歌。俄國政府當然不允

許這種歌曲流傳而加以禁唱，卻無法阻止其強大的延續力量。

公園裡的西貝流士紀念碑相當別緻，西貝流士的鐵鑄頭像，眉頭深蹙，而更搶眼的是高10公尺，由500多支鐵管組成如龐大管風琴形狀的藝術造景，由藝術家Eila Hiltunen投注5年時間創作，代表西貝流士的樂音流傳千古。

郊區Outskirts

MAP ▶ P.287C1

阿拉比亞設計博物館
Designmuseo Arabia

芬蘭設計的大本營

🚋搭電車6、8號線至Arabiankatu站，步行約3分鐘
🏠Hämeentie 135 A ☎(0)20 439-3507 ⏰平日11:00~17:00，週六10:00~16:00，週日12:00~16:00 ㊡週一 💲免費 🌐www.designcentrehelsinki.com

位於赫爾辛基東北市郊的Iittala & Arabia設計中心集合了博物館、設計室、工作坊和商店於一身，喜好北歐設計的人，非得來此朝聖不可。

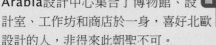

Arabia Finland是個國際家具用品集團，旗下品牌包括德國超過兩百年歷史的Hackman不鏽鋼廚具、瑞典的Rörstrand瓷具，以及芬蘭的Iittala水晶玻璃製品等。在多位藝術工作者多年來的投入下，使Arabia的家具用品呈現多元的藝術型式，像是阿瓦奧圖就曾以冰蝕湖的樣式為靈感，製作了一系列以Savoy為名的不規則狀花瓶，在市場上大受歡迎。

博物館位於9樓，展示百年來的精選作品，特別是經典的瓷器和玻璃藝術，以及設計界傳奇如Kaj Franck、Timo Sarpaneva和Rut Bryk的創作。附設的商場選擇很多，仔細逛逛最少需要2個小時。有些是稍有瑕疵的貨品，不過價格遠較市面便宜，是很值得的選擇。

芬蘭城堡

Suomenlinna

對抗俄國的海上要塞

🚢 可從露天市集廣場前的碼頭搭乘HSL的渡輪前往，詳見P.290。而在夏季5~9月，亦可搭乘JT-Ling的水上巴士，詳細時刻表可上JT-Line官網查詢：www.jt-line.fi ☎(0)295 338-410 💻www.suomenlinna.fi ✪持赫爾辛基卡可免費搭乘HSL渡輪

遊客中心
🕙 10:00~18:00（10~4月至16:00）

Ehrensvärd博物館
🕙 5月及9月週末10:00~16:00，6~8月每日10:30~17:30（13:00~13:30休息）💰成人€5，兒童€2

中文導覽行程
🕙 7、8月平日14:00出發 💰成人€11，兒童€4 ✪持赫爾辛基卡免費 ❗其他英文導覽行程時間，請上官網查詢

　　芬蘭城堡位於赫爾辛基入港處，長達6公里的城牆串連起港口島嶼，形成堅實的禦敵堡壘，是18世紀少見的歐洲堡壘形式。島上除了防禦設施外，還有碧草如茵的草地、各式藝廊展場、餐廳及咖啡屋，營造成氣氛獨特的露天博物館。

　　芬蘭城堡最初興築於1748年，當時芬蘭屬於瑞

典領地，雖然瑞典在17世紀是軍事強權，但自18世紀起，原屬瑞典的波羅的海沿岸紛紛落入帝俄版圖，在帝俄軍事擴張的威脅下，瑞典決定利用赫爾辛基港口的6座島嶼興建防禦工事。計畫由August Ehrensvärd負責，數以萬計的士兵、藝術家和囚犯都參與了這項偉大的工程，瑞典盟友法國政府更貢獻了90桶黃金，歷時40年才完工。

　　堡壘完工後命名為Sveaborg，意思是「瑞典城堡」，雖然防禦強固，但仍無法改變瑞典在1809年芬蘭戰爭中敗北的命運。戰爭結束後，今日的芬蘭國土被割讓給帝俄，成為附庸的芬蘭大公國，芬蘭城堡於是在接下來的一百年內一直作為俄國的海軍基地，所以島上有許多建築呈現俄國特色。1917年芬蘭獨立，隔年這裡也隨之更名為Suomenlinna，也就是「芬蘭人的城堡」，由芬蘭軍隊駐紮，直到1973年才開放成為觀光勝地，並在1991年列入世界遺產。

　　目前城堡已不再具有軍事功能，遊客除了可遊覽各種堡壘和軍事設施外，還可參訪島上6座博物館、藝廊、工作室，夏季時的劇院還有現場演出。

芬蘭城堡

主碼頭

馬內基軍事博物館
Sotamuseon Maneesi

售票處

芬蘭城堡教堂
Suomenlinna Kirkko

芬蘭城堡博物館
Suomenlinna Museo

厄倫斯瓦德之墓
Ehrensvärd's tomb

海關博物館
Tullimuseo

玩具博物館
Suomenlinnan Lelumuseo

維斯科潛艇
Sukellusvene Vesikko

古斯塔夫之劍
Kustaanmiekka

國王大門
King's Gate

圖例 ●景點 🏛博物館 ✝教堂
ⓘ遊客服務中心 ⚓碼頭

馬內基軍事博物館 Sotamuseon Maneesi

🔽 11:00~16:40 🚫 週二，11~12月。每年開館時間不同，詳見官網 💲 成人€7，學生與長者€4，18歲以下免費 ♻ 持赫爾辛基卡免費

展示各式各樣的軍用車、大砲、坦克和軍裝，從等比大小的壕溝模型，可以更加了解芬蘭堡的防禦工程，以及芬蘭士兵在戰爭時期與平常時的生活樣貌。

玩具博物館 Lelumuseo

🔽 5~9月11:00~17:00（6月底~8月底至18:00），依照日期開放時間不同，詳見官網 🚫 10~4月 💲 成人€9，長者與學生€5，兒童€3 ♻ 持赫爾辛基卡免費

可愛的粉紅色木屋內收藏數千件19世紀初期到1960年代的玩具、洋娃娃和古董泰迪熊。比較特別的是，能看到許多戰爭時期具有國家特色的玩具和遊戲，以及早期的嚕嚕米娃娃。展覽空間不大，若曾參觀過同類型的博物館，也可在小屋中品嚐咖啡和手工餅乾即可。

芬蘭城堡博物館 Suomenlinna Museo

🔽 5~9月10:00~18:00，10~4月10:30~17:00 💲 成人€8，7~17歲€4 ♻ 持赫爾辛基卡免費

博物館內以模型、照片和挖掘出的武器軍火，介紹芬蘭城堡超過260年的歷史，適合作為遊覽芬蘭城堡的第一站。每隔30分鐘播放一次的短片，有提供中文語音，可快速了解芬蘭城堡與瑞典、俄國的關係。

維斯科潛艇 Sukellusvene Vesikko

🔽 11:00~18:00 🚫 10~4月 💲 成人€7，學生與長者€4，18歲以下免費 ♻ 持赫爾辛基卡免費

這艘芬蘭潛艇曾參與二次世界大戰，在1939年的冬季戰爭中擔任護航、巡守的任務。1947年的巴黎和平條約禁止芬蘭擁有潛水艇，維斯科潛艇從此退役，直到1973年加以整修並開放參觀。潛艇內可看到駕駛室複雜的儀表板及魚雷等武器，而架有床鋪的狹窄船艙就是大約20位海軍士兵在海面下所有的生活空間。

古斯塔夫之劍與國王大門 Kustaanmiekka & Kuninkaanportti

國王大門的位置，是瑞典國王阿道夫腓特烈（Adolf Frederick）於1752年前來視察工程時上岸的地方，1753~54年間建成後，作為當時城堡的入口，也是芬蘭城堡的象徵。

古斯塔夫之劍則是城堡最初的防禦工程，順著不規則的崎嶇海岸興築，與周圍的沙岸、砲兵營地一起構成防線。

郊區Outskirts

MAP ▶ P.287A1

塞拉沙倫露天博物館

MOOK Choice

Seurasaaren ulkomuseo

重現18~20世紀芬蘭鄉村原貌

🚃搭電車1、3、6、10號線至Ylioppilastalo站，轉乘24號巴士至Seurasaari站，下車過橋即達 🏠Seurasaari 📞(0)295 33-6912 ⏰5月底及9月初：平日09:00~15:00，週末11:00~17:00。6~8月：每日11:00~17:00 ⓧ9月中~5月中 💲成人€10(5月及9月€8)，18歲以下免費 🌐www.kansallismuseo.fi/fi/seurasaarenulkomuseo 🚇持赫爾辛基卡免費

赫爾辛基近郊有許多小島，塞拉沙倫島就是其一。這座彷若森林般的優美小島離市區約4公里，現在已被規畫成國家公園，並在北側建有一座露天博物館，將來自芬蘭各地數百年前就已存在，並保存完善的古老農莊或宗教建築搬遷於此，讓人可以透過這些舊建築，實地了解芬蘭18~20世紀各地的鄉村生活。

博物館共計有87棟不同的獨立建築，每棟建築都有編號，沿著規畫的步道路線一一拜訪，路上還有如詩如畫的自然風光，以及可愛的鳥類與松鼠相伴，逛起來相當舒服。

其中，第7號來自芬蘭中部Konginkangas地區的佃農農莊「涅艾梅拉農舍」（The Niemelä Tenant Farm）和第25號來自西南部Säkylä地區的封閉式農莊「安提農莊」（Antti farmstead），讓人得以一窺當時農莊生活的真實風貌。有趣的是，前者建於1844年的「三溫暖」設備，迄今還可以使用。

透過島內最古老的建築：第8號於1686年建造的木造「卡魯納教堂」（Karuna Church）、第11號來自西南部Taivassalo的「卡希洛莊園」（Kahiluoto Manor）和26號從Iisalmi搬來的牧師房舍（The parsonage），則可了解從前市井百姓的生活寫照。這裡的每棟建築前都附有完整解說立牌，讓遊客更能了解它們的功用和故事。

Where to Stay in Helsinki
住在赫爾辛基

MAP ▶ P.288A3　Scandic Park Helsinki

🚋搭電車4、10號線至Hesperian puisto站，步行約1分鐘 🏠Mannerheimintie 46 ☎30030-8407 💲$ $ $ 🌐www.scandichotels.com

　　Scandic Park雖然不是位在最熱鬧的市中心區，但門口就有電車經過，也是機場巴士的停靠站之一，以交通來說，算是相當方便。酒店對街就是Töölö湖畔，享受城市繁華的同時，還能體驗到千湖之國的森林湖泊風光，也是Scandic Park的一大優勢。

　　擺放著柔軟沙發的酒店接待大廳，白天時像是舒適明亮的北歐風咖啡館，到了夜晚則呈現lounge吧的慵懶姿態。重新裝潢的房間以灰色和原木色為基調，蒙太奇式的壁面圖樣，拼貼古典與時尚元素，有入住現代美術館的感覺。

MAP ▶ P.288B6　Hotel Indigo

🚋搭電車6號線至Fredriksgatan站，步行約1分鐘 🏠Bulevardi 26 ☎4784-0000 💲$ $ $ 🌐www.ihg.com/hotelindigo

　　位於赫爾辛基的設計區，Hotel Indigo在眾多藝廊和設計商店之間，並沒有顯得絲毫遜色。

走進Hotel Indigo的接待大廳，立即有一種逛設計傢俱店的錯覺，造型各異的舒適沙發搭配時尚燈具，而在鏤空的書架上，每項裝飾都是出自芬蘭名家設計。酒店的每一層樓皆由本地藝術家設計成不同風格，有的是色彩繽紛的童趣塗鴉，有的是以細緻的線條描繪出遊輪與海港城市，也有的則是在整片牆面上展開城市的綠地圖。

　　早晨由新奇的味覺開啟一天旅程，早餐自助吧能夠同時嘗試多種在地的北歐食物；午晚餐時段，Bröd餐廳則提供芬蘭式料理；結束一天旅程後，不妨到地下室的桑拿烤箱和蒸氣室裡舒緩一天的疲憊。將芬蘭文化與街區特色鋪陳在每個細節中，就是Hotel Indigo的精髓。

國會大廈周邊

MAP ▶ P.288A3 **Ravintola KuuKuu**

🚋搭電車1、2、8號線至Apollonkatu站，步行約3分鐘 🏠Museokatu 17 ☎2709-0974 🕐週一至週六12:00~23:00；週日12:00~22:00 💲主餐€17起，套餐€52起，素食套餐€46，午間特餐€12 🌐www.kuukuu.fi/fi/etusivu

時尚而明亮的KuuKuu是相當受到附近上班族和當地藝術家喜愛的餐廳，以新穎的烹調手法來表現肉丸、馴鹿肉、煙燻鮭魚等芬蘭傳統料理。主廚使用有機食材、鄰近地區的高品質肉類及新鮮的漁獲，搭配充滿驚喜的調味和醬汁，例如份量十足的鮭魚烤得表皮焦脆、肉質軟嫩，沾醬是紅酒熬煮的肉汁和南瓜醬，而配菜的櫛瓜和桃子則巧妙帶入清爽。

愛斯普拉納地周邊

MAP ▶ P.288D5 **Café Engel**

🚋搭電車2、4、5、7號線至Senaatintori站，步行約2分鐘 🏠Aleksanterinkatu 26 ☎652-776 🕐平日08:00~21:00，週六09:00~21:00，週日10:00~19:00 💲早餐€16.3起，甜點€8.30起，咖啡€3.9起 🌐cafeengel.fi

議院廣場正前方的鵝黃色建築，以帝國時期優雅風格的正立面融入廣場的貴族氣息，Café Engel佔據絕佳地理位置，搭配咖啡的風景就是蔚藍天空襯托的雪白大教堂。Café Engel是赫爾辛基歷史最悠久的建築之一，1765年曾是舊煙斗工廠，1830年代由建築師Carl Ludvig Engel設計正立面。而今日的咖啡館則提供早餐、午間輕食、咖啡和糕點。

中央車站周邊

MAP ▶ P.288B5 **Eerikin Pippuri Kebab**

🚋搭電車7、9號線至Kampintori站，步行約3分鐘 🏠Eerikinkatu 17 ☎694-2667 🕐10:00~00:00（週五、週六至05:00） 💲€9.5~13.5 🌐eerikinpippuri.fi/eerikinkatu

在北歐旅行，如果想同時吃到肉類、蔬菜和澱粉類，又不想花太多錢，最佳選擇就是土耳其烤肉店了！Eerikin Pippuri不只吸引東方人，店內也常常見到芬蘭人，餐點選擇相當多樣化，除了份量十足的烤肉捲，也有可以搭配飯或薯條的烤肉套餐。其另一項優點是營業時間長，不管何時肚子餓了，這裡總是能滿足你。

中央車站周邊

MAP ▶ P.288B5 **Ekberg 1852**

🚋搭電車1、3、6號線至Fredrikinkatu站 🏠Bulevardi 9 ☎681-1860 🕐平日07:30~19:00，週末09:00~18:00 💲早餐€15.9，午餐套餐€12.9，自助式午餐€13.9，週末早午餐€29.9 🌐www.ekberg.fi

核桃木鑲上金邊，大理石桌面搭配絨布座椅，一走進這間從1852年就開始營業的咖啡館，就被19世紀上流社會的優雅所包圍，忍不住也跟著輕聲細語起來。Ekberg是赫爾辛基最有名氣的咖啡館之一，這裡除了能品嚐各種正統的芬蘭甜點，自助式早餐吧也相當受歡迎，無限量供應的沙拉、麵包、濃湯、歐姆蛋、果汁、咖啡或茶，吃一餐抵得上兩餐。隔壁同名的糕點麵包專賣店也值得推薦。

中央車站周邊

MAP ▶ P.288C5 **Uni Café-Ylioppilasaukio**

🚋從中央車站步行約4分鐘 🏠Mannerheimintie 3 🕐平日10:30~19:00，週六11:30~17:00 🚫週日 💲自助套餐€12 🌐www.unicafe.fi

Uni Café其實是赫爾辛基大學的學生餐廳，在城內有許多分店，最方便的是中央車站附近的Ylioppilasaukio。Uni Café內部秉持設計之都一貫簡單、溫暖而繽紛的風格，有點像是IKEA的餐飲區。拿了餐盤後自助式取餐，套餐價格內包含沙拉、飲料和麵包，四選一的主餐則由廚師服務，最後再結帳。最棒的是，即使不是學生也可以進入用餐，在高物價的北歐，不失為省錢的好方法。

🛍 Where to Shop in Helsinki
買在赫爾辛基

愛斯普拉納地周邊

MAP ▶ P.288D5

Pohjoisesplanadi 和Aleksanterinkatu購物商街

🚋搭電車2、4、5、7號線至Aleksanterinkatu站即達

Pohjoisesplanadi是氣氛悠閒的購物街，沿著愛斯普拉納地公園向港口延伸，集合北歐各大設計精品名店，尤其是幾家芬蘭自產的知名品牌，如Marimekko、Iittala、Aarikka，在這裡都找得到；另外法國名牌LV、Longchamp在街上也有店面。

和Pohjoisesplanadi大街平行的Aleksanterinkatu購物商街，以鄰近中央車站的百貨公司Stockmann為起點，由於有多條電車同時經過，是重要交通要衝，因此人潮更

多、逛街氣氛更濃厚。這裡的商店、餐廳和咖啡館櫛比鱗次，其中以國際平價品牌最多，特別是迷戀Mango、Zara或H&M的人，這幾家店都各自在不遠處向你招手。

愛斯普拉納地周邊

MAP ▶ P.288C5 **Aarikka**

🚋搭電車2、4、5、7號線至Aleksanterinkatu站，步行約2分鐘 🏠Pohjoisesplanadi 27 📞(0)44 422-0204 🕐平日11:00~18:00，週六10:00~16:00 🕙週日 ⓤwww.aarikka.fi

Aarikka是芬蘭經典的木質飾品品牌，強調使用芬蘭本土的白樺樹和松木原生木材。店內可看到以馴鹿、麋鹿、白羊、小鳥、兔子、森林小精靈等動物造型做成的飾品或生活用品，包括項鍊、胸針、瓶塞、燭台、杯架、手機架等，甚至還有各種可愛的玩具，可說是為芬蘭傳統木業開創新的生命。

愛斯普拉納地周邊

MAP ▶ P.288D5 **Iittala**

🚋搭電車2、4、5、7號線至Senaatintori站，步行約2分鐘 🏠Pohjoisesplanadi 23 📞(0)20 439-3501 🕐平日10:00~19:00，週六10:00~17:00，週日12:00~16:00 ⓤwww.iittala.com

喜歡玻璃工藝的人，對Iittala這個芬蘭品牌應該都不陌生，Iittala以優美的線條語彙，將北歐設計簡潔、時尚的精神表露無遺，而且不僅在設計上擄獲人心，更在實用性上征服了所有人。其中以1936年阿瓦奧圖為Iittala設計的「湖泊花瓶」（Savoy Vases）、Aino Aalto所設計的花瓶、水杯，和Oiva Toikka設計的「玻璃鳥」（Birds by Toikka），為最經典的系列產品。而這家位於愛斯普拉納地公園的店面，商品最為齊全，旗下各種品牌系列在這裡都看得到。

愛斯普拉納地周邊

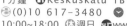

MAP ▶ P.288C5 **Artek**

🚋搭電車2、4、5號線至Ylioppilastalo站，步行約1分鐘 🏠Keskuskatu 1B 📞(0)10 617-3480 🕐10:00~18:00 🕙週日 ⓤwww.artek.fi

Artek家具店是1935年芬蘭設計大師阿瓦奧圖和妻子所創立，最著名的產品是奧圖所設計的木椅系列，以及1950年奧圖為自己的新建築專門設計的一系列燈飾。這些作品除了展現北歐民族精緻的手藝傳統，更表達了對木材質感的細膩感情，也使Artek成了家具品質與品味的代名詞。店內除了大型傢俱，也有許多奧圖設計的花瓶、鍋碗和其他生活雜貨用品。

愛斯普拉納地周邊

MAP ▶ P.288C5 **Marimekko**

🚋搭電車2、4、5號線至Ylioppilastalo站，步行約1分鐘 🏠Aleksanterinkatu 50 📞(0)44 719-4834 🕐平日10:00~19:00，週六10:00~18:00，週日12:00~17:00 ⓤwww.marimekko.com

創立於1951年的Marimekko，是芬蘭國寶級的織品品牌，以優質的布料織品搭配色彩鮮豔的圖案，創造出簡約時尚又不

失實用性的生活用品和服飾，在全球深受歡迎。位於Aleksanterinkatu的這家專賣店商品種類齊全，1樓以服飾為主，2樓則有各種花色延伸的相關產品，像是包包、餐具、杯子、行事曆等，尤其是最經典的Unikko印花系列，漂亮的色彩和明亮的設計，是必定下手的單品。

中央車站周邊

MAP ▶ P.288B6-C6　Punavuori設計區

ⓦ www.designdistrict.fi

赫爾辛基是領導北歐設計潮流的城市之一，而城市創意匯集地就在Punavuori設計區。一開始藝術家們陸續移入Bulevardi街以南、Mannerheimintie大道以西的Punavuori區，之後陸續擴大範圍至康比（Camppi），以及設計美術館、建築博物館附近，總共涵蓋25條街區，約200間獨立品牌商店、珠寶設計、古董店、藝廊、美術館、咖啡館和餐廳，而設計品牌的商店主要又集中於Uudenmaankatu、Fredrikinkatu和Annankatu這三條街。

愛斯普拉納地周邊

MAP ▶ P.288C5　Fazer

🚋 搭電車2、4、5、7號線至Aleksanterinkatu站，步行約1分鐘　🏠 Kluuvikatu 3　☎ (0)20 729-6702　🕐 平日07:30~22:00，週六09:00~22:00，週日10:00~18:00　ⓦ www.fazer.com

Fazer是芬蘭最大的糖果品牌，尤以巧克力最受喜愛，藍色包裝的牛奶巧克力力是最經典的系列，特別推薦Berry Pearls系列，巧克力包覆整顆乾燥後的蔓越莓或草莓，酸酸甜甜的滋味擄獲每個女人的心。此外，粉色包裝的藝妓（Geisha）系列榛果巧克力，也很受歡迎。這家店不但是百年品牌的創始店，也是旗艦店，除了種類齊全的糖果巧克力，還設有咖啡座，可品嘗每日現做的甜點。

愛斯普拉納地周邊

MAP ▶ P.288D5　Lumi

🚋 搭電車2、4、5、7號線至Senaatintori站即達　🏠 Aleksanterinkatu 28　☎ (0)20 734-8871　🕐 10:00~18:00（週六至17:00）　㊡ 週日　ⓦ lumiaccessories.com

Lumi是芬蘭知名的皮件品牌，設計上著重線條簡單的北歐風格，同時兼具實用性的功能，皮革鞣製過程以植物染色，不含鉻，相當環保。在芬蘭文中，Lumi意思是「白雪」，意指皮件像落下的雪花，給人單純而柔軟的感覺。主打商品非常有趣，叫做「超市購物袋」（The Supermarket Bag），靈感來自超市使用的塑膠袋，需要帶出門的物品都能隨手往袋子內丟，並提供不同尺寸選擇，是種減一分太少、增一分太多的生活哲學。

中央車站周邊

MAP ▶ P.288C5　Stockmann百貨公司

🚋 搭電車1、3、6、10號線至Ylioppilastalo站即達　🏠 Aleksanterinkatu 52　☎ (0)9 1211　🕐 平日10:00~20:00，週六10:00~19:00，週日12:00~18:00　ⓦ stockmann.com

位於火車站附近7層樓高的龐大建築，是芬蘭規模最大的百貨公司，已有1百多年歷史，販售各式水晶製品、設計大師家具，以及著名的芬蘭皮草毛衣、流行鞋款等，基本上芬蘭所有高級品牌和頂級精品幾乎都在這裡設櫃，能一次買齊所有伴手禮。

中央車站周邊

MAP ▶ P.288B5　Moomin Shop Forum

🚋 從中央車站步行約4分鐘　🏠 Mannerheimintie 20（Forum百貨公司2樓）　☎ (0)40 192-0720　🕐 平日09:00~20:00，週六10:00~19:00，週日12:00~18:00　ⓦ www.moomin.com

一走進這家嚕嚕米專賣店，立刻被琳琅滿目的嚕嚕米商品包圍，想要荷包全身而退，根本不可能。除了基本款的玩偶、馬克杯和琺瑯杯外，店內還有各式各樣的明信片、文具用品、餐具、皮夾、服裝髮飾等，嚕嚕米粉絲千萬別錯過。這也是市區內唯一的嚕嚕米專賣店，另一家店位於赫爾辛基機場第二航廈。

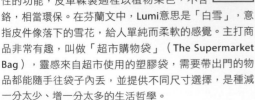

土庫
Turku

文●李曉萍·墨刻編輯部
攝影●李曉萍·墨刻攝影組

土庫位於芬蘭西南方，從12世紀起就是波羅的海的貿易重鎮，也是芬蘭境內唯一的漢撒同盟城市。從Turku這個名字，就可看出貿易對土庫的重要性，因為其斯拉夫語的原意就是「市場」。

若以北歐人對市鎮的定義，土庫可說是芬蘭境內唯一夠格稱得上中古城市的地方，因為市區內有建於13世紀的大教堂、貫穿市區用於運輸的奧拉河、代表中央集權的城堡，以及物品交易熱絡的市場。瑞典人稱土庫為Åbo，名字即是來自奧拉河（Aura），在瑞典統治時期，土庫是芬蘭地區的第一大城，因此文化上深受瑞典影響。

過去幾個世紀以來，土庫遭逢戰爭、大火等侵擾不斷，經過1827年的大火後，市區幾乎淪為廢墟，俄國沙皇於是任命重建赫爾辛基的建築師恩格爾，為土庫重新規畫市鎮，並設計政府建築、東正教堂與市集廣場等。市集廣場是城市的中心樞紐，四周是百貨公司及商店街，所有巴士路線也都匯集於此，從7月底到9月，以及聖誕節前後，廣場上都有多樣的表演。重要的旅遊景點則沿著奧拉河分布，河上還有渡輪載運遊客往返兩岸。

每年8月的土庫音樂節是芬蘭的重要慶典之一，從傳統音樂、古典音樂到戶外音樂表演，吸引世界各地的人參與。

INFO

基本資訊
人口：195,301
面積：245.67平方公里
區碼：(0)2

如何前往

◎火車

從赫爾辛基中央車站搭乘InterCity列車前往土庫，車程約2.5~3小時，每日約05:30~23:00間發車，每小時1班。

ⓤ www.vr.fi

◎巴士

從赫爾辛基Kamppi巴士總站出發，有許多巴士公司提供服務，車程約2小時10分至2小時50分，每小時2~4個班次，可於Matkakeisari搜尋引擎上查詢。

ⓤ www.matkakeisari.fi

◎遊輪

從瑞典斯德哥爾摩可搭乘詩麗雅號（Tallink SiljaLine）遊輪前往土庫，07:10出發，19:15抵達，航程約12小時。

Tallink Silja Line

ⓤ www.tallinksilja.com

市區交通

市區大部分景點步行可達，若要前往較遠的景點如土庫城堡，可搭乘Föli的市區巴士。車票直接上車購買，轉乘效期為2小時。

Ⓢ 單程票：成人€3，8~15歲€1.5。一日票：€8

ⓤ www.foli.fi

優惠票券

◎博物館卡The Museum Card

博物館漫遊卡可在博物館或線上購買，效期為1年，持卡者可免費參觀超過340間博物館，並享有觀光巴士、博物館內的商店或餐廳優惠。

Ⓢ €76　ⓤ museot.fi/museumcard

旅遊諮詢

◎土庫遊客服務中心

Ⓟ P.310C1

🚶 從土庫火車站步行約16分鐘可達

🏠 Aurakatu 8　☎ 262-7444

🕐 週一至週四09:00~18:00，週五09:00~16:00

ⓤ www.visitturku.fi

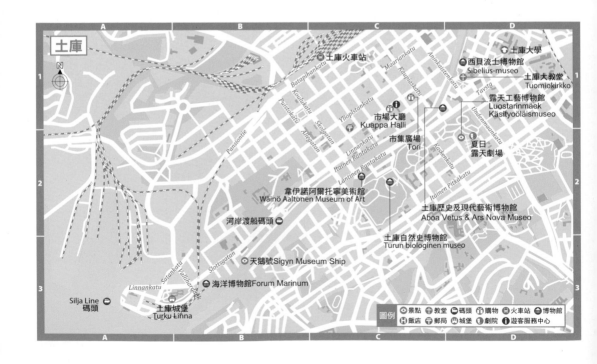

土庫

土庫火車站

土庫大學

西貝流士博物館
Sibelius-museo

土庫大教堂
Tuomiokirkko

露天工藝博物館
Luostarinmäek
Käsityöoläismuseo

市場大廳
Kuappa Halli

市集廣場
Tori

夏日
露天劇場

韋伊諾阿爾托寧美術館
Wäinö Aaltonen Museum of Art

河岸渡船碼頭

土庫歷史及現代藝術博物館
Aboa Vetus & Ars Nova Museo

土庫自然史博物館
Turun biologinen museo

天鵝號Sigyn Museum Ship

海洋博物館Forum Marinum

Silja Line
碼頭

土庫城堡
Turku Linna

圖例　◎景點　✝教堂　⚓碼頭　🛍購物　🚂火車站　🏛博物館
🏨飯店　✉郵局　🏰城堡　🎭劇院　ℹ遊客服務中心

Where to Explore in Turku
賞遊土庫

MAP ▶ P.310D1

土庫大教堂
Turun Tuomiokirkko

國家及宗教聖所

🚶 從遊客中心步行約12分鐘　🏠 Tuomiokirkonkatu 1　📞 (0)40 341-7100　🕐 09:00~18:00　💰 教堂：免費。博物館：成人€2，7~17歲€1　🌐 www.turuntuomiokirkko.fi

於1999年度過700周年慶的土庫大教堂，可說是土庫最重要的建築，也是芬蘭路德教堂的代表。當13世紀土庫因貿易活動而興起時，這座石造大教堂就已成為人民信仰的中心，當時稱為聖母祝福教堂。1827年一場摧毀整個土庫的大火，將大教堂塔樓和內部所有文物付之一炬，重建後的塔樓高達101公尺，使這座教堂成為土庫最明顯的地標。

教堂內部挑高24公尺，飾有美麗的壁畫圖案，是重建時邀請著名的宮廷畫家R.W. Ekman所繪製，除了以耶穌生平為主題外，另有兩幅圖畫描繪芬蘭的重要事件：一為首任主教亨利為芬蘭第一位基督徒受洗的畫面，另一則是芬蘭新教的重要人物Michael Agricola覲見瑞典國王古斯塔夫瓦薩的畫面。土庫大教堂也是重要名人長眠的地方，包括歷任主教，以及艾瑞克十四世的皇后Karin Mandsotter，她因丈夫被罷黜後長時間監禁於土庫城堡，最後就在土庫抑鬱而終。

2樓博物館展示了豐富的宗教文物收藏，可以回溯土庫的長遠歷史，只可惜有更多寶物已因火災和戰火波及而消失。

MAP ▶ P.310A3~B3

土庫城堡
Turun Linna

MOOK Choice

記錄芬蘭中世紀歷史

🚶 從市集廣場搭乘1號巴士至Turun linna站即達　🏠 Linnankatu 80　📞 262-0300　🕐 10:00~18:00（售票至17:30）　🚫 9~4月的週一　💰 成人€12，7~15歲€5　🌐 www.turku.fi/turunlinna　🎫 持博物館卡免費

鎮守奧拉河口的土庫城堡，歷史可追溯至1280年。1556年瑞典國王古斯塔夫瓦薩任命兒子約翰為芬蘭公爵，他和波蘭籍的夫人在此過著奢華的宮廷生活，大肆擴建城堡，這段時間可說是土庫城堡最輝煌的歲月，也開啟芬蘭的文藝復興時期。不過，約翰與胞兄艾瑞克十四世向來為了爭奪王權而失和，鬥爭的最後由約翰占了上風，成為瑞典國王約翰三世，而

艾瑞克則被監禁在土庫城堡內，這座著名的牢房現在也開放參觀。

1614年城堡的主要建築被大火燒毀，此後宮廷生活的重心都轉移到城堡東半部，直到18世紀芬蘭政治中心遷往赫爾辛基，這裡於是成為監獄和倉庫。經過1941年二次世界大戰的轟炸，土庫城堡幾乎成了廢墟，戰後歷時40年才完成160個房間的重建工作，恢復中古時期的樣貌。1993年成立歷史博物館，展示芬蘭中世紀人民的生活，以及復原中世紀宮廷用品等，並以模型說明城堡歷年來的改變。現在有時重要的芬蘭國宴或聖誕晚宴，也會在此舉行。

MAP ▶ P.310D2

露天工藝博物館

MOOK Choice

Luostarinmäen käsityöläismuseo

傳統農村時光旅行

🚌從遊客中心步行約12分鐘 🏠Vartiovuorenkatu 2 ☎262-0350 ⏰5~9月初10:00~18:00，11月底~1月中09:00~17:00，開館時間依月份與日期不同，前往前請於官網上確認。 ⊗1月中~4月及9~11月，1~6月及11~12月的週一 💲成人€10，7~15歲€4 🌐www.turku.fi/kasityolaismuseo 🎫持博物館卡免費

1827年土庫遭逢大火，2/3的城鎮付之一炬，只有位於城市邊緣的Luostarinmäki得以保留，當時這裡是社會下層的工匠社區。大火後，市府開始檢討城市建築的防火問題，並下令改建木屋密集的Luostarinmäki，居民於是陸續遷出。所幸拆遷時程一直延宕，1930年代開始有設立博物館、保存傳統工藝的想法，重新整修房舍後，終於在1940年開幕。

露天工藝博物館共有14個院落，大約80棟木屋，最古老的房子可追溯至1785年，是了解芬

蘭傳統農村形式格局的好機會。這些房屋床鋪窄小、屋簷低矮，起居室兼廚房是家庭生活重心，由於直到19世紀初期都還有人居住，所以忠實呈現當時的生活情景。穿梭在各院落中，可以參觀鐘錶店、木工坊、裁縫店、菸草商、鑄鐵工坊和郵局等，夏季時每個工坊都有工匠進駐，示範傳統手工藝並販售製作出的成品，最為熱鬧有趣。

MAP ▶ P.310C1

土庫歷史及現代藝術博物館

Aboa Vetus & Ars Nova

過去歷史與現代藝術的交會點

🚌從遊客中心步行約6分鐘 🏠Itäinen Rantakatu 4-6 ☎(0)20 718-1640 ⏰週二至週日 11:00~18:00 ⊗週一 💲成人€15，7~15歲€8 🌐avan.fi 🎫持博物館卡免費

這兩座位於同一地址的博物館，面臨市中心的奧拉河岸，分別展示土庫的歷史和現代藝術，形成貫通古今的特殊組合。

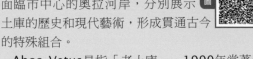

Aboa Vetus是指「老土庫」，1990年當著名的煙草商Rettig整修家族豪宅時，無意間挖掘出這個埋藏地底的圓拱型地窖、鋪石街道以及3萬多件生活用品，意外發現了14世紀的土庫城。當

時的土庫屬於瑞典領地，是瑞典境內僅次於斯德哥爾摩的城市，這些發現有助於學者重建當時的人民生活實景。博物館內的展覽定期更換，以不同主題讓民眾深入了解歷史，另外也提供多媒體節目，讓參觀者身歷其境，走入中世紀的土庫街道與生活。

Ars Nova則是指「新藝術」，相對於老土庫，展示品顯得多彩繽紛。主要展覽是由Matti Koivurinta基金會所收藏的現代藝術，也是採用主題輪展的方式，所以每次到這裡，都可欣賞到不同的藝術品。

`MAP ▶ P.310C1`

土庫市場大廳
Turun kauppahalli

懷舊文青的覓食場

🚶 從遊客中心步行約3分鐘 🏠Eerikinkatu 16 ☎262-4126 🕐08:00~18:00（週六至16:00） 🚫週日 🌐www.kauppahalli.fi

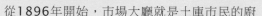

長型的紅磚建築橫貫整條街區，在市中心現代購物商場包圍下，更凸顯氣派典雅，若不是推開厚實木門後，食物香氣迎面撲鼻，還真讓人誤以為這是棟19世紀的車站或市政廳。

從1896年開始，市場大廳就是土庫市民的廚房，優雅的圓弧鑄鐵勾勒天頂，陽光穿越挑高玻璃散射柔光，深色木質框搭配小巧復古花磚，讓每個店面在一致的風格下展現獨特，有市民每天光顧的新鮮蔬果、起士、麵包、肉鋪，也有適合旅客的香料、茶和紀念品。午餐時段，熟食區總坐滿附近的上班族，而海鮮店現場烹調的料理，永遠是座無虛席。

`MAP ▶ P.310D1`

西貝流士博物館
Sibelius-museo

收藏西貝流士重要手稿

🚶 從遊客中心步行約12分鐘 🏠Piispankatu 17 ☎(0) 50 337-6906 🕐11:00~16:00 🚫週一與週二，1月 💲成人€7，18歲以下免費 🌐www.sibeliusmuseum.fi ♿持博物館卡免費

這座以西貝流士為名的博物館成立於1926年，不過目前所見的建築在1968年才完工。直到2011年以前，這裡都屬於土庫大學音樂系的一部分，原本的收藏以校方的音樂手稿和文件為主，1928年開始接受第一件民間捐贈的樂器，一直到1930年，西貝流士的珍貴文物才開始出現，包括許多重要曲目的第一手資料，全由西貝流士的摯友Azel Carpelan所捐贈。除了這位芬蘭

最重要作曲家的相關文物外，館內還收藏了1,900多件樂器，每年春秋兩季的週三晚間19:00，都會在此舉辦音樂會。

`MAP ▶ P.310B3`

海洋博物館
Forum Marinum

海洋與船舶的故事

🚶 從市集廣場搭乘1號巴士至Forum Marinum站即達 🏠Linnankatu 72 ☎267-9511 🕐10:00~18:00（7~8月至16:00），船舶5月底~8月底開放 🚫週一 💲成人€13.50，7~15歲€5，票包含展覽區及船舶 🌐www.forum-marinum.fi ♿持博物館卡免費

海上貿易起家的土庫，長久以來擅長航海與造船，海洋博物館便是展覽各式船舶、土庫港口文化、芬蘭海軍、都會河運，以及貨運和旅遊等與船舶相關的主題。展示的實際船舶有5艘，其中最

著名的是三桅木船「西格恩號」（Sigyn），這是瑞典哥特堡所建的貨船，風姿優雅地停泊在奧拉河畔。另一艘超大型的貨船Suomen Joutsen號則是建於20世紀的巨無霸，1930年起成為海軍的訓練船。

●坦佩雷

坦佩雷
Tampere

文●汪雨菁　攝影●墨刻攝影組

坐落在奈西湖（Näsijärvi）和琵哈湖（Pyhäjärvi）兩大湖之間的坦佩雷，於1775年由瑞典國王古斯塔夫三世所建，4年後正式建城時，它還是個規模很小的城鎮，但利用兩座湖泊的水力積極發展工業，到了19世紀下半葉，已成為芬蘭最重要的工業中心，有「北方曼徹斯特」的美稱。

　　儘管如此，來到這裡卻一點也感受不到繁忙喧鬧的氣息，街道上反而充滿了悠閒自在的氛圍。這裡有不少博物館可參觀造訪，其中光是嚕嚕米山谷藝術博物館，每年就吸引了無數卡通迷造訪。為了領略芬蘭千湖之國的魅力，登高望遠是在坦佩雷的must do，市區有幾處不錯的觀景點，像是Särkänniemi遊樂園的景觀

塔、Pyynikin觀景塔和Pispala的山丘等，都是可以欣賞湖光美景的去處。如果是夏季時分前往，不妨搭乘一段遊輪，坦佩雷境內有2條知名航線，一是銀色之路，另一是詩人之路，都能帶領你穿梭在芬蘭眾多湖泊河川之間，感受大自然之美。

INFO

基本資訊
人口：244,315
面積：525.03平方公里
區碼：(0)3

如何前往
◎火車
　　從赫爾辛基中央車站出發，每日04:30~23:30之間，每小時有1~3班火車前往坦佩雷。搭乘InterCity快車或Pendolino高鐵，車程約1.5~2小時；若是Re普通列車，無論直達或轉乘，都大約是2小時20分鐘。從海門林納出發，每小時有1~3個班次，需時約40~50分鐘。
🌐www.vr.fi

◎巴士
　　從赫爾辛基出發，每小時1~2個班次，車程約2.5小時。
🌐www.matkahuolto.fi

市區交通
　　市區大部分景點步行可達，若要前往較遠的景點，巴士站集中在街的Keskustori廣場。票價分區計算，遊客的移動範圍大多在2區之內，單程成人€2.10、17~24歲€3.5、7~16歲€1.05。若需經常搭乘公車，可購買一日票，成人€7，17~24歲€5.25、7~16歲€3.5。
🎫車票於遊客中心、書報攤、火車站、Keskustori廣場購買　🌐joukkoliikenne.tampere.fi

觀光行程
◎銀色之路遊輪 Hopealinjat
　　藍白船身的銀色之路遊輪往來坦佩雷和海門林納

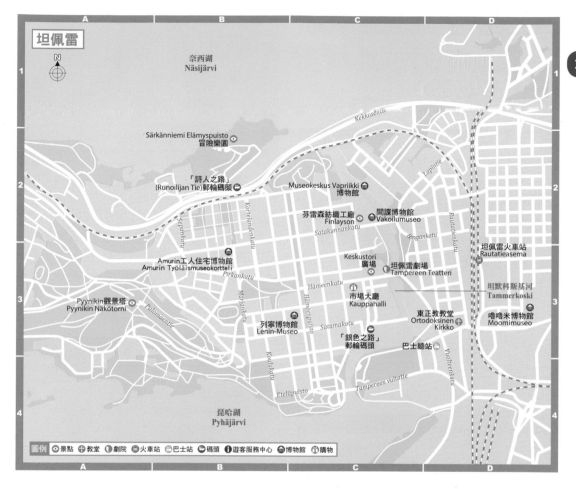

坦佩雷

A B C D

1
奈西湖
Näsijärvi

Kekkosentie

Lapintie

Särkänniemi Elämyspuisto
冒險樂園

2
「詩人之路」
(Runoilijan Tie)郵輪碼頭

Museokeskus Vapriikki
博物館

芬雷森紡織工廠
Finlayson

間諜博物館
Vakoilumuseo

Satakunnankatu

Ongankatu

Rautatienkatu

坦佩雷火車站
Rautatieasema

Keskustori
廣場

坦佩雷劇場
Tampereen Teatteri

Amurin工人住宅博物館
Amurin Työläismuseokortteli

Pirkankatu

Hämeenkatu

坦默科斯基河
Tammerkoski

3
Pyynikin觀景塔
Pyynikin Näkötorni

Palomäentie

Marjankatu

Hämeenpuisto

市場大廳
Kauppahalli

東正教教堂
Ortodoksinen
Kirkko

嚕嚕米博物館
Moomimuseo

列寧博物館
Lenin-Museo

Satamakatu

「銀色之路」
郵輪碼頭

巴士總站

Vuolteenkatu

Koulukatu

4
琵哈湖
Pyhäjärvi

Eteläpuisto

Tampereen valtatie

圖例 ◉景點 ⛪教堂 劇院 火車站 巴士站 碼頭 游客服務中心 博物館 購物

A B C D

之間，美麗的名稱來自於船行大小湖泊之際，會看到岸邊銀柳連綿不絕，景致非常迷人。可於網站、Laukontori碼頭售票處或直接上船購票。

🔵P.315C3
🏠坦佩雷碼頭位於Laukontori
📞(0)10 422-5600
🕐6月底~8月中運行。每週二09:00從坦佩雷出發，17:50抵達海門林納；11:00從海門林納出發，19:50抵達坦佩雷。船班日期每年變動，詳見官網
💲成人單程€64，3~12歲€33
🌐www.hopealinjat.fi

◎詩人之路遊輪 Runoilijan Tie
搭乘復古蒸汽遊船S/S Tarjanne號，由坦佩雷往北經Ruovesi到Virrat的遊輪，同樣僅有夏天行駛。

🔵P.315B2
🏠坦佩雷碼頭位於Mustalahti
📞(0)10 422-5600
🕐6月初~8月中運行。每週三、五的10:00從坦佩雷出發，18:00抵達Virrat；每週四、六的10:00從Virrat出發，18:00抵達坦佩雷。船班日期每年變動，詳見官網
💲成人單程€62，3~12歲半價
🌐www.hopealinjat.fi

旅遊諮詢
◎坦佩雷旅遊局
坦佩雷目前沒有遊客中心，市區地圖可在市場大廳（Kauppahalli）取得，也可利用城內各處的資訊螢幕機查詢城市資訊。
🌐www.visittampere.fi

MAP ▶ P.315D3

東正教教堂

Ortodoksinen Kirkko

北歐最美的拜占庭教堂

🚃從火車站步行約4分鐘 🏠Tuomiokirkonkatu 27 ⏰6~8月10:00~16:00（週日12:00起）休9~5月 💲免費 ⓦwww.tampereort.fi

　　宗教上屬於路德教派的芬蘭，全國僅有約百分之一的人口信仰東正教，因此這樣的東正教教堂在芬蘭境內算是少見。教堂建造於1896~99年間，正式官方名稱為「聖亞歷山大涅夫斯基和聖尼古拉斯教堂」，它曾於1918年的芬蘭內戰中遭到嚴重

掃地圖

破壞，所幸之後又恢復原貌。尖塔式的教堂上方有7個洋蔥圓頂，分別代表基督教的7件聖事，上端的十字架在藍天相映下顯得格外聖潔。這座由T.U. Jazykov所設計的教堂呈現出俄羅斯19世紀盛行的西方浪漫主義風格，被視為坦佩雷最漂亮的建築物，甚至有人以北歐「最美的拜占庭教堂」稱之。

MAP ▶ P.315C3

列寧博物館

MOOK Choice

Lenin-museo

策畫俄國大革命的秘密基地

🚃從火車站步行約18分鐘 🏠Hämeenpuisto 28 ☎(0)10 420-9222 ⏰9~5月11:00~17:00，6~8月10:00~18:00 休9~5月的週一 💲成人€8，長者€6，18歲以下免費 ⓦwww.lenin.fi

　　位於工人大廈3樓的列寧博物館於1946年開放，這裡是列寧和史達林1905年第一次見面的地方，也是後來策畫俄國大革命的秘密基地。

掃地圖

　　博物館原本只陳列列寧個人生平如照片、手記、書信、模型等文物和資料，讓人藉以了解他的生活和思想。1991年蘇聯解體後，大量有關蘇聯的史料檔案曝光，於是這裡靠著捐贈或收購的方式，獲得了這部分的文獻和資料，並展示於館內，讓人在逛博物館時，不但更能了解列寧這個人，也對蘇聯社會主義有更進一步的認識。逛完博物館後，還可以到紀念品店買些有著列寧圖案的徽章、海報或T恤。

　　值得一提的是，不像其他地方的列寧博物館大多已呈關閉或僅於特定時間開放的半關閉狀態，坦佩雷的這間是唯一長年開放的列寧博物館。

MAP ▶ P.315B2

Särkänniemi 冒險樂園

MOOK Choice

Särkänniemi Elämyspuisto

芬蘭最大的冒險樂園

🚌 從火車站前搭2號巴士至Särkänniemi C站,步行約1分鐘
🏠 Laiturikatu 1　☎ (0)20 713-0200　🕐 遊樂園:5~8月約12:00~19:00(週末約至20:00)。水族館:約11:00~19:00(冬季約至20:00)。景觀塔:約11:00~23:30。開放時間每日不同,請上官網查詢　🚫 遊樂園9~4月不開放　💲 一日票€29起(含所有設施),水族館€13.9起,景觀塔€8.9起,3歲以下免費　🌐 www.sarkanniemi.fi

　小小的坦佩雷卻擁有一座芬蘭境內最大的冒險樂園!Särkänniemi提供眾多娛樂設施,像是在遊樂園中可以玩到摩天輪、滑水道、各種雲霄飛車等驚險刺激的遊戲;而在水族館內,你會展開一場奇異的海洋冒險,可看到駭人的食人魚對著你齜牙裂嘴,或是美麗卻有毒的獅子魚從你身旁游過,1樓的水族區每30分鐘會上演「雷雨秀」,將狂風暴雨的景象如實地在四周呈現,讓人如臨真境;另外還有一處適合小小孩的「憤怒鳥樂園」,重現熱門手遊的場景,相當逗趣。

　這裡還擁有北歐最高的景觀塔——Näsinneula,站在110公尺高的塔內,可以俯瞰整個坦佩雷被田園和湖泊圍繞的夢幻風光,美得讓人心醉。之後還可以到塔上堪稱全芬蘭最高的旋轉餐廳用餐,這裡每45分鐘旋轉一圈,讓人更容易以全景的方式欣賞這座美麗城市。

MAP ▶ P.315C2

芬雷森紡織工廠

Finlayson

工廠轉變的娛樂中心

🚌 從火車站步行約15~20分鐘

　這座紡織工廠是蘇格蘭工程師James Finlayson於1820年建立的,他在1819年造訪坦佩雷時,意外獲得當地政府同意,允許他利用境內Tammerkoski河的水力建造一座紡紗廠,他於是搬到這裡居住,從英國進口機器並訓練當地工人,領導起坦佩雷的工業革命。

　1836年工廠轉賣他人,條件之一便是要延續Finlayson的名稱。之後工廠繼續擴張,極盛時期全坦佩雷甚至有一半以上的人都在這裡工作,而工人們的住家也圍繞著工廠而立,學校、醫院、教堂、銀行更是逐漸聚集,發展成一處自給自足的社區。1877年,工廠內最大的紡織廳Plevna成立,當時內部擁有1,200座動力機具,規模號稱全北歐第一。

　今日,Finlayson雖然仍在芬蘭各地生產精緻的棉織商品,但原始工廠早在1995年就關閉,整塊區域在政府重新規畫下,成為一座複合式的娛樂中心,許多餐廳、酒吧、電影院、遊樂場和博物館進駐裡頭,成為一處吃喝玩樂的好所在。

`MAP ▶ P.315C2`

間諜博物館

Vakoilumuseo

世界第一座國際間諜博物館

🚇從火車站步行約12分鐘 🏠Satakunnankatu 18 ⏱12:00~18:00（6~8月平日10:00起）💰成人€10，長者€8，6~17歲€6 🌐www.vakoilumuseo.fi

掃地圖

　由於芬蘭位接東、西方重要位置，一直是間諜活動相當活躍的地方。這座位於Finlayson紡織工廠內Media 54娛樂中心地下樓的間諜博物館，屬於私人收藏，雖然空間不大，但整體規模尚稱完整，尤其可以看到從古到今各種難得一見的諜報設備，如竊聽裝置、隱蔽式麥克風、微型攝影機、測謊器、加密設備和武器等，甚至還有從冷戰時期開始的核電應用，而且隨時代進步，設備可說是愈來愈精密。有些設備還可以讓遊客親手操作，像是隱形墨水、紅外線夜視鏡和變聲器等。

　博物館也介紹了各國著名的間諜故事，像是英國的Kim Philby、俄國的Richard Sorge和Oleg Gordievsky、荷蘭女間諜Mata Hari等，隨著他們引人入勝的生平事蹟，彷彿也走進當時驚悚刺激的時空裡。

嚕嚕米和朵貝楊笙

　不管大人小孩，任誰都會喜歡上這隻圓潤可愛、外形酷似河馬的「嚕嚕米」。芬蘭人朵貝楊笙（Tove Jansson,1914~2001）創造出風靡全球的卡通人物，原型來自當地傳說中的妖精，在她的故事裡，總以機智幽默又溫暖的方式，點出人生大道理，因此深受人們喜愛。

　朵貝楊笙遺傳了同為藝術家父母的基因，很小就展現出繪畫方面的才能。她在32歲時，第一本有關嚕嚕米的童話《嚕嚕米與大洪水》便已完成，其後更陸續獲得國際間的各項童話文學獎項。她花了25年時間，將嚕嚕米的故事完整呈現在8本《嚕嚕米童話系列》之中，迄今至少被翻譯成40種語言；而酷愛「嚕嚕米」的日本人甚至製作了上百集動畫卡通，先後在全球播出。

`MAP ▶ P.315D3`

嚕嚕米博物館

MOOK Choice

Muumimuseo

收藏芬蘭最知名的卡通人物

🚇從火車站步行約10分鐘 🏠Yliopistonkatu 55 ☎243-4111 ⏱平日09:00~17:00（週四至19:00），週末10:00~17:00 休週一 💰成人€13，3~17歲€6 🌐muumimuseo.fi 每月最後1個週五13:00後免費

掃地圖

　「嚕嚕米」（Muumi／Moomin）的風行全球，讓這個卡通人物幾乎成了芬蘭的代名詞，不論在何處，都可以看到結合嚕嚕米造型或圖案的周邊商品販售。在這間嚕嚕米山谷藝術博物館裡，有超過2千件嚕嚕米作者朵貝楊笙的親筆手稿，並以模型展示嚕嚕米的故事場景，加上Tuulikki Pietilä設計的3D動畫，和高5層樓的

嚕嚕米的家，讓人彷彿進入童話世界裡。而各種可愛的嚕嚕米相關商品，絕對讓人愛不釋手。

Vapriikki博物館

Museokeskus Vapriikki

複合式多功能文化中心

🚶從坦佩雷火車站步行約18分鐘 🏠Alaverstaanraitti 5 📞5656-6966 🕙10:00~18:00 🚫週一 💲成人€15，7~17歲€7 🌐www.vapriikki.fi ⭐週五15:00後免費

Finlayson紡織工廠對岸的這座磚紅色建築已有百年歷史，原是一座舊工廠，1996年在政府改建下，變成一處集合博物館、展覽中心、會議室和餐廳的4層樓多功能文化中心。其中最有看頭的，是館內的芬蘭冰上曲棍球名人堂（Suomen Jääkiekkomuseo），裡頭收藏了自1920年以來約55,000件相關文物和照片，

其中還包括各種得獎記錄與獎杯。

此外，這裡還有娃娃博物館（Nukkemuseo）和2017年開幕的芬蘭遊戲博物館（Suomen pelimuseo）等，都值得好好探索。

Amurin工人住宅博物館

Amurin Työläismuseokortteli

重現工業化時期的工人生活

🚶在火車站前搭˘3號電車至Pyynikintori A站，步行約4分鐘 🏠Satakunnankatu 49 📞5656-6690 🕙5月中~9月初10:00~18:00 🚫週一及9月中~5月初 💲成人€9，7~17歲€5 🌐www.museokortteli.fi ⭐週五15:00後免費

19世紀中葉後，在工業化急速發展下，工人占了坦佩雷多數人口，他們許多是住在由4個家庭共同組成的木造房舍內，所以在公共廚房裡可看到4個分開的爐灶，好讓各家主婦能在同一時間下廚；在陽台上則有馬廄和公共廁所，而周邊環境還設有公共桑拿、商店、餐廳，形成自給自足的社區。整個Amurin工人住宅博物館是由5棟住宅和4棟附屬建築組成，可看到城鎮發展工業的重要源頭。除了一窺工人房舍的結構，還能參

觀從1906年就存在的鞋店，以及1930~40年間開設的麵包店、合作社、文具店和縫紉用品店等。

Pyynikin觀景塔

MOOK Choice

Pyynikin Näkötorni

俯瞰坦佩雷最佳地點

🚶在火車站前搭7、8號公車至Pirkankatu 24站，步行約8分鐘 🏠Näkötornintie 20 📞212-3247 🕙09:00~20:00（6月~8月中至21:00）💲成人€2，4~15歲€1 🌐www.munkkikahvila.net

這座高塔最早是在1888年以木頭搭建而成，然而在1918年芬蘭內戰時遭到損毀；現在看到的這座以紅色花崗岩建立的觀景塔建於1929年，高度雖然只有26

公尺，但因建於離海平面約150公尺的Pyynikki山脊處，只要登上高塔，即可以360度的全景視野欣賞坦佩雷最美的天際線，當然也包括琵哈湖和奈西湖兩座大湖的山光雲影。因此，該地點也在1993年被芬蘭政府選定為全國最美的勝景之一。

海門林納
Hämeenlinna

文●汪雨菁　攝影●墨刻攝影組

建城於1639年的海門林納，是芬蘭內陸歷史最悠久的城鎮，13世紀時，瑞典為了確保在芬蘭中部地位和權力的穩固，建立了海門城堡（Hämeen Linna），城鎮的名字也就根源於此。該城堡今日開放民眾參觀，漫步其間，能感受到一種中世紀古城的獨特氛圍。

　　這裡還是作曲家西貝流士（Jean Sibelius）的出生地，其兒時故居擺設了音樂家的文物，歡迎樂迷造訪。海門林納同時是知名的銀色之路遊輪的起訖站，夏天時，搭遊船是領略芬蘭湖光之美最好的方式；而建於1862年、芬蘭的第一條鐵路，即開通於赫爾辛基和海門林納之間。

INFO

基本資訊
人口：67,994
區碼：(0)3

如何前往
◎火車
　　從赫爾辛基中央車站搭火車到海門林納，每日05:00~23:40間，每小時約有1~3個班次。搭乘InterCity快車或Pendolino高鐵，車程約1小時6分鐘；若搭乘RE普通車，中途需要轉車，車程1小時25分鐘。
ⓘwww.vr.fi

Where to Explore in Hämeenlinna
賞遊海門林納

MAP ▶ P.321B2

海門林納美術館
Hämeenlinnan taidemuseo
收藏芬蘭藝術家作品

🚶 從火車站步行約8分鐘　⌂ Viipurintie 2　☎ 621−2669
🕐 週二至週四11:00~18:00，週五至週日11:00~17:00
🚫 週一　💲 成人€12，18歲以下免費　🌐 www.hameenlinnantaidemuseo.fi

成立於1952年的海門林納美術館，位於一棟1837年的老房子內，建築本身仍維持當時的面貌，僅以赭磚替代了原來的白牆。這裡的展品主要來自1939年蘇俄維堡美術館（Vyborg Art Museum）的收藏，當時因為戰爭的緣故，便將館內藝術品遷至此處。除此之外，這裡也有19~20世紀芬蘭藝術家的作品，如Ester Helenius的繪畫、Mikko Hovi的雕塑和Laila Karttunen的紡織藝術品。

掃地圖

◎ **遊輪**

6月底~8月中的夏季，從坦佩雷前往海門林納可搭乘銀色之路遊輪（Hopealinjat），沿途會看到岸邊銀柳連綿不絕，景致非常迷人。可於網站、碼頭售票處或直接上船購票。

⌂ 坦佩雷碼頭位於Laukontori，海門林納碼頭位於Hämeenlinnan laivaranta
☎ (0)10 422−5600
🕐 每週二09:00從坦佩雷出發，17:50抵達海門林納。船班日期每年變動，詳見官網。
💲 成人單程€64，3~12歲€33
🌐 www.hopealinjat.fi

市區交通

市區大部分景點步行可達。

旅遊諮詢
◎ **海門林納旅遊局**
🌐 www.visithameenlinna.fi
◎ **海門林納遊客服務中心**
📍 P.321B2
🚶 從車站步行約15分鐘可達
⌂ Wetterhoffinkatu 2
☎ 6213370
🕐 平日09:00~16:00　🚫 週末

MAP ▶ P.321A1

海門城堡

Hämeen linna

中世紀古堡要塞

🚇 從火車站步行約25分鐘　🏠 Kustaa III:n katu 6　☎ 295-336-932　🕐 9~5月10:00~16:00（週末11:00起），6~8月每日10:00~17:00　🚫 9~4月的週一，12月下旬　💲 成人€12，65歲以上€8，7~17歲€6。與軍事博物館的聯票：成人€19，兒童€9　🌐 www.kansallismuseo.fi

海門城堡是芬蘭現存的中世紀古堡之一，建

立的時間並無定論，一般相信是在13世紀末瑞典十字軍東征期間，由國王比爾耶爾馬格努松（Birger Magnusson）下令建造，目的是作為軍事要塞之用。

掃地圖

當時城堡僅是營地間的一棟簡單木造房子，直到14世紀才改建成外牆鋪以紅磚的3層樓建築。隨著火器發展，城堡的防衛工作愈來愈重要，為了抵禦大砲攻擊，兩個牆身厚重的圓錐形槍塔在16世紀建成，但其中一個不幸在後來的瑞典內戰中損毀。接著因為戰爭頻仍，16世紀末城堡已經遭受極大破壞，也陸續開展了整建工程。1626年，瑞典國王參觀了城堡，隨後芬蘭總督Per Brahe於1639年也來到這裡，並下令建立海門林納這座城鎮。

1837~1972年，城堡作為監獄之用，之後城堡再度進行整修，並於1988年以中世紀的迷人風采開放讓遊客造訪，而城堡內則長年展出關於這個城鎮的歷史文獻。

MAP ▶ P.321A2

西貝流士出生地

Sibeliuksen syntymäkoti

音樂大師的兒時生活

🚇 從火車站步行約18分鐘　🏠 Hallituskatu 11　☎ 621-2755　🕐 6月至8月11:00~17:00，9月至5月12:00~16:00　💲 成人€8，17歲以下免費　🌐 hmlmuseo.fi

寫下《芬蘭頌》的西貝流士（Jean Sibelius），是芬蘭國寶級的音樂家，有「二十世紀的貝多芬」的美譽。他於1865年出生於芬蘭的海門林納，這裡是他3歲之前，也就是他父親還在世時居住的地方。建築本身始建於1834年，到了1960年，當地政府將此地改建成一間介紹西貝流士的博物館，讓大眾可以進入參觀，了解這位偉大音樂家的生平。

博物館內以當時的家具、文件、生活用品和圖

掃地圖

片布置而成，遊客可以透過這些了解西貝流士兒時生活的樣貌；而他後來使用的鋼琴與所創作的樂譜，也在展示之列。

MAP ▶ P.321A1

監獄博物館

Vankilamuseo

重現監獄樣貌

📍 從火車站步行約21分鐘 🏠 Kustaa III:n katu 8 📞 295-336-932 🕐 5月10:00~16:00（週末11:00起），6~8月10:00~17:00 ❌ 9~4月 💲 成人€10，65歲以上€6，7~17歲€4 🌐 www.kansallismuseo.fi

掃地圖

　位於海門城堡附近的監獄博物館，前身是一座建於1881年的男子監獄，直到1993年監獄搬遷前還關著犯人，1997年以博物館的型式開放民眾參觀。

　博物館保留過去監獄的格局，共有3層樓，從門口進入後依動線一一參觀兩側的房間，除了監獄管理員的住所和辦公室外，其餘大部分就是牢房，可以透過玻璃窗窺看裡頭的樣貌。房間只有1~2坪大小，上下鋪的床位可同時容納兩名囚犯，不過裡頭有窗戶、有暖氣，犯人還能將囚室布置成自己喜歡的樣子，放上電視、檯燈、海報、家具、盆栽、食物和地毯等，跟一般監獄冷冰冰的印象相差許多。另外，還有房間以人像和機具模型，展示他們過去工作的情景。

MAP ▶ P.321A1

軍事博物館

Museo Militaria

完整陳列芬蘭軍事歷史

📍 從火車站步行約27分鐘 🏠 Vanhankaupunginkatu 19 📞 (0)40 450-7479 🕐 10:00~17:00（9~4月11:00起）❌ 9~4月的週一 💲 成人€9，7~17歲€4.5。冬季與海門城堡的聯票：成人€14，兒童€7 🌐 www.museomilitaria.fi

掃地圖

　這是全芬蘭規模最大、展示最完整的軍事博物館，共有3層樓，由於展館很大，光是1樓就細分成多個展區，例如「15世紀」、「瑞典統治時期」和「俄國自治政權統治時期」等。

　2樓主要展示1939~40年的冬季戰爭和1941~44年間的二戰戰史，這個時期主要看的是當時最先進的火炮等武器，除了前線戰力外，敵後的情報偵察、攝影通信等活動，也在這一層介紹。另外，身高246公分的芬蘭軍人Väinö Myllyrinne據稱是當時全世界最高的人，這裡也留有他的制服展示。

　3樓主要介紹芬蘭元帥曼納海姆的戰績，20世紀芬蘭的大小戰役，幾乎都是由他統帥，現場除了以圖文、勳章、制服介紹他的功勳外，並陳列有高戰力的武器。博物館同時附設戶外槍砲場和室內槍砲室，展示了珍貴的退役戰砲，其中最古老的一座為1870年所製造。透過這些展覽，不但可以對各時期的武器有所了解，也等於是對芬蘭的近代歷史作了完整的巡禮。

拉普蘭—羅凡納米
Lapland-Rovaniemi

文●李曉萍‧墨刻編輯部　攝影●李曉萍

夢魅般的極光、皚皚白雪，以及大人小孩都愛的聖誕老公公與馴鹿，使拉普蘭散發著吸引人的浪漫氣息。拉普蘭其實是挪威、瑞典、芬蘭3國極圈以北區域的通稱，而且在這裡，3國的國界開放，可自由交通往來。

拉普蘭地區有個「Everyman's right」的規矩，也就是說任何人都有權在所有土地、河流上停留、過夜或採集植物，也可以隨地採食漿果或蕈類，即使在私人土地上，主人亦不能阻止。當然，在享權利的同時，還得注意義務，尤其在拉普蘭地區，小心用火、清理營地、不要驚擾馴鹿等都是在當地旅遊的基本注意事項。

位於Kemijoki和Ounsajoki兩條河流匯流處的羅凡納米，是拉普蘭地區的首府，也是聖誕老人的家鄉。二次大戰時羅凡納米完全被炸為平地，不過戰後馬上重建，由名建築師阿瓦奧圖一手主導，對建築有興趣的人，可參觀市政廳、圖書館等奧圖所設計的重要建築。主要購物商區集中在遊客中心所在的Lordi-aukio周圍，可以找到許多薩米人工藝紀念品，河岸步道則是當地人慢跑散步的好去處，橫跨河流的蠟燭之橋（Jätkänkynttilä）造型優雅，也是地標之一。

除了羅凡納米，拉普蘭其它重要城市還包括可搭乘破冰船和居住冰堡的凱米（Kemi）、多尼爾（Tornio）以及凱米亞威（Kemijarvi）。

INFO

基本資訊

人口：64,194　區碼：(0)16

如何前往

◎飛機

羅凡納米機場（Rovaniemen lentoasema，代碼RVN）位於市中心北方約10公里處，從赫爾辛基出發，Finnair或Norwegian每日都有直飛班機前往，一天大約5個班次，航程約1小時20分鐘。

從機場到市中心可搭乘Airport Bus，終點站為巴士總站，沿途停靠市區各大飯店，每人車資€8。巴士配合班機抵達時間，於入境大廳外等候，上車購票即可。若預計入住聖誕老人村，可於官網上預約接駁服務。

ⓤwww.finavia.fi/en/rovaniemi

◎火車

從赫爾辛基中央車站搭乘InterCity的直達車，車程約8.5~12.5小時，每日4個班次，其中2班為設有臥鋪的夜車；另外也有大約6個班次是經由轉車前往，車程約8~11.5小時。

ⓤwww.vr.fi

◎巴士

Eskelisen客運公司有提供往來挪威特羅姆瑟和羅凡納米之間的巴士，車程約10小時35分鐘，車資€156.8。發車時間每年略有變動，請詳見官網。

ⓤwww.eskelisen.fi

市區交通

火車站和巴士總站位於市中心西南側，步行至市區內的遊客中心約20分鐘，也可於火車站外搭乘6、8號公車進入市中心。公車票價分3個區段，但市中心包括聖誕老人村在內，都屬於A區，單程車票16歲以上€3.6，16歲以下€1.8，直接上車購票即可。

ⓤwww.linkkari.fi

優惠票券

◎文化護照 Kulttuuripassi

可參觀羅凡納米三間主要的文化館所：極圈博物館（Arktikum）、森林科學中心（Pilke Tiedekeskus）和哥隆第美術館（Korundi Kulttuuritao）。文化護照為記名使用，效期為7天。

ⓖ可於遊客中心購買

ⓢ成人€25，長者€20，7~15歲€10

ⓤwww.visitrovaniemi.fi/attraction/culture-pass

旅遊諮詢

◎羅凡納米遊客服務中心

ⓐP.325B2

ⓑ從火車站步行約20分鐘

ⓞKoskikatu 12

ⓣ346-270

ⓢ平日09:00~17:00

ⓤwww.visitrovaniemi.fi

MAP ▶ P.325A1

極圈博物館

Arktikum

窺探極圈生活的一扇窗

從遊客中心步行約11分鐘 ⌂Pohjoisranta 4 ☎322-3260 🕙10:00~18:00 ㊡1~11月週一 💲成人€18，長者€11，7~15歲€5 ⓦwww.arktikum.fi

位於Ounasjoki河邊的一列長長玻璃屋，透著清澈與天人合一的美感，在曠野中就像是座現代的半穴居，在陽光珍貴的北國引進大量日光，這就是極圈博物館，它由一群丹麥籍建築師所設計，於1992年開幕。

中央走道左右兩側分為兩個展示中心，一是極圈科學中心，另一則是拉普蘭地區博物館。極圈科學中心的研究對象遍及所有極圈活動，從冰河地形、原住民的狩獵行為，到西伯利亞的自然資源、白令海深處的海洋生態，是窺見極圈嚴酷生活環境的一扇窗。而氣候變遷影響下，極圈的人類和動物生活環境變化，則是近年來著重的研究方向。

「雪」對極圈原住民的日常生活影響深遠，在因紐特人（Inuit）的語言中就有數十種不同名稱，指稱各種型態的雪。拉普蘭地區博物館的展示內容縱貫史前時期到1970年代，地域範圍涵蓋羅凡納米到北極海邊的北拉普蘭地區，每一個主題都有搭配影像、手工藝品、音樂、實物等比例的模型，可以輕易了解拉普蘭人如何與自然共存，以及酷寒環境下所塑造的文化傳統。

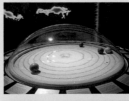

MAP ▶ P.325A1

森林科學中心

Tiedekeskus Pilke

關於森林的大小事

從遊客中心步行約12分鐘 ⌂Ounasjoentie 6 ☎(0)20 639-7820 🕙平日09:00~18:00（週一至16:00），週末10:00~16:00 ㊡1~5月及9~11月的週一 💲成人€7，7~15歲€5 ⓦwww.tiedekeskus-pilke.fi

芬蘭全國有65%的面積被森林覆蓋，若是從赫爾辛基搭乘飛機前往拉普蘭，一定會驚訝於一望無盡的蔥鬱。芬蘭人夏季進入森林散步採莓果，冬季越野滑雪，即使大城市也被松樹、冷衫和白樺樹林包圍，而木材的使用也佔了生活用品和建築的極大比例。

Pilke科學中心是以森林為主題的研究中心，大樓主要為研究辦公機構，中庭及地下樓則是寓教於樂的森林教育展示，透過有趣好玩的互動式遊戲，讓參觀者了解森林永續的重要性，了解芬蘭林業發展、木材的運用及森林保育工作。

薩米人文化

　　薩米人（Saamelaiset / Sami）是拉普蘭地區的原住民，他們的游牧生活型態一直維持到20世紀初。馴鹿可說是拉普蘭地區最具經濟價值的動物，也是薩米人最重要的家畜，除了是拉雪橇的一把好

手外，鹿乳、鹿肉都是原住民的營養來源，皮毛可製作保暖的服裝和帳篷，每年脫落的鹿角更是製作手工藝品的好材料。

薩米人工藝品

　　雖然現在大部分的薩米人已居住在村鎮裡，但傳統文化仍在生活中表現無遺，遇到節慶時他們都會穿上紅白相間、樣式各異的傳統服裝，以馴鹿角和樺樹手工製作的工藝品則最能表現他們的特殊生活方式。以馴鹿角為刀柄裝飾的小刀、各式各樣的馴鹿角製品、樺木樹瘤製作的木杯等，都是最具代表性的薩米傳統文物。若想帶回薩米人的傳統工藝品當作紀念，可至Marttiini Brand Store、聖誕老人村和Lauri Tuoteet等地購買，市中心的紀念品店也多有販售。

拉普蘭美食

　　馴鹿是最適合生長於極圈的動物，也是當地人肉類的主要來源，既然來此，就不能放過嘗試馴鹿肉的機會。大部分餐廳都將其處理成肉排的形式，味道比較接近牛肉，但略帶騷味，口感較有嚼勁。

　　水產河鮮也是餐桌上常見的美味，搭配夏季盛產、取材自山林溪谷的野漿果和蕈類，是現代人最愛的健康料理。野漿果中最受歡迎的是雲莓（Cloudberry），通常製成冰淇淋、蛋糕，或拉普蘭烤乳酪；所謂的拉普蘭烤乳酪是一種未成熟的乳酪種類，食用前必須用大火碳烤，風味十分特殊。

◎**Marttiini Brand Store**

🏠Koskikatu 25 ☎(0)403 110-606 ⏰平日10:00~19:00，週六10:00~18:00，週日12:00~16:00 🌐www.marttiini.fi

◎ **Lauri Tuoteet**

🏠Pohjolankatu 25 ☎(0)447 060-060 ⏰平日10:00~17:00 ❌週末 🌐www.laurihouse.com

---

MAP ▶ P.325A2

哥隆第美術館

Kulttuuritalo Korundi

北方現代藝術

🚶從火車站步行約10分鐘 🏠Lapinkävijäntie 4 ☎322-2822 ⏰11:00~18:00 ❌週一 💲成人€11，長者€8，7~15歲€6 🌐www.korundi.fi

　　在羅凡納米市區的現代化建築中，這棟長型的紅磚建築格外醒目。哥隆第美術館曾是1930年代的郵政巴士總站，幸運地躲過二次大戰的轟炸，建築師Juhani Pallasmaa在原建築上增加現代的玻璃和鋼骨元素，2011年搖身一變，成為現代藝術中心。

　　哥隆第美術館主要展示芬蘭的當代藝術，以及少數國際藝術家的創作，特別著重於出生或是居住在

芬蘭北方的藝術家作品，展覽主題不定期更換。

MAP ▶ P.325B1

聖誕老人村

MOOK Choice

Joulupukin Pajakylä /
Santa Claus Village

拜訪聖誕老人的家

🚌 從羅凡納米火車站及市中心，可搭乘8號公車或聖誕老人村專車（Santa's Express）前往，兩者車資相同 🏠Tähtikuja 1（聖誕老人村中心位置）🕐 各商家營業時間不同，大致說來：1~5月和9~11月約10:00~17:00，6~8月約09:00~18:00，12月約09:00~19:00 🌐 www.santaclausvillage.info

聖誕公園 Santa Park
🚌 從聖誕老人村可搭Santa's Express前往 🏠Tarvantie 1 ☎(0)60 030-1203 🕐 11月中~1月中：10:00~17:00（12月至18:00）。💲

	成人	3~12歲
11月	€39	€33
12月至1月初	€42	€36

🌐 santaparkarcticworld.com

不論大人或小孩，來到羅凡納米最熱切的期待，就是想像成真的那一刻：蓄著銀白色長捲鬍子、帶著圓圓的眼鏡、穿著紅衣紅帽的聖誕老人出現在眼前，呵呵大笑地與你近距離接觸。

聖誕老人村充滿歡樂的童話氣息，村子裡有聖誕老人的辦公室、郵局、度假小木屋、餐廳和許多間販售聖誕飾品的商店，這裡的365天，天天都是聖誕節。特別是白雪覆蓋的冬季，木造尖屋頂戴上厚厚的雪帽，村落裡亮起夢幻的燈光，夜空中舞動淡綠極光，整個村子像被浪漫的泡泡包裹著。

聖誕老人其實是住在鄰近俄羅斯邊境的Korvatunturi森林中，一百多年前，關於聖誕老人居住地的傳說被散播開來，吸引許多人前來尋找，卻找不到聖誕老人的神祕住處。為了不讓遠道而來的朋友失望，他來到羅凡納米與朋友見面，立刻愛上這個拉普蘭的首府，於是宣告在這裡設置辦公室與大家見面，從此羅凡納米就成為聖誕老人官方的家，每年吸引百萬人前來。

村子後方是一片蓊鬱森林，這裡有薩米人的帳蓬、哈士奇公園和聖誕老人的鹿園。夏季可進入鹿園餵食可愛的馴鹿；冬季就乘著馴鹿或哈士奇雪橇，享受雪地馳騁的快意。地上寫著北緯66°32'35"的白色粗線是聖誕老人村的另一焦點，一腳跨過這條線，就代表正式踏入北極圈，雙腳跨在北極圈兩端拍照，是到此一遊的必拍經典。跨過北極圈後，還能到紀念品店或遊客中心購買一張北極圈證書。

距離聖誕老人村約2公里處有座聖誕公園，設立在一個大型的人造防空洞中，公園裡有更多以耶誕老人和精靈為主題的遊樂設施、餐廳和商店，散步前往約30分鐘路程。

戶外活動的天堂

　　和同緯度地區相較，芬蘭的氣候溫和宜人，境內密布的187,888座湖泊和超過10萬平方公里的林區野地，造就了飛泉荒原、清翠河谷的景觀，也發展出激流泛舟、溪河垂釣、健行露營、騎馬狩獵、賞鳥觀熊、單車越野等多項親近大自然的戶外活動。令人激賞的是，相對於夏季享受綠意繁花的假期，芬蘭更是一處從事冬季活動的天堂。

　　長達6個月的冬季可說是拉普蘭的旺季，在冰天雪地欣賞獨一無二的極光美景，或是選擇滑雪、搭乘哈士奇雪橇、馴鹿探險等活動，都很受歡迎。無論是學滑雪或騎乘雪上摩托車，都會有專業教練在一旁指導，參加馴鹿雪橇行程還可順遊馴鹿農場，了解馴鹿的生長細節。

　　玩過了雪地各項驚奇活動，這趟極地旅程將轉往基可尼斯（Kirkenes）親近冰洋，體驗另一種新奇滋味。當地旅行社會安排遊客由拉普蘭地區的伊瓦洛（Ivalo）搭乘遊覽車跨越邊境到挪威的基可尼斯，遊

©Visit Finland ©Visit Finland ©Visit Finland

客換穿防寒潛水衣後，搭乘高速橡皮艇駛入巴倫支海欣賞冰海奇景，艇上備有導遊講解，最後會擇一凍結厚冰的區域停泊，引導遊客跳入冰海，體驗在冰海中浮游的驚奇經驗。同一時間，艇上工作人員也潛入深海徒手捕捉帝王蟹，只要抓準蟹群隨海潮遷徙的路線，10分鐘就能滿載而歸。遊客只消在船上等著，便可大啖肥蟹，一嘗北國美味。

◎ **Lapland Sarafai** ⓦwww.laplandsafaris.com
◎ **Pasvikturist AS** ⓦwww.pasvikturist.no
◎ **Arctic Dive** ⓦwww.arctic-dive.no

聖誕老人辦公室 Joulupukin Kammari

　　推開厚重的木門，巨大時鐘滴答滴答吟唱時間的流動，倒數聖誕節的來臨；鐘擺下方堆成小山的禮物盒裝滿孩子的夢想，木牆上掛滿各國名人和聖誕老人的合照。推開辦公室的門，聖誕老人笑呵呵地與你握手，親切寒暄問候，甚至還會説上幾句中文！最有趣的是，你和聖誕老人的第一次接觸，會同時透過網路攝影機進行全球直播。現場也有專業攝影師協助拍攝，只是與聖誕老人合影的夢幻紀念照，價格也很驚人。

📍Joulumaantie 1 ☎(0)20 799-999 🕐1月初~5月及9月~11月10:00~17:00（4月中~五月中11:00~16:00），12月~1月初09:00~19:00 💲參觀免費，照片€30起 ⓦsantaclausoffice.com

聖誕老人郵局
Joulupukin Pääposti

　　郵局就在聖誕老人辦公室的右側，除了滿滿的明信片和紀念品，還有一個紅色櫃子，收納那一年全世界各地孩子寫給聖誕老人的信件。

　　在此挑張明信片寄回給自己或家人，信上獨一無二的聖誕老人郵戳，很有紀念價值。如果想在耶誕節前收到明信片，記得投入紅色郵筒，黃色郵筒內的明信片搞不好會比你先到家。你也可以預約一張由聖誕老人寄出的卡片，有13種語言選擇，可惜聖誕老人還沒學會寫中文！

📍Tähtikuja 1 🕐1月初~5月及9月~11月10:00~17:00，6月~8月09:00~18:00，12月~1月初09:00~19:00 ⓦmy.posti.fi/joulupukinpaaposti

聖誕老人度假村 Joulupukin lomakylä

　　想和聖誕老人當鄰居嗎？入住聖誕老人度假村就能實現願望。度假村內包含接待處的聖誕屋、餐廳、紀念品店和小木屋區，聖誕屋展示世界各地的聖誕節傳統、聖誕玩具和裝飾、芬蘭的聖誕節習俗等，而屋子中心是聖誕老人的起居室，也可以在這裡和聖誕老人聊天拍照。

　　度假村的小木屋都設有客廳、餐桌和簡易廚房，浴室內還有獨立桑拿間，在冰天雪地的冬日，這種等級的享受也

許更勝於聖誕老人來敲門。

📍Tähtikuja 2 ☎(0)400 306-273 💲小木屋約€99~159，依季節變動 ⓦwww.santaclausholidayvillage.fi

The Savvy Traveler
聰明旅行家

簽證辦理

從2011年1月11日開始，台灣遊客前往丹麥、挪威、瑞典、芬蘭在內的歐洲36個國家和地區，無需辦理申根簽證，只要持有效護照即可出入申根公約國，6個月內最多可停留90天。有效護照的定義為，預計離開申根區時最少還有3個月的效期。

但要注意的是，儘管開放免簽證待遇，卻不代表遊客可無條件入境，移民官有時會在入境檢查時要求提供相關證明文件，例如旅館訂房確認記錄與付款證明、回程機票以及足夠維持旅歐期間生活費之財力證明等，建議隨身攜帶以備查驗。另外，原本辦理申根簽證所需的旅遊醫療保險，雖非入境時的必備證明，但最好同樣投保，多一重保障。

旅遊諮詢與實用網站

在台灣可洽詢丹麥商務辦事處、瑞典貿易暨投資委員會台北辦事處、芬蘭商務辦事處，聯絡資訊同簽證辦理。在當地請至各地遊客服務中心詢問，或至下列觀光局網站查詢：

丹麥商務辦事處
🏠 台北市敦化北路205號12樓1207室
☎ (02)2718-2101
🌐 taipei.um.dk/zh

瑞典貿易暨投資委員會台北辦事處
🏠 台北市基隆路一段333號24樓2406室
☎ (02)2757-6573
🌐 www.business-sweden.com/markets/asia-pacific/taiwan
芬蘭商務辦事處
🏠 台北市信義區基隆路1段333號22樓2205室
☎ (02) 2720-5705
丹麥觀光局
🌐 www.visitdenmark.com
挪威觀光局
🌐 www.visitnorway.com
瑞典觀光局
🌐 www.visitsweden.com
芬蘭觀光局
🌐 www.visitfinland.com

飛航資訊

目前從台灣沒有直航班機往返北歐各大城市，可從香港、曼谷、巴黎、伊斯坦堡、杜拜、法蘭克福或其他歐洲主要城市轉機1~2次前往，飛航時間至少要16小時以上。一般來說，中華航空、泰國航空、荷蘭航空、阿聯酋航空等只需要轉機一次較為方便。唯因疫情期間，各家航空公司班次和班表變動幅度較大，相關資訊請洽各大航空公司或上網查詢。詳細航班資訊請洽

航空公司	訂位電話	網址
中華航空	(02) 412-9000	www.china-airlines.com
長榮航空	(02) 2501-1999	www.evaair.com
泰國航空	(02) 2515-0188	www.thaiairways.com
荷蘭航空	(02) 7707-4701	www.klm.com
阿聯酋航空	(02) 7745-0420	www.emirates.com
芬蘭航空	+358 9 818-0800	www.finnair.com

網路訂房

在北歐找住宿地點，可參考本書中介紹到的酒店旅館，或上各大訂房網站多方比較。除了一般飯店外，這裡要介紹近幾年非常流行的Airbnb，這在北歐是相當方便的訂房選擇，也提供有別於旅館的樂趣與體驗。

什麼是Airbnb？

　　Airbnb成立於2008年，總部位於美國舊金山，是現今「共享經濟」的代表品牌之一。簡單說，這個網站就是為有住宿需求的旅人與有空房供給的房東之間，提供相互媒合的平台。Airbnb的房東大多不是專職的旅館業者，有的是在自家以外擁有閒置的物業，有的是短暫外出而將自家出租，不過也有不少是有牌照的專業管理人，精心打造一處專門出租的住宿空間。因此Airbnb的房源非常多元，從套房、整層公寓到整棟別墅都有，也有小旅館或青年旅社登記為房東的。發展至今，Airbnb已在全球大部分的國家與城市中，擁有數百萬個房源。

Airbnb
www.airbnb.com.tw

訂Airbnb的好理由

　　住在飯店可以享受較多的服務，整體設施也有較專業的管理，既然如此，為何還要選擇Airbnb？以下我們整理出幾點理由：

1. 完整的居家設備：飯店的標準房型，不外乎床鋪、浴室、電視、空調等基本過夜設備，但Airbnb的房源大多是可以真正過生活的住家，因此通常會有整套廚房、廚具、洗衣設備，與客廳等寬敞的起居空間，有的甚至還有院子和陽台。

2. 性價比：雖然單看價錢，有些較豪華的房源加上清潔費與服務費後，其實與星級酒店差不了多少，甚至可能更貴，不過若是比較內容，Airbnb還是佔有優勢。因為以同樣的價錢來說，在酒店訂到的可能只是一間標準房，但在Airbnb上卻可以租到一整層公寓，尤其多人入住更是划算。此外，住在Airbnb也有很多隱性的省錢機會，譬如利用廚房自行打理餐點，可以省下上館子的預算；利用其洗、烘衣機，也可以省下衣物送洗的費用。

3. 接地氣：全世界的旅館就算再有設計，格局上都差異不大，但一般人家卻是千姿百態。住在尋常人家裡，用在地的方式生活，假裝自己就是個土生土長的當地人，才是最接地氣的旅遊經驗。

如何訂Airbnb？預定時有哪些要注意的？

　　你可以用PC連上Airbnb的官網訂房，也可以用手機下載Airbnb的APP，無論用哪種方式，都必須先註冊成為會員，因為可追蹤的會員制度，除了能夠保障房客的權益，同時也能顧及房東的安全。由於在入住過程中，與房東的雙向溝通非常重要，因此註冊時務必留下常用的e-mail與手機門號。這裡強烈建議下載APP，因為出發之後用APP連絡房東是最方便的，以下訂房教學皆以APP的頁面為主。

❶連上Airbnb官網首頁或打開Airbnb的APP。

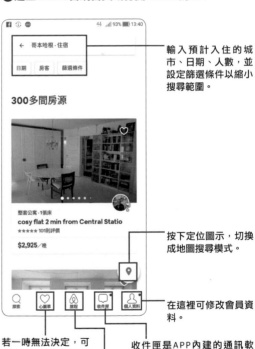

輸入預計入住的城市、日期、人數，並設定篩選條件以縮小搜尋範圍。

按下定位圖示，切換成地圖搜尋模式。

在這裡可修改會員資料。

若一時無法決定，可先把中意的房源暫時收藏在心願單內，再慢慢比較。

瀏覽已預訂成功的房源。

收件匣是APP內建的通訊軟體，有點像是Line。由於Airbnb是媒合個人與個人之間的租屋平台，因此無論是訂房、回覆訂房、入住時的鑰匙或密碼交接、聯絡其他需要協助的事項等，都依賴房客與房東之間的私人溝通，於是這個功能便顯得特別重要。而收件匣中的訊息也會同步發送到e-mail信箱中，以確保不會遺漏。

❷輸入訂房資訊後，可切換成地圖模式，各房源的基本價錢（未計算清潔費與服務費）與地點會出現在地圖上，可以此作為挑選依據。但為了保護房東隱私，確切地址只有在訂房成功後才會告知房客。

❸選擇房源後，可看到其基本資料。

可先將此房源加到心願單的收藏內。

查看房東的基本資料，包括自我介紹、會說的語言、來自其他房客的評價等。若房東照片旁有獎章圖示，表示該房東的評價很好。

鑽石圖示表示這是個搶手房源，提醒你下手要快。

房源規格一定要看仔細，像是最多可容納多少房客、有幾張床、幾個房間、有沒有獨立衛浴等，看看是否符合自己的入住需求。

❹同一頁面往下拉，可查詢房源詳情、入住與退房時間，與提供的設備等。

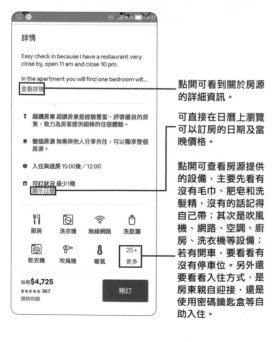

點開可看到關於房源的詳細資訊。

可直接在日曆上瀏覽可以訂房的日期及當晚價格。

點開可查看房源提供的設備，主要先看有沒有毛巾、肥皂和洗髮精，沒有的話記得自己帶；其次是吹風機、網路、空調、廚房、洗衣機等設備；若有開車，要看看有沒有停車位。另外還要看看入住方式，是房東親自迎接，還是使用密碼鑰匙盒等自助入住。

❺當然，其他房客的評價也是重要參考依據。

點開可看到所有房客對該房源的評價，如果不想看太多英文，APP也有內建的Google翻譯。

點開可觀看房源地點的描述，以及前往的交通方式。